인·적성검사

2024

온라인
인적성검사

최신
출제 유형
완벽 반영

5회

고시넷 대기업

S-OIL 에쓰오일 온라인 인적성검사 최신 기출유형 모의고사

동영상 강의 WWW.GOSINET.CO.KR

gosinet
(주)고시넷

정오표 및 학습 질의 안내

고시넷은 오류 없는 책을 만들기 위해 최선을 다합니다. 그러나 편집에서 미처 잡지 못한 실수가 뒤늦게 나오는 경우가 있습니다. 고시넷은 이런 잘못을 바로잡기 위해 정오표를 실시간으로 제공합니다. 감사하는 마음으로 끝까지 책임을 다하겠습니다.

WWW.GOSINET.CO.KR

고시넷 홈페이지 접속 ▶ 고시넷 출판 -커뮤니티 ▶ 정오표

모바일폰에서 QR코드로 실시간 정오표를 확인할 수 있습니다.

학습 질의 안내

학습과 교재선택 관련 문의를 받습니다. 적절한 교재선택에 관한 조언이나 고시넷 교재 학습 중 의문 사항은 아래 주소로 메일을 주시면 성실히 답변드리겠습니다.

이메일주소

qna@gosinet.co.kr

스마트폰에서 검색

고시넷

차례

S-OIL 인적성검사 정복

파트1 영역별 빈출이론

파트2 S-OIL 인적성검사 기출유형모의고사

파트3 인성검사

파트4 면접가이드

책 속의 책_S-OIL 인적성검사 정답과 해설

파트2 S-OIL 인적성검사 기출유형모의고사

구성과 활용

1

S-OIL 소개

S-OIL에서 추구하는 비전, 전략 목표, 핵심가치, 사업영역, 인재상 등을 수록하였습니다.

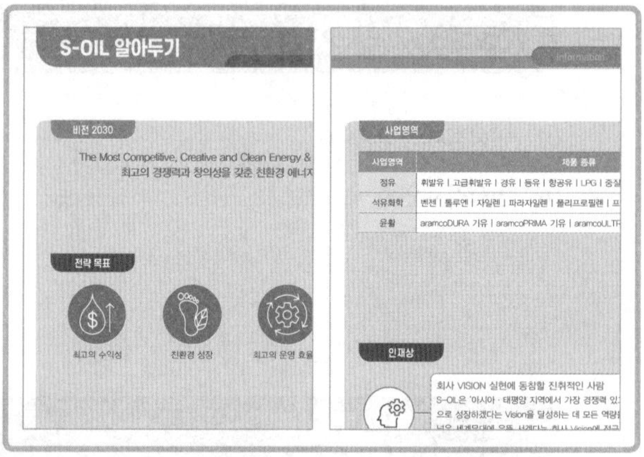

2

S-OIL 인적성검사 개요

S-OIL의 채용절차와 특징, 시험영역 등을 쉽고 빠르게 확인할 수 있게 구성하였습니다.

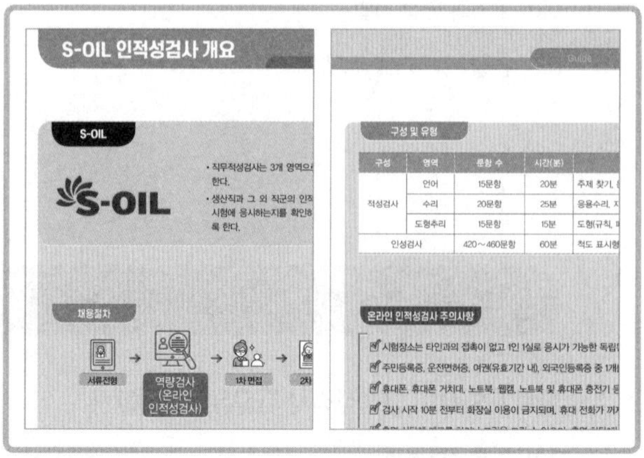

3

영역별 빈출이론

S-OIL 인적성검사의 출제영역인 언어, 수리, 도형추리에서 자주 출제되는 이론을 정리하여 주요 이론과 개념을 빠르게 학습할 수 있도록 하였습니다.

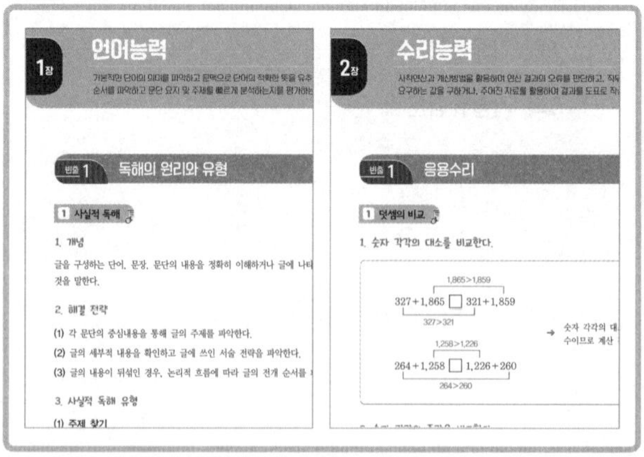

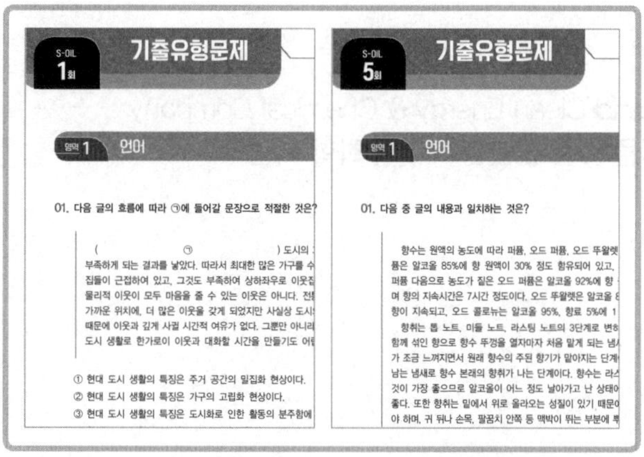

4

기출유형모의고사

최신 기출문제 유형에 맞게 구성한 총 5회분의 기출유형문제로 자신의 실력을 점검하고 완벽한 실전 준비가 가능하도록 구성하였습니다.

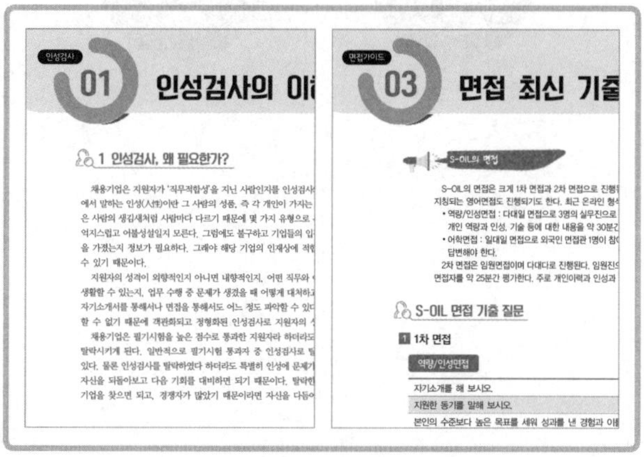

5

인성검사&면접가이드

채용 시험에서 최근 점점 중시되고 있는 인성검사와 면접 질문들을 수록하여 마무리까지 완벽하게 대비할 수 있도록 하였습니다.

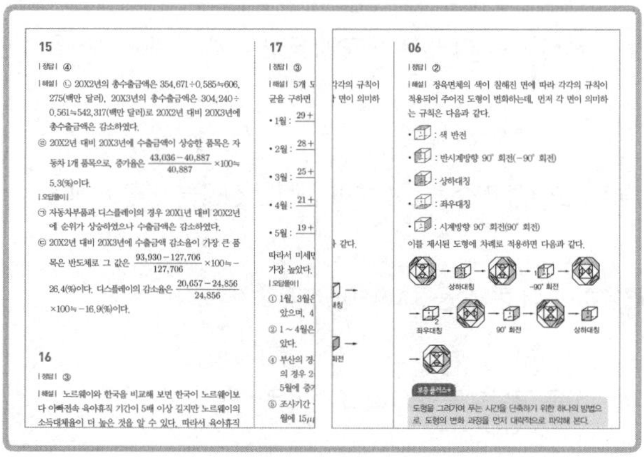

6

상세한 해설과 오답풀이가 수록된 정답과 해설

기출유형문제의 문제에 상세한 해설을 수록하였고 오답풀이 및 보충 사항들을 수록하여 문제풀이 과정에서의 학습의 효과가 극대화될 수 있도록 구성하였습니다.

비전 2030

The Most Competitive, Creative and Clean Energy & Chemical Company
최고의 경쟁력과 창의성을 갖춘 친환경 에너지 화학 기업

전략 목표

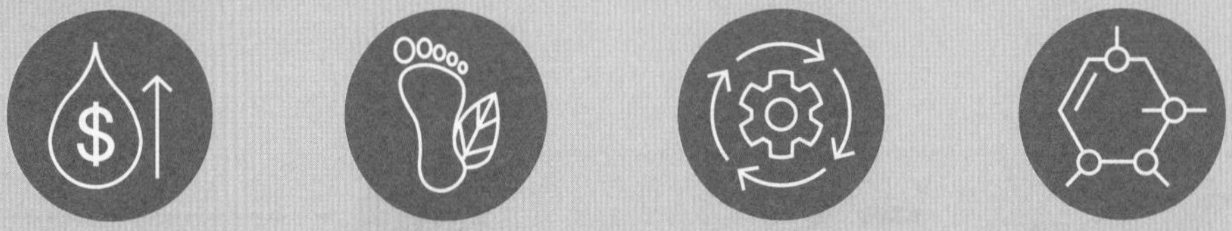

최고의 수익성 / 친환경 성장 / 최고의 운영 효율성 / 석유화학 비중 확대

핵심가치(S-OIL EPICS)

- 최고(Excellence)
  끊임없이 학습하고, 변화하고, 진보하여 기대를 뛰어넘는 최상의 품질과 서비스를 제공하고, 탁월한 수익성을 달성한다.
- 열정(Passion)
  무한한 에너지, 강한 의지 그리고 할 수 있다는 자신감으로 더 높은 목표와 꿈을 이루기 위해 최선을 다한다.
- 정도(Integrity)
  모든 일에 정직하고 공정하며, 최고 수준의 도덕적, 윤리적 기준을 준수하여 진정한 성공을 이루어낸다.
- 협력(Collaboration)
  한 팀으로 함께 일하며 지식과 기회, 경험을 공유하여 더 큰 성공을 이루어낸다.
- 나눔(Sharing)
  책임감 있는 모범 기업시민으로서 함께 살아가는 이웃 공동체들과 우리의 성공을 나눈다.

사업영역

사업영역	제품 종류
정유	휘발유 | 고급휘발유 | 경유 | 등유 | 항공유 | LPG | 중질유 | 아스팔트
석유화학	벤젠 | 톨루엔 | 자일렌 | 파라자일렌 | 폴리프로필렌 | 프로필렌 옥사이드 | MTBE
윤활	aramcoDURA 기유 | aramcoPRIMA 기유 | aramcoULTRA 기유 | S-OIL 7(윤활유)

인재상

회사 VISION 실현에 동참할 진취적인 사람

S-OIL은 '아시아 · 태평양 지역에서 가장 경쟁력 있고 존경 받는 에너지 · 화학 기업'으로 성장하겠다는 Vision을 달성하는 데 모든 역량을 강화하고 있습니다.
넓은 세계무대에 우뚝 서겠다는 회사 Vision에 적극 동참할 능동적이고 진취적인 사고를 지닌 인재와 함께하기를 기원합니다.

국제적 감각과 자질을 가진 사람

S-OIL은 아시아 · 태평양 지역의 석유제품 공급허브 역할을 수행하는 글로벌 기업으로서 회사의 위상에 부합하는 국제감각과 세련된 매너, 어학실력 등의 자질을 갖춘 인재와 함께하기를 원합니다.

자율과 팀워크를 중시하는 사람

S-OIL은 공부하는 자세로 자기관리와 자기 계발을 위해 힘쓰되 항상 조직과의 조화를 추구하고 목표를 달성하기 위하여 뜨거운 열정과 자세를 갖춘 인재와 함께하기를 원합니다.

건전한 가치관과 윤리의식을 가진 사람

S-OIL은 건전한 가치관과 윤리의식을 바탕으로 회사 내에서는 동료 간 화합에 힘쓰고 회사 밖에서는 책임감 있는 사회인으로서 회사의 명예와 자긍심을 높일 수 있는 인재와 함께하기를 원합니다.

S-OIL 인적성검사 개요

S-OIL

- 직무적성검사는 3개 영역으로 50문항을 60분 이내에 풀어야 한다.
- 생산직과 그 외 직군의 인적성검사가 다르므로 자신이 어떤 시험에 응시하는지를 확인하고 출제 영역에 대비할 수 있도록 한다.

채용절차

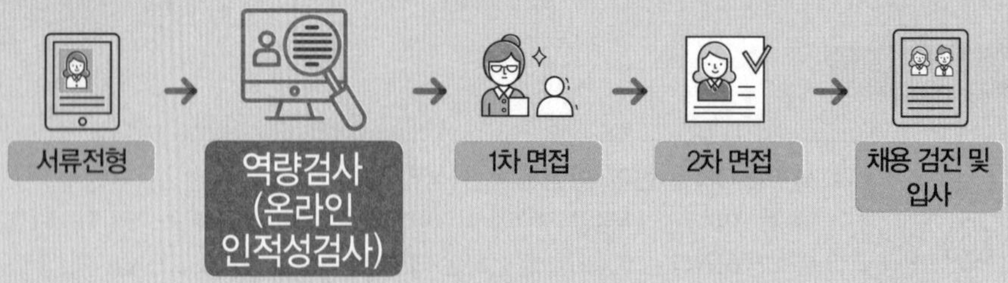

지원 방법 및 자격

- 접수 방법 : 당사 채용홈페이지(s–oil.recruiter.co.kr) 접속 후 온라인 입사지원서 작성
- 병역필 또는 군 면제자로 해외여행에 결격사유가 없는 자
- 대학(원) 기 졸업자 및 졸업예정자
- 장애인 및 보훈 인력은 관계 법령에 의거하여 우대
- 영어 말하기 성적(TOEIC Speaking 또는 OPIc) 보유자
  ※ 영어권 해외대학 졸업자 및 졸업예정자의 경우 영어 말하기 성적 제출 면제

구성 및 유형

구성	영역	문항 수	시간(분)	출제유형
적성검사	언어	15문항	20분	주제 찾기, 문단 배열, 독해(일치, 불일치)
	수리	20문항	25분	응용수리, 자료해석
	도형추리	15문항	15분	도형(규칙, 패턴)
인성검사		420~460문항	60분	척도 표시형

온라인 인적성검사 주의사항

- 시험장소는 타인과의 접촉이 없고 1인 1실로 응시가 가능한 독립된 공간이어야 한다.
- 주민등록증, 운전면허증, 여권(유효기간 내), 외국인등록증 중 1개를 시험 보기 전 등록해야 한다.
- 휴대폰, 휴대폰 거치대, 노트북, 웹캠, 노트북 및 휴대폰 충전기 등을 미리 준비하여 세팅한다.
- 검사 시작 10분 전부터 화장실 이용이 금지되며, 휴대 전화가 꺼져 있는지 확인한다.
- 측면 상단에 메모를 하거나 그림을 그릴 수 있으며, 측면 하단에는 계산기가 있다.
- 프로그램에서 제공한 기능을 제외한 별도의 종이, 계산기, 필기도구는 사용할 수 없다.

합격 전략

- 온라인 시험으로 치르면서 영역, 문항 수가 줄었지만 언어 영역에서 긴 지문의 문제를 풀 때 빠르게 답을 찾는 연습이 필요하다.
- 수리력은 수학의 기본원리를 바탕으로 문제에 접근하는 능력을 측정하는 문제가 출제되므로 기본적인 공식은 미리 파악해 둔다.
- 도형추리의 경우 1문제당 1분 이내에 풀어야 하므로 규칙, 패턴 문제를 꾸준히 연습한다.
- 오답 감점제가 있으므로 모르는 문제는 찍지 말고 넘어가는 것이 좋다.

고시넷 S-OIL 인적성검사 최신기출유형모의고사

영역별 출제비중

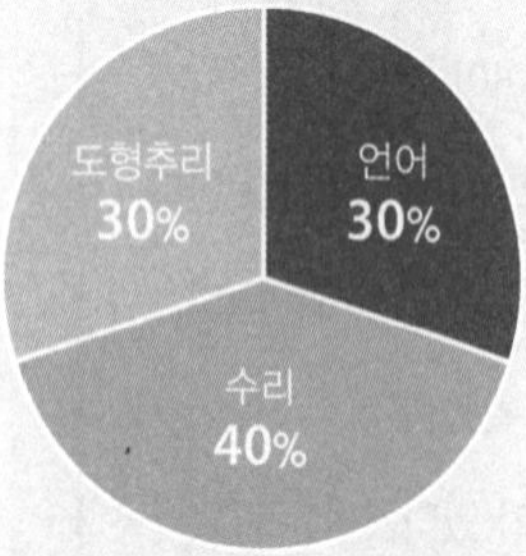

▶ 언어 : 세부내용 이해하기, 주제 파악하기, 문단 순서 배열하기
▶ 수리 : 수치 계산하기, 자료 분석하기
▶ 도형추리 : 도형의 변화 규칙 파악하기

S-OIL 인적성검사는 크게 1. 언어 2. 수리 3. 도형추리 총 세 가지 영역으로 출제되고 있다. 언어는 글을 읽고 세부내용과 중심내용을 파악해 문장의 사실 여부를 분석하고, 문맥에 맞게 글의 순서를 배열할 수 있는지 평가하는 영역이다. 수리는 식을 세워 수치를 계산하고 도표 자료를 분석할 수 있는지 평가하는 영역이다. 도형추리는 도형의 변화 규칙을 파악하거나 제시된 규칙을 적용하여 결과로 도출되는 도형을 추리할 수 있는지 평가하는 영역이다.

S-OIL 인적성검사

파트 1 영역별 빈출이론

1장

언어능력

기본적인 단어의 의미를 파악하고 문맥으로 단어의 적확한 뜻을 유추할 수 있는지, 주어진 글의 논리적 전개 순서를 파악하고 문단 요지 및 주제를 빠르게 분석하는지를 평가하는 능력이다.

빈출 1 독해의 원리와 유형

01 언어

1 사실적 독해

1. 개념

글을 구성하는 단어, 문장, 문단의 내용을 정확히 이해하거나 글에 나타난 개념이나 문자 그대로를 이해하는 것을 말한다.

2. 해결 전략

(1) 각 문단의 중심내용을 통해 글의 주제를 파악한다.

(2) 글의 세부적 내용을 확인하고 글에 쓰인 서술 전략을 파악한다.

(3) 글의 내용이 뒤섞인 경우, 논리적 흐름에 따라 글의 전개 순서를 파악한다.

3. 사실적 독해 유형

(1) 주제 찾기

- 필자가 전달하고자 하는 글의 주제, 중심내용, 의도를 찾는 유형이다.

Step 1 제시문의 문단별 중심 문장, 핵심 소재를 파악한다.

- 중심 문장은 각 문단의 처음이나 끝에 나오는 경우가 많다.
- 각 문단의 중심 문장은 나머지 내용들을 포괄하는 문장이다.
- '따라서', '즉', '그러므로', '결국', '요컨대', '그러나', '하지만' 등 접속사 뒤의 문장이 중심 문장이 된다.
- 예가 뒷받침하는 내용이 중심 문장이 된다.
- 글쓴이의 생각, 가치 판단이 들어 있는 문장에 집중한다.
- 분류가 쓰였을 경우, 분류의 기준이 중심 문장이 된다.
- 대립적인 견해를 중심으로 설명하는 경우, 결론 부분에 유의한다.

⬇

Step 2 선택지에서 제시문의 내용에서 확인할 수 있는 선택지를 찾는다.

⬇

Step 3 중심 문장의 내용과 핵심 소재를 가장 잘 반영하는 것이나 중심 문장을 유도할 수 있는 질문을 찾는다.

(2) 내용일치

• 제시된 글에 정보, 내용을 정확하게 파악하여 선택지의 내용이 본문과 일치하는 것을 찾는다.

Step 1 글의 진술과 선택지의 진술 내용이 일치하는지를 찾기 위해서 먼저 선택지의 핵심어를 점검한다.

⬇

Step 2 선택지의 핵심어가 진술된 해당 문단을 찾는다.

⬇

Step 3 문단별 세부 내용을 비교하며 일치 여부를 파악한다.

(3) 전개방식 이해[서술 전략]

• 글에 쓰인 서술 방식이나 내용 연결 구조가 단답형이거나 글 전체의 서술 전략을 문장형으로 찾는다.

Step 1 선택지에 제시된 서술 전략을 파악하고 문장형으로 제시된 경우, 선택지의 핵심어를 정리한다.

⬇

Step 2 선택지의 서술 전략이 나온 해당 문단을 제시문에서 찾는다.

⬇

Step 3 해당 문단에서 서술 전략이 확인되는지 파악한다.

(4) 문장, 문단 배열하기

• 글의 내용이 어떤 순서로 전개되는 것이 적절한지 묻는 유형으로 문단, 문장의 논리적 배열순서, 특정 문단이나 문장이 전체 글의 어떤 부분에 들어가는 것이 적합한지를 묻는 유형이다.

Step 1 맨 처음, 중간, 끝에 배열될 문단이나 문장을 확인한다.

- 다른 문단에서 언급한 소재를 포괄적으로 언급하는 문단은 맨 처음이나 끝에 온다.
- 전체를 포괄하는 문단이 맨 처음에 올 때에는 문단의 첫 머리에 접속부사나 지시어가 오지 않고 전체에서 말한 소재 순으로 뒤의 내용이 전개된다.
- 전체를 포괄하는 문단이 맨 끝에 나올 때는 결론을 유도하는 접속부사가 쓰이고 전체에서 언급한 소재 순으로 앞의 내용이 전개된다.
- 접속부사나 지시어로 시작하는 문단이나 문장은 맨 앞에 올 수 없다.

⬇

Step 2 지시어와 접속부사에 따라 글 내용 연결이 자연스러운지 확인한다.

⬇

Step 3 내용의 논리 관계가 성립하는지 확인한다.

- 서사, 과정, 인과, 주지–예시 등의 논리 관계가 성립하는지 확인한다.

2 추론적 독해

1. 개념

글에서 생략된 내용을 추론하거나 숨겨진 필자의 의도, 목적 등을 추론하는 것으로 독자는 자신의 지식과 경험, 문맥, 글에 나타난 표지 등을 이용하여 생략된 내용을 추론하여 의미를 구성하는 것이다.

2. 해결 전략

(1) 글을 읽으면서 뒤에 이어질 내용이나 접속어, 결론 등을 추론해 보고 다른 상황에 적용할 수 있는지를 유추해 본다.

(2) 생략된 내용을 추론할 때는 빈칸 앞과 뒤의 문장에 주목한다.

(3) 글쓴이의 의도를 파악할 때는 문맥에 유의하여 글 전체의 분위기와 논조를 파악한다.

3. 글의 추론 유형

(1) 논리 추론

• 글에 언급된 내용을 이해한 뒤 글쓴이의 의도, 관점, 전제, 드러나지 않은 정보나 생략된 내용을 어떻게 추론할 수 있는지를 검토한다.

Step 1 제시문에 언급된 글쓴이의 전제, 의도, 관점, 태도 내용 등을 파악한다.

⬇

Step 2 선택지의 내용을 기반으로 제시문에 추론의 근거가 있는지 파악한다.

⬇

Step 3 추론에 예외가 없는지, 추론 방식에 모순은 없는지 확인한다.

(2) 문맥적 의미 추론

• 글 전체의 맥락에 따라 주제를 파악한 뒤 소재, 단어, 문장의 문맥적 의미를 파악한다.

Step 1 제시문 전체의 주제나 대립적인 관점을 찾는다.

⬇

Step 2 밑줄 친 부분이 앞뒤 맥락에 따라 주제와 관련된 관점이나 대립적인 관점 중 어디에 속하는지 파악한다.

⬇

Step 3 소재나 단어의 의미가 주제나 관점과 일치하는지, 밑줄 친 부분의 의미가 주제나 관점에서 벗어나지 않는지 점검한다.

(3) 빈칸 추론

• 글을 읽으면서 뒤에 이어질 내용이나 접속어, 결론 등을 추리해 보고 다른 상황에 적용할 수 있는지를 유추하며, 글쓴이의 입장 등을 생각하며 읽는다.

Step 1 제시문 전체의 주제나 관점을 파악한다.

⬇

Step 2 빈칸 앞뒤에 단서가 될 내용이나 단어를 파악한다.

⬇

Step 3 선택지의 단어나 문장이 주제나 관점과 일치하는지 점검한다.

3 글의 비판적 이해

1. 개념

글의 사실적인 이해와 추론적인 이해를 넘어서 글의 내용에 대해 판단하여 읽는 것으로 글에 나타난 주제, 글의 구성, 자료의 정확성과 적절성 등을 비판적으로 읽는다.

2. 해결 전략

(1) 글의 논리상 오류가 무엇인지 파악한다.

(2) 글의 주제와 관련되지 않은 내용이 글에 제시되지 않았는지 판단, 평가한다.

3. 유형

(1) 비판하기

• 글에 나타난 글쓴이의 주장에 대해 반론, 자료의 정확성과 적절성 등을 판단할 수 있어야 하고 논증의 사례, 논리적 오류 등을 파악할 수 있어야 한다.

Step 1 글의 주장과 근거를 찾고, 논리적 오류가 없는지 파악한다.

• 제시문에 드러난 사고 과정의 오류를 점검해야 한다.

⬇

Step 2 선택지에서 주장의 근거를 반박할 수 있는 내용을 찾는다.

• 주장에 대해 단순한 반대를 위한 비판은 타당하지 않다.

⬇

Step 3 근거의 타당성과 적절성을 판단한다.

빈출 2 글의 전개방식

1 비교

둘 이상의 사물이나 현상 등을 견주어 공통점이나 유사점을 설명하는 방법

예 영화는 스크린이라는 공간 위에 시간적으로 흐르는 예술이며, 연극은 무대라는 공간 위에 시간적으로 흐르는 예술이다.

2 대조

둘 이상의 사물이나 현상 등을 견주어 상대되는 성질이나 차이점을 설명하는 방법

예 고려는 숭불정책을 지향한 데 비해 조선은 억불정책을 취하였다.

3 분류

작은 것(부분, 종개념)들을 일정한 기준에 따라 큰 것(전체, 유개념)으로 묶는 방법

예 서정시, 서사시, 극시는 시의 내용을 기준으로 나눈 것이다.

4 분석

하나의 대상이나 관념을 그 구성 요소나 부분들로 나누어 설명하는 방법

예 물고기는 머리, 몸통, 꼬리, 지느러미 등으로 되어 있다.

5 정의

시간의 흐름과 관련이 없는 정태적 전개방식으로 어떤 대상의 본질이나 속성을 설명할 때 쓰이는 전개방식. '종차+유개념'의 구조를 지니는 논리적 정의와 추상적이거나 매우 복잡한 개념을 정의할 때 쓰이는 확장적 정의가 있음.

6 유추

생소한 개념이나 복잡한 주제를 보다 친숙하고 단순한 것과 비교하여 설명하는 방법. 서로 다른 범주에 속하는 사물 간의 유사성을 드러내어 간접적으로 설명하는 방법이기 때문에 유추에 의해 진술된 내용은 사실성이 떨어질 가능성이 있음.

7 논증

논리적인 근거를 내세워 어느 하나의 결론이 참이라는 것을 증명하는 방법

1. **명제** : 사고 내용 및 판단을 단적으로 진술한 주제문, 완결된 평서형 문장 형식

(1) **사실 명제** : 진실성과 신빙성에 근거하여 존재의 진위를 판별할 수 있는 명제

예 '홍길동전'은 김만중이 지은 한문 소설이다.

(2) **정책 명제** : 타당성에 근거하여 어떤 대상에 대한 의견을 내세운 명제

예 농촌 경제를 위하여 농축산물의 수입은 억제되어야 한다.

(3) **가치 명제** : 공정성에 근거하여 주관적 가치 판단을 내린 명제

예 인간의 본성은 선하다.

(4) **논거** : 명제를 뒷받침하는 논리적 근거, 즉 주장의 타당함을 밝히기 위해 선택된 자료

① 사실 논거 : 객관적 사실로써 증명될 수 있는 논거로 객관적 지식이나 역사적 사실, 통계적 정보 등이 해당된다.

② 소견 논거 : 권위자의 말을 인용하거나 일반적인 여론을 근거로 삼는 논거

8 묘사

묘사란 대상을 그림 그리듯이 글로써 생생하게 표현해내는 진술방식

(1) **객관적(과학적, 설명적) 묘사** : 대상의 세부적 사실을 객관적으로 표현하는 진술방식으로, 정확하고 사실적인 정보 전달이 목적

(2) **주관적(인상적, 문학적) 묘사** : 글쓴이의 대상에 대한 주관적인 인상이나 느낌을 그려내는 것으로, 상징적인 언어를 사용하며 주로 문학 작품에 많이 쓰임

9 서사

행동이나 상태가 진행되는 움직임을 시간의 경과에 따라 표현하는 진술방식으로 '무엇이 발생하였는가?'에 관한 질문에 답하는 것

10 과정

어떤 특정한 목표나 결말을 가져오게 하는 일련의 행동, 변화, 기능, 단계, 작용 등에 초점을 두고 글을 전개하는 방법

11 인과

어떤 결과를 가져오게 한 원인 또는 그 원인에 의해 결과적으로 초래된 현상에 초점을 두고 글을 전개하는 방법

빈출 3 글의 유형

1 논설문

1. **정의** : 문제에 대한 자신의 주장이나 의견을 논리정연하게 펼쳐서 정당성을 증명하거나 자기가 원하는 방향으로 독자의 생각이나 태도를 변화시키기 위해 쓰는 글이다.

2. **요건** : 명제의 명료성과 공정성, 논거의 확실성, 추론의 논리성, 용어의 정확성

3. **논설문의 유형**

유형 / 구분	설득적 논설문	논증적 논설문
목적	상대편을 글쓴이의 의견에 공감하도록 유도	글쓴이의 사고, 의견을 정확한 근거로 증명
방법	지적인 면과 감정적인 부분에 호소	지적인 면과 논리적인 부분에 호소
언어 사용	지시적인 언어를 주로 사용하지만 때로는 함축적 언어도 사용	지시적인 언어만 사용
주제	정책 명제	가치 명제, 사실 명제
용례	신문의 사설, 칼럼	학술 논문

4. **독해 요령**

(1) 사용된 어휘가 지시적 의미임을 파악하며 주관적인 해석이 생기지 않도록 한다.

(2) 주장 부분과 증명 부분을 구분하여 필자가 주장하는 바를 올바로 파악해야 한다.

(3) 필자의 견해에 오류가 없는지를 살피는 비판적인 자세가 필요하다.

(4) 지시어, 접속어 사용에 유의하여 필자의 논리 전개의 흐름을 올바로 파악한다.

(5) 필자의 주장, 반대 의견을 구분하여 이해하도록 한다.

(6) 논리적 사고를 통해 읽음으로써 필자의 주장한 바를 이해하고 나아가 비판적 자세를 통해 자기의 의견을 세울 수 있어야 한다.

2 설명문

1. 정의

어떤 사물이나 사실을 쉽게 일러주는 진술방식으로 독자의 이해를 돕는 글이다.

2. 요건

(1) **논리성** : 내용이 정확하고 명료해야 한다.

(2) **객관성** : 주관적인 의견이나 주장이 배제된 보편적인 내용이어야 한다.

(3) **평이성** : 문장이나 용어가 쉬워야 한다.

(4) **정확성** : 함축적 의미의 언어를 배제하고 지시적 의미의 언어로 기술해야 한다.

3. 독해 요령

추상적 진술과 구체적 진술을 구분해 가면서 주요 단락과 보조 단락을 나누고 배경지식을 적극적으로 활용하며 단락의 통일성과 일관성을 확인한다. 또한 글의 설명 방법과 전개 순서를 파악하며 읽는다.

3 기사문

1. 정의

생활 주변에서 일어나는 사건을 발생 순서에 따라 객관적으로 쓰는 글로 육하원칙에 입각하여 작성한다.

2. 특징

객관석, 신속성, 간결성, 보도성, 정확성

3. 형식

(1) **표제** : 내용을 요약하여 몇 글자로 표현한 것이다.

(2) **전문** : 표제 다음에 나오는 한 문단 정도로 쓰인 부분으로 본문의 내용을 육하원칙에 의해 간략하게 요약한 것이다.

(3) **본문** : 기사 내용을 구체적으로 서술한 부분이다.

(4) **해설** : 보충사항 등을 본문 뒤에 덧붙이는 것으로 생략 가능하다.

4. 독해 요령

사실의 객관적 전달에 주관적 해설이 첨부되므로 사실과 의견을 구분하여 읽어야 하며 비판적이고 주체적인 태도로 정보를 선별하는 것이 필요하다. 평소에 신문 기사를 읽고 그 정보를 실생활에서 재조직하여 활용하는 자세가 필요하다.

4 보고문

1. 정의

조사 · 연구 등의 과정이나 결과를 보고하기 위하여 쓰는 글이다.

2. 특징

객관성, 체계성, 정확성, 논리성

3. 작성 요령

독자를 정확히 파악, 본래 목적과 범위에서 벗어나지 않도록 하며 조사한 시간과 장소를 정확히 밝히고 조사자와 보고 연 · 월 · 일을 분명히 밝힌다.

5 공문서

1. 정의

행정기관에서 공무원이 작성한 문서로 행정상의 일반적인 문서이다.

2. 작성 요령

간단명료하게 작성하되 연 · 월 · 일을 꼭 밝혀야 하며 중복되는 내용이나 복잡한 부분이 없어야 한다.

3. 기능

(1) **의사 전달의 기능** : 조직체의 의사를 내부나 외부로 전달해 준다.

(2) **의사 보존의 기능** : 업무 처리 결과의 증거 자료로써 문서가 필요할 때나 업무 처리의 결과를 일정 기간 보존할 필요가 있을 때 활용한다.

(3) **자료 제공의 기능** : 문서 처리가 완료되어 보존된 문서는 필요할 때 언제든지 다시 활용되어 행정 활동을 촉진한다.

6 기획서

아이디어를 내고 기획한 하나의 프로젝트를 문서 형태로 만들어 상대방에게 전달하고 시행하도록 설득하는 문서이다.

7 기안서

회사의 업무에 대한 협조를 구하거나 의견을 전달할 때 작성하며, 흔히 사내 공문서로 불린다.

8 보도자료

정부기관이나 기업체, 각종 단체 등이 언론을 대상으로 자신의 정보가 기사로 보도되도록 하기 위해 보내는 자료이다.

9 자기소개서

개인의 가정환경과 성장과정, 입사동기와 근무 자세 등을 구체적으로 기술하여 자신을 소개하는 문서이다.

10 비즈니스 레터(E-mail)

사업상 고객이나 단체를 대상으로 쓰는 편지로 업무나 개인 간의 연락 또는 직접 방문하기 어려운 고객 관리 등을 위해 사용되는 비공식적인 문서이나, 제안서나 보고서 등 공식문서 전달 시에도 사용된다.

11 비즈니스 메모

업무상 중요한 일이나 체크해야 할 일이 있을 때 필요한 내용을 메모 형식으로 작성하여 전달하는 글이다.

종류	내용
전화 메모	업무적인 내용부터 개인적인 전화의 전달사항 등을 간단히 작성하여 당사자에게 전달하는 메모
회의 메모	회의에 참석하지 못한 상사나 동료에게 회의 내용을 간략하게 적어 전달하거나, 회의 내용 자체를 기록하여 참고자료로 남기기 위해 작성한 메모로써 월말이나 연말에 업무 상황을 파악하거나 업무 추진에 대한 궁금증이 있을 때 핵심적인 자료 역할을 함.
업무 메모	개인이 추진하는 업무나 상대의 업무 추진 상황을 적은 메모

빈출 4 다양한 분야의 글

1 인문

1. 정의

인간의 조건에 관해 탐구하는 학문으로 경험적인 접근보다는 분석적이고 비판적이며 사변적인 방법을 폭넓게 사용한다. 인문학의 분야로는 철학과 문학, 역사학, 고고학, 언어학, 종교학, 여성학, 미학, 예술, 음악, 신학 등이 있다.

2. 출제 분야

역사	시대에 따른 사회의 변화양상을 밝히거나 특정한 분야의 변화양상을 중심으로 기술되는 경우가 있음. 또한 역사를 보는 관점이나 가치관, 역사 기술의 방법 등을 내용으로 하는 경우도 있음.
철학	인생관이나 세계관을 묻는 문제가 많음. 인간의 기본이 되는 건전한 도덕성과 올바른 가치관의 함양을 통한 인간됨을 목표로 함.
종교 및 기타	종교, 전통, 사상 등 다양한 종류의 지문이 출제됨. 생소한 내용의 지문이 출제되더라도 연구의 대상이 무엇인지 명확히 파악하면 쉽게 접근할 수 있음. 추상적 개념이나 어려운 용어의 객관적인 뜻에 얽매이지 말고 문맥을 통해 이해해야함.

3. 출제 경향

(1) 인문 제재의 글은 가치관의 문제를 다룬 글이 많으므로 추상적인 개념을 이해하는 능력이 필요하다.

(2) 어려운 용어가 많이 등장하므로 단어의 객관적인 뜻에 얽매이지 말고 문맥을 통해 이해하도록 한다.

(3) 지문을 읽을 때에는 연구의 대상이 무엇인지를 명확히 해야 한다. 자주 반복되는 어휘에 주목하고 단락별 핵심어를 찾아 연결하며 읽는 것이 효과적인 방법이다. 이러한 방법은 전체적인 흐름을 이해하고 주제를 찾는 데 도움이 된다.

(4) 인문 분야의 지문에서는 단어의 문맥적 의미를 묻는 문제가 자주 나옴에 유의하는 것이 좋다.

2 사회

1. 정의

일정한 경계가 설정된 영토에서 종교 · 가치관 · 규범 · 언어 · 문화 등을 상호 공유하고 특정한 제도와 조직을 형성하여 질서를 유지하는 인간집단에 관한 글이다.

2. 출제 분야

분야	내용
정치	정치학의 지식을 이용함으로써 정치 체계를 이해함. 다양한 정치 이론과 사상, 정치 제도, 정당 집단 및 여론의 역할, 국제 정치의 움직임 등에 관심을 갖고 이에 대한 비판적인 인식을 길러야 함.
경제	재화와 용역을 생산, 분배, 소비하는 활동 및 그와 직접 관련되는 질서와 행위의 총체로서 우리 생활에 매우 큰 영향을 미치는 사회 활동. 경제 교육의 중요성이 대두되고 있는 시점에서 출제 빈도도 높으므로 이론적인 것만이 아닌 실생활과 결부된 경제 지식이 요구됨.
문화	문화 일반에 관한 설명과 더불어 영화, 연극, 음악, 미술 등 문화의 구체적인 분야에 대한 이해, 전통문화와 외래문화, 혹은 대중문화와의 관계에 대한 논의 등이 폭넓게 다루어지고 있음.
국제/여성	국제적인 사건이나 변동의 추세를 평소에 잘 파악해두고 거시적인 안목으로 접근해야 함. 사회에서 여성의 지위나 역할 등에 대한 이해와 글쓴이의 견해 파악이 중요함.

3. 출제 경향

(1) 시사성이 강하고 논리적이면서 많은 사람들이 관심을 갖고 쉽게 이해할 수 있는 사회 현상들이 다루어진다.

(2) 지문들은 대체로 시사적인 문제에 대해 필자의 견해를 내세우고 이를 입증해 가는 논리적인 성격을 지니고 있다. 따라서 필자의 견해를 이해하는 사고 능력, 필자의 의도를 추리하는 능력, 필자의 견해를 내 · 외적 준거에 따라 비판하는 능력 등이 주된 평가 요소이다.

(3) 어휘력과 논리적 사고력을 측정하는 문제도 출제되며, 필자의 견해에 근거 또는 새로운 정보를 구성할 수 있는 능력과 견해에 대해 비판적으로 반론을 펼 수 있는 능력을 묻는 문제가 출제된다.

3 과학 · 기술

1. 정의

과학이란 자연에서 보편적 진리나 법칙의 발견을 목적으로 하는 체계적 지식을 의미. 생물학이나 수학과 관련된 지문들이 주로 출제됨. 또한 과학사의 중요한 이론이나 가설 등에 대한 설명이 출제되며, 경우에 따라 현재 사회적 문제가 되고 있는 과학적 현상에 대한 지문도 출제될 수 있다.

2. 출제 분야

천체 · 물리	우주 및 일반 물리 현상에 관한 설명이나 천문 연구의 역사 등을 내용으로 함. 우리나라 역사에 나타난 천문 연구에 대한 글들도 많이 제시되고 있음. 천체/물리 제재는 기초 이론에 대한 설명 위주의 글이 주로 제시되며, 낯선 개념을 접하게 되므로 지문의 내용을 파악하는 문제가 주로 출제됨.
생물 · 화학	생물은 생물의 구조와 기능을, 화학은 물질의 화학 현상과 그 법칙성을 실험 관찰에 의하여 밝혀내는 학문. 최근 유전자 연구가 활발히 진행됨에 따라 윤리의식과 그에 관한 시사적 내용이 다루어질 가능성이 크며, 실생활과 관련하여 기초 과학의 이론도 충분히 검토해야 함.
컴퓨터	계산, 데이터 처리, 언어나 영상 정보 처리 등에 광범위하게 이용되고 있으므로 컴퓨터를 활용한 다른 분야와의 관계를 다룬 통합형 지문이 출제될 수 있음에 주의를 기울여야 함.
환경	일상생활에 직접 영향을 미치는 환경오염문제를 비롯해 생태계 파괴나 지구환경문제 등을 내용으로 함. 환경 관련 지문은 주로 문제 현상에 대한 설명을 통해 경각심을 불러일으키고자 하는 의도나 환경문제의 회복을 위한 여러 대책에 관한 설명이 위주가 되므로 제시된 글의 정보를 정확하게 파악하는 것이 중요함.

4 예술

1. 정의

예술 제재는 일반적 예술론을 다루는 원론적 성격이 강한 글과 구체적인 예술 갈래나 작품 또는 인물에 대한 비평이나 해석을 다룬 각론적이고 실제적인 성격의 글이 번갈아 출제된다.

2. 출제 분야

음악	현대 생활과 연관된 음악의 역할은 물론 동 · 서양의 음악, 한국 전통 음악에 대한 관심도 필요함.
미술 · 건축	건축, 조각, 회화 및 여러 시각적 요소들을 포함한 다양한 장르와 기법이 있음을 염두에 두고 관심을 둘 필요가 있음. 미술은 시대정신의 표현이며, 인간의 개인적 · 집단적 행위를 반영하고 있음을 상기해야 함.
연극 · 영화	사회의 변화를 민감하게 반영하며, 대중과의 공감을 유도한다는 측면에 관심을 갖고 매체의 특징을 살펴보는 작업이 중요함.
스포츠 · 무용	스포츠나 무용 모두 원시시대에는 종교의식이나 무속 행사의 형태로 존재하다가 점차 전문적이고 세부적인 분야로 나뉘게 됨. 따라서 다양한 예술 분야의 원시적 형태와 그에 포함된 의식은 물론 보다 세련된 형태로 발전된 예술 분야의 전문성 및 현대적 의미와 가치에 대해 고찰해볼 필요가 있음.
미학	근래에는 미적 현상의 해명에 사회학적 방법을 적용시키거나 언어분석 방법을 미학에 적용하는 등 다채로운 연구 분야가 개척되고 있으므로 고정된 시각이 아니라 현대의 다양한 관점에서 미를 해석하고 적용할 수 있어야 함.

2장

수리능력

사칙연산과 계산방법을 활용하여 연산 결과의 오류를 판단하고, 직무와 관련이 있는 각종 자료를 분석하여 요구하는 값을 구하거나, 주어진 자료를 활용하여 결과를 도표로 작성할 수 있는지를 평가하는 능력이다.

빈출 1 응용수리

02 수리

1 덧셈의 비교

1. 숫자 각각의 대소를 비교한다.

1,865>1,859

$327+1,865 \ \square \ 321+1,859$

327>321

1,258>1,226

$264+1,258 \ \square \ 1,226+260$

264>260

➜ 숫자 각각의 대소를 비교했을 때 좌변이 더 큰 수이므로 계산 결과도 좌변이 더 크다.

2. 숫자 각각의 증감을 비교한다.

−16

$327+1,865 \ \square \ 309+1,881$

+18

➜ 숫자 각각의 증감을 비교했을 때 18−16=2이므로 계산 결과는 좌변이 더 크다.

2 뺄셈의 비교

1. 빼어지는 수와 빼는 수의 증감을 파악한다.

감소

$1,865-327 \ \square \ 1,871-325$

증가

➜ 빼어지는 수(1,865와 1,871)는 증가, 빼는 수(327과 325)는 감소했으므로 계산 결과는 우변이 더 크다.

2. 숫자 각각의 증감을 비교한다.

+48

1,865 − 327 □ 1,927 − 375

+62

→ 숫자 각각의 증감을 비교했을 때 62−48=14이므로 계산 결과는 우변이 더 크다.

−245

1,865 − 327 □ 1,627 − 82

−238

→ 숫자 각각의 증감을 비교했을 때 −238−(−245)=7이므로 계산 결과는 우변이 더 크다.

3 곱셈의 비교

1. 숫자 각각의 대소를 비교한다.

86.5>85.4

32.7 × 86.5 □ 85.4 × 31.9

32.7>31.9

→ 숫자 각각의 대소를 비교했을 때 좌변이 더 큰 수이므로 계산 결과도 좌변이 더 크다.

2. 비교하기 쉽게 숫자를 조정한다.

300 × 0.1 □ 1,400 × 0.02

5 × 300 × 0.1 □ 1,400 × 0.02 × 5

1,500 × 0.1 □ 1,400 × 0.1

1,500>1,400

→ 숫자를 조정한 후, 숫자 각각의 대소를 비교했을 때 좌변이 더 큰 수이므로 계산 결과도 좌변이 더 크다.

3. 숫자 각각의 증가율을 비교한다.

5% 증가

$300 \times 103 \ \square \ 315 \times 100$

3% 증가

→ 숫자 각각의 증가율을 비교했을 때 5%>3%이므로 계산 결과는 우변이 더 크다.

4 분수의 비교

1. 곱셈을 사용

$\frac{b}{a}$와 $\frac{d}{c}$의 비교(단, a, b, c, $d > 0$)

$bc > ad$이면 $\frac{b}{a} > \frac{d}{c}$

2. 어림셈과 곱셈을 사용

$\frac{47}{140}$과 $\frac{88}{265}$의 비교 → $\frac{47}{140}$은 $\frac{1}{3}$보다 크고 $\frac{88}{265}$은 $\frac{1}{3}$보다 작으므로 $\frac{47}{140} > \frac{88}{265}$

3. 분모와 분자의 배율을 비교

$\frac{351}{127}$과 $\frac{3,429}{1,301}$의 비교

3,429는 351의 10배보다 작고 1,301은 127의 10배보다 크므로 $\frac{351}{127} > \frac{3,429}{1,301}$

4. 분모와 분자의 차이를 파악

$\frac{b}{a}$와 $\frac{b+d}{a+c}$의 비교(단, a, b, c, $d > 0$)

$\frac{b}{a} > \frac{d}{c}$이면 $\frac{b}{a} > \frac{b+d}{a+c}$

$\frac{b}{a} < \frac{d}{c}$이면 $\frac{b}{a} < \frac{b+d}{a+c}$

5 단위환산

단위	단위환산		
길이	• 1cm=10mm • 1in=2.54cm	• 1m=100cm • 1mile=1,609.344m	• 1km=1,000m
넓이	• 1cm^2=100mm^2	• 1m^2=10,000cm^2	• 1km^2=1,000,000m^2
부피	• 1cm^3=1,000mm^3	• 1m^3=1,000,000cm^3	• 1km^3=1,000,000,000m^3
들이	• 1mℓ=1cm^3	• 1dℓ=100cm^3=100mℓ	• 1ℓ=1,000cm^3=10dℓ
무게	• 1kg=1,000g	• 1t=1,000kg=1,000,000g	• 1근=600g
시간	• 1분=60초	• 1시간=60분=3,600초	
할푼리	• 1푼=0.1할	• 1리=0.01할	• 1모=0.001할
데이터 양	• 1KB=1,024B • 1TB=1,024GB	• 1MB=1,024KB • 1PB=1,024TB	• 1GB=1,024MB • 1EB=1,024PB

6 거리 · 속력 · 시간

1. 공식

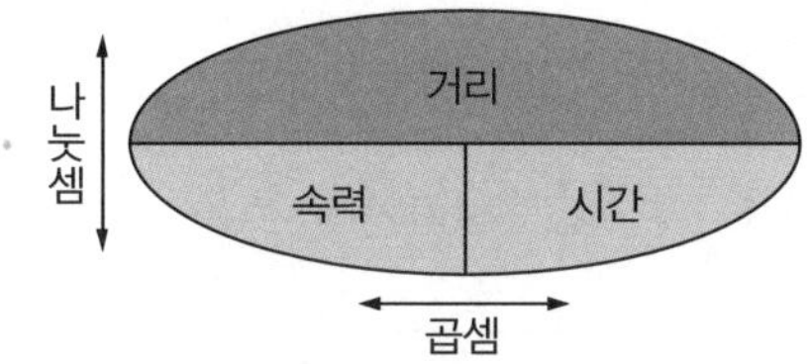

• 거리=속력×시간

• 속력=$\frac{거리}{시간}$

• 시간=$\frac{거리}{속력}$

2. 풀이 방법

거리, 속력, 시간 중 무엇을 구하는 것인지를 파악하여 공식을 적용하고 방정식을 세운다.

• 단위 변환에 주의한다.

• 1km=1,000m • 1m=$\frac{1}{1,000}$km

• 1시간=60분 • 1분=$\frac{1}{60}$시간

7 농도

1. 공식

$$\text{농도}(\%) = \frac{\text{용질(소금)의 질량}}{\text{용액(소금물)의 질량}} \times 100 = \frac{\text{용질의 질량}}{\text{용매의 질량} + \text{용질의 질량}} \times 100$$

2. 풀이 방법

두 소금물 A, B를 하나로 섞었을 때 ➜

(1) (A+B) 소금의 양=A 소금의 양+B 소금의 양

(2) (A+B) 소금물의 양=A 소금물의 양+B 소금물의 양

(3) $(A+B)\ \text{농도} = \frac{(A+B)\ \text{소금의 양}}{(A+B)\ \text{소금물의 양}} \times 100$

8 일의 양

1. 공식

- $\text{일률} = \frac{\text{일량}}{\text{시간}}$
- $\text{일량} = \text{시간} \times \text{일률}$
- $\text{시간} = \frac{\text{일량}}{\text{일률}}$

2. 풀이 방법

(1) 전체 일을 1로 둔다.

(2) 단위시간당 일의 양을 분수로 나타낸다.

9 약 · 배수

1. **공약수** : 두 정수의 공통 약수가 되는 정수, 즉 두 정수가 모두 나누어떨어지는 정수를 말한다.

2. **최대공약수** : 공약수 중에서 가장 큰 수로, 공약수는 그 최대공약수의 약수이다.

3. **서로소** : 공약수가 1뿐인 두 자연수이다.

4. **공배수** : 두 정수의 공통 배수가 되는 정수를 말한다.

5. **최소공배수** : 공배수 중에서 가장 작은 수로, 공배수는 그 최소공배수의 배수이다.

6. **최대공약수와 최소공배수의 관계**

$G\overline{)\ A\ \ B}$ $\quad a\ \ b$	두 자연수 A, B의 최대공약수가 G이고 최소공배수가 L일 때 ➜ $A=a\times G$, $B=b\times G$(a, b는 서로소)라 하면 $L=a\times b\times G$가 성립한다.

7. **약수의 개수**

자연수 n이 $p_1^{e_1}p_2^{e_2}\cdots p_k^{e_k}$로 소인수분해될 때, n의 약수의 개수는 $(e_1+1)(e_2+1)\cdots(e_k+1)$개이다.

10 손익계산

1. **공식**

- $\text{정가}=\text{원가}\times\left(1+\dfrac{\text{이익률}}{100}\right)$
- $\text{정가}=\text{원가}+\text{이익}$
- $\text{할인율}(\%)=\dfrac{\text{정가}-\text{할인가(판매가)}}{\text{정가}}\times 100$
- $\text{할인가}=\text{정가}\times\left(1-\dfrac{\text{할인율}}{100}\right)=\text{정가}-\text{할인액}$
- $\text{이익}=\text{원가}\times\dfrac{\text{이익률}}{100}$

2. **풀이 방법**

(1) 정가가 원가보다 a원 비싸다. → 정가=원가$+a$

(2) 정가가 원가보다 $b\%$ 비싸다. → 정가=원가$\times\left(1+\dfrac{b}{100}\right)$

(3) 판매가가 정가보다 c원 싸다. → 판매가=정가$-c$

(4) 판매가가 정가보다 $d\%$ 싸다. → 판매가=정가$\times\left(1-\dfrac{d}{100}\right)$

11 원리합계

1. 정기예금

(1) 단리 : 원금에 대해서만 이자를 붙이는 방식이다.

$$S=A(1+rn)$$

** S : 원리합계, A : 원금, r : 연이율, n : 기간(년)

예

원금 100만 원, 연 10% 단리

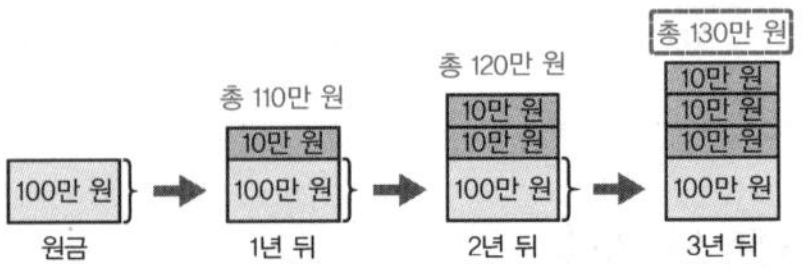

(2) 복리 : 원금뿐만 아니라 원금에서 생기는 이자에도 이자를 붙이는 방식이다.

$$S=A(1+r)^n$$

** S : 원리합계, A : 원금, r : 연이율, n : 기간(년)

예

원금 100만 원, 연 10% 복리

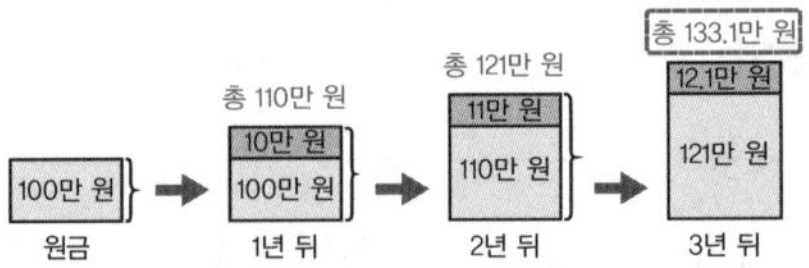

2. 정기적금

(1) 기수불 : 각 단위기간의 첫날에 적립하는 방식으로 마지막에 적립한 예금도 단위기간 동안의 이자가 발생한다.

예

- 단리 : $S=An+A\times r\times\dfrac{n(n+1)}{2}$
- 복리 : $S=\dfrac{A(1+r)\{(1+r)^n-1\}}{r}$

→

** S : 원리합계, A : 원금, r : 연이율, n : 기간(년)

(2) 기말불 : 각 단위기간의 마지막 날에 적립하는 방식으로 마지막에 적립한 예금은 이자가 발생하지 않는다.

예

- 단리 : $S=An+A\times r\times\dfrac{n(n-1)}{2}$
- 복리 : $S=\dfrac{A\{(1+r)^n-1\}}{r}$

→

** S : 원리합계, A : 원금, r : 연이율, n : 기간(년)

3. 72의 법칙

이자율을 복리로 적용할 때 투자한 돈이 2배가 되는 시간을 계산하는 방법이다.

$$\text{원금이 2배가 되기까지 걸리는 시간(년)} = \frac{72}{\text{이자율(\%)}}$$

12 간격

1. 직선상에 심는 경우

구분	양쪽 끝에도 심는 경우	양쪽 끝에는 심지 않는 경우	한쪽 끝에만 심는 경우
필요한 나무 수	$\frac{\text{직선 길이}}{\text{간격 길이}}+1=\text{간격의 수}+1$	$\frac{\text{직선 길이}}{\text{간격 길이}}-1=\text{간격의 수}-1$	$\frac{\text{직선 길이}}{\text{간격 길이}}=\text{간격의 수}$
직선 길이	간격 길이×(나무 수−1)	간격 길이×(나무 수+1)	간격 길이×나무 수

2. 원 둘레상에 심는 경우

(1) 공식

- 필요한 나무 수 : $\frac{\text{둘레 길이}}{\text{간격 길이}}=\text{간격의 수}$
- 둘레 길이 : 간격 길이×나무 수

(2) 원형에 나무를 심을 때 특징

간격의 수와 나무의 수가 같다. ➜

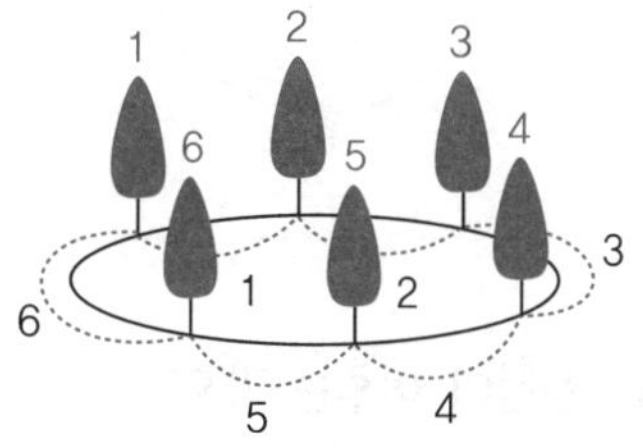

간격의 수가 6이면, 나무의 수=6그루

(3) 풀이 순서

① 일직선상에 심는 경우인지 원형상에 심는 경우인지 구분한다.

② 공식을 적용하여 풀이한다.

13 나이 · 시계각도

1. 나이

(1) x년이 흐른 뒤에는 모든 사람이 x살씩 나이를 먹는다.

(2) 시간이 흘러도 객체 간의 나이 차이는 동일하다.

2. 시침의 각도

예

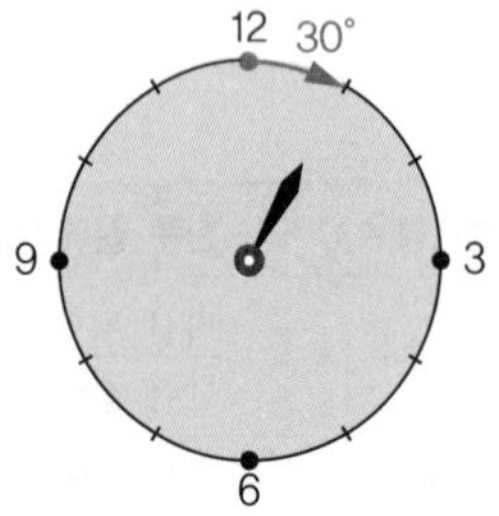

→

- 12시간 동안 회전한 각도 : 360°
- 1시간 동안 회전한 각도 : 360°÷12=30°
- 1분 동안 회전한 각도 : 30°÷60=0.5°
  ↳ X시 Y분일 때 시침의 각도 : $30°X+0.5°Y$

3. 분침의 각도

예

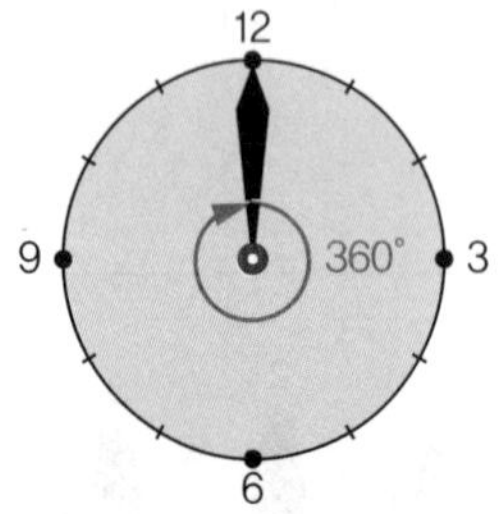

→

- 1시간 동안 회전한 각도 : 360°
- 1분 동안 회전한 각도 : 360°÷60=6°
  ↳ X시 Y분일 때 분침의 각도 : $6°Y$

4. 시침과 분침이 이루는 각도

예

X시 Y분일 때 시침과 분침이 이루는 각도

→

예

$|(30°X+0.5°Y)-6°Y|=|30°X-5.5°Y|$
(단, 각도 A가 180°보다 클 경우 $360°-A$를 한다)

14 곱셈공식

- $(a \pm b)^2 = a^2 \pm 2ab + b^2$
- $(a \pm b)^3 = a^3 \pm 3a^2b + 3ab^2 \pm b^3$
- $(ax+b)(cx+d) = acx^2 + (ad+bc)x + bd$
- $(a+b+c)^2 = a^2+b^2+c^2+2ab+2bc+2ca$
- $a^2+b^2 = (a \pm b)^2 \mp 2ab$
- $(a+b)(a-b) = a^2 - b^2$
- $(x+a)(x+b) = x^2 + (a+b)x + ab$
- $(a \pm b)^2 = (a \mp b)^2 \pm 4ab$
- $(a \pm b)(a^2 \mp ab + b^2) = a^3 \pm b^3$
- $a^2 + \frac{1}{a^2} = \left(a \pm \frac{1}{a}\right)^2 \mp 2$ (단, $a \neq 0$)

15 집합

1. **집합** : 주어진 조건에 의하여 그 대상을 명확하게 구분할 수 있는 모임이다.

2. **부분집합** : 두 집합 A, B에 대하여 집합 A의 모든 원소가 집합 B에 속할 때, 집합 A는 집합 B의 부분집합($A \subset B$)이라 한다.

3. **집합의 포함 관계에 대한 성질**

임의의 집합 A, B, C에 대하여
- $\varnothing \subset A$, $A \subset A$
- $A \subset B$이고 $B \subset A$이면 $A = B$
- $A \subset B$이고 $B \subset C$이면 $A \subset C$

4. **합집합, 교집합, 여집합, 차집합**

합집합	교집합
$A \cup B = \{x \mid x \in A$ 또는 $x \in B\}$ 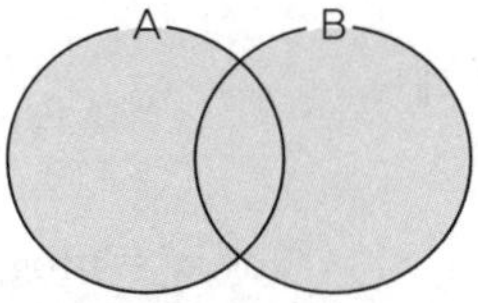	$A \cap B = \{x \mid x \in A$이고 $x \in B\}$ 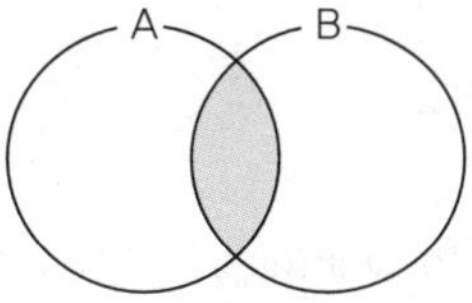
여집합	**차집합**
$A^c = \{x \mid x \in U$이고 $x \notin A\}$ 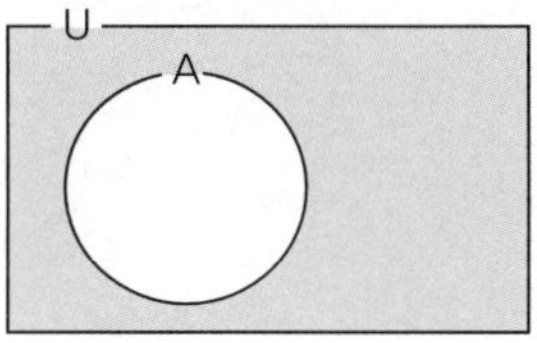	$A - B = \{x \mid x \in A$이고 $x \notin B\}$ 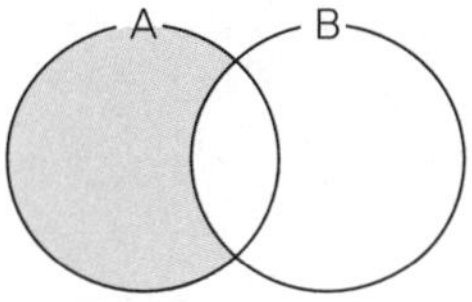

5. 집합의 연산법칙

• 교환법칙	$A \cup B = B \cup A$, $A \cap B = B \cap A$
• 결합법칙	$(A \cup B) \cup C = A \cup (B \cup C)$, $(A \cap B) \cap C = A \cap (B \cap C)$
• 분배법칙	$A \cup (B \cap C) = (A \cup B) \cap (A \cup C)$, $A \cap (B \cup C) = (A \cap B) \cup (A \cap C)$
• 드모르간의 법칙	$(A \cup B)^c = A^c \cap B^c$, $(A \cap B)^c = A^c \cup B^c$
• 차집합의 성질	$A - B = A \cap B^c$
• 여집합의 성질	$A \cup A^c = U$, $A \cap A^c = \varnothing$

16 지수와 로그법칙

1. 지수법칙

$a > 0$, $b > 0$이고 m, n이 임의의 실수일 때

- $a^m \times a^n = a^{m+n}$
- $a^m \div a^n = a^{m-n}$
- $(a^m)^n = a^{mn}$
- $(ab)^m = a^m b^m$
- $\left(\frac{a}{b}\right)^m = \frac{a^m}{b^m}$ (단, $b \neq 0$)
- $a^0 = 1$
- $a^{-n} = \frac{1}{a^n}$ (단, $a \neq 0$)

2. 로그법칙

- 로그의 정의 : $b = a^x \Leftrightarrow \log_a b = x$ (단, $a > 0$, $a \neq 1$, $b > 0$)

$a > 0$, $a \neq 1$, $x > 0$, $y > 0$일 때

- $\log_a xy = \log_a x + \log_a y$
- $\log_a \frac{x}{y} = \log_a x - \log_a y$
- $\log_a x^p = p \log_a x$
- $\log_a \sqrt[p]{x} = \frac{\log_a x}{p}$
- $\log_a x = \frac{\log_b x}{\log_b a}$ (단, $b > 0$, $b \neq 1$)

17 제곱근

1. 제곱근

어떤 수 x를 제곱하여 a가 되었을 때, x를 a의 제곱근이라 한다.

→ 예

$x^2 = a \Leftrightarrow x = \pm\sqrt{a}$ (단, $a \geq 0$)

2. 제곱근의 연산

$a>0$, $b>0$일 때

- $m\sqrt{a}+n\sqrt{a}=(m+n)\sqrt{a}$
- $m\sqrt{a}-n\sqrt{a}=(m-n)\sqrt{a}$
- $\sqrt{a}\sqrt{b}=\sqrt{ab}$
- $\sqrt{a^2b}=a\sqrt{b}$
- $\dfrac{\sqrt{a}}{\sqrt{b}}=\sqrt{\dfrac{a}{b}}$

3. 분모의 유리화

분모의 유리화 : 분수의 분모가 근호를 포함한 무리수일 때 분모, 분자에 0이 아닌 같은 수를 곱하여 분모를 유리수로 고치는 것이다.

$a>0$, $b>0$일 때

- $\dfrac{a}{\sqrt{b}}=\dfrac{a\sqrt{b}}{\sqrt{b}\sqrt{b}}=\dfrac{a\sqrt{b}}{b}$
- $\dfrac{\sqrt{a}}{\sqrt{b}}=\dfrac{\sqrt{a}\sqrt{b}}{\sqrt{b}\sqrt{b}}=\dfrac{\sqrt{ab}}{b}$
- $\dfrac{1}{\sqrt{a}+\sqrt{b}}=\dfrac{\sqrt{a}-\sqrt{b}}{(\sqrt{a}+\sqrt{b})(\sqrt{a}-\sqrt{b})}=\dfrac{\sqrt{a}-\sqrt{b}}{a-b}$ (단, $a \neq b$)
- $\dfrac{1}{\sqrt{a}-\sqrt{b}}=\dfrac{\sqrt{a}+\sqrt{b}}{(\sqrt{a}-\sqrt{b})(\sqrt{a}+\sqrt{b})}=\dfrac{\sqrt{a}+\sqrt{b}}{a-b}$ (단, $a \neq b$)

18 방정식

1. 이차방정식의 근의 공식

$ax^2+bx+c=0$일 때(단, $a \neq 0$) $x=\dfrac{-b\pm\sqrt{b^2-4ac}}{2a}$

2. 이차방정식의 근과 계수와의 관계 공식

- $ax^2+bx+c=0$(단, $a \neq 0$)의 두 근이 α, β일 때 ➜ $\alpha+\beta=-\dfrac{b}{a}$　$\alpha\beta=\dfrac{c}{a}$
- $x=\alpha$, $x=\beta$를 두 근으로 하는 이차방정식 ➜ $a(x-\alpha)(x-\beta)=0$

3. 연립일차방정식의 풀이 방법

(1) **계수가 소수인 경우** : 양변에 10, 100, …을 곱하여 계수가 모두 정수가 되도록 한다.

(2) **계수가 분수인 경우** : 양변에 분모의 최소공배수를 곱하여 계수가 모두 정수가 되도록 한다.

(3) **괄호가 있는 경우** : 괄호를 풀고 동류항을 간단히 한다.

(4) **$A=B=C$의 꼴인 경우** : ($A=B$, $A=C$), ($B=A$, $B=C$), ($C=A$, $C=B$)의 3가지 중 어느 하나를 택하여 푼다.

4. 이차방정식의 풀이 방법

(1) $AB=0$의 성질을 이용한 풀이

$AB=0$이면 $A=0$ 또는 $B=0$ ➜ $(x-a)(x-b)=0$이면 $x=a$ 또는 $x=b$

(2) 인수분해를 이용한 풀이

주어진 방정식을 (일차식)×(일차식)=0의 꼴로 인수분해하여 푼다.

$ax^2+bx+c=0 \xrightarrow[\text{인수분해}]{} a(x-p)(x-q)=0 \longrightarrow x=p$ 또는 $x=q$

(3) 제곱근을 이용한 풀이

- $x^2 = a$(단, $a \geq 0$)이면 $x = \pm\sqrt{a}$
- $ax^2 = b\left(\text{단, } \dfrac{b}{a} \geq 0\right)$이면 $x = \pm\sqrt{\dfrac{b}{a}}$
- $(x-a)^2 = b$(단, $b \geq 0$)이면 $x-a = \pm\sqrt{b}$에서 $x = a \pm \sqrt{b}$

(4) 완전제곱식을 이용한 풀이

이차방정식 $ax^2+bx+c=0$(단, $a \neq 0$)의 해는 다음과 같이 고쳐서 구할 수 있다.

- $a=1$일 때, $x^2+bx+c=0$ → $(x+p)^2=q$의 꼴로 변형
- $a \neq 1$일 때, $ax^2+bx+c=0$ → $x^2+\dfrac{b}{a}x+\dfrac{c}{a}=0$
  $(x+p)^2=q$의 꼴로 변형

19 부등식

1. 성질

- $a < b$일 때, $a+c < b+c$, $a-c < b-c$
- $a < b$, $c > 0$일 때, $ac < bc$, $\dfrac{a}{c} < \dfrac{b}{c}$
- $a < b$, $c < 0$일 때, $ac > bc$, $\dfrac{a}{c} > \dfrac{b}{c}$

2. 일차부등식의 풀이 순서

(1) 미지수 x를 포함한 항은 좌변으로, 상수항은 우변으로 이항한다.

(2) $ax > b$, $ax < b$, $ax \geq b$, $ax \leq b$의 꼴로 정리한다(단, $a \neq 0$).

(3) 양변을 x의 계수 a로 나눈다.

20 비와 비율

1. 비 : 두 수의 양을 기호 ' : '을 사용하여 나타내는 것

비례식에서 외항의 곱과 내항의 곱은 항상 같다. → $A : B = C : D$일 때, $A \times D = B \times C$

2. 비율 : 비교하는 양이 원래의 양(기준량)의 얼마만큼에 해당하는지를 나타낸 것

• 비율$=\dfrac{\text{비교하는 양}}{\text{기준량}}$ • 비교하는 양=비율×기준량 • 기준량=비교하는 양÷비율

소수	분수	백분율	할푼리
0.1	$\frac{1}{10}$	10%	1할
0.01	$\frac{1}{100}$	1%	1푼
0.25	$\frac{25}{100}=\frac{1}{4}$	25%	2할 5푼
0.375	$\frac{375}{1,000}=\frac{3}{8}$	37.5%	3할 7푼 5리

* 백분율(%) : 기준량이 100일 때의 비율
* 할푼리 : 비율을 소수로 나타내었을 때 소수 첫째 자리, 소수 둘째 자리, 소수 셋째 자리를 이르는 말

21 도형

1. 둘레

원의 둘레(원주)	부채꼴의 둘레
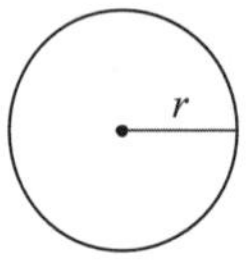 $l=2\pi r$	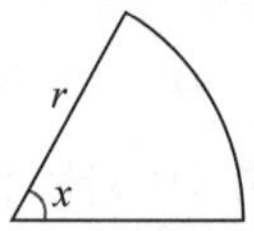 $l=2\pi r \times \frac{x}{360}+2r$

2. 사각형의 넓이

정사각형의 넓이	직사각형의 넓이	마름모의 넓이
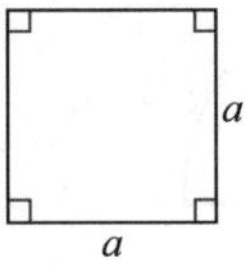 $S=a^2$	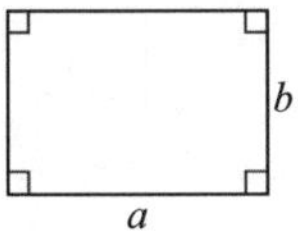 $S=ab$	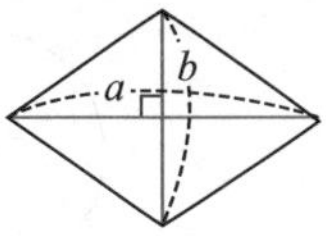 $S=\frac{1}{2}ab$
사다리꼴의 넓이	**평행사변형의 넓이**	
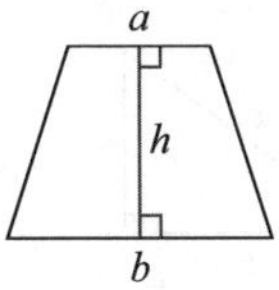 $S=\frac{1}{2}(a+b)h$	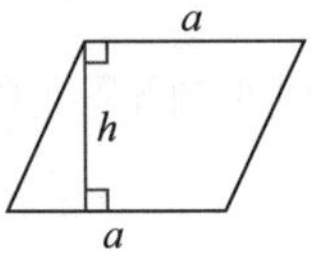 $S=ah$	

3. 삼각형의 넓이

삼각형의 넓이	정삼각형의 넓이
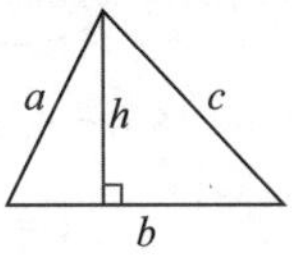 $S=\frac{1}{2}bh$	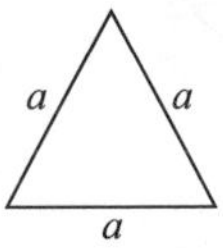 $S=\frac{\sqrt{3}}{4}a^2$
직각삼각형의 넓이	**이등변삼각형의 넓이**
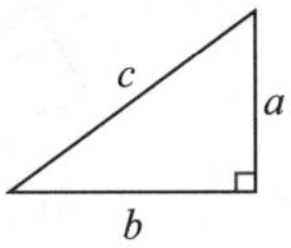 $S=\frac{1}{2}ab$	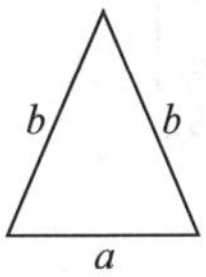 $S=\frac{a}{4}\sqrt{4b^2-a^2}$

4. 원과 부채꼴의 넓이

원의 넓이	부채꼴의 넓이
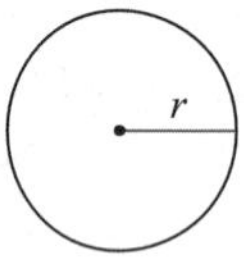 $S=\pi r^2$	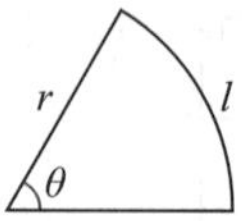 $S=\frac{1}{2}r^2\theta=\frac{1}{2}rl$ (θ는 중심각(라디안))

5. 피타고라스의 정리

직각삼각형에서 직각을 끼고 있는 두 변의 길이의 제곱을 합하면 빗변의 길이의 제곱과 같다.

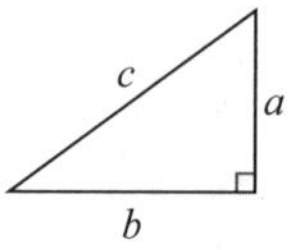

$a^2+b^2=c^2$

6. 입체도형의 겉넓이와 부피

구	원기둥	원뿔
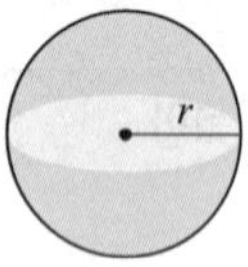 $S=4\pi r^2$ $V=\frac{4}{3}\pi r^3$	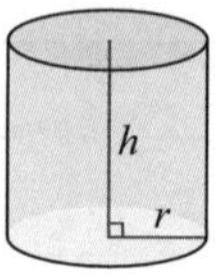 $S=2\pi rh+2\pi r^2$ $V=\pi r^2 h$	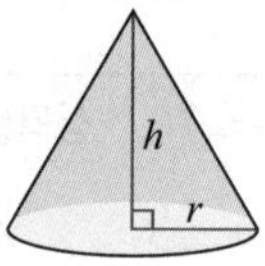 $S=\pi r\sqrt{r^2+h^2}+\pi r^2$ $V=\frac{1}{3}\pi r^2 h$
정육면체	**직육면체**	**정사면체**
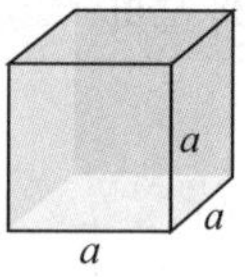 $S=6a^2$ $V=a^3$	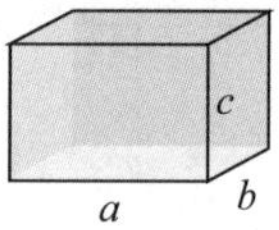 $S=2(ab+bc+ca)$ $V=abc$	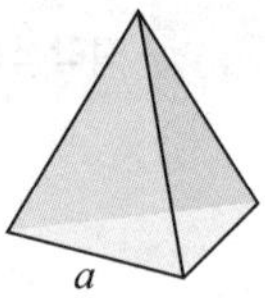 $S=\sqrt{3}a^2$ $V=\frac{\sqrt{2}}{12}a^3$

빈출 2 자료해석

1 기초 통계

종류	내용
백분율	• 전체의 수량을 100으로 하여, 나타내려는 수량이 그중 몇이 되는가를 가리키는 수 • 기호는 %(퍼센트)이며, $\frac{1}{100}$이 1%에 해당된다. • 오래전부터 실용계산의 기준으로 널리 사용되고 있으며, 원그래프 등을 이용하면 이해하기 쉽다.
범위	• 관찰값의 흩어진 정도를 나타내는 도구로서 최곳값과 최젓값을 가지고 파악하며, 최곳값에서 최젓값을 뺀 값에 1을 더한 값을 의미한다. • 계산이 용이한 장점이 있으나 극단적인 끝 값에 의해 좌우되는 단점이 있다.
평균	• 관찰값 전부에 대한 정보를 담고 있어 대상집단의 성격을 함축적으로 나타낼 수 있는 값이다. • 자료에 대해 일종의 무게중심으로 볼 수 있다. • 모든 자료의 자료값을 합한 후 자료값의 개수로 나눈 값 $\text{평균}=\frac{\text{자료의 총합}}{\text{자료의 총 개수}}$ • 평균의 종류 – 산술평균 : 전체 관찰값을 모두 더한 후 관찰값의 개수로 나눈 값 – 가중평균 : 각 관찰값에 자료의 상대적 중요도(가중치)를 곱하여 모두 더한 값을 가중치의 합계로 나눈 값
분산	• 자료의 퍼져있는 정도를 구체적인 수치로 알려주는 도구 • 각 관찰값과 평균값의 차이의 제곱을 모두 합한 값을 개체의 수로 나눈 값을 의미한다. $\text{분산}=\frac{(\text{편차})^2\text{의 총합}}{\text{변량의 개수}}$
표준편차	• 분산값의 제곱근 값을 의미한다(표준편차 = $\sqrt{\text{분산}}$). • 평균으로부터 얼마나 떨어져 있는가를 나타내는 개념으로, 평균편차의 개념과 개념적으로는 동일하다. • 표준편차가 크면 자료들이 넓게 퍼져있고 이질성이 큰 것을 의미하고 작으면 자료들이 집중하여 있고 동질성이 커지게 된다.

2 다섯숫자요약

평균과 표준편차만으로는 원 자료의 전체적인 형태를 파악하기 어렵기 때문에 최솟값, 하위 25%값(Q_1, 제1사분위수), 중앙값(Q_2), 상위 25%값(Q_3, 제3사분위수), 최댓값 등을 활용하며, 이를 다섯숫자요약이라고 부른다.

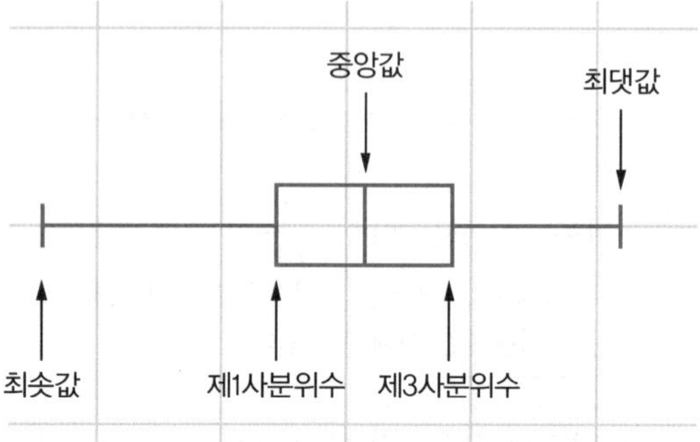

1. **최솟값** : 원 자료 중 값의 크기가 가장 작은 값이다.

2. **최댓값** : 원 자료 중 값의 크기가 가장 큰 값이다.

3. **중앙값** : 관찰값을 최솟값부터 최댓값까지 크기순으로 배열하였을 때 순서상 중앙에 위치하는 값으로 평균값과는 다르다. 관찰값 중 어느 하나가 너무 크거나 작을 때 자료의 특성을 잘 나타낸다.

경우		예
자료의 개수(n)가 홀수인 경우	→	• 중앙에 있는 값 • 중앙값$=\frac{n+1}{2}$번째의 변량
자료의 개수(n)가 짝수인 경우	→	• 중앙에 있는 두 값의 평균 • 중앙값$=\frac{n}{2}$번째와 $\left(\frac{n}{2}+1\right)$번째 변량의 산술평균

4. **하위 25%값과 상위 25%값** : 원 자료를 크기순으로 배열하여 4등분한 값을 의미한다. 백분위수의 관점에서 제25백분위수, 제75백분위수로 표기할 수도 있다.

3 도수분포표

1. **도수분포표** : 자료를 몇 개의 계급으로 나누고, 각 계급에 속하는 도수를 조사하여 나타낸 표이다.

몸무게(kg)	계급값	도수
30 이상 ~ 35 미만	32.5	3
35 ~ 40	37.5	5
40 ~ 45	42.5	9
45 ~ 50	47.5	13
50 ~ 55	52.5	7
55 ~ 60	57.5	3

- 변량 : 자료를 수량으로 나타낸 것
- 계급 : 변량을 일정한 간격으로 나눈 구간
- 계급의 크기 : 구간의 너비
- 계급값 : 계급을 대표하는 값으로 계급의 중앙값
- 도수 : 각 계급에 속하는 자료의 개수

2. **도수분포표에서의 평균, 분산, 표준편차**

- $\text{평균} = \dfrac{\{(\text{계급값}) \times (\text{도수})\}\text{의 총합}}{(\text{도수})\text{의 총합}}$
- $\text{분산} = \dfrac{\{(\text{편차})^2 \times (\text{도수})\}\text{의 총합}}{(\text{도수})\text{의 총합}}$
- $\text{표준편차} = \sqrt{\text{분산}} = \sqrt{\dfrac{\{(\text{편차})^2 \times (\text{도수})\}\text{의 총합}}{(\text{도수})\text{의 총합}}}$

3. **상대도수**

(1) 도수분포표에서 도수의 총합에 대한 각 계급의 도수의 비율이다.

(2) 상대도수의 총합은 반드시 1이다.

➜ $\text{계급의 상대도수} = \dfrac{\text{각 계급의 도수}}{\text{도수의 총합}}$

4. **누적도수**

(1) 도수분포표에서 처음 계급의 도수부터 어느 계급의 도수까지 차례로 더한 도수의 합이다.

- 각 계급의 누적도수=앞 계급까지의 누적도수+그 계급의 도수

(2) 처음 계급의 누적도수는 그 계급의 도수와 같다.

(3) 마지막 계급의 누적도수는 도수의 총합과 같다.

4 경우의 수

1. **합의 법칙** : 두 사건 A, B가 동시에 일어나지 않을 때, 사건 A, B가 일어날 경우의 수를 각각 m, n이라고 하면, 사건 A 또는 B가 일어날 경우의 수는 $(m+n)$가지이다.

2. **곱의 법칙** : 사건 A, B가 일어날 경우의 수를 각각 m, n이라고 하면, 사건 A, B가 동시에 일어날 경우의 수는 $(m \times n)$가지이다.

3. 순열

서로 다른 n개에서 중복을 허용하지 않고 r개를 골라 순서를 고려해 나열하는 경우의 수 ➜

예

$$ {}_nP_r = n(n-1)(n-2)\cdots(n-r+1) = \frac{n!}{(n-r)!} \quad (\text{단, } r \le n) $$

4. 조합

서로 다른 n개에서 순서를 고려하지 않고 r개를 택하는 경우의 수 ➜

예

$$ {}_nC_r = \frac{n(n-1)(n-2)\cdots(n-r+1)}{r!} = \frac{n!}{r!(n-r)!} \quad (\text{단, } r \le n) $$

5. 중복순열

서로 다른 n개에서 중복을 허용하여 r개를 골라 순서를 고려해 나열하는 경우의 수 ➜

예

$$ {}_n\Pi_r = n^r $$

6. 중복조합

서로 다른 n개에서 순서를 고려하지 않고 중복을 허용하여 r개를 택하는 경우의 수 ➜

예

$$ {}_nH_r = {}_{n+r-1}C_r $$

7. 같은 것이 있는 순열

n개 중에 같은 것이 각각 p개, q개, r개일 때 n개의 원소를 모두 택하여 만든 순열의 수 ➜

예

$$ \frac{n!}{p!q!r!} \quad (\text{단, } p+q+r=n) $$

8. 원순열

서로 다른 n개를 원형으로 배열하는 경우 → 예 $\frac{{}_{n}\mathrm{P}_{n}}{n}=(n-1)!$

5 확률

1. 일어날 수 있는 모든 경우의 수를 n가지, 사건 A가 일어날 경우의 수를 a가지라고 하면 사건 A가 일어날 확률 $\mathrm{P}=\frac{a}{n}$, 사건 A가 일어나지 않을 확률 $\mathrm{P}'=1-\mathrm{P}$이다.

2. **두 사건 A, B가 배반사건(동시에 일어나지 않을 때)일 경우** $\mathrm{P}(\mathrm{A}\cup\mathrm{B})=\mathrm{P}(\mathrm{A})+\mathrm{P}(\mathrm{B})$

3. **두 사건 A, B가 독립(두 사건이 서로 영향을 주지 않을 때)일 경우** $\mathrm{P}(\mathrm{A}\cap\mathrm{B})=\mathrm{P}(\mathrm{A})\mathrm{P}(\mathrm{B})$

4. **조건부확률** : 확률이 0이 아닌 두 사건 A, B에 대하여 사건 A가 일어났다고 가정할 때, 사건 B가 일어날 확률 $\mathrm{P}(\mathrm{B}|\mathrm{A})=\frac{\mathrm{P}(\mathrm{A}\cap\mathrm{B})}{\mathrm{P}(\mathrm{A})}$ (단, P(A) > 0)

6 변동률(증감률)

1. 공식

- 변동률 또는 증감률(%)$=\frac{\text{비교시점 수치}-\text{기준시점 수치}}{\text{기준시점 수치}}\times 100$
- 기준시점 수치를 X, 비교시점 수치를 Y, 변동률(증감률)을 g%라 하면

$g=\frac{Y-X}{X}\times 100$ $Y-X=\frac{g}{100}\times X$ $Y=\left(1+\frac{g}{100}\right)X$

2. 계산 방법

값이 a에서 b로 변화하였을 때 $\frac{b-a}{a}\times 100$ 또는 $\left(\frac{b}{a}-1\right)\times 100$으로 계산한다.

예

값이 256에서 312로 변화하였을 때 증감률은 $\frac{312-256}{256}\times 100 \fallingdotseq 22$(%)이다. 이와 같이 계산을 해도 되지만 번거로운 계산을 해야 한다. 312는 256의 약 1.22배인데 이는 256을 1로 하면 312는 약 1.22라는 의미이다. 따라서 0.22만 늘어났으므로 증감률은 22%임을 알 수 있다.

3. 변동률과 변동량의 관계

변동률이 크다고 해서 변동량(증가량, 변화량, 증감량)이 많은 것은 아니다.

예

A의 연봉은 1억 원에서 2억 원으로, B의 연봉은 2,000만 원에서 8,000만 원으로 인상되었다. A의 연봉증가액은 1억 원이고 B의 연봉증가액은 6,000만 원이며, A의 연봉증가율은 $\frac{2-1}{1}\times 100=100(\%)$이고, B의 연봉증가율은 $\frac{8,000-2,000}{2,000}\times 100=300(\%)$이다. 따라서 연봉증가액은 A가 B보다 많지만, 연봉증가율은 A가 B보다 작다.

7 증가율과 구성비의 관계

전체량을 A, 부분량을 B라고 하면 부분량의 구성비는 $\frac{B}{A}$이다. 만약 어느 기간에 전체량이 a, 부분량이 b 증가했다고 하면 증가 후의 구성비는 $\frac{B(1+b)}{A(1+a)}$이다(단, a, b는 증가율이다). 여기서 $a>b$이면 $\frac{B}{A}>\frac{B(1+b)}{A(1+a)}$, $a<b$이면 $\frac{B}{A}<\frac{B(1+b)}{A(1+a)}$가 된다.

- 전체량의 증가율 > 부분량의 증가율 ⇨ 구성비 감소
- 전체량의 증가율 < 부분량의 증가율 ⇨ 구성비 증가

8 지수

- 지수란 구체적인 숫자 자체의 크기보다는 시간의 흐름에 따라 수량이나 가격 등 해당 수치가 어떻게 변화되었는지를 쉽게 파악할 수 있도록 만든 것으로 통상 비교의 기준이 되는 시점(기준시점)을 100으로 하여 산출한다.
- 기준 데이터를 X, 비교 데이터를 Y라 하면, 지수$=\frac{Y}{X}\times 100$
- 데이터 1의 실수를 X, 데이터 2의 실수를 Y, 데이터 1의 지수를 k, 데이터 2의 지수를 g라 하면 다음과 같은 비례식이 성립한다. $X:Y=k:g$
- 비례식에서 외항의 곱과 내항의 곱은 같으므로 $Xg=Yk$이다. 따라서 $Y=\frac{g}{k}\times X$, $X=\frac{k}{g}\times Y$

9 퍼센트(%)와 퍼센트 포인트(%p)

퍼센트는 백분비라고도 하는데 전체의 수량을 100으로 하여 해당 수량이 그중 몇이 되는가를 가리키는 수로 나타낸다. 퍼센트포인트는 이러한 퍼센트 간의 차이를 표현한 것으로 실업률이나 이자율 등의 변화가 여기에 해당된다.

예

실업률이 작년 3%에서 올해 6%로 상승하였다.

➜ 실업률이 작년에 비해 100% 상승 또는 3%p 상승했다.

여기서 퍼센트는 $\frac{\text{현재 실업률}-\text{기존 실업률}}{\text{기존 실업률}}\times 100$을 하여 '100'으로 산출됐고,

퍼센트포인트는 퍼센트의 차이이므로 6−3을 해서 '3'이란 수치가 나온 것이다.

10 가중평균

- 중요도나 영향도에 해당하는 각각의 가중치를 곱하여 구한 평균값을 가중평균이라 한다.
- 주어진 값 x_1, x_2, ⋯, x_n에 대한 가중치가 각각 w_1, w_2, ⋯, w_n이라 하면

$$\text{가중평균}=\frac{x_1w_1+x_2w_2+\cdots+x_nw_n}{w_1+w_2+\cdots+w_n}$$

11 단위당 양

1. 자동차 천 대당 교통사고 발생건수, 단위면적당 인구수 등과 같이 정해진 단위량에 대한 상대치이다. 따라서 기준이 되는 단위량에 대응하는 실수(위의 예에서는 자동차 대수, 면적)가 주어져 있지 않으면 단위당 양에만 기초해서 실수 그 자체(위의 예에서는 교통사고 발생건수, 인구수)를 비교하는 것은 불가능하다.

2. 계산 방법

- X, Y를 바탕으로 X 당 Y를 구하는 경우 ➜ $(X\text{당 }Y)=\frac{Y}{X}$
- X당 Y, X를 바탕으로 Y를 구하는 경우 ➜ $Y=X\times(X\text{당 }Y)$
- X당 Y, Y를 바탕으로 X를 구하는 경우 ➜ $X=Y\div(X\text{당 }Y)$

3장 도형추리

도식과 도형에 나타난 일정한 규칙성을 파악하거나 제시된 규칙을 적용하여 이어지는 도형을 추론할 수 있는지 평가하는 영역이다.

빈출 1 수적추리

03 도형추리

1 수 추리

1. **등차수열** : 첫째항부터 차례로 일정한 수를 더하여 만들어지는 수열, 각 항에 더하는 일정한 수, 즉 뒤의 항에서 앞의 항을 뺀 수를 등차수열의 공차라고 한다.

등차수열$\{a_n\}$에서
$a_2 - a_1 = a_3 - a_2 = \cdots = a_{n+1} - a_n = d$(공차)

→

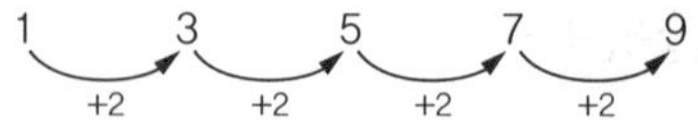

2. **등비수열** : 첫째항부터 차례로 일정한 수를 곱하여 만들어지는 수열

각 항에 곱하는 일정한 수, 즉 뒤의 항을 앞의 항으로 나눈 수를 등비수열의 공비라고 한다.
등비수열 $\{a_n\}$에서

$$\frac{a_2}{a_1} = \frac{a_3}{a_2} = \cdots = \frac{a_{n+1}}{a_n} = r(\text{공비})$$

→

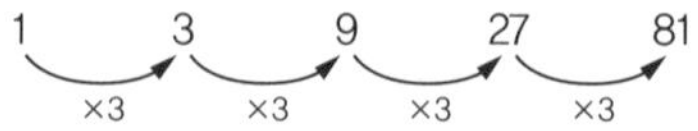

3. **등차계차수열**

앞의 항과의 차가 등차를 이루는 수열

→

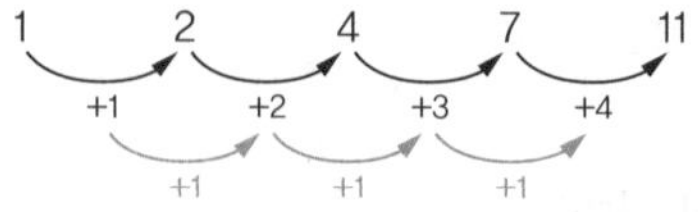

4. **등비계차수열**

앞의 항과의 차가 등비를 이루는 수열

→

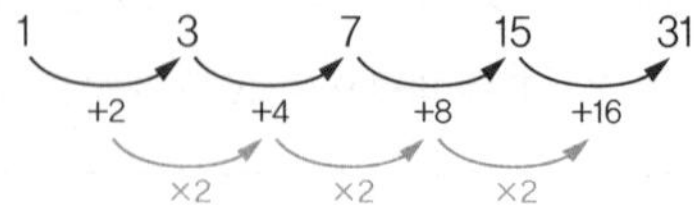

5. 피보나치수열

앞의 두 항의 합이 그 다음 항이 되는 수열 ➜ 1, 1, 2, 3, 5, 8, 13, 21, 34, …

2 문자 추리

1. 일반 자음

ㄱ	ㄴ	ㄷ	ㄹ	ㅁ	ㅂ	ㅅ
1	2	3	4	5	6	7
ㅇ	ㅈ	ㅊ	ㅋ	ㅌ	ㅍ	ㅎ
8	9	10	11	12	13	14

2. 쌍자음이 포함된 자음(사전에 실리는 순서)

ㄱ	ㄲ	ㄴ	ㄷ	ㄸ	ㄹ	ㅁ	ㅂ	ㅃ	ㅅ
1	2	3	4	5	6	7	8	9	10
ㅆ	ㅇ	ㅈ	ㅉ	ㅊ	ㅋ	ㅌ	ㅍ	ㅎ	
11	12	13	14	15	16	17	18	19	

3. 일반 모음

ㅏ	ㅑ	ㅓ	ㅕ	ㅗ	ㅛ	ㅜ	ㅠ	ㅡ	ㅣ
1	2	3	4	5	6	7	8	9	10

4. 이중모음이 포함된 모음 순서(사전에 실리는 순서)

ㅏ	ㅐ	ㅑ	ㅒ	ㅓ	ㅔ	ㅕ
1	2	3	4	5	6	7
ㅖ	ㅗ	ㅘ	ㅙ	ㅚ	ㅛ	ㅜ
8	9	10	11	12	13	14
ㅝ	ㅞ	ㅟ	ㅠ	ㅡ	ㅢ	ㅣ
15	16	17	18	19	20	21

5. 알파벳

A	B	C	D	E	F	G	H	I
1	2	3	4	5	6	7	8	9
J	K	L	M	N	O	P	Q	R
10	11	12	13	14	15	16	17	18
S	T	U	V	W	X	Y	Z	
19	20	21	22	23	24	25	26	

빈출 2 도형추리

03 도형추리

- 도형의 규칙성을 찾아 이어지는 도형의 모양을 고르는 문제이다.
- 도형에서 발견되는 움직임을 파악한 정리한 조건으로 시뮬레이션을 해보고 도형을 도출한다.

규칙성의 종류

1 선의 수가 상단은 1 → 2 → 3 → 2 → 1로, 하단은 3 → 2 → 1 → 2 → 3으로 변화한다.

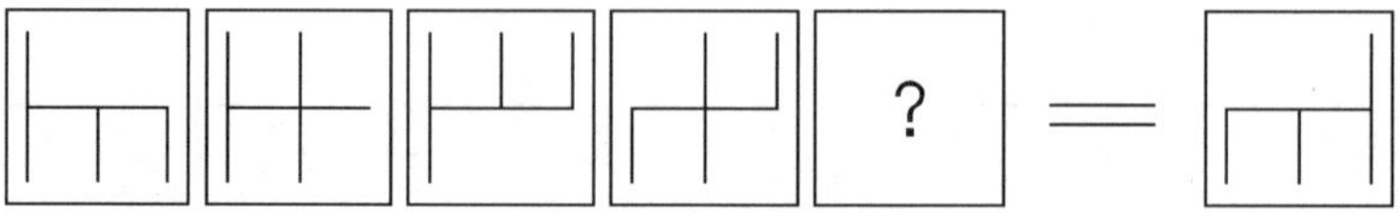

2 화살표가 45도씩 시계 방향으로 회전하고, ○의 색이 번갈아 가면서 바뀐다.

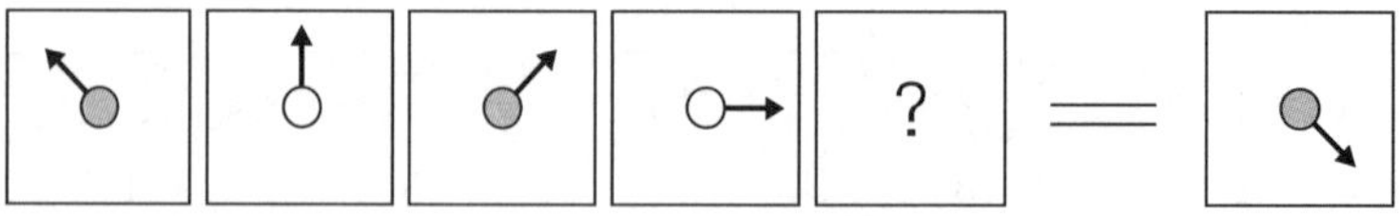

3 색칠된 부분이 왼쪽부터 첫 번째, 두 번째로 이동하고 네 번째 이후 왼쪽으로 돌아온다.

4 가운데 세로선이 위, 아래로 이동을 반복하고, ●가 반시계 방향으로 회전한다.

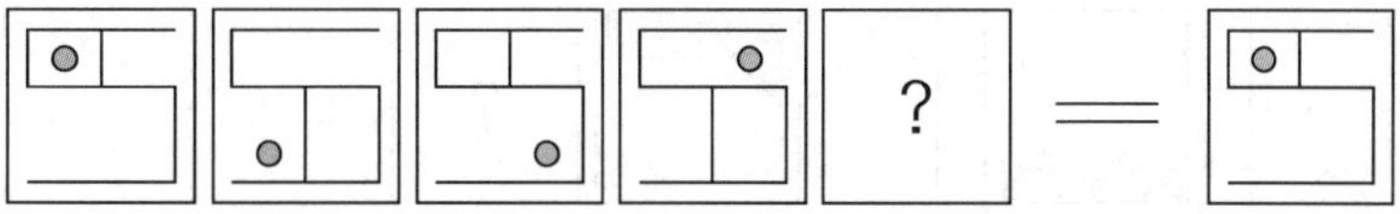

5 ☆이 반시계 방향으로 90도씩 회전하고 꼭짓점의 색은 번갈아 가면서 바뀐다.

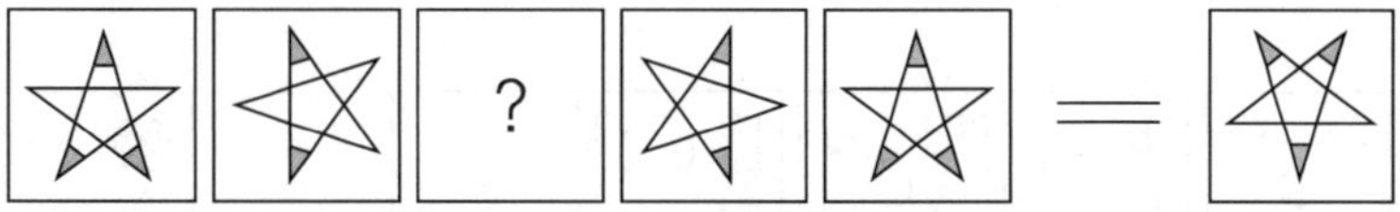

6 ▶가 오른쪽과 왼쪽 방향으로 2회씩, 색 또한 2회씩 번갈아 나타난다. 답을 찾을 때 예상할 수 있는 변화로부터 선택지에 있는 것을 고른다.

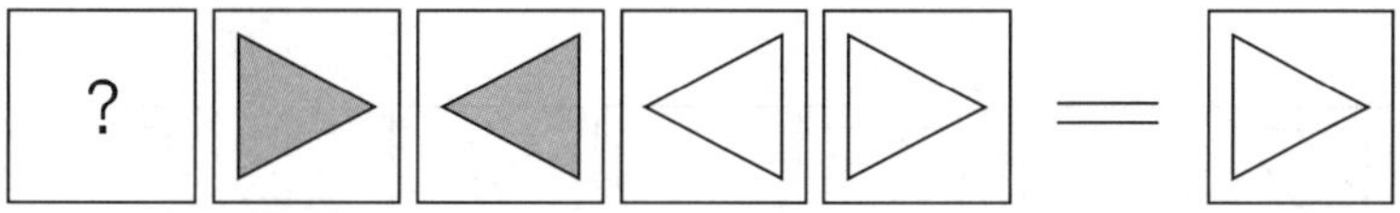

7 4시간 후와 2시간 전 순서로 반복된다.

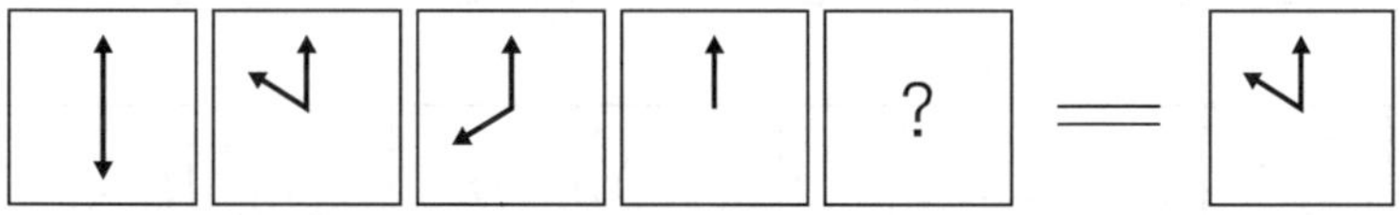

8 □는 반시계 방향으로 회전하고, ○는 색이 번갈아 가면서 바뀐다.

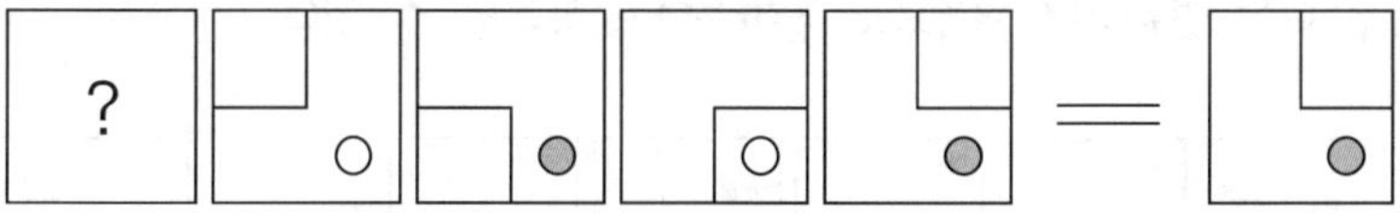

9 같은 도형 2개가 모이면 다음 상자에서 1개가 된다. □가 1개인 것으로 유추할 수 있다.

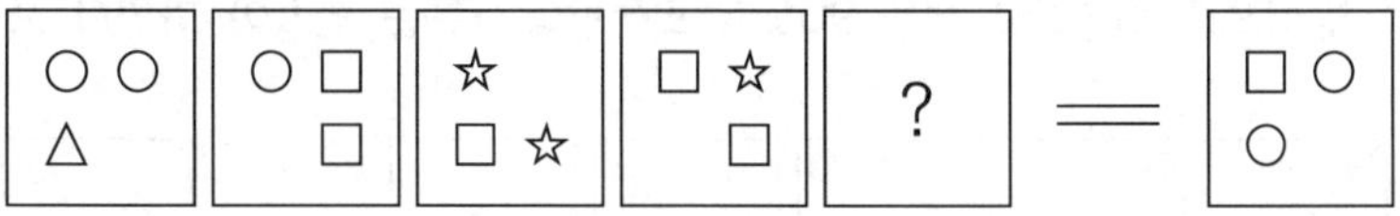

10 △는 반시계 방향이고, 직사각형은 시계 방향이다. 번갈아 가면서 색이 바뀐다.

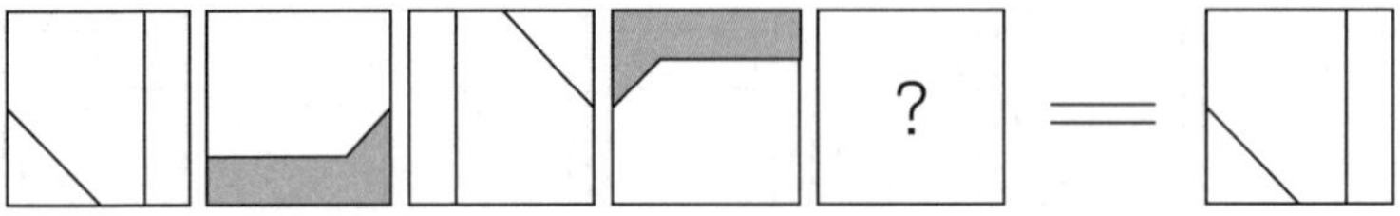

11 같은 도형 3개가 모인 도형은 다음 상자에서 없어진다. 그러므로 □를 포함하지 않는 것을 유추할 수 있다. 도형의 색이나 형태에 헷갈리지 않도록 한다.

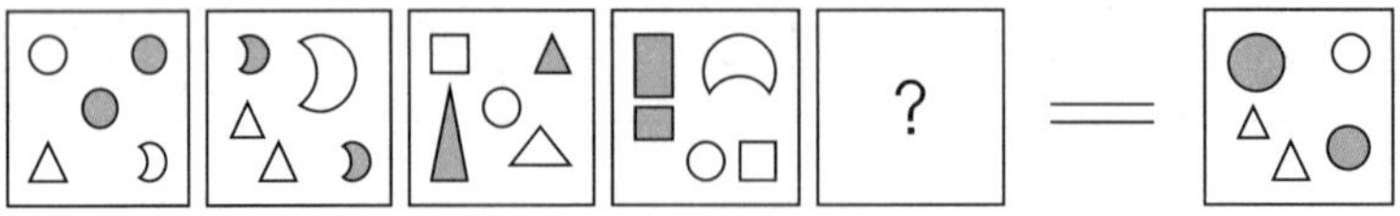

12 홀수 번째 도형에 ┌ 를 제외한 선의 개수 변화를 주목한다. 선의 개수는 2 → 1 → 0으로 줄어든다.

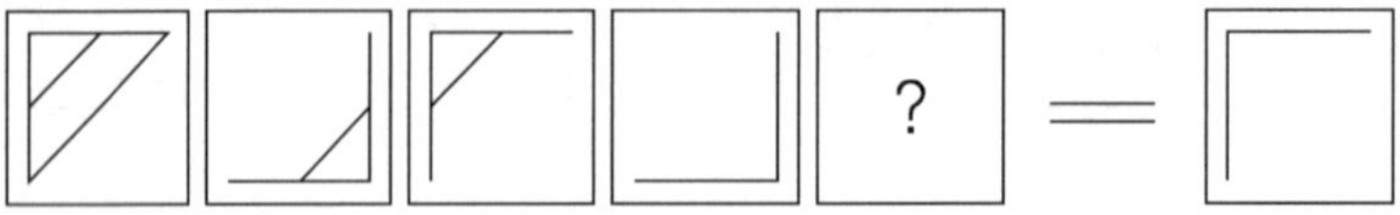

13 반원이 홀수 번째 상자에서 45도 회전을 하고, 짝수 번째 상자에서는 90도 회전을 한다.

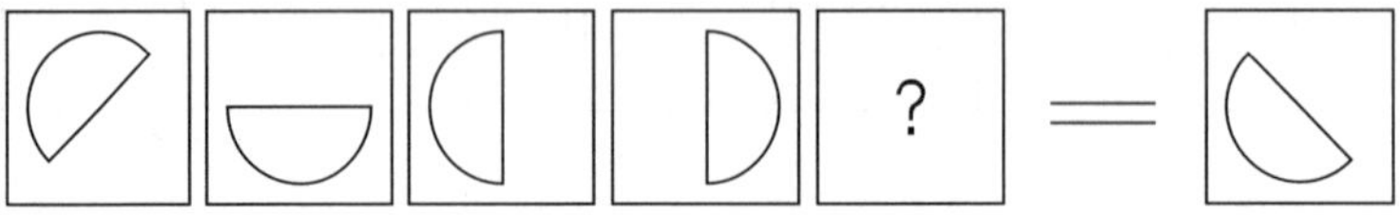

14 □가 오른쪽 위 → 왼쪽 아래 → 오른쪽 아래 → 왼쪽 위로 색이 번갈아 가면서 바뀐다. 이러한 경우 다섯 번째부터 처음으로 돌아온다고 유추할 수 있다.

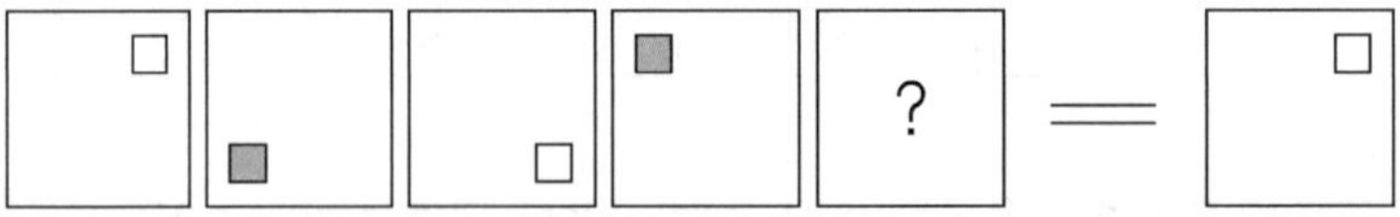

15 ●가 시계 방향으로 회전하고 선은 90도씩 회전한다. (혹은 번갈아 가면서 보아도 동일)

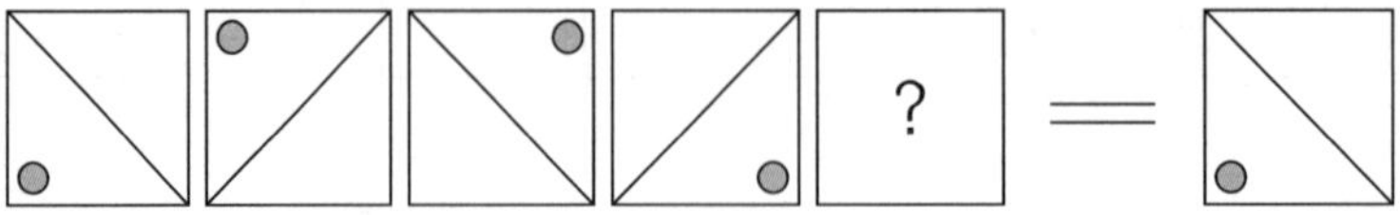

빈출 3 종이접기

• 종이를 점선에 따라 접고 빗금 친 부분을 잘라내어, 펼쳤을 때 모양 구하기

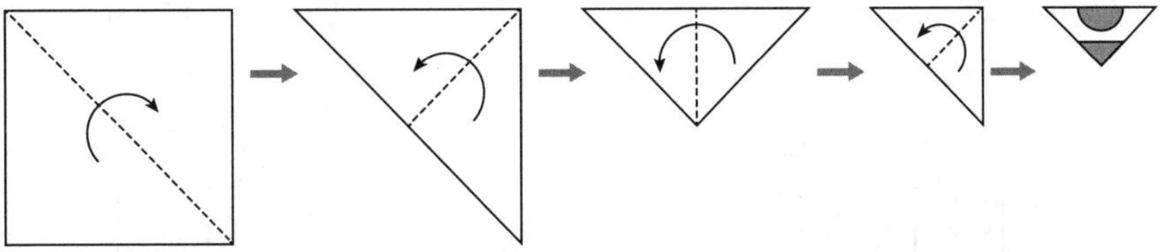

풀이방법

위와 같은 패턴의 문제는 제일 마지막 그림이 처음 종이의 어느 위치에 해당하는지를 보는 것으로 간단히 풀 수 있다.

종이를 펼치면서 접은 부분을 표시하면 오른쪽과 같다.	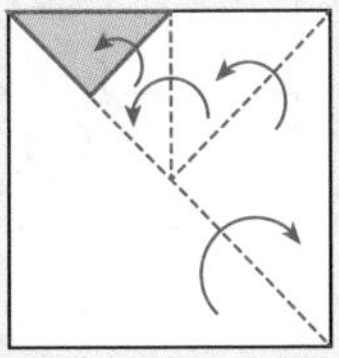
1. 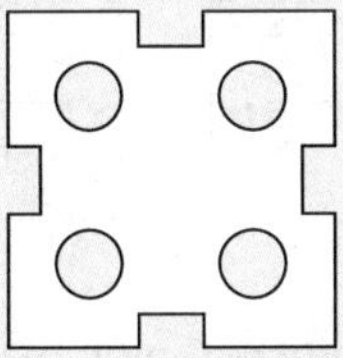	1. 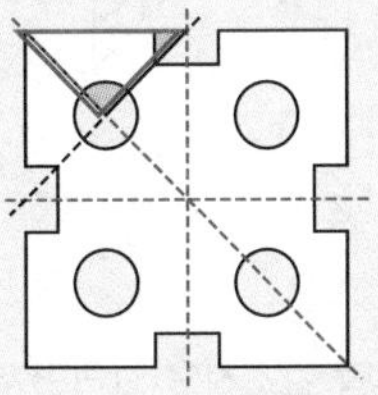
2. 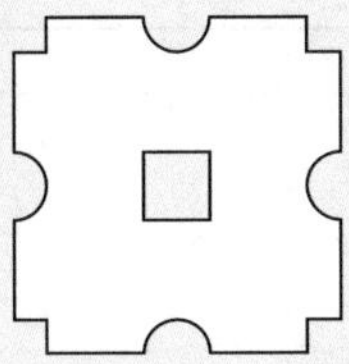	2. 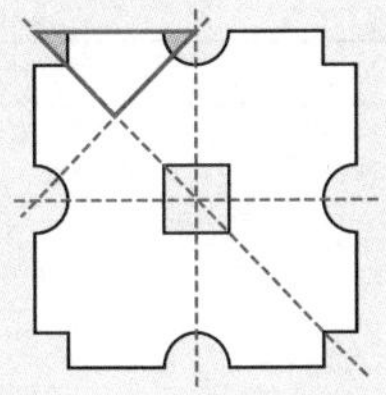

3. 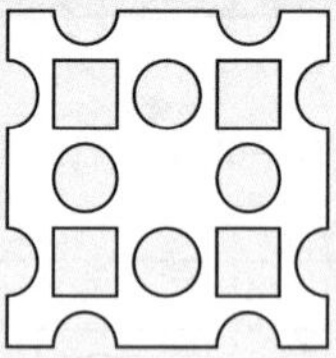	3. 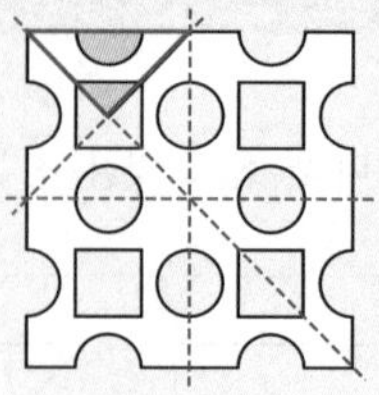
4. 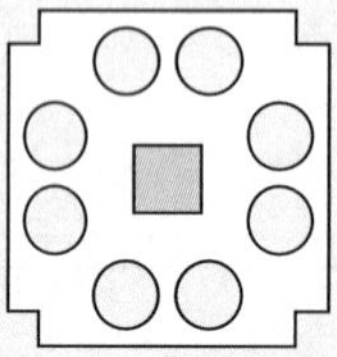	4. 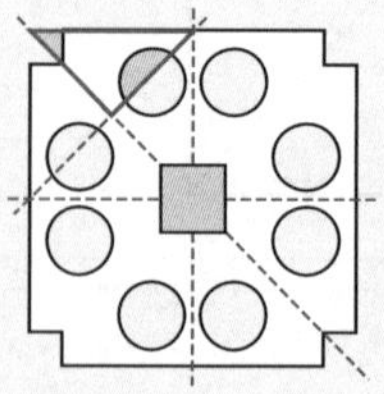
5. 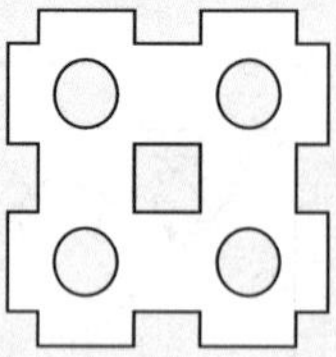	5. 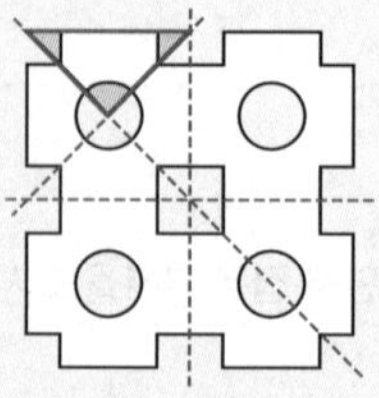

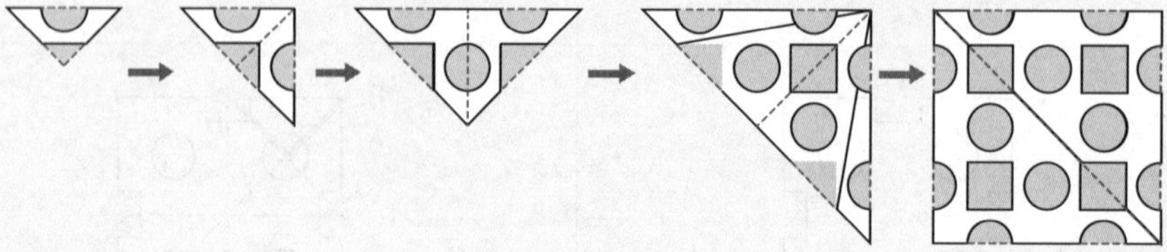

위의 그림처럼 보조선을 그리면서 잘려나간 부분이 일치하는지를 파악한다. 이와 같은 방법으로 답을 찾으면 3번임을 알 수 있다.

빈출 4 조각모음

• 주어진 도형을 완성할 수 있는 조각 고르기

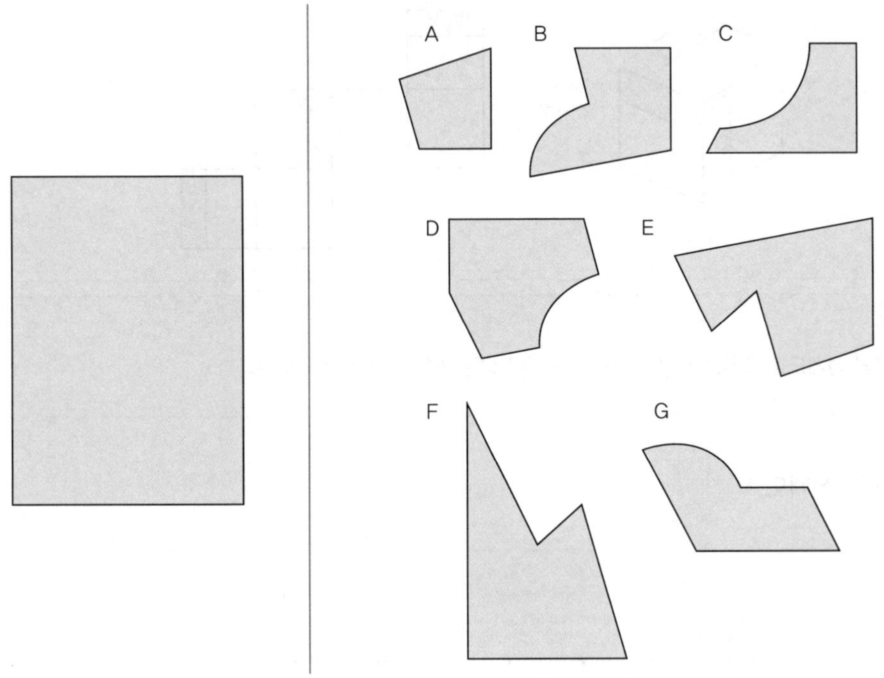

풀이방법

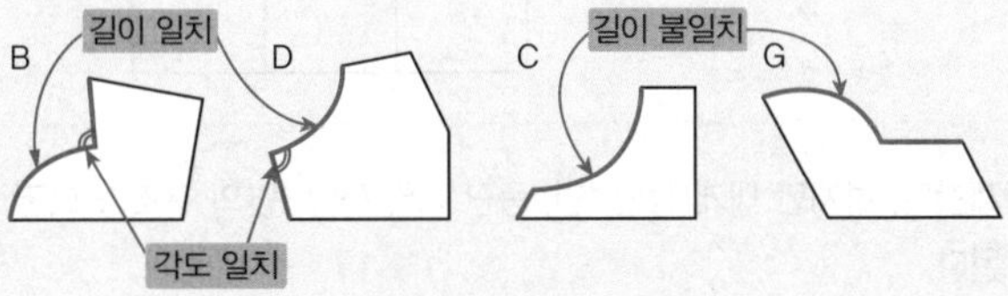

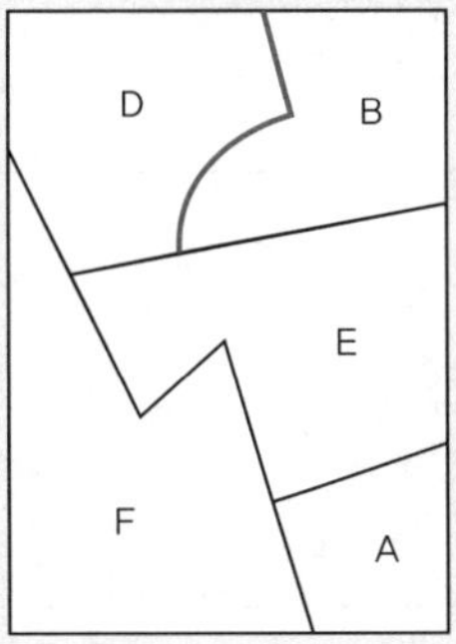

직사각형을 만들 때 필요한 도형을 찾는 유형의 문제는 특징을 빨리 알아차리는 것이 중요하다. 7개의 도형 중 곡선을 포함한 B, C, D, G에 주목한다. 곡선 부분의 길이나 그 주변의 형태로 보았을 때, B와 D는 곡선 부분이 일치한다. 하지만 남은 C와 G는 곡선 부분의 길이가 일치하지 않는다.

빈출 5 전개도

• 전개도 구하기

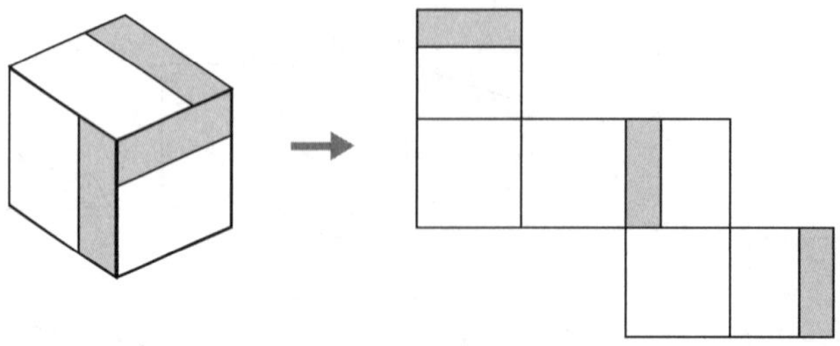

풀이방법

정육면체의 전개도를 고르는 유형의 문제는 특징이 되는 면을 찾아서 문제를 푼다.

1. 정육면체의 전개도

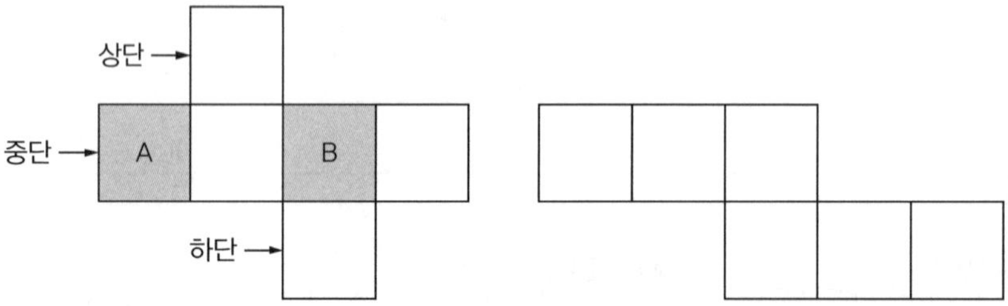

정육면체의 전개도는 총 11종류의 모양이 존재한다. 하지만 대개 상단 1면, 중단 4면, 하단 1면의 구조가 되면 정육면체의 전개도가 성립한다고 암기하면 된다.

조립했을 때 서로 마주 보는 면, 그림의 A와 B는 한 면을 가운데에 끼운 위치관계가 된다.

그림 1

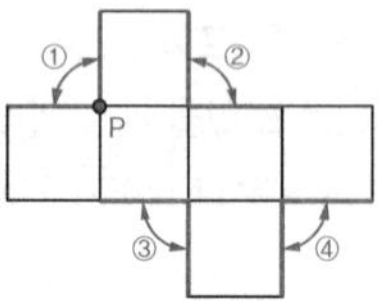

Step 1

90°를 이루는 변은 겹친다.

그림 2

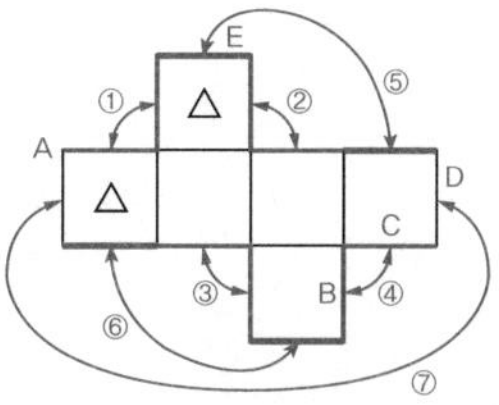

Step 2

90°를 이루는 변의 이웃한 변은 겹친다(단, 한 변은 한 개의 변끼리만 겹친다).

그림 3

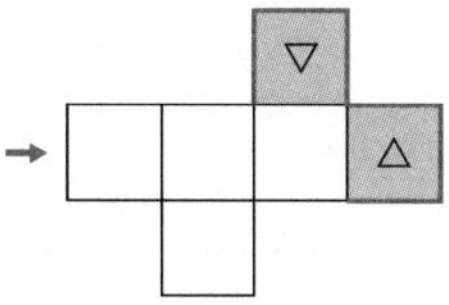

Step 3

이렇게 겹치는 변을 알아보면, 면을 이동할 수 있다.

2. 정팔면체의 전개도

그림 1

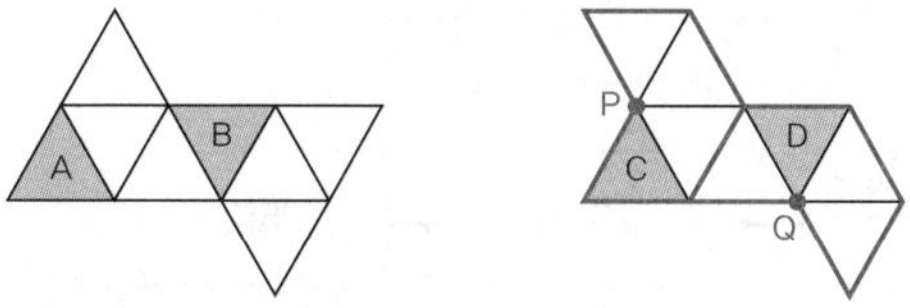

풀이방법

정팔면체의 전개도는 그림 1 과 같다. 상단 1면, 중단 6면(△과 ▽을 번갈아 배열), 하단 1면이 되거나, 오른쪽 처럼 한 꼭짓점(P, Q) 주변에 4장의 정삼각형이 모이는 그림이 되면 정팔면체의 전개도이다. 조립했을 때 서로 마주 보는 면은 A와 B, C와 D이다.

그림 2

풀이방법

조립했을 때 겹치는 면은 처음에 120°를 이루는 변 (그림 2 의 색선으로 이어진 변)이며, 이어서 그 이웃한 변이 겹친다. 정육면체와 마찬가지로 면을 이동시켜 전개도를 변형할 수 있다.

고시넷 S-OIL 인적성검사 최신기출유형모의고사

영역별 문항 수 · 시험 시간

영역	문항 수	시험 시간
언어	15문항	20분
수리	20문항	25분
도형추리	15문항	15분

S-OIL 인적성검사

파트 2 기출유형모의고사

S-OIL

1회

기출유형문제

문항수 | 50문항

문항시간 | 60분

▸ 정답과 해설 2쪽

영역 1 언어

15문항/20분

01. 다음 글의 흐름에 따라 ㉠에 들어갈 문장으로 적절한 것은?

> (㉠   ) 도시의 과밀화는 상대적으로 거주공간이 부족하게 되는 결과를 낳았다. 따라서 최대한 많은 가구를 수용하기 위해 한정된 공간에 많은 집들이 근접하여 있고, 그것도 부족하여 상하좌우로 이웃집이 위치해 있다. 그러나 이러한 물리적 이웃이 모두 마음을 줄 수 있는 이웃은 아니다. 전통적인 이웃 형태와 비교하면 더 가까운 위치에, 더 많은 이웃을 갖게 되었지만 사실상 도시의 거주자들은 이사를 자주 하기 때문에 이웃과 깊게 사귈 시간적 여유가 없다. 그뿐만 아니라 폐쇄적인 아파트의 형태와 바쁜 도시 생활로 한가로이 이웃과 대화할 시간을 만들기도 어렵다.

① 현대 도시 생활의 특징은 주거 공간의 밀집화 현상이다.

② 현대 도시 생활의 특징은 가구의 고립화 현상이다.

③ 현대 도시 생활의 특징은 도시화로 인한 활동의 분주함에 있다.

④ 현대 도시 생활의 특징은 개인주의적 경향이 두드러진 점이다.

⑤ 현대 도시 생활의 특징은 전통적 이웃 형태와의 결별이다.

02. 다음 글의 주제로 가장 적절한 것은?

> 어떤 경제주체의 행위가 자신과 거래하지 않는 제3자에게 의도하지 않게 이익이나 손해를 주는 것을 '외부성'이라 한다. 과수원의 과일 생산이 인접한 양봉업자에게 벌꿀 생산과 관련한 이익을 준다든지, 공장의 제품 생산이 강물을 오염시켜 주민들에게 피해를 주는 것 등이 대표적인 사례이다. 외부성은 사회 전체로 보면 이익이 극대화되지 않는 비효율성을 초래할 수 있다. 개별 경제주체가 제3자의 이익이나 손해까지 고려하여 행동하지는 않을 것이기 때문이다. 예를 들어, 과수원의 이윤을 극대화하는 생산량이 Q_a라고 할 때, 생산량을 Q_a보다 늘리면 과수원의 이윤은 줄어든다. 하지만 이로 인한 과수원의 이윤 감소보다 양봉업자의 이윤 증가가 더 크다면, 생산량을 Q_a보다 늘리는 것이 사회적으로 바람직하다. 그렇지만 과수원이 자발적으로 양봉업자의 이익까지 고려하여 생산량을 Q_a보다 늘릴 이유는 없다. 전통적인 경제학은 이러한 비효율성의 해결책이 보조금이나 벌금과 같은 정부의 개입이라고 생각한다. 보조금을 받거나 벌금을 내게 되면 제3자에게 주는 이익이나 손해가 더 이상 자신의 이익과 무관하지 않게 되므로, 자신의 이익에 충실한 선택이 사회적으로 바람직한 결과로 이어진다는 것이다.

① 외부성으로 인한 사회적 비효율성의 심각성
② 비효율성 문제에 대한 전통적인 경제학의 해결책
③ 비효율성 문제 해결을 위한 정부 대책의 시급성
④ 외부성 효과로 인한 사회 전체 이익의 극대화
⑤ 비효율적 특성을 지니고 있는 외부성의 구체적 사례

03. 다음 글의 주장에 대한 반박으로 가장 적절한 것은?

칭찬은 아이의 행동이나 감정에 대해 격려해 주고 지지해 주는 것이다. 이는 앞으로의 생활에서 더욱 긍정적인 방향으로 행동을 유도할 수 있는 중요한 동기를 부여한다. 그러나 부모가 칭찬을 한다고 해서 아이들이 그것을 모두 칭찬이라고 받아들이지는 않는다. 자신의 행동과 감정에 대한 충분한 공감과 지지가 뒷받침될 때 비로소 정말로 자신이 인정받고 칭찬 받는다고 느낄 수 있다.

올바른 칭찬을 위해서는 결과보다는 과정을 칭찬해야 한다. 결과가 매우 만족스럽고 대견해서 이를 칭찬해 주는 것은 당연하지만, 부모는 자녀가 결과를 내기 위해 과정에 더욱 많은 노력을 기울였다는 것을 기억해야 한다. 결과만을 칭찬하다 보면 아이는 과정보다 결과가 더 중요하다고 암묵적으로 강요받게 되어 노력하는 과정보다는 잘했는가 못했는가 혹은 성공인가 실패인가에 초점을 두게 된다. 결국 잘하지 못하면, 그리고 성공하지 못하면 의기소침해지거나 심한 경우 편법을 써서라도 원하는 결과를 얻으려고 하게 된다. 그렇기 때문에 부모는 아이가 잘하지 못했거나 실패한 경우라도 아이의 '노력'에 대해 칭찬해야 하고, 성공한 경우에도 자신의 노력을 잊지 않도록 과정에 대한 칭찬을 해야 한다.

① 칭찬은 자녀의 행동을 수정하거나 강화하는 데 유용하게 쓰여야 한다.

② 남들에 비해 자녀가 잘하는 부분을 강조하며 칭찬하는 것이 올바른 칭찬이다.

③ 과정을 칭찬하는 데에만 집중하면 되레 결과를 소홀히 할 수 있다.

④ 칭찬을 최대한 구체적으로 해주는 것이 가장 중요하다.

⑤ 무조건적인 칭찬이 때로는 도움이 된다.

04. 다음 글의 제목으로 적절한 것은?

> 오늘의 급속한 사회적, 직업적 변화 가운데 지속가능한 노동시장 경쟁력과 고용가능성을 갖추는 것은 개인뿐 아니라 국가 차원에서도 중요하게 자리 잡게 되었다. 이는 현대적 환경 변화에 따른 주도적 경력 관리의 책임이 우선적으로는 조직 또는 개인에게 있지만, 지속가능한 성장과 국가 경쟁력 강화를 위해 국가 차원에서 체계적인 정책 수립과 이에 따른 세부적인 지원 방향 마련이 필요해졌기 때문이다. 거시적 측면에서 볼 때 과학기술의 진보뿐 아니라 경제성장의 둔화, 인구의 고령화, 노동시장의 유연화, 일자리 부조화 등 주요 변화에 따라 개인과 조직 간 심리적 계약의 내용과 형태도 바뀌고 있어 전 생애 과정을 통한 경력개발의 필요성도 더욱 강조되고 있다. 이는 고용서비스 대상 또는 개인의 특성과 상황에 따라 더욱 다양하게 요구되는 실정이다. 청소년의 경우 4차 산업혁명에 따른 생애 전 영역에서의 변화와 미래 직업세계 변화에 대비할 수 있는 기본적인 태도와 자질, 미래역량을 함양할 수 있도록 정책적 지원이 요구된다. 청년의 경우에는 진로취업역량 강화를 위한 더욱 구체적이고 체계적인 지원 방안의 마련이 필요하다. 또한 지속가능한 경력개발과 고용가능성 함양을 위해서는 과거 실직자 대상의 취업지원 서비스에서 한 걸음 더 나아가 재직자 대상의 직업능력 향상 및 생애경력설계 지원이 요구된다. 급속한 고령화의 진전과 노동시장의 불안정성, 베이비부머의 일자리 퇴직과 재취업 등으로 공공 고용서비스 영역에서 퇴직을 전후로 한 중·장년 근로자 대상의 정책과 적극적인 지원 방안 마련 또한 절실하다.

① 거시적 관점에서의 노동시장 변화의 이해

② 지속가능한 성장을 위한 노동시장의 유연화

③ 생애경력개발을 위한 정책 지원의 필요성

④ 4차 산업혁명으로 인한 고용시장의 변화와 전망

⑤ 생산가능인구 감소 시대의 경제성장과 노동시장

05. 다음 글에 대한 설명으로 옳지 않은 것은?

10월 31일 ○○발전은 지진 발생 시 입체적 대응이 가능하도록 시스템을 구축했다고 밝혔다. 먼저 발전회사 최초로 기존의 지진감시시스템을 'GIS(Geographic Information System) 기반 지진모니터링시스템'으로 개선했다.

이 시스템 개선을 통해 직관적인 화면으로 지진 관측의 시인성 및 관제효율성을 높이고 계측기 관리대장과 이력관리 시스템을 통합 운영해 점검결과를 원클릭으로 행정안전부에 보고할 수 있게 됐다. 또한 사외전문가와의 협업을 통해 국내 최초로 개발한 '지진 발생 후 건축물 긴급 안전성평가 소프트웨어' 시스템은 발전소 개별 건축물의 특수성을 감안한 설계지반 가속도 초과율, 최상층 최대변위, 고유진동수 변화율이라는 안전성평가 지표를 사용해 설계데이터와 실제 관측결과를 연계 · 활용하는 방식을 사용할 수 있게 되었다. 이러한 방식은 평가의 정확성을 높이고 지진 발생 시 점검필요 유무를 즉각적으로 제시하는 장점이 있다. 이와 함께 지진과 터빈 자동정지의 상관관계를 분석해 발전소 운영한계를 명확히 함으로써 설비피해에 대한 사전예방과 업무연속성을 확보하게 됐다. ○○○기술본부장은 "발전소의 지진재난 대응체계를 최적화하고 '20X1년 재난대응 안전한국훈련'에서 시스템을 검증하고 드러난 문제점은 환류활동을 통해 지속적으로 개선할 예정"이라고 말했다. 한편 발전소는 지진기상, 유해물질, 화재, 보안 등 기존 계측설비에서 축적된 데이터를 적극적으로 활용할 수 있는 4차 산업기반의 통합플랫폼 구축을 추진해 재난안전사고 예방기술을 고도화하고 대응력을 확보해 나갈 방침이다.

① 발전회사 중 최초로 GIS 기반 지진모니터링시스템을 구축하였다.

② 지진 발생 시 터빈 자동정지의 상관관계를 분석하여 발전소 운영한계를 설정했다.

③ ○○발전은 자체 기술로 '지진 발생 후 건축물 긴급 안정성평가 소프트웨어'를 국내 최초로 개발했다.

④ 발전소의 계측설비에서 축적된 데이터를 활용할 수 있는 4차 산업기반의 통합플랫폼 구축을 추진할 예정이다.

⑤ 기존 지진감시시스템에 비하여 GIS 기반 지진모니터링시스템은 지진 관측의 시인성 및 관제효율성이 개선되었다.

06. 다음 글을 통해 알 수 있는 내용으로 적절한 것은?

식수오염의 방지를 위해서 빠른 시간 내 식수의 분변오염 여부를 밝히고 오염의 정도를 확인하기 위한 목적으로 지표생물의 개념을 도입하였다. 병원성 세균, 바이러스, 원생동물, 기생체 소낭 등과 같은 병원체를 직접 검출하는 것은 비싸고 시간이 많이 걸릴 뿐 아니라 숙달된 기술을 요구하지만 지표생물을 이용하면 이러한 문제를 해결할 수 있다.

식수가 분변으로 오염되어 있다면 분변에 있는 병원체 수와 비례하여 비병원성 세균이 존재하고 이 비병원성 세균을 지표생물로 이용한다. 대표적인 것이 대장균이다. 대장균은 그 기원이 전부 동물의 배설물에 의한 것이므로 시료에서 대장균의 균체 수가 일정 기준보다 많이 검출되면 그 시료에는 인체에 유해할 만큼의 병원체도 존재한다고 추정할 수 있다. 그러나 온혈동물에게서 배설되는 비슷한 종류의 다른 세균들을 배제하고 대장균만을 측정하는 것은 어렵다. 그렇기 때문에 대장균이 속해 있는 비슷한 세균군을 모두 검사하여 분변오염 여부를 판단하고 이 세균군을 총대장균군이라고 한다.

총대장균군에 포함된 세균이 모두 온혈동물의 분변에서 기원한 것은 아니지만 온혈동물의 배설물을 통해서도 많은 수가 방출되고 그 수는 병원체의 수에 비례한다. 염소 소독과 같은 수질 정화과정에서도 병원체와 유사한 저항성을 가지므로 식수, 오락 및 휴양 용수의 수질 결정에 좋은 지표이다. 지표생물로 사용하는 또 다른 것은 분변성 연쇄상구균군이다. 이는 대장균을 포함하지는 않지만 사람과 온혈동물의 장에 흔히 서식하므로 물의 분변오염 여부를 판정하는 데 이용된다. 이들은 잔류성이 높고 장 밖에서는 증식하지 않기 때문에 시료에서도 그 수가 일정하게 유지되어 좋은 상수소독 처리지표로 활용된다.

① 온혈동물의 분변에서 기원되는 균은 모두 지표생물이 될 수 있다.

② 수질 정화과정에서 총대장균군은 병원체보다 높은 생존율을 보인다.

③ 채취된 시료 속의 총대장균군의 세균 수와 병원체 수는 비례하여 존재한다.

④ 지표생물을 검출하는 것은 병원체를 직접 검출하는 것보다 숙달된 기술을 필요로 한다.

⑤ 분변성 연쇄상구균군은 시료 채취 후 시간이 지남에 따라 시료 안에서 증식하여 정확한 오염지표로 사용하기 어렵다.

07. (가), (나)를 읽고 도출할 수 있는 결론으로 적절한 것은?

(가) 지난해 정부에서는 정보격차 해소를 위해 저소득층 가정의 아이들에게 컴퓨터 등의 정보통신기기를 보급하였다. 이를 통해 정보의 접근성 및 활용능력이 향상되었고 이는 학업성적의 향상에도 도움이 될 것으로 전망되었다. 그런데 올해 정보통신기기를 지원받은 가정의 아이들의 학업성적을 살펴본 결과, 성적이 오른 아이들은 소수에 불과하고 대부분이 전과 유사한 성적에 머물거나 오히려 하락한 경우도 나타났다.

(나) 정보통신기기의 보급은 아이들로 하여금 다양한 지식을 쉽게 얻을 수 있도록 한다는 점에서 도움이 된다. 하지만, 수업에 대한 흥미와 집중력이 낮아지고 공부를 소홀히 하는 행동 등을 유발하여 학업성적이 떨어지는 이유가 되기도 한다. 그런데 정보통신기기로 인한 학업성적의 하락은 저소득층 가정의 아이들에게서 더 큰 폭으로 나타난다. 이러한 결과는 부모들의 관리에서 비롯된다고 보는 견해가 있다. 대부분 고소득층의 부모들은 자녀의 기기 활용에 대해 관리와 통제를 가하지만, 저소득층의 부모들은 이러한 관리에 대해 소홀한 경향이 있다는 것이다.

① 정보통신기기의 보급은 정보격차 해소에는 도움이 되지만 아이들의 학업수준에는 부정적인 영향을 미친다.

② 정보통신기기의 보급을 통하여 부모들의 소득수준과 아이들의 학업수준과의 관련성을 찾아볼 수 있다.

③ 저소득층 아이들의 학업성적은 정보통신기기의 보급에 따라 영향을 받으므로 적절한 조절을 통해 아이들의 성적향상을 도울 수 있다.

④ 저소득층의 정보통신기기 보급률은 고소득층보다 낮은 수준으로, 이로 인한 정보수준의 격차가 아이들의 학업에 영향을 미친다.

⑤ 아이들의 학업성적은 정보통신기기의 보급보다 기기에 대한 관리와 통제가 더 중요하게 작용한다.

08. 다음 (가) ~ (라)를 문맥에 맞게 순서대로 배열한 것은?

(가) 스마트폰의 혁신에서 스티브 잡스의 기여는 대단하다. 그는 직관적 인터페이스를 강조하여 터치스크린과 애플리케이션으로 스마트폰을 단순한 고급 휴대전화나 소형 컴퓨터가 아닌, 사람들이 항상 휴대하거나 필수로 간직하는 것으로 만들었다. 이것은 착용하는 것이라는 표현이 더 적절할 것이다.

(나) 스마트폰이 성공을 거둔 것도 그것이 휴대전화와 인터넷 단말기를 복합하여 소형화한 것이어서가 아니다. 스마트폰은 그것 자체가 하나의 문화가 되었다. 어느 누구든 항상 연결의 망 속에서 주체를 발견할 수 있다. 카카오톡이나 카카오스토리라는 파생 상품이 성공을 거둔 것도 그 때문이다. 어떤 기술도 인문학적 소양이나 예술적 감각 없이는 우리 사회에서 과연 그 쓸모를 말할 수 있을까 싶을 정도로 오늘날 우리 사회는 융합이 필요하다.

(다) 스마트폰이 우리 생활에서 가져온 혁신과 혁명을 일일이 거명하기란 어려울 것이다. 스마트폰은 컴퓨터이면서 전화기이고, 전화기이자 인터넷 검색기이기도 하다. 휴대전화나 인터넷, 컴퓨터 하나하나는 이미 만들어져 있던 것이다. 스마트폰은 이것을 하나로 모아서 휴대가 가능하게 했다.

(라) 스티브 잡스는 기술, 인문, 예술의 융합을 강조했다. 그가 말하는 직관적 인터페이스도 이러한 융합적 사고로부터 만들어진 산물이다. 이러한 융합적 사고나 융합적 재능은 천재적 개인의 창조적 능력에만 그치는 것은 아니다. 우리의 삶이나 생활이 이제는 융합적 사고를 하지 않고서는 안 되게 만들어지고 있다.

① (가)－(다)－(라)－(나)
② (나)－(가)－(라)－(다)
③ (다)－(가)－(나)－(라)
④ (다)－(가)－(라)－(나)
⑤ (다)－(라)－(가)－(나)

09. 다음 글에서 추론할 수 있는 내용으로 가장 적절한 것은?

통화 스와프(Currency Swap)는 외환 부족 등 유사시에 상대국의 통화를 이용하여 환시세의 안정을 도모하기 위한 것으로 국가 간에 그 해당하는 액수만큼의 통화를 맞교환하는 것, 즉 거래 당사국들이 일정 기간 동안 자국의 상품이나 금융 자산을 상대국의 것과 바꾸는 것을 말한다. 예를 들어 우리나라와 미국이 통화 스와프 협정을 맺으면 우리는 달러가 부족할 때 미국에 원화를 맡기고 일정액의 수수료를 부담하면 달러를 공급받을 수 있게 된다. 변제할 때에도 서로 계약에 따른 예치 당시의 환시세를 적용하도록 하여 시세 변동에 따른 위험을 예방할 수 있다.

외환 거래가 많은 다국적 기업들은 장기적인 환 위험 관리 수단과 투자 수익의 원천으로 통화 스와프를 적극 활용하고 있으며, 국가 간에는 외환 위기에 대응하기 위한 공동 협조 체제로 국가 간 상호 협력 강화 수단으로서 활용되고 있다.

① 일정액의 수수료는 스와프를 요청하는 국가에서 부담한다.
② 스와프 협정으로 외환 공급을 받은 후 변제할 때에는 변동금리를 적용한다.
③ 다국적 기업은 장기적인 환 위험 관리 수단으로 통화 스와프를 필수적으로 활용한다.
④ 환율의 변동에 상관없이 협정국에서 차입할 때 소요되는 외환액수와 변제금액은 동일하다.
⑤ 변제할 경우 시세 변동에 따른 위험을 줄이기 위해 변제 당시의 환시세를 적용한다.

10. 다음 글의 내용과 일치하는 것은?

인간과 동물은 두 가지 주요한 방식으로 환경에 적응한다. 하나는 생물학적 진화이며, 다른 하나는 학습이다. 고등 생명체에서의 생물학적 진화는 수천 년 이상 걸리는 매우 느린 현상인 반면, 학습은 짧은 생애 안에서도 반복적으로 일어난다. 세상에 대한 새로운 정보를 얻는 과정인 학습과 획득된 정보를 기억하는 능력은 적절히 진화된 대부분의 동물들이 갖고 있는 특징이다. 신경계가 복잡할수록 학습 능력은 뛰어나기 때문에 지구상 가장 복잡한 신경계를 갖고 있는 인간은 우수한 학습 능력을 지니고 있다. 이러한 능력 때문에 인간의 문화적 진화가 가능했다. 여기서 문화적 진화란 세대와 세대를 거쳐 환경에 대한 적응 능력과 지식이 발전적으로 전수되는 과정을 의미한다. 사실 우리는 세계와 문명에 대한 새로운 지식들을 학습을 통해 습득한다. 인간 사회의 변화는 생물학적 진화보다는 전적으로 문화적 진화에 의한 것이다. 화석 기록으로 볼 때 수만 년 전의 호모 사피엔스 이래로 뇌의 용적과 구조는 크게 달라지지 않았다. 고대로부터 현재까지 모든 인류의 업적은 문화적 진화의 소산인 것이다.

학습은 인간의 본성에 관한 철학의 쟁점과도 관련되어 있다. 고대의 소크라테스를 비롯하여 많은 철학자들은 인간 정신의 본성에 대하여 질문을 던져왔다. 17세기 말에 이르러 영국과 유럽 대륙에서 두 가지 상반된 견해가 제기되었다. 하나는 로크, 버클리, 흄과 같은 경험론자들의 견해로, 정신에 타고난 관념 또는 선험적 지식이 있다는 것을 부정하고 모든 지식은 감각적 경험과 학습을 통해 형성된다고 본다. 다른 하나는 데카르트, 라이프니츠 등의 합리론자와 칸트의 견해로 정신은 본래 특정한 유형의 지식이나 선험적 지식을 가지고 있으며 이것이 감각 경험을 받아들이고 해석하는 인식의 틀이 된다는 것이다.

① 학습은 생물학적인 진화보다 우월하다.
② 학습은 인간만이 지니고 있는 인간의 고유한 특성이다.
③ 인간 사회의 변화는 생물학적 진화와 문화적 진화가 적절히 혼합되어 이루어진 것이다.
④ 경험론자들은 생물학적 진화보다는 학습을 중요시하였다.
⑤ 인간은 대부분의 동물들과 달리 생물학적 진화가 전혀 이루어지지 않았다.

11. 다음 글의 내용과 일치하지 않는 것은?

> 중세 이탈리아 상인들은 어떤 물건들을 취급해서 막대한 부를 축적했을까? 피렌체 출신의 상인 페골로티의 '상업 실무'와 발루타(Valuta)라 불리는 일종의 상품시세표는 그에 대한 답을 말해 준다. 두 기록에 따르면 중세 말 이탈리아 상인들이 일상적으로 취급했던 품목은 대략 2백 개 정도였다고 한다. 상업 실무에 언급된 상품은 총 288가지였지만 생산지, 가공 상태, 품질 등에 따라 같은 종류의 상품들이 중복된 것을 제외하면 대략 193종의 품목이 이탈리아 상인들을 통해 유통되고 있었다.
>
> 페골로티의 목록에서 눈에 띄는 점은 이 상품들이 향신료로 불렸다는 것이다. 오늘날 엄격한 의미의 향신료로 간주되지 않는 꿀, 설탕, 쌀, 오렌지, 다트 등의 식품들과 명반, 백연 등의 염색 재료들 그리고 원면, 밀랍, 종이와 같은 산업 원료들까지도 중세 향신료로 분류되었다. 193개의 중세 향신료 중에서 오늘날에도 여전히 향신료로 간주되는 것들은 극소수이다. 이 중 인도와 중국을 포함한 동방으로부터 온 상품들은 31개 정도이며 그중에서도 진정한 의미의 향신료는 후추, 생강, 육계, 계피, 정향, 소두구, 갈링가, 육두구 정도였다.
>
> 고대부터 시작된 아시아산 향신료에 대한 유럽인들의 열광적인 소비는 시간이 갈수록 늘어났다. 유럽인들은 아시아 향신료에 매료되었고, 이탈리아 상인들은 늘어나는 향신료 수요를 충족시키면서 막대한 이익을 얻었다. 향신료에 대한 수요가 많았던 이유 중 하나는 다양한 용도 덕분이었다. 음식에 향미를 더해 주기도 하고 육식을 금하는 사순절 동안 생선만 먹는 지루함을 달래주었으며 신을 부르거나 악마를 쫓아내고 전염병을 치료하는 용도 등으로 활용되기도 하였다. 중세 고급 요리에서 향신료는 없어서는 안 되는 필수 품목이었다.

① 중세 이탈리아 상인들은 약 200여 개의 물품을 취급하였다.

② 중세 이탈리아 상인들이 취급한 물품은 일정 기준에 의해 분류되어 있었다.

③ 중세 이탈리아 상인들은 양념류와 식품 등을 향신료로 분류하였다.

④ 중세 유럽인들이 향신료를 좋아했던 이유 중 하나는 향신료가 음식을 대신할 수 있었기 때문이다.

⑤ 중세 유럽에서 유행하던 향신료 중에서는 아시아로부터 온 것도 있었다.

12. 제시된 글을 토대로 '효과적인 보고서 작성 체크리스트'를 작성할 때, 다음 중 체크리스트 항목에 해당하지 않는 것은?

효과적인 보고서의 핵심은 '짧고 쉽게 쓰기'입니다. 짧은 보고서는 작성 방법과 내용에 따라 100장짜리 보고서보다 알차고 효과적입니다. 보고서 작성을 시작할 때는 결론을 가장 먼저 작성합니다. 이것은 단 한 줄만 읽고도 보고서 전체의 내용을 파악할 수 있도록 하기 위해서입니다. 보고서 내용은 핵심이 명확하게 표기되어야 하고 짧지만 구체적으로 표현되어야 합니다. 또한 어려운 전문용어보다는 가급적 쉬운 말을 사용해야 합니다. 그리고 했던 이야기를 반복하지 않습니다. 앞에서 핵심을 정확하게 드러냈다면 이야기를 반복해서 시간을 낭비할 필요가 없을 것입니다.

보고서를 마칠 때에는 결론을 다시 정리해 의사결정자가 고려할 사항을 다시 한 번 언급합니다. 보고서의 가장 첫 줄과 마찬가지로 마지막 줄을 통해 최종의사결정자가 보고서가 왜 작성되었는지, 의사결정자로서 자신은 무엇을 고려해야 하는지 등을 즉시 파악할 수 있도록 해야 합니다.

짧은 보고서 작성을 위해서는 민토 피라미드(Minto Pyramid)를 바탕으로 보고서를 작성할 것을 추천합니다. 민토 피라미드는 맥킨지 컨설턴트인 바바라 민토(Barbara Minto)가 만든 시각적 사고법으로, 가장 위쪽에는 핵심 메시지를, 아래쪽에는 상위 메시지에 관한 부연설명을 배치합니다. 메시지를 위에서 아래로 전개할 때 왜(Why), 무엇을(What) 등의 질문을 하면서 그 답에 해당하는 것을 하위 메시지로 만듭니다. 이렇듯 민토 피라미드를 활용해 보고서를 작성할 경우 보고서의 불필요한 부분을 줄여 명확하게 메시지를 전달할 수 있습니다.

① 보고서 페이지 수는 적당히 간결한가?
② 보고서에 전문용어 활용이 부족하지는 않은가?
③ 보고서의 처음과 끝에 핵심내용을 언급했는가?
④ 보고서 작성 시 같은 내용이나 말이 두 번 이상 반복되지 않았는가?
⑤ 보고서 핵심사항과 부연설명의 배치가 적절한가?

13. 다음 글의 전개방식에 관한 설명으로 적절한 것은?

바위와 달은 서로 다른 존재인가? 달이라는 것은 결국 바윗덩어리가 아니었던가? 그렇다면 우리가 바위의 성질을 모두 이해한다면 달의 성질도 이해하게 될 수 있지 않을까? 공기 속에서 부는 바람을 바다에 이는 파도와 비슷한 원리로 이해할 수 있을까? 서로 다른 것으로 보이는 여러 움직임의 공통점은 무엇인가? 이런 질문들에 대한 올바른 답을 구하려면 우리는 언뜻 보기에 전혀 다른 듯한 대상들을 순차적으로 분석하여 다른 점이 별로 없는 근본까지 파고 들어가야 한다. 계속 파고 들어가다 보면 공통점이 발견되리라는 희망을 가지고 모든 물질과 자연 현상을 낱낱이 분석해야 한다. 이러한 노력 속에서 우리의 이해는 한층 더 깊어진다.

무언가를 이해한다는 것의 진정한 의미는 무엇인가? 이 우주의 진행 방식을 하나의 체스 게임에 비유해 보자. 그렇다면 이 체스 게임의 규칙은 신이 정한 것이며, 우리는 규칙을 제대로 이해하지 못한 채로 게임을 관람하는 관객에 불과하다. 우리에게 허락된 것은 오로지 게임을 지켜보는 것뿐이다. 물론 충분한 시간을 두고 지켜본다면 몇 가지 규칙 정도는 알아낼 수도 있다. 체스 게임이 성립되기 위해 반드시 요구되는 기본 규칙들, 이것이 바로 기초 물리학이다. 그런데 체스에 사용되는 말의 움직임이 워낙 복잡한 데다가 인간의 지성에는 명백한 한계가 있기 때문에 모든 규칙을 다 알고 있다 해도 특정한 움직임이 왜 행해졌는지를 전혀 이해하지 못할 수도 있다. 체스 게임의 규칙은 비교적 쉽게 배울 수 있지만, 매 순간 말이 갈 수 있는 최선의 길을 찾아내는 것은 결코 쉬운 일이 아니기 때문이다.

① 대상의 변화 과정을 살펴본 뒤 전망을 제시하고 있다.
② 새로운 이론을 소개한 뒤에 이를 구체적인 현상에 적용하고 있다.
③ 개념에 대한 정의를 분명하게 제시하여 대상의 본질을 나타내고 있다.
④ 상반된 입장의 문제점을 모두 비판하여 종합적인 결론에 이르고 있다.
⑤ 낯설고 익숙하지 않은 개념을 쉽고 친숙한 대상에 빗대어 설명하고 있다.

14. 다음 글에 나타난 저자의 견해로 적절하지 않은 것은?

가림토 문자는 논란이 되고 있는 〈환단고기〉라는 책에 등장하는 고대 한국의 문자이다. 이 책이 세간의 관심을 끈 것은 기원전 2181년에 이미 고대 한국의 문자가 만들어졌다는 기록 때문이다. 흥미롭게도 그 기록은 훈민정음의 서문이나 신숙주의 〈동국정운〉의 서문과 너무도 흡사하다. 그런데 문제는 만약 이러한 고대 한국의 문자가 있었다면 왜 우리의 고대 자료에 한 번도 등장하지 않았는가 하는 점이다.

일본에서는 훈민정음이 일본의 신대 문자를 본뜬 것이라는 주장이 있어 왔다. 두 문자가 모양과 음까지 너무도 닮았고, 신대 문자는 이미 오래 전부터 전해 내려오고 있었다니 훈민정음이 이 문자의 영향을 받지 않았나 하는 주장이 제기되었다. 그러나 이러한 주장은 그 진위를 다시 한번 고려해 볼 필요가 있다. 일본에서의 신대 문자 사용에 대한 문헌조사 결과, 그 문자의 존재를 뒷받침할 근거가 불충분하여 학계에서도 그러한 문자가 존재했을 가능성은 거의 없다는 것이 정설이다. 우리의 가림토 문자도 이와 비슷한 문제점을 가지고 있으니 언어학적으로는 그리 큰 의미가 없다고 하겠다.

① 훈민정음은 가림토 문자의 영향을 받아 만들어졌다.

② 가림토 문자는 언어학적으로 큰 의미를 가지고 있지 않다.

③ 일본의 신대 문자는 그 존재의 확실성이 부족하다.

④ 훈민정음이 일본의 신대 문자를 본뜬 것이라는 주장은 사실이 아닐 가능성이 높다.

⑤ 고대 한국의 문자가 있었다면 우리의 고대 자료에 등장했어야 한다.

15. 다음 신문 기사를 바르게 이해한 사람은?

정부, 육아휴직 제도 전격 도입

김○○ 기자 / 일력 202X. 05. 04. / 4면 / 댓글 14

정부는 202X년 6월부터 공기업과 사기업을 포함한 모든 사업장에 육아휴직 제도를 도입한다고 밝혔다. 육아휴직은 사업장의 소속 근로자가 만 8세 이하 또는 초등학교 2학년 이하의 자녀(입양 자녀 포함)를 양육하기 위하여 휴직을 신청하는 경우에 사업주는 이를 허용해야 하는 제도이다.

「남녀고용평등과 일 · 가정 양립 지원에 관한 법률」 제19조 제1항에 의거하여 추진되는 육아휴직 제도는 육아휴직을 시작하려는 날의 전날까지 해당 사업장에서 계속 근로한 기간이 6개월 이상인 근로자가 활용할 수 있는 제도이다. 육아휴직을 신청할 수 있는 근로자는 여성만을 요하지 않고 그 영아의 생부모만을 요하지 않는다. 육아휴직의 기간은 1년 이내로 하며, 사업주는 육아휴직을 이유로 해고나 그 밖에 불리한 처우를 해서는 안 된다. 그리고 사업을 계속할 수 없는 경우를 제외하고는 육아휴직 기간에 그 근로자를 해고하지 못한다.

또한 육아휴직을 마친 후에는 육아휴직 전과 동일한 업무에 복귀시켜야 하며, 육아휴직 기간은 근속기간에 포함되어야 한다. 마찬가지로 기간제근로자 또는 파견근로자의 육아휴직 기간은 사용기간 및 파견기간에 산입되지 않는다.

① 갑 과장 : 나는 202X년 1월에 입사했고 3개월 육아휴직을 사용하려고 하는데, 추후 이직 등을 고려할 때 3개월의 근속 단절은 크게 영향을 미칠 것 같지 않아서 다행이야.

② 을 차장 : 정부는 다양한 육아 정책을 펼치고 있지만 사실 그동안에는 크게 효과가 없다고 느끼는 정책들도 많았는데, 이번 육아휴직은 아빠와 남편으로서 제대로 역할을 할 수 있게 해 주겠지?

③ 병 주임 : 저희 남편의 회사 상황이 녹록지 않아서 제가 6월부터 육아휴직을 해서 아이를 돌봐야 할 것 같은데, 제 파견종료일이 올해 7월까지라서 육아휴직 시작과 동시에 퇴사를 준비해야 하니까 겸사겸사 이직 준비도 하고 좋은 것 같아요.

④ 정 대리 : 육아휴직 후에는 소속 팀과 담당 업무가 변할 가능성이 커서 고민인데 달리 생각해보면 다양한 경험을 쌓고 역량을 향상시킬 수 있는 기회로 활용할 수가 있어요.

⑤ 무 사원 : 곧 아이를 낳을 예정이라 육아휴직을 신청해야 하는데 휴직 가능 기간이 1년 3개월로 연장되어 육아에 더 전념할 수 있어 좋은 것 같아요.

영역 2 수리

20문항/25분

01. 8%의 소금물에 12%의 소금물을 섞은 다음, 물 200g을 더 넣었더니 7%의 소금물 600g이 되었다. 첨가된 12% 소금물의 양은?

① 150g ② 200g ③ 250g
④ 350g ⑤ 400g

02. 수조에 물을 퍼 담아 가득 채우는 데 A는 3분, B는 9분이 걸린다. 또한 가득찬 물을 빼는 데 C는 6분, D는 12분이 걸린다. 물이 절반 높이까지 차 있는 상태에서 A와 B는 물을 채우고 C와 D는 물을 뺄 경우 수조에 물이 가득 차는 데까지 걸리는 시간은?

① $\frac{15}{7}$분 ② $\frac{16}{7}$분 ③ $\frac{17}{7}$분
④ $\frac{18}{7}$분 ⑤ $\frac{19}{7}$분

03. ○○사는 A 상품의 원가에 20%의 이익을 붙여 판매하고 있는데, 경쟁사에서 신제품을 출시한다는 소식을 접하고 다음 분기에는 현재 가격에서 10% 할인해 판매하기로 결정하였다. 할인된 가격이 129,600원이라면 원가는?

① 118,000원 ② 120,000원 ③ 122,000원
④ 124,000원 ⑤ 126,000원

04. 철수가 시속 6km로 운동장을 달리고 있다. 30분 동안 같은 속력으로 달리기를 했다면 철수가 이동한 거리는 몇 km인가?

① 2.8km ② 3km ③ 3.5km
④ 3.8km ⑤ 4km

05. 진희에게는 47세의 남편과 2명의 아이가 있다. 현재 진희의 나이가 44세, 아이들 나이가 각각 12세, 9세일 때, 부모 나이의 합이 아이들 나이의 합의 3배가 되는 것은 몇 년 후인가?

① 6년 후 ② 7년 후 ③ 8년 후
④ 9년 후 ⑤ 10년 후

06. 호성이는 통학 시에 16.2km/h로 자전거를 타고 전철역까지 간다. 하루는 가로등의 수를 세면서 달린 결과 25개가 있었고 첫 번째 가로등을 통과해서 마지막 가로등까지 가는 데 5분 20초가 걸렸다면, 가로등은 몇 m마다 세워져 있는가? (단, 집에서 전철역까지의 길은 직선이며 가로등의 간격은 일정하다)

① 45m ② 50m ③ 60m
④ 65m ⑤ 70m

07. A 버스는 오전 5시부터 12분 간격으로 출발하고, B 버스는 오전 5시부터 21분 간격으로 출발한다. A 버스와 B 버스가 오전 10시와 11시 사이에 동시에 출발하는 시간은?

① 10시 12분 ② 10시 28분 ③ 10시 36분
④ 10시 42분 ⑤ 10시 50분

08. 영수, 희선, 준호는 가위바위보로 한 번에 승부를 내려고 한다. 이때 누구도 이기지 않을 확률은?

① $\frac{1}{9}$ ② $\frac{1}{6}$ ③ $\frac{2}{9}$
④ $\frac{1}{3}$ ⑤ $\frac{1}{2}$

09. ○○기업에서는 배드민턴 동아리와 탁구 동아리를 지원하기로 결정해 직원 40명을 대상으로 가입 신청을 받았다. 신청 현황이 아래와 같을 때 탁구 동아리만 신청한 직원의 수는?

- 직원들은 신청을 안 하거나 두 동아리 모두를 신청할 수 있다.
- 배드민턴 동아리에는 17명이 신청했고, 탁구 동아리에는 25명이 신청했다.
- 적어도 하나의 동아리를 신청한 직원은 35명이다.

① 16명 ② 18명 ③ 20명
④ 22명 ⑤ 24명

10. 16장의 종이에 큰 활자와 작은 활자를 사용하여 21,000자의 활자를 찍어야 한다. 한 장에 큰 활자는 1,200자, 작은 활자는 1,500자가 들어갈 때, 작은 활자를 사용한 종이는 몇 장인가? (단, 종이 한 장당 들어가는 활자는 큰 활자 또는 작은 활자 한 종류여야만 한다)

① 2장 ② 3장 ③ 4장
④ 5장 ⑤ 6장

11. 다음은 A 씨의 자녀 a, b, c의 한 달 사교육비를 나타낸 자료이다. c의 사교육비가 전체 사교육비에서 차지하는 비중의 1월 대비 4월의 변동 폭으로 알맞은 것은?

(단위 : 만 원)

구분	계	a	b	c
1월	73.2	23.2	27.0	23.0
2월	74.2	23.1	27.5	23.6
3월	77.8	24.1	27.5	26.2
4월	82.8	25.3	29.1	28.4

① 약 3%p 증가하였다. ② 약 3%p 감소하였다.
③ 약 2.9%p 감소하였다. ④ 약 2.9%p 증가하였다.
⑤ 약 0.3%p 감소하였다.

12. 다음 20X0 ~ 20X1년 콘텐츠 산업별 매출액에 대한 설명으로 적절하지 않은 것은?

〈콘텐츠 산업별 매출액〉

(단위 : 백만 원)

산업 \ 매출액	20X0년 상반기	20X0년 하반기	20X1년 상반기
출판	10,390,607	10,657,888	10,526,705
만화	552,687	605,118	610,185
음악	2,906,453	3,586,648	3,065,949
게임	7,072,792	6,860,742	7,074,465
영화	2,759,731	2,829,843	2,960,095
애니메이션	311,088	341,748	324,644
방송	8,714,075	10,462,023	8,812,945
광고	7,622,069	9,596,675	7,810,356
캐릭터	6,118,504	6,167,550	6,158,875
지식정보	7,588,077	8,914,879	8,330,152
콘텐츠 솔루션	2,334,846	2,716,259	2,456,268
합계	56,370,929	62,739,373	58,130,639

① 20X0년 게임 산업의 매출액은 13.9조 원 이상이다.

② 20X1년 상반기 매출액 규모는 출판 산업에서 가장 컸다.

③ 20X0년 콘텐츠 산업 총 매출액은 상반기보다 하반기에 더 높았다.

④ 20X1년 상반기 음악 산업 매출액은 전반기 대비 14% 이상 감소했다.

⑤ 20X1년 상반기 애니메이션 산업 매출액은 전년 동기 대비 5% 이상 감소했다.

13. 다음 월간음주율 그래프에 관해 바르게 이해한 것은?

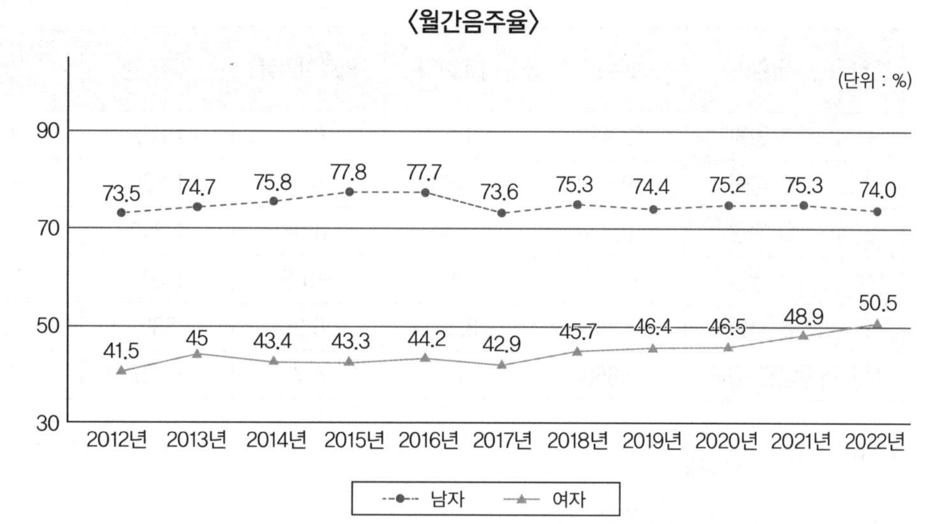

※ 월간음주율 : 만 19세 이상 성인이 최근 1년 동안 한 달에 1회 이상 음주한 분율

① 2016년 이후로 남성의 월간음주율은 매년 증가와 감소가 교대로 반복되었다.

② 2022년 여성의 월간음주율은 지난해에 비해 1.6%p 증가하였으나 남성의 월간음주율은 지난해에 비해 1.2%p 줄었다.

③ 2013년 만 19세 이상 여성인구를 1,160만 명으로 보면 2013년 매달 1번 이상 음주한 여성의 수는 500만 명보다 많다.

④ 2015년 만 19세 이상 남성인구를 1,390만 명이라고 보면 2015년 매달 1번도 음주하지 않은 남성의 수는 약 309만 명이다.

⑤ 조사기간 중 남성의 월간음주율이 70% 이하로 떨어진 해는 없었지만 여성의 월간음주율에 비해 1.4배 이하로 떨어진 해는 2022년이 처음이다.

14. 다음 수도권 5대 대형병원의 의료 통계 자료에 대한 설명으로 옳지 않은 것은?

〈수도권 5대 대형병원 의료 통계 자료〉

(단위 : 억 원, %, 명)

순위	병원명	의료수익	의료이익	의료이익률	의사 수	의사 1인당 의료수익
1	A 병원	13,423	825	6.1	1,625	8.3
2	B 병원	10,612	−463	−4.4	1,230	8.6
3	C 병원	10,244	1,640	16.0	1,240	8.3
4	D 병원	8,715	−41	−0.5	1,208	7.2
5	E 병원	6,296	399	6.3	830	7.6
5대 대학병원 평균		9,858	472	4.7	1,227	8.0

※ $\text{의료이익률} = \frac{\text{의료이익}}{\text{의료수익}} \times 100$

※ $\text{의사 1인당 의료수익} = \frac{\text{의료수익}}{\text{의사 수}}$

① 의사 수가 가장 많은 병원은 의료수익도 가장 많다.

② 의사 1인당 의료수익이 가장 큰 병원은 B 병원이다.

③ 5대 대형병원 의료수익 평균에 미치지 못하는 대형병원은 2개이다.

④ E 병원의 의사 1인당 의료이익은 A 병원의 의사 1인당 의료이익보다 많다.

⑤ B 병원과 C 병원의 의료수익의 합은 A 병원과 E 병원의 의료수익의 합보다 크다.

15. 다음은 20X1 ~ 20X3년의 우리나라 10대 수출품목에 대한 자료이다. 이에 대한 설명으로 옳은 것을 〈보기〉에서 모두 고르면?

〈10대 수출품목〉

(단위 : 백만 달러)

구분	20X1년		20X2년		20X3년	
	품목명	금액	품목명	금액	품목명	금액
1위	반도체	97,937	반도체	127,706	반도체	93,930
2위	선박 등	42,182	석유제품	46,350	자동차	43,036
3위	자동차	41,690	자동차	40,887	석유제품	40,691
4위	석유제품	35,037	디스플레이	24,856	자동차부품	22,536
5위	디스플레이	27,543	자동차부품	23,119	디스플레이	20,657
6위	자동차부품	23,134	합성수지	22,960	합성수지	20,251
7위	무선통신기기	22,099	선박 등	21,275	선박 등	20,159
8위	합성수지	20,436	철강판	19,669	철강판	18,606
9위	철강판	18,111	무선통신기기	17,089	무선통신기기	14,082
10위	컴퓨터	9,177	컴퓨터	10,760	컴퓨터	10,292
소계	-	337,346	-	354,671	-	304,240
총수출액 대비 비중(%)	-	59.0	-	58.5	-	56.1

| 보기 |

㉠ 전년 대비 순위가 상승하면 수출금액도 증가한다.
㉡ 20X2년 대비 20X3년에 총수출금액은 감소하였다.
㉢ 20X2년 대비 20X3년에 수출금액 감소율이 가장 큰 품목은 디스플레이이다.
㉣ 20X2년 대비 20X3년에 수출금액이 가장 많이 상승한 품목의 증가율은 5% 이상이다.

① ㉠, ㉡　　② ㉠, ㉣　　③ ㉡, ㉢
④ ㉡, ㉣　　⑤ ㉢, ㉣

16. 다음은 20XX년의 남성의 육아휴직에 관한 자료이다. 이에 대한 설명으로 잘못된 것은?

〈육아휴직 사용자 중 남성의 비중〉

(단위 : %)

국가	남성의 비중	국가	남성의 비중
아이슬란드	45.6	캐나다	13.6
스웨덴	45.0	이탈리아	11.8
노르웨이	40.8	한국	4.5
포르투갈	43.3	오스트리아	4.3
독일	24.9	프랑스	3.5
덴마크	24.1	일본	2.3
핀란드	18.7	벨기에	25.7

〈아빠전속 육아휴직 기간과 소득대체율〉

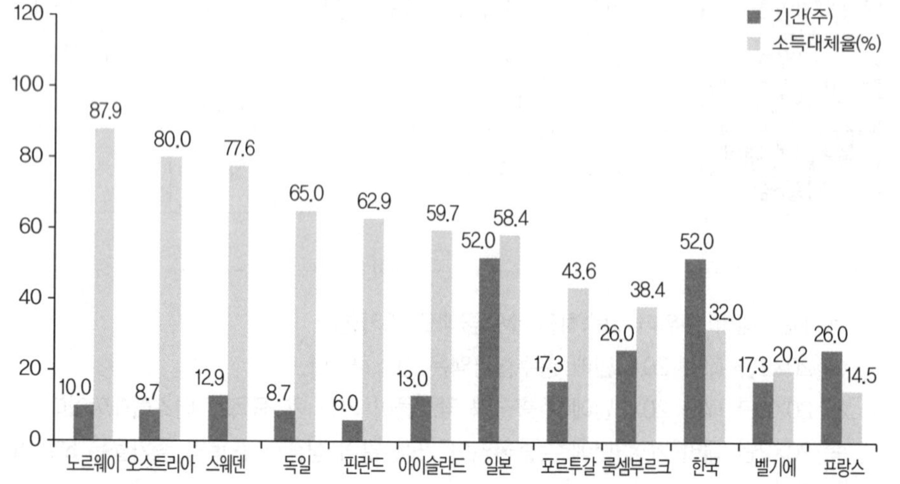

※ 아빠전속 육아휴직 기간 : 육아휴직 기간 중 할당 또는 그 밖의 방법으로 아빠에게 주어지며 엄마에게 양도하거나 공유할 수 없는 기간을 말함.

① 육아휴직 사용자 중 남성의 비중이 가장 큰 국가와 가장 작은 국가의 차이는 43.3%p이다.

② 육아휴직 사용자 중 남성의 비중이 높다고 해서 아빠전속 육아휴직 기간이 긴 것은 아니다.

③ 아빠전속 육아휴직 기간이 길수록 소득대체율이 높다.

④ 아빠전속 육아휴직 기간은 일본이 포르투갈보다 3배 이상 길다.

⑤ 아빠전속 육아휴직 기간이 가장 긴 국가와 가장 짧은 국가의 차이는 46주이다.

17. 다음 20XX년 월별 · 도시별 미세먼지(PM2.5) 대기오염도 자료에 대한 설명으로 옳은 것은?

〈미세먼지(PM2.5) 대기오염도〉

(단위 : ㎍/m³)

구분	1월	2월	3월	4월	5월
서울	29	28	25	21	19
인천	27	23	21	16	15
부산	21	22	16	17	17
대구	26	26	20	18	20
광주	27	21	18	17	18

① 조사기간 동안 미세먼지(PM2.5) 대기오염도는 항상 부산이 가장 낮았다.
② 조사기간 동안 미세먼지(PM2.5) 대기오염도는 항상 서울이 가장 높았다.
③ 조사기간 중 미세먼지(PM2.5) 대기오염도는 평균적으로 1월에 가장 높았다.
④ 조사기간 동안 5개 지역의 미세먼지(PM2.5) 대기오염도는 지속적으로 감소했다.
⑤ 조사기간 중 가장 낮은 미세먼지(PM2.5) 대기오염도를 기록한 지역은 광주다.

18. 2021년 우리나라 GDP가 1조 3,778억 달러라고 할 때, 연구개발을 위해 투자한 금액은 얼마인가?

〈우리나라 연구개발투자비율(GDP 대비)〉

(단위 : %)

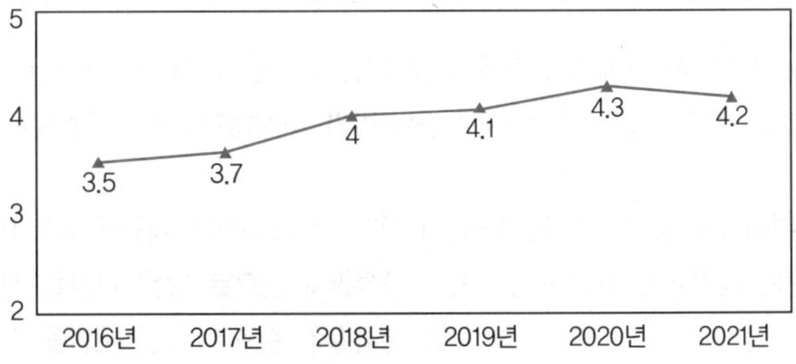

※ GDP 대비 연구개발투자비율(%) $= \frac{\text{총 연구개발지출금(달러)}}{\text{당해 연도 GDP(달러)}} \times 100$

① 5,648,980만 달러
② 5,786,760만 달러
③ 5,924,540만 달러
④ 6,062,320만 달러
⑤ 6,200,100만 달러

19. 다음 취업자와 비취업자의 시간활용 현황 자료를 바르게 분석한 것은?

(단위 : 시간)

구분	항목	전체	남	여
취업자	개인유지	10 : 58	10 : 20	10 : 16
	일	11 : 00	11 : 01	11 : 00
	학습	6 : 56	7 : 16	6 : 36
	가정관리	1 : 30	2 : 04	2 : 23
	가족 및 가구원 돌보기	1 : 26	1 : 00	1 : 24
	참여 및 봉사활동	2 : 03	1 : 52	2 : 09
	교제 및 여가활동	2 : 58	2 : 07	1 : 47
	이동	1 : 58	2 : 07	1 : 47
	기타	0 : 23	0 : 23	0 : 34
비취업자	개인유지	10 : 35	10 : 48	10 : 30
	일	1 : 54	1 : 57	1 : 52
	학습	5 : 17	5 : 40	4 : 51
	가정관리	3 : 11	1 : 28	3 : 43
	가족 및 가구원 돌보기	2 : 31	1 : 33	2 : 37
	참여 및 봉사활동	2 : 22	3 : 21	1 : 58
	교제 및 여가활동	7 : 15	8 : 34	6 : 40
	이동	1 : 36	1 : 44	1 : 32
	기타	0 : 26	0 : 26	0 : 26

① 취업자와 비취업자 관계없이 모두 가장 많은 시간을 차지하는 항목은 개인유지 시간이다.

② 시간 분배를 보면 취업자들은 일에 집중된 반면, 비취업자들은 여가활동과 학습에 비슷한 시간을 할애한다.

③ 취업 여부에 관계없이 성별에 따라 가정관리가 차지하는 시간은 3배 이상 차이가 난다.

④ 비취업자는 개인유지, 여가활동, 학습, 가정관리 순으로 많은 시간을 차지한다.

⑤ 취업자는 일, 개인유지, 학습, 참여 및 봉사활동 순으로 많은 시간을 차지한다.

20. 다음 자료에 대한 설명으로 옳지 않은 것은?

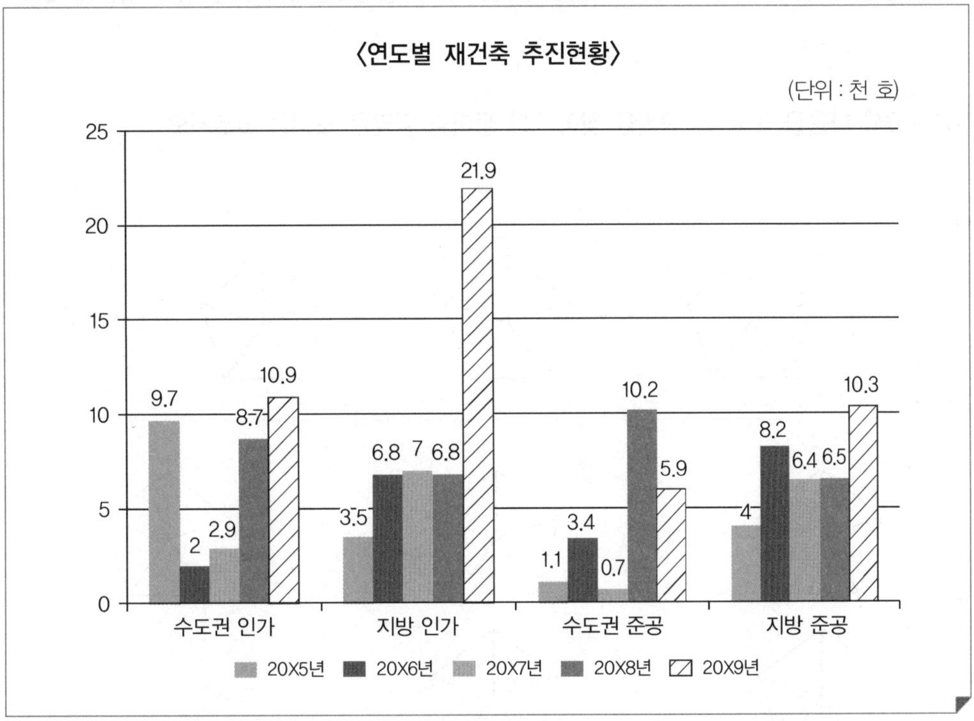

① 20X5 ~ 20X9년 동안 수도권의 평균 재건축 인가 호수는 준공 호수보다 많다.

② 재건축 인가 호수가 전년 대비 가장 큰 폭으로 변동한 것은 20X9년 지방의 경우이다.

③ 수도권이 지방보다 더 많은 재건축 인가/준공 호수를 보인 해는 각각 2개씩이다.

④ 20X9년 지방의 재건축 준공 호수는 전년 대비 50% 이상 증가하였다.

⑤ 지방의 재건축 준공 호수와 연도별 증감 추이가 동일한 항목은 없다.

영역 3 도형추리

15문항/15분

[01 ~ 04] 다음을 보고 그 규칙을 찾아 ?에 들어갈 알맞은 도형을 고르시오.

01.

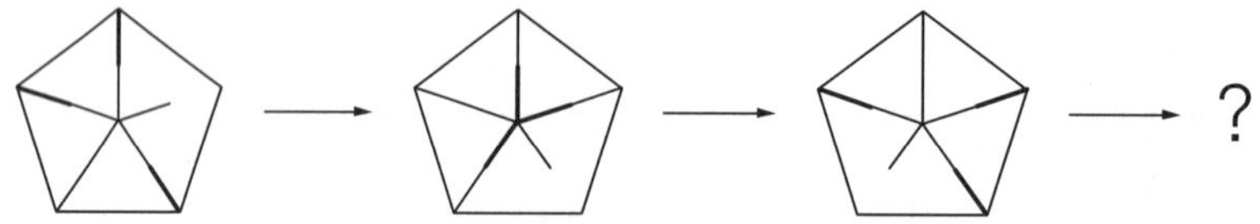

① 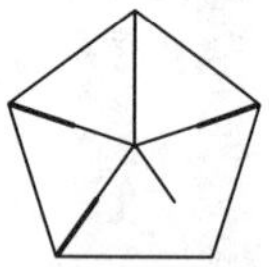

② 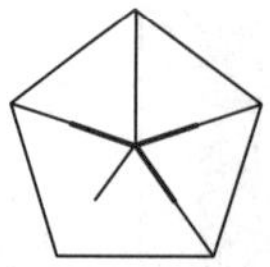

③ 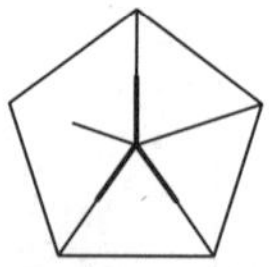

④ 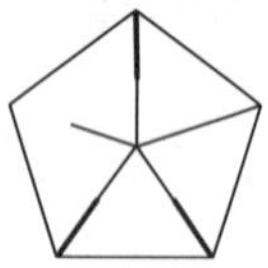

⑤ 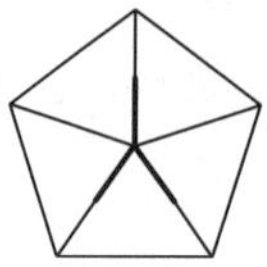

02.

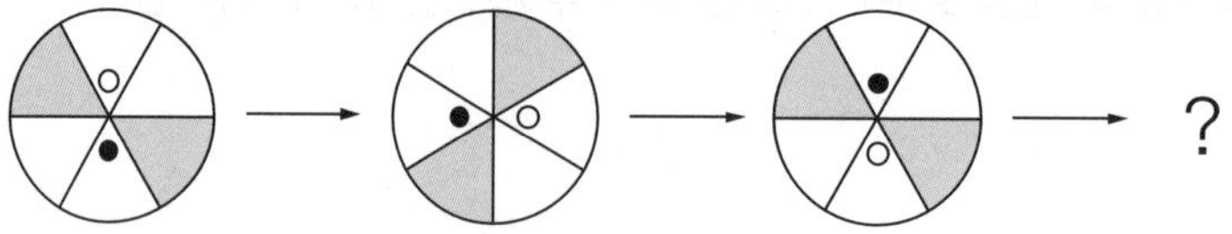

① 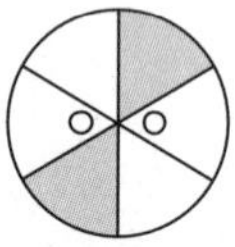

② 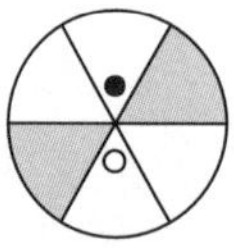

③ 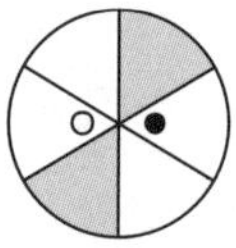

④ 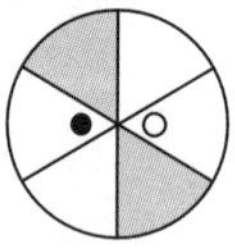

⑤ 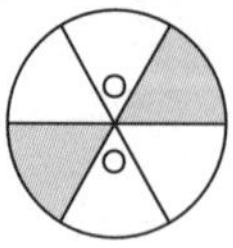

03.

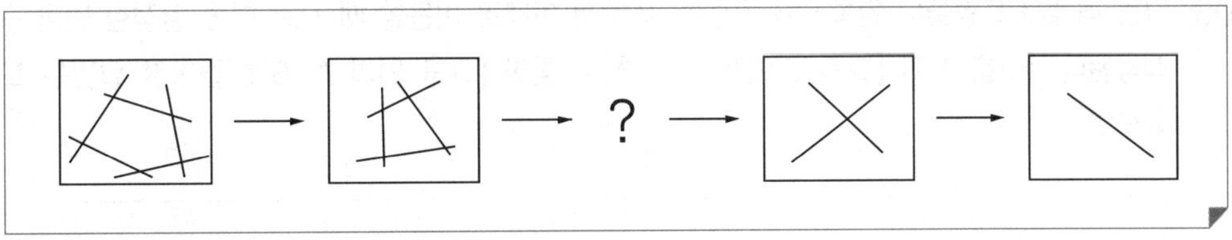

①
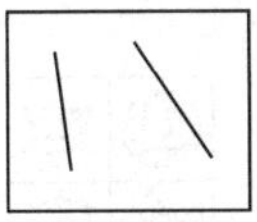

②
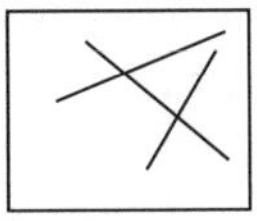

③
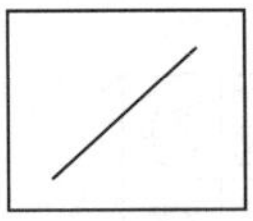

④
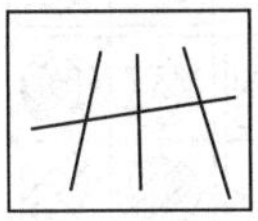

⑤
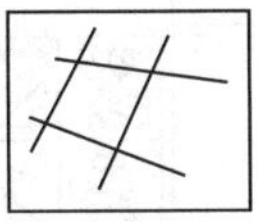

04.

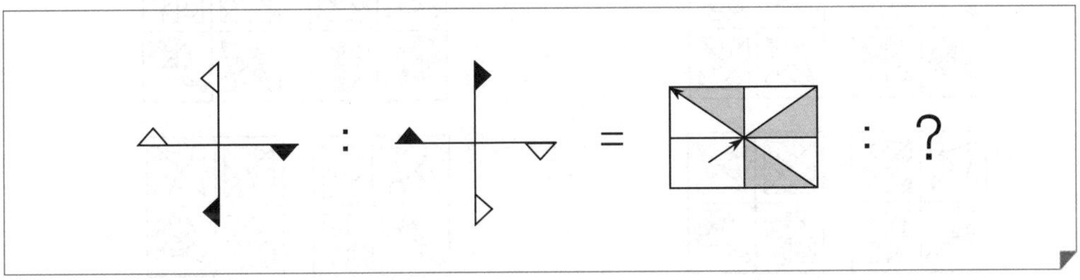

①
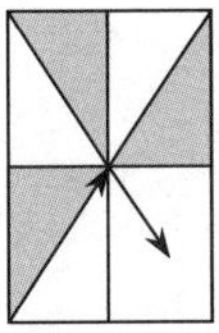

②
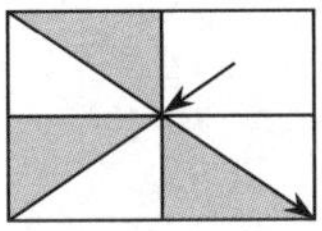

③
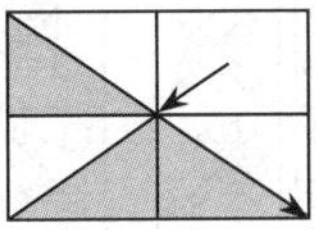

④
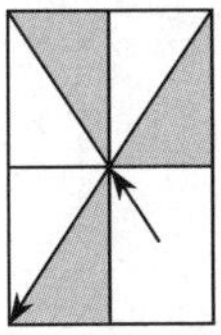

⑤
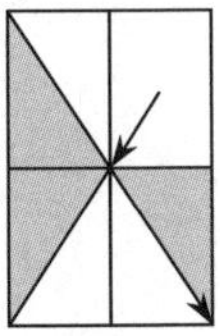

05. 그룹 내에서 도형들이 왼쪽에서 오른쪽, 위에서 아래로 이동할 때 서로 다른 일정한 변화 규칙이 적용된다. [그룹 1]과 [그룹 3]에서 그 규칙을 찾아 [그룹 2]의 A, B에 들어갈 알맞은 도형을 고르면?

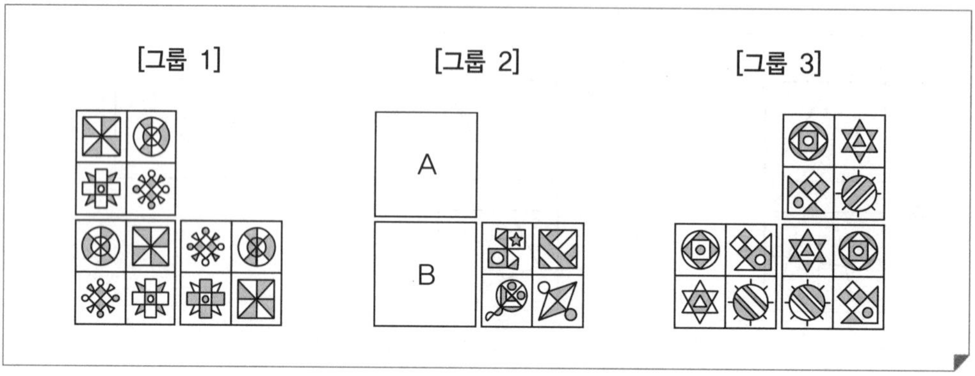

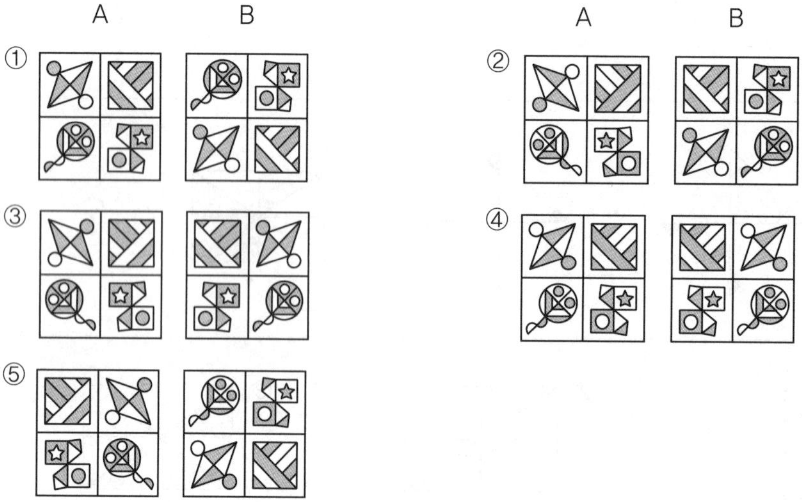

[06 ~ 09] 다음을 보고 그 규칙을 찾아 ?에 들어갈 알맞은 도형을 고르시오.

06.

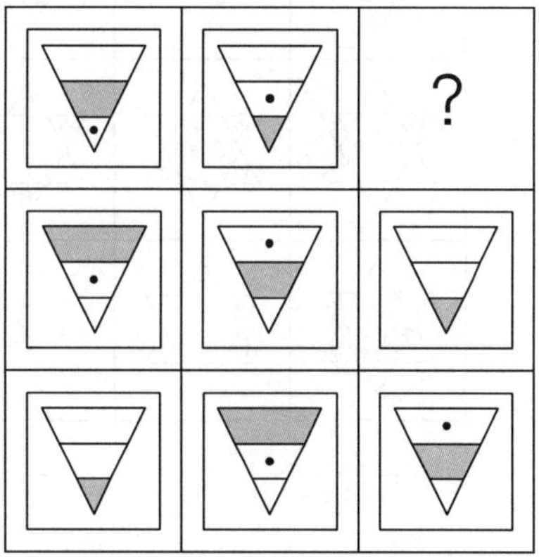

①
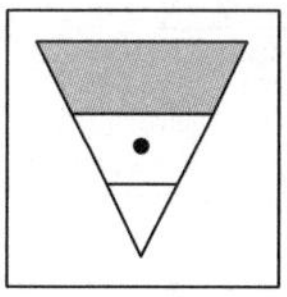

②
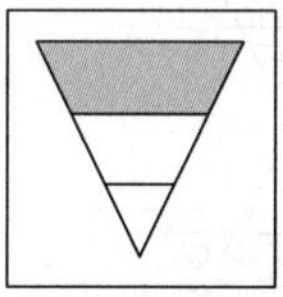

③
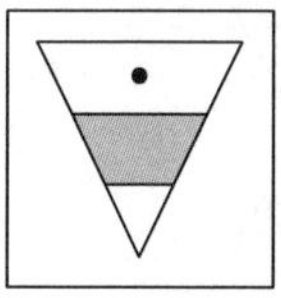

④
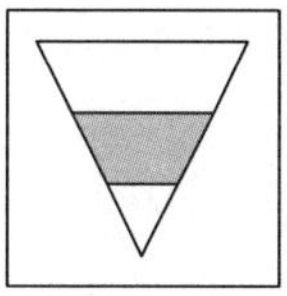

⑤
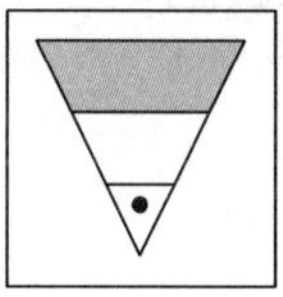

07.

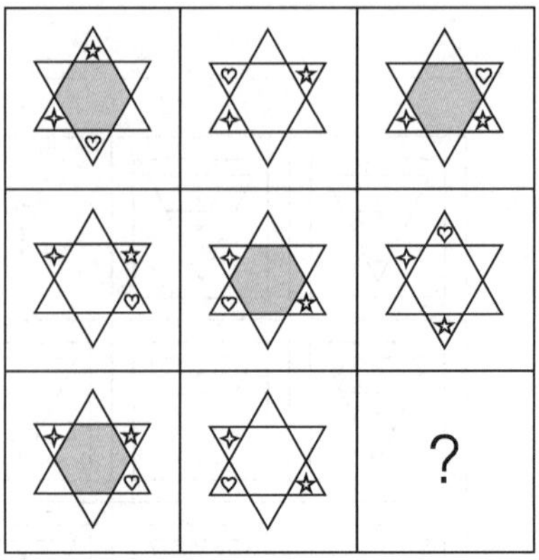

① 

② 

③ 

④ 

⑤ 

08.

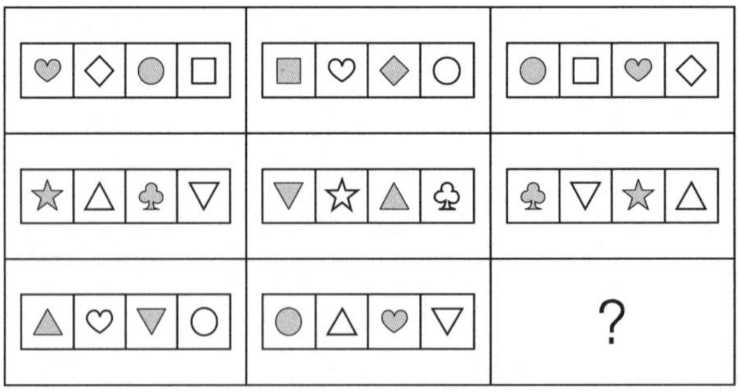

① 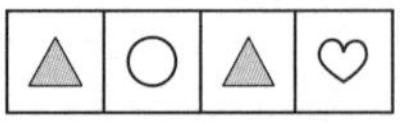

② 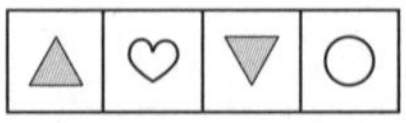

③ 

④ 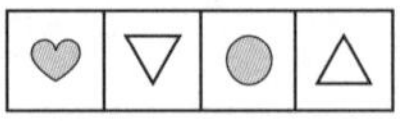

⑤ 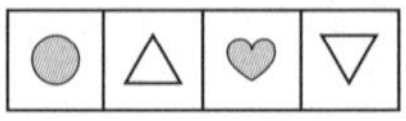

09.

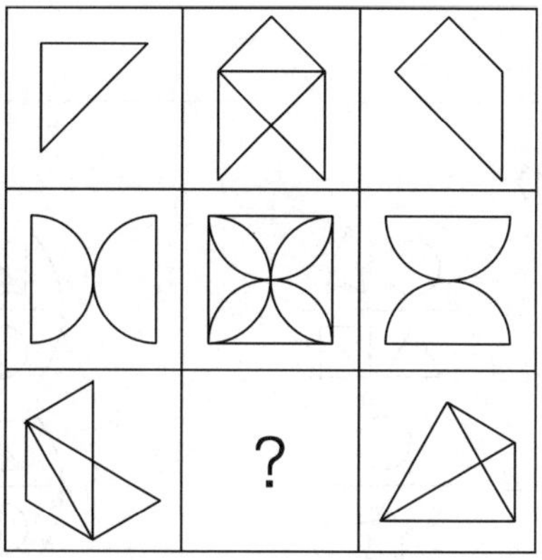

①
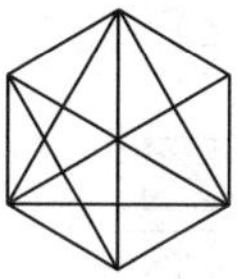

②
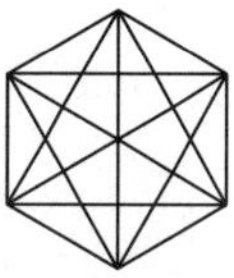

③
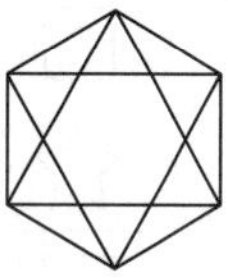

④
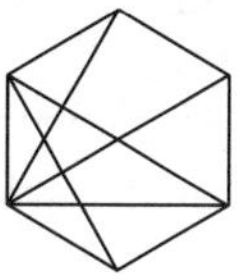

⑤
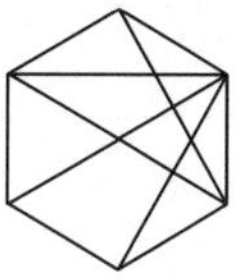

[10 ~ 11] 다음 〈조건 1〉과 〈조건 2〉의 규칙을 문제에 적용할 때 최종적으로 도출되는 도형을 고르시오.

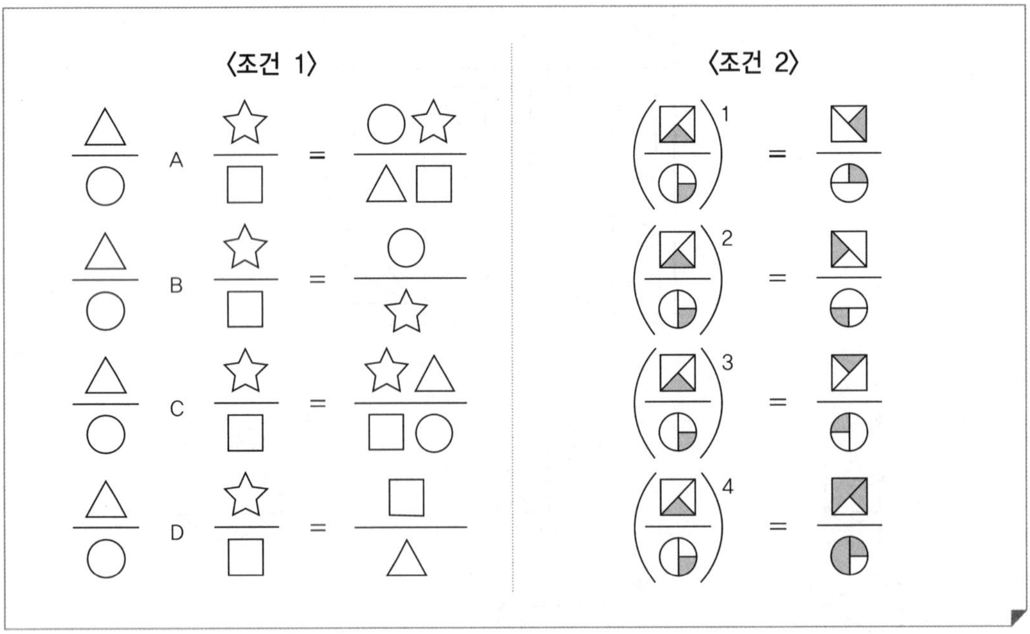

10.

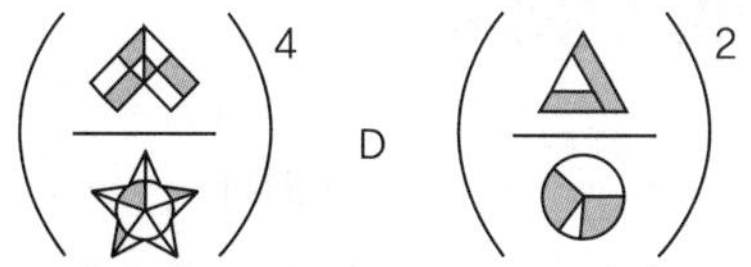

①
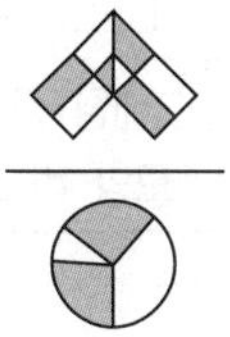

②
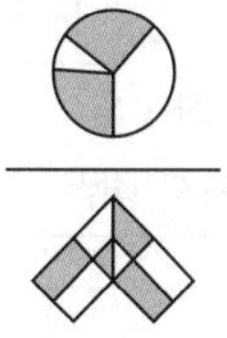

③
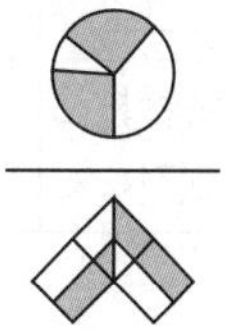

④
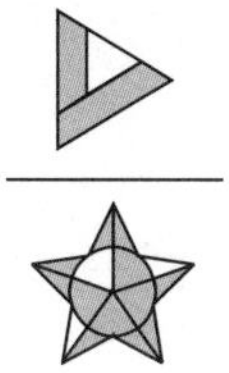

⑤
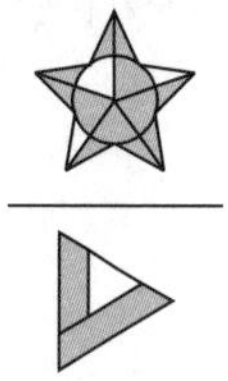

11.

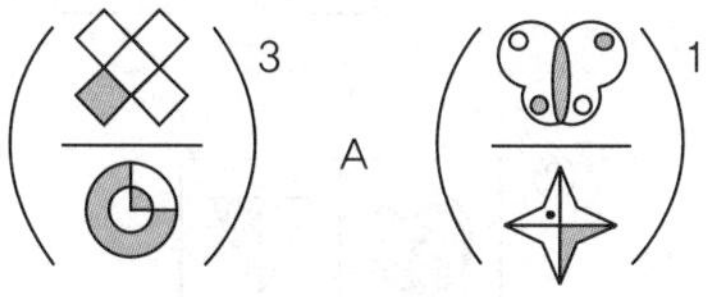

①

②
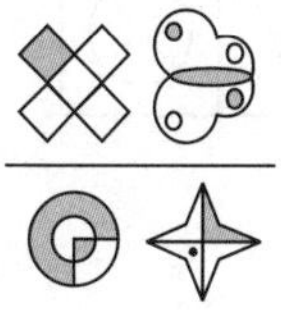

③
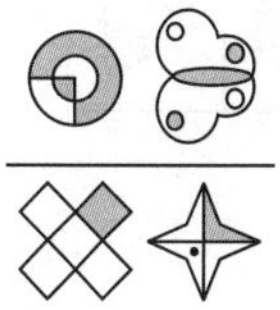

④
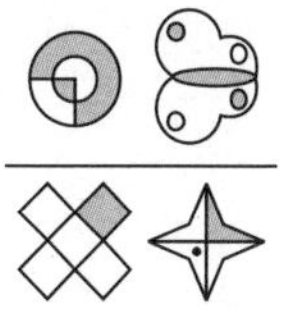

⑤

[12 ~ 13] 다음의 규칙을 적용할 때 ?에 들어갈 알맞은 도형을 고르시오(단, 조건에 의해 비교할 대상은 각 문제의 처음에 제시된 도형이다).

12.

| 규칙 |

Ⅰ	Ⅱ	Ⅲ	Ⅳ	Ⅴ
반시계방향 90° 회전	상하대칭	좌 · 우 위치 바꿈	색깔 반전	해당 칸 모양 비교

| 보기 |

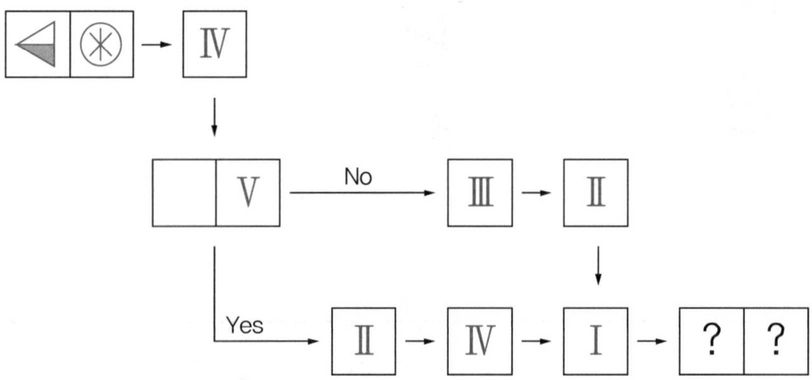

①
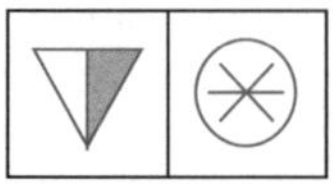

②
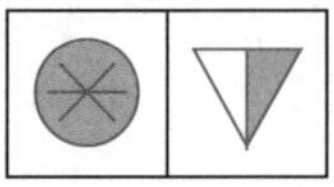

③
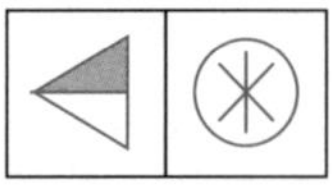

④
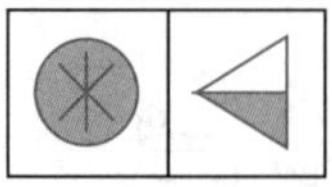

⑤
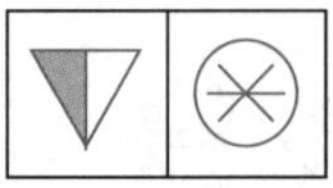

13.

| 규칙 |

좌우대칭	시계방향 90° 회전	해당 칸 모양 비교	색깔 반전	좌 · 우 위치 바꿈	해당 칸 색깔 비교

| 보기 |

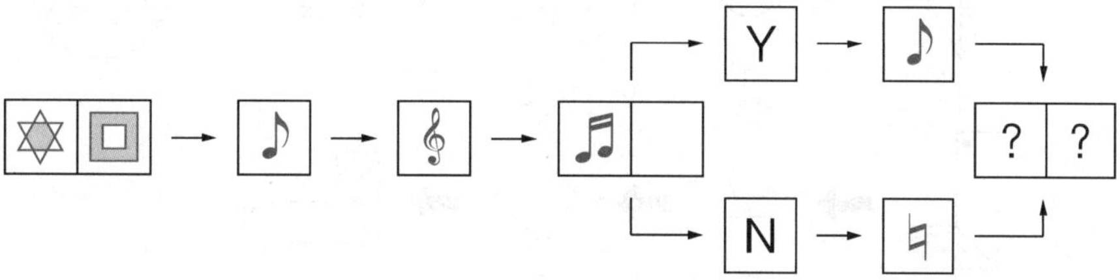

① 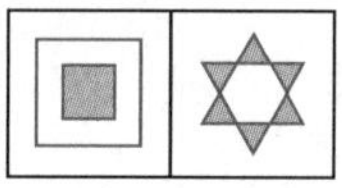

② 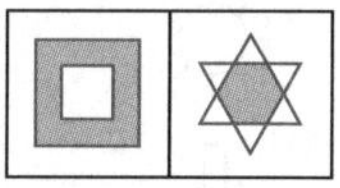

③ 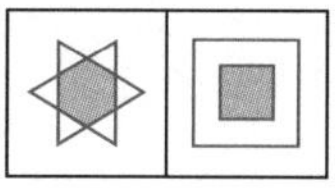

④ 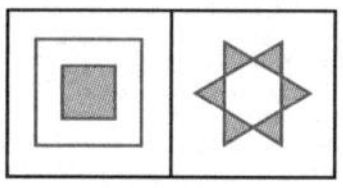

⑤ 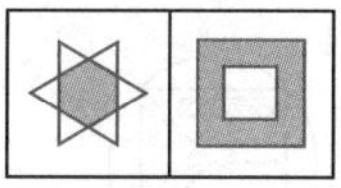

[14 ~ 15] 다음은 각 기호의 규칙에 의한 도형의 변화를 나타낸 것이다. ?에 들어갈 알맞은 것을 고르시오.

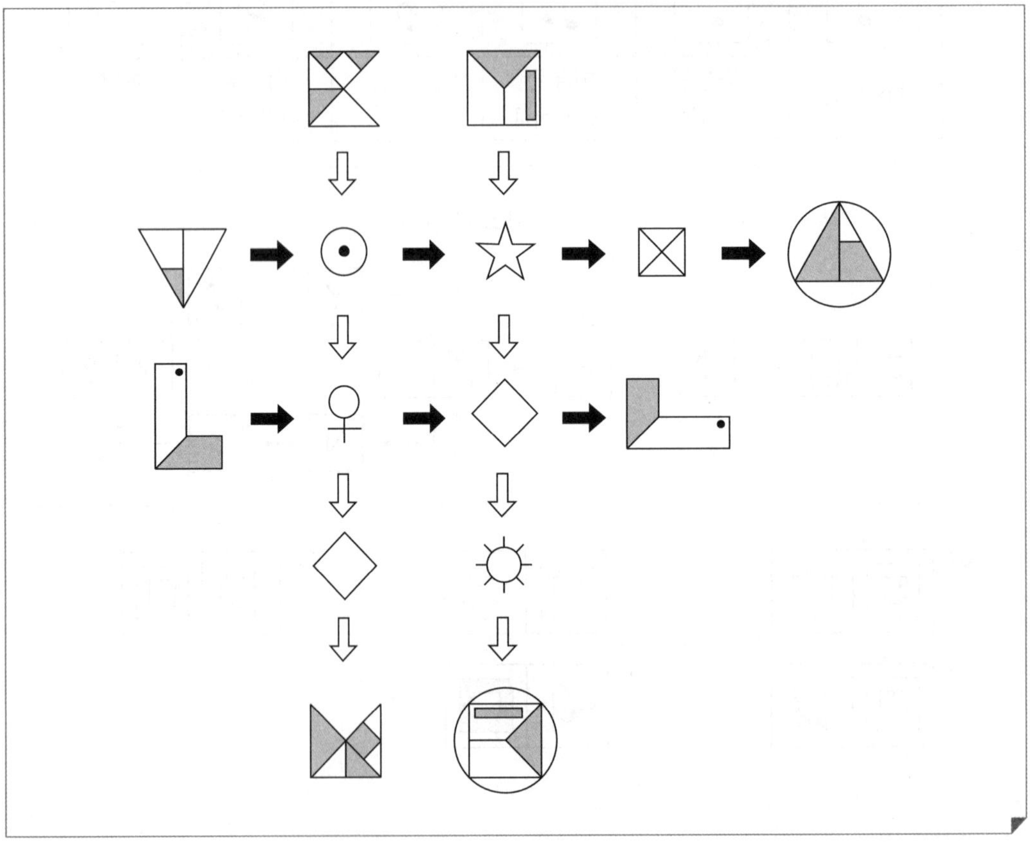

14.

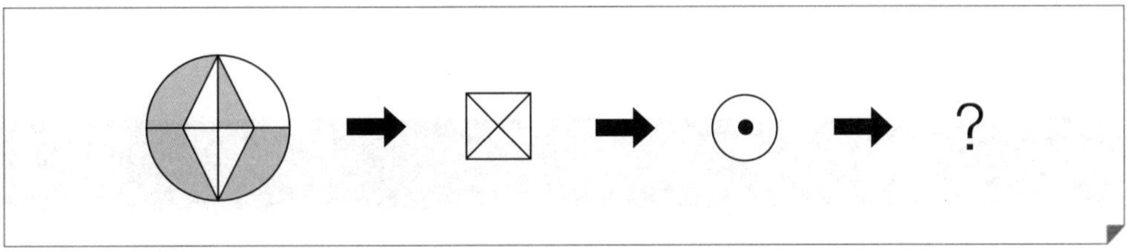

① 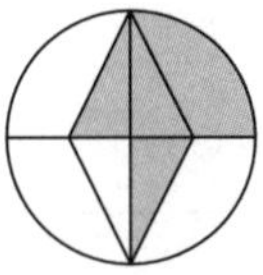
② 
③ 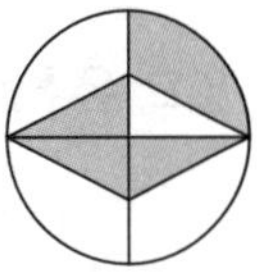
④ 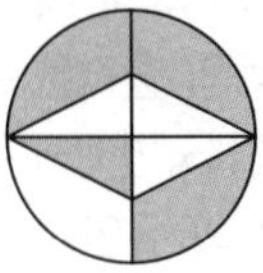
⑤ 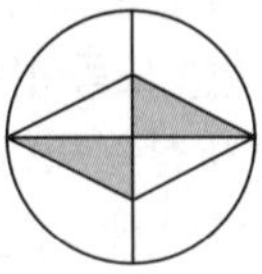

15.

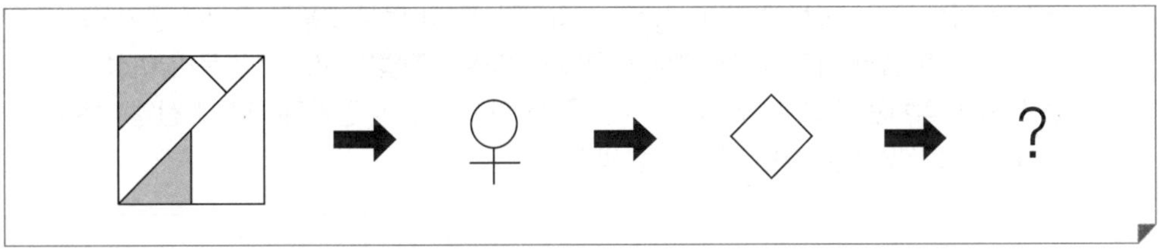

① 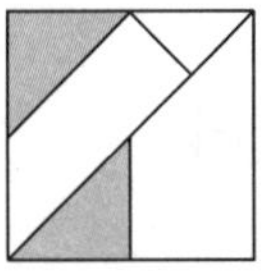
② 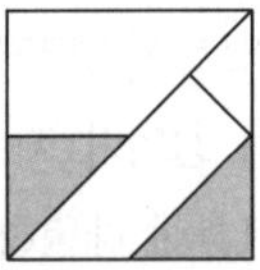
③ 
④ 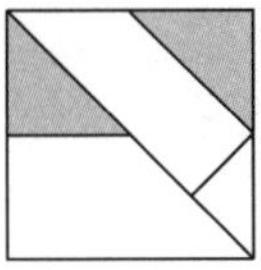
⑤ 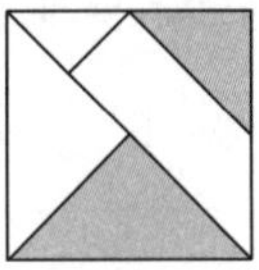

S-OIL 2회

기출유형문제

문항수 | 50문항
문항시간 | 60분

▶ 정답과 해설 11쪽

영역 1 언어

15문항/20분

01. 다음 글을 읽고 유추할 수 없는 것은?

경제 위기가 여성 노동에 미치는 영향에 관한 연구에서 나타나는 입장은 크게 세 가지로 분류할 수 있다. 첫째는 안전판 가설로, 여성 노동력은 주기적인 경기 변동의 충격을 흡수하는 일종의 산업예비군적 노동력으로서 경기 상승 국면에서는 충원되고 하강 국면에서는 축출된다는 가설이다. 둘째는 대체 가설로, 불황기에 기업은 비용 절감과 생산의 유연성 증대를 위해 남성 노동력을 대신하여 여성 노동력을 사용하기 때문에 여성의 고용이 완만하게 증가한다고 분석한다. 마지막으로 분절 가설에서는 여성 노동력이 특정한 산업과 직무에 고용되어 있는 성별 직무 분리 때문에 여성의 고용 추이는 경기 변화의 영향을 남성 노동과 무관하게 받는다고 주장한다. 그런데 서구의 1970 ~ 1980년대 경기 침체기 여성 노동 변화에 대한 경험적 연구에 따르면, 이 기간에도 여성 고용은 전반적으로 증가하였으며 불황의 초기 국면에서는 여성 고용이 감소하지만 불황이 심화되면서부터 여성 고용이 오히려 증가하는 경향을 보였다. 또한 경제 위기 자체보다도 산업별 · 규모별 · 직업별 구조적 변동이 여성 노동에 더 큰 영향을 미치는 것으로 나타났다. 이것은 세 가지 가설이 경기의 국면과 산업 부문에 따라 차별적으로 설명력을 갖는다는 것을 의미한다.

① 노동 시장에서 여성 노동은 남성 노동과 상호 작용하면서 존재한다.
② 추측의 산물인 가설은 경험 자료를 근거로 기각되거나 채택된다.
③ 경기 변동과 관계없이 여성의 경제 활동 참여가 지속적으로 증가하고 있다.
④ 복잡한 사회 상황을 특정 입장에서 명료하게 해명하기는 어렵다.
⑤ 대체 가설에 따르면 여성의 임금은 남성보다 낮게 산정되어 있다.

02. 다음 글의 글쓴이가 궁극적으로 말하고자 하는 바를 반박하는 내용으로 적절한 것은?

우리가 기술을 만들지만 기술은 우리 경험과 인간관계 및 사회적 권력관계를 바꿈으로써 우리를 새롭게 만든다. 어떤 기술은 인간 사회를 더 민주적으로 만드는 데 기여하지만 어떤 기술은 독재자의 권력을 강화하는 데 사용된다. 예를 들어 라디오는 누가, 어떻게, 왜 사용하는가에 따라서 다른 결과를 낳는다. 그렇지만 핵무기처럼 아무리 민주적으로 사용하고 싶어도 그렇게 사용할 수 없는 기술도 있다. 인간은 어떤 기술에 대해서는 이를 지배하고 통제하는 주인 노릇을 할 수 있지만 어떤 기술에는 꼼짝달싹 못하게 예속되어 버린다.

기술은 새로운 가능성을 열어 주지만 기존의 가능성 중 일부를 소멸시키기도 한다. 따라서 이렇게 도입된 기술은 우리를 둘러싼 기술 환경을 바꾸고, 결과적으로 사회 세력들과 조직들 사이의 역학 관계를 바꾼다. 새로운 기술 때문에 더 큰 힘을 가지게 된 그룹과 힘을 잃게 된 그룹이 생기며 이를 바탕으로 사회 구조의 변화가 생긴다.

기술 중에는 우리가 잘 이해하고 통제하는 기술도 있지만 대규모 기술 시스템은 한두 사람의 의지만으로는 통제할 수 없다. '기술은 언제나 사람에게 진다'라고 계속해서 믿다가는 기술의 지배와 통제를 벗어나기 힘들다. 기술에 대한 비판적이면서 균형 잡힌 철학과 사상이 필요한 것은 이 때문이다.

① 전문가를 통해 충분히 기술을 통제할 수 있다.

② 기술의 양면성은 철학과 사상이 아닌 새로운 기술로 보완해야 한다.

③ 기술의 순기능만을 더 발전시켜야 한다.

④ 새로운 기술로 힘을 잃게 된 그룹을 지원해 주는 정책이 필요하다.

⑤ 철학과 사상은 기술을 지배하고 통제할 수 있다.

03. 다음 글을 읽고 알 수 없는 것은?

자외선은 피리미딘(Pyrimidine)의 두 분자를 연결하는 이합체(Dimer)를 만듦으로써 DNA가 관여하는 유전인자를 손상시킨다. 정상인의 피부 세포에는 자외선에 의해 손상된 피부를 치유하는 효소가 있다. 그러나 이 효소가 부족하거나 문제가 있으면 피부에 질병이 발생할 확률이 높아진다.

인간의 피부색은 출생지 태양빛의 세기와 일치하도록 되어 있다. 인간은 태어날 때 멜라닌 색소를 갖고 태어나는데 그 양은 백인, 황색인, 흑인 순으로 증가한다. 그러나 거대한 민족 이동은 이 균형을 깨뜨렸다. 더운 지방의 백인은 피부 화상과 피부암으로 고통받고, 추운 지방의 흑인은 비타민D 결핍증에 잘 걸린다. 멜라닌은 일반적으로 2단계에 걸쳐 태양빛과 반응한다. 첫 번째 단계에서는 피부 표면에 있는 산화되지 않은 옅은 색의 멜라닌이 태양빛에 의하여 암갈색으로 변하면서 산화한다. 이 반응은 한 시간 이내에 일어나며 피부를 그을리고 하루가 지나면 흔적이 사라지게 된다. 두 번째 단계에서는 피부 단백질에 풍부하게 존재하는 아미노산 티로신(Tyrosine)으로부터 새로운 멜라닌이 합성된다. 햇볕에 노출되는 시간이 길어질수록 멜라닌 합성이 많아지고 또 이 고분자 화합물의 깊이가 깊어져 더 진한 색을 띠게 된다. 이와 같이 생성된 멜라닌 색소는 오랫동안 지속된다.

평소에 피부를 관리하지 않으면 생길 수 있는 피부암 중 위험한 것으로 흑색종(Melanoma)이 있다. 흑색종은 햇볕에 노출되면 증가하지만 1920년대 이후 노출되지 않은 부위에서도 발견된다는 보고가 있었다. 우리나라 병원에서는 별 이야기를 하지 않던 검은 점에 대해 미국에서는 신경을 쓰는 이유는 바로 악성피부암인 흑색종 때문이다. 미국인들에게 피부암은 발생률 1위의 암으로 전체 암의 50%에 육박한다. 그중 악성인 흑색종은 전체 피부암의 2%도 안 되지만 피부암 사망자의 80%가 흑색종일 만큼 치명적이다.

① 피부가 햇볕에 노출되는 시간과 멜라닌 합성은 정비례한다.

② 피부 질병이 생기는 것은 성별의 차이와 관련이 있다.

③ 피부암의 한 종류인 흑색종은 햇볕에 노출되지 않는 부위에서도 발생할 수 있다.

④ 태양빛에 피부가 그을리는 것은 멜라닌이 암갈색으로 변하면서 산화되기 때문이다.

⑤ 백인, 황색인, 흑인 순으로 멜라닌 색소의 양이 증가한다.

04. 다음 글의 빈칸에 들어갈 공통된 내용으로 적절한 것은?

> 최근 대기업들 사이에서 (　　　　　　　)을/를 중시하는 분위기가 확산되고 있다. 그 예로 L 통신회사는 즐거운 직장팀을 신설해 오후 10시 이후 업무와 관련한 카카오톡 보내기, 쉬는 날 업무 지시하기 등을 '절대 하면 안 되는 일'로 지정하고 이를 어기는 직원에게는 인사상 불이익을 주고 있으며, H 백화점은 업계 최초로 PC오프제를 도입해 본사는 오후 6시, 점포는 오후 8시 30분에 자동으로 PC 전원이 꺼지게 함으로써 정시 퇴근을 유도하고 있다. 많은 젊은이들이 이용하는 O 뷰티 스토어는 유연근무제를 도입해 오전 8시부터 10시 사이 30분 단위로 출근 시간을 자유롭게 정할 수 있도록 하고 있으며, 정시 퇴근 제도도 강화해 '저녁이 있는 삶'을 적극 권장하고 있다. K 기업은 입사 후 5년마다 3주간의 휴가를 부여하는 '리프레시 휴가' 제도를 운영 중인데, 회사가 7일의 휴가를 제공하고, 연차 사용 독려 차원에서 연차 8일을 함께 사용하게 해 총 3주간의 장기휴가를 주는 것이다. 기업은 당장의 성과에만 집착할 것이 아니라 장기적인 안목을 가지고 (　　　　　　　)을/를 핵심으로 한 조직문화 혁신을 지속해야 할 것이다. 그러면 이러한 문화가 한때 부는 바람에 그치지 않고, 대한민국 기업의 발전과 그 기업에 속한 한 사람 한 사람의 행복을 견인하는 역할을 할 수 있을 것이다.

① 공정한 인센티브제　　② 업무시간 최소화　　③ 일과 삶의 균형

④ 개인의 프라이버시　　⑤ 공사(公私) 구분 경영

05. 다음 글의 내용과 일치하지 않는 것은?

우리가 흔히 영화를 사실적이라고 할 때, 그것은 영화의 재현 방식에 반응해서 영화 속 내용을 현실처럼 보는 데에 동의함을 뜻한다. 영화 속 내용은 실제 현실과 같지 않다. 우리는 영화가 현실의 복잡성을 똑같이 모방하기를 원하지 않으며, 영화 역시 굳이 그러기 위해 노력하지 않는다. 이렇게 관객과 감독 사이에 맺어진 암묵적 합의를 '영화적 관습'이라고 한다. 영화적 관습은 영화사 초기부터 확립돼 온 산물로, 관객과 감독의 소통을 돕는다. 반복적인 영화 관람 행위를 통해 관객은 영화적 관습을 익히고, 감독은 그것을 활용하여 관객에게 친숙함을 제공한다.

확립된 관습을 무시하거나 그것에 도전하는 것은 쉬운 일이 아니다. 그런데 프랑스의 누벨바그 감독들은 고전적인 영화 관습을 파괴하며 영화의 현대성을 주도하였다. 이들은 불필요한 사건을 개입시켜 극의 전개를 느슨하게 만들거나 단서나 예고 없이 시간적 순서를 뒤섞어 사건의 인과 관계를 교란하기도 했다. 이들은 자기만족적이고 독창적인 미학적 성취를 위해 영화의 고전적인 관습을 파괴하였다.

① 관객은 반복적인 영화 관람을 통해 암묵적으로 합의된 영화적 관습을 익힐 수 있다.
② 자기만족을 위해 영화적 관습에 도전하는 행위는 영화의 현대성을 주도한다.
③ 현실의 복잡성을 그대로 모방한 영화는 사실적이라는 평가를 받는다.
④ 영화 속 내용이 시간적 순서에 따라 재현되는 방식은 영화적 관습의 예가 될 수 있다.
⑤ 프랑스의 누벨바그 감독들은 오랜 기간 확립되어 온 영화적 관습을 무시하였다.

06. (가)～(라)를 논리적 순서에 맞게 배열한 것은?

(가) 이에 정부는 1984년 선분양제도를 도입했다. 선분양제도는 주택이 완공되기 전에 이를 입주자에게 분양하고 입주자가 납부한 계약금, 중도금을 통해 주택가격의 80% 정도를 완공 이전에 납부하도록 하여 건설비용을 충당하는 제도를 말한다. 건설사의 금융비용의 절감 등을 통해 주택건설자금을 확보하기 용이하기에 활발한 주택공급을 할 수 있게 되었다.

(나) 1980년대 산업화 · 도시화가 심화되면서 주택난은 사회적으로 가장 큰 문제였다. 이를 해결하기 위해 정부는 주택건설 계획을 추진했다. 하지만 당시 건설사의 자체 자금력으로는 주택공급확대를 꿈도 꿀 수 없었다.

(다) 따라서 정부는 1993년 주택분양보증업을 전담하는 주택사업공제조합(현 주택도시보증공사)을 세웠다. 주택분양보증은 건설사가 부도 · 파산 등으로 분양계약을 이행할 수 없는 경우 납부한 계약금과 중도금의 환급을 책임지는 것으로 계약자의 분양 대금을 보호하고 주택사업자들이 건설자금을 원활히 조달하도록 돕는 역할을 한다.

(라) 그러나 이 제도는 건설회사의 도산이나 부도로 입주자가 위험에 노출될 가능성이 높으며, 완공 이전에 주택가격의 80%를 납부해야 하는 부담을 안게 된다. 또한 완성된 주택이 아닌 모델하우스를 보고 사전에 구입함으로 실제 완공된 주택과의 괴리가 발생하는 문제점이 생겼다.

① (가)－(나)－(라)－(다)　② (나)－(가)－(다)－(라)　③ (나)－(가)－(라)－(다)

④ (나)－(다)－(가)－(라)　⑤ (다)－(나)－(라)－(가)

07. 다음 글을 읽고 제기할 수 있는 질문으로 적절하지 않은 것은?

> 과연 실학을 근대정신이라 부를 수 있는 것인가? 현재와 동일한 생활 및 시대 형태를 가진 시대를 근대라 한다면, 실학은 결코 근대의 의식도 근대의 정신도 아니다. 실학은 그 비판적인 입장에서 봉건사회의 본질을 해부하고 노동하지 않는 계급을 비방했을 뿐만 아니라 신분세습과 대토지 사유화를 비판 · 부인하였다. 그러나 그 비판의 기조는 중국 고대의 태평성대였던 당우삼대에 기반한 것이었으며 비판의 입장도 역사적 한계를 넘어설 만큼 질적으로 다르지 않았다. 이에 반해 서양의 문예부흥은 고대 그리스에서 확립되었던 시민의 자유를 이상으로 하고, 강제 · 숙명 · 신비 · 인습 등의 봉건적 가치를 완전히 척결하였다. 이것은 실학과 좋은 대조를 이룬다. 실학은 봉건사회의 제 현상에 대한 회의와 반항이기는 하였다. 그러나 실학은 여전히 유교를 근저로 하는 봉건사회의 규범 안에서 생겨난 산물이었기에 사실상 보수적 행동으로 이를 따랐던 것이다. 다만 실학은 이러한 정체된 봉건사회를 극복하고 근대라는 별개의 역사와의 접촉을 준비하는 한 시기의 사상이었다. 실학은 근대정신의 내재적인 태반(胎盤) 역할을 담당하였던 것이다.

① 실학이 근대사회의 성립에 끼친 영향은 전혀 없는가?
② 실학이 중국의 고대 사상과 상통한다는 증거는 무엇인가?
③ 과연 서양의 문예부흥이 봉건적 가치를 완전히 척결했는가?
④ 동양과 서양에서 봉건사회를 바라보는 관점의 차이는 없는가?
⑤ 근대에 대한 개념과 기준이 정확한 것인가?

08. 다음 글의 내용과 일치하는 것은?

> 인간은 누구나 건전하고 생산적인 사회에서 타인과 함께 평화롭게 살아가길 원한다. 하지만 도덕적이고 문명화된 사회를 가능하게 하는 기본적인 사회 원리를 수용할 경우에만 인간은 생산적인 사회에서 평화롭게 살 수 있다. 기본적인 사회 원리를 수용한다면, 개인의 권리는 침해당하지 않는다. 인간의 본성에 의해 요구되는 인간 생존의 기본 조건, 즉 생각의 자유와 자신의 이성적 판단에 따라 행동할 수 있는 자유가 인정되지 않는다면, 개인의 권리는 침해당한다.
>
> 또한 물리적 힘의 사용이 허용되는 경우에 개인의 권리는 침해당한다. 다른 사람의 삶을 빼앗거나 그 사람의 의지에 반하는 것을 강요하기 위해서는 물리적 수단을 사용할 수밖에 없기 때문이다. 이성적인 수단인 토론이나 설득을 사용하여 다른 사람의 의견이나 행동에 영향을 미친다면, 개인의 권리는 침해당하지 않는다. 인간이 생산적인 사회에서 평화롭게 살 수 있는 것은 매우 중요하다. 왜냐하면 그럴 때야 비로소 인간은 사회로부터 지식 교환의 가치를 얻을 수 있기 때문이다.

① 인간에게 생각과 행동의 자유가 인정된다면 물리적 힘의 사용은 사라질 것이다.

② 모든 사람들이 생산적인 사회에서 평화롭게 살기를 원하는 것은 아니다.

③ 개인의 권리가 침해되는 사건은 물리적 수단의 용인과 전혀 관련이 없다.

④ 타인의 의지에 반하는 행동을 요청할 때에는 토론과 설득만이 이성적인 수단이 된다.

⑤ 인간이 사회로부터 지식 교환의 가치를 얻을 수 없다면 그 사회는 생산적인 사회가 아니다.

09. 다음 글의 중심내용으로 알맞은 것은?

이 연구는 '왜 한국에서는 대중적인 기후운동이 일어나지 않을까'라는 질문을 제기하고 탐색적 논의를 한다. 선진국의 기후운동의 현상을 과학과 현실세계의 만남과 철학의 발현 과정으로 설명하여 한국의 기후운동에 대해 기술 및 분석을 시도하였다. 한국의 기후운동은 그 맥을 설명하기 어려울 정도로 빈약한 상태이다. 그럼에도 빅 애스크(Big Ask) 운동과 같은 대중의 시도가 있었고, 연관분야의 연구가 기후운동의 현황과 미래를 다루고 있음을 조망한다. 기후운동의 부재를 '침묵'의 문제로 바라본다면 커뮤니케이션적 접근은 현황 진단과 전망 도출에 중요한 의미를 준다. 수잔 모저와 리사 딜링은 기후변화 커뮤니케이션 전략에서 미흡했던 부분에 대해 4가지 '틀린' 가설들을 제시한다. 스티븐 룩스는 '3차원 권력'의 개념을 통해 침묵이 아닌 단순히 불만이 없는 상태라거나 억압을 받았기 때문이라는 점을 넘어 피치자가 내면화하는 과정임을 설명한다. 박승관은 사회적 커뮤니케이션 세계라는 개념을 통해 특히 한국사회의 수평적 커뮤니케이션 부재와 이에 대한 관심을 촉구한다. 각 커뮤니케이션 이론의 관계성과 기후운동이 주는 함의를 통해 한국의 기후운동은 모저와 딜링의 '공포를 통한 자극과 대중매체'에 주로 의존하였고, 연관분야의 연구는 모저와 딜링의 과학지식, 룩스의 3차원 권력 문제에 모양 지어진 것으로 파악하였다. 탐색의 결론으로서 연구자는 기후운동에 있어서 기후운동 자체로서의 커뮤니케이션, 거대한 커뮤니케이션 프로젝트로서의 기후운동, 기후운동에 대한 장기적 · 내재적 평가-전략 요소 발굴이 필요하다는 신규범주의적 논의를 제시한다.

① 한국의 기후변화 적응과 대응전략
② 세계화에 따른 한국 기후운동의 변화
③ 한국의 기후변화 대응 수준의 비교분석
④ 한국의 커뮤니케이션 세계와 기후운동
⑤ 기후변화 대응을 위한 한국사회의 도전

10. 다음 글의 빈칸에 들어갈 내용은?

사회주의가 실패했다고 해서 더 나은 세상을 원하는 인간의 바람이 죽은 것은 아니다. 마르크스가 지적한 환경이 사라지지 않는 한 마르크스는 죽지 않는다. 극소수의 귀족이 다수의 농민과 노동자를 압제했던 러시아가 바로 그랬다.

그러나 마르크스의 이론을 무르익게 한 현장인 영국에서는 그의 예견과 달리 사회주의 혁명이 일어나지 않았다. 그 주된 이유는 (   ) 막스 베버는 검약과 성실, 위험을 감수하는 투자 정신으로 무장된 청교도의 후예들이 영국 자본주의를 낳았다고 분석한다. 존 웨슬리의 감리교 운동에 영감을 받은 신자들은 자신의 재산을 털어 학교와 병원을 짓고 약자를 돌봤다.

인간은 다른 사람이 보여주는 좋은 본과 그들의 희생을 통해 배운다. 문제는 한국에선 그런 본과 희생을 찾기 어렵다는 점이다. 예전에는 삶이 너무 고됐기 때문에 그랬다고 할 수 있다. 그러나 지금은 오로지 더 가지고자 하는 욕심이 우리 사회를 지배해서 그렇다. 세계 가치관 조사 결과를 보면 한국은 세계에서 물질주의가 가장 높은 나라 중 하나다. 이익을 위해 때로는 법을 살짝 어기거나, 때로는 그 촘촘한 법망을 요리조리 잘 피하는 현란한 스킬의 사람들로 청문회장은 늘 소란하다. 국민은 본이 되는 사람을 찾고 싶은데 정치는 그 기회를 주지 않는다.

① 당시 러시아와 영국의 사회적 배경이 달랐기 때문이다.
② 영국에서는 마르크스가 예언한 사회적 배경이 형성되지 않았기 때문이다.
③ 높은 윤리의식으로 사회적 책무를 감당한 사람이 많았기 때문이다.
④ 혁명이란 이념을 통해서가 아니라 행동을 통해서 일어나기 때문이다.
⑤ 마르크스가 파악했던 것과는 달리 영국은 혁명의 여건이 성숙하지 않았기 때문이다.

11. 다음 글의 단락을 적절하게 구분한 것은?

(가) 크고 작은 금융위기가 우리나라에 닥칠 때마다 거론되는 문제 중 하나는 가계대출 문제이다. 미국발 금융위기 이후 가계대출 증가 규모가 조정되지 않고 지속적으로 증가하고 있어 우리나라 경제의 치명적 뇌관으로 급부상하고 있다.

(나) 가계대출 규모의 지속적 증가가 문제시되는 이유는 가계의 대출규모가 증가할수록 개별 가계가 향후 금리변동위험에 취약해지기 때문이다. 현재 우리나라는 세계적인 금융위기를 몇 차례 겪으면서 저금리 기조에 접어들게 되었고, 가계대출이 증가함에도 불구하고 이자지급부담은 크게 부각되지 않은 상태이다.

(다) 그러나 앞으로 금리하락의 여력보다는 상승의 가능성이 훨씬 크기 때문에 가계부채 상환 부담은 크게 확대될 수 있다. 금리 상승으로 인해 채무상환 능력이 떨어지고 파산 가계가 증가하면 금융기관의 부실채권 양성 및 경기 침체로 이어질 것이다.

(라) 부채상환 부담이 증가하면 소비여력도 크게 줄어들어 경기침체를 더욱 가속화하는 원인이 된다.

(마) 특히 우리나라 가계대출 비중의 절반 이상은 장기적인 고정금리가 아닌 중단기적 변동금리대출이기 때문에 금리변동 위험에 크게 노출되어 있다. 금리상승의 여력이 큰 상황에서 이러한 구조적 취약성이 향후 경제위기를 불러오는 주요원인이 될 수 있다.

(바) 제2금융권의 무분별한 가계대출의 증가도 가계대출 규모 확대의 원인이 되고 있다. 제1금융권 규제로 인해 풍선효과가 발생하였고 가계는 제2금융권을 찾게 되었다. 제2금융권의 가계대출구조가 제1금융권의 대부분을 차지하는 주택담보대출보다 가계신용대출의 비중이 훨씬 큰 것도 역시, 가처분소득이 절대적으로 부족한 영세시민층들의 주택담보대출 외 가계대출이 제2금융권으로 많이 편중되었기 때문이다.

(사) 가계대출 증가의 위험요인들이 지금 당장은 큰 문제로 보이지 않더라도 잠재적인 경기침체의 원인이 된다. 따라서 주택담보대출이 한 가계대출의 절반 이상을 차지하고 있는 것을 고려하여 국가적 차원에서 가계부채를 관리할 필요가 있다.

① (가) / (나)(다) / (라)(마) / (바) / (사)
② (가) / (나)(다)(라) / (마) / (바) / (사)
③ (가)(나) / (다)(라) / (마)(바) / (사)
④ (가)(나) / (다)(라) / (마)(바)(사)
⑤ (가)(나) / (다)(라) / (마) / (바) / (사)

12. 다음 글에 나타난 어린이용 해열제 보관 및 복용 시 주의사항으로 옳지 않은 것은?

어린이용 약은 어른들이 먹는 제형과 다른 데다 아이들에게 사용해선 안 되는 성분이 따로 있기 때문에 반드시 어른용과 구분해서 사용해야 한다. 또한, 연령별, 체중별로 사용 방법에 맞게 투여해야 안전하고 효과적이다.

아이는 해열제 복용 시 교차복용을 하는 경우가 많다. 일반의약품의 해열제는 크게 아세트아미노펜 성분의 해열진통제와 이부프로펜 또는 덱시부프로펜 성분의 비스테로이드성 소염진통제 두 가지로 나뉜다. 시럽 형태를 가장 많이 사용하고, 츄어블정(알약)과 좌약 형태가 있는데, 아이가 약을 먹고 토하거나 다른 이유로 먹이지 못할 경우 해열 좌약을 사용할 수 있다.

아이마다 먹는 용량이 정해져 있기 때문에 약 복용 시 용법 · 용량에 더욱 주의해야 한다. 해열제를 보관할 때는 복약지시서나 케이스를 함께 보관하고, 복용 전 성분명을 반드시 확인해 중복 복용하지 않도록 해야 한다. 복용 시간도 매우 중요하다. 보통 아세트아미노펜과 덱시부프로펜은 4 ~ 6시간 간격, 이부프로펜은 6 ~ 8시간 간격으로 복용하는 것이 일반적이며, 교차 복용을 하더라도 투여 간격은 최소 2 ~ 3시간을 유지하는 것이 좋다. 그리고 교차 복용 시에도 각 성분의 일일 섭취량을 꼭 지켜야 한다.

마지막으로 아이가 열이 난다는 것은 감염성 질환의 증후일 수 있으니 통증이 5일 이상, 발열이 3일 이상 지속되어 해열진통제를 복용하게 될 경우 반드시 소아과를 방문해야 한다.

① 약의 복약지시서나 케이스는 버리지 않고 약과 같이 보관한다.
② 발열로 3일 이상 해열진통제를 복용하는 경우 반드시 소아과 진료가 필요하다.
③ 아이가 약을 먹고 토할 경우 시럽 형태보다 좌약을 사용하는 것이 좋다.
④ 해열진통제와 소염진통제의 교차 복용 시 투여 간격은 최소 2 ~ 3시간을 유지한다.
⑤ 이부프로펜과 덱시부프로펜은 비스테로이드성 소염진통제로 4 ~ 6시간 간격을 두고 복용한다.

13. 다음 글의 주제로 적절한 것은?

경쟁이라는 말은 어원적으로 '함께 추구한다'라는 뜻을 내포한다. 경쟁의 논리가 기술의 진보와 생산성 향상에 크게 기여했음은 부인할 수 없다. 인간의 욕구 수준을 계속 높여 감으로써 새로운 진보와 창조를 가능케 한 것이다. 정치적인 측면에서도 경쟁 심리는 민주주의 발전의 핵심적인 동인(動因)이었다. 정치적 의지를 관철시키려는 이익집단 또는 정당 간의 치열한 경쟁을 통해 민주주의가 뿌리내릴 수 있었기 때문이다.

그러나 오늘날 경쟁의 의미는 변질되어 통용된다. 경쟁은 더 이상 목적을 달성하기 위한 수단들 가운데 하나가 아니라, 그 자체가 하나의 범세계적인 지배 이데올로기로 자리잡았다. 경쟁 논리가 지배하는 사회에서는 승리자와 패배자가 확연히 구분된다. 경쟁 사회에서는 협상을 통해 갈등을 해소하거나 타협점을 찾을 여지가 없다. 그저 경쟁에서 상대방을 이기면 된다는 간단한 논리가 존재할 뿐이다.

① 경쟁의 어원 ② 경쟁의 목적 ③ 경쟁의 변모
④ 경쟁의 공정성 ⑤ 경쟁의 부작용

14. 다음 글을 읽고 이해한 내용으로 적절하지 않은 것은?

노동자가 작업장에서 안전하게 일하고 건강을 유지 · 증진할 수 있게 하는 활동을 '노동안전보건활동'이라고 한다. '안전'과 '보건'은 일하는 모든 과정이 안전하고 건강한 상태를 의미하는데, '안전'은 주로 외부의 여러 요인에 의한 '손상'이나 '사고'로부터의 예방과 관련이 있으며, '보건'은 손상 이외에 인간 몸에서의 구조적, 신체적, 기능적 변화를 뜻하는 '질병'으로부터의 예방을 뜻하는 것으로 구별되는 개념이다.

일하는 과정에서 '안전'과 '보건'이 유지 · 증진될 수 있도록 제도적으로 기준을 만든 법이 '산업안전보건법'이며 일하는 사람들의 안전과 건강을 위해 사업주가 지켜야 할 법이다. 산업안전보건법의 규정을 제대로 지키는 것이 원칙이지만 그렇지 못하는 경우도 많기 때문에, 노동자가 산업안전보건법을 제대로 이해하여 사업주가 법을 잘 지키는지 확인하고, 동료 노동자와 함께, 더불어 노동조합을 통해 일터에서 '산업안전보건활동'에 참여하는 것이 중요하다.

① '안전'과 '보건'은 구별되는 개념이구나.
② '안전'과 '보건'은 둘 다 예방과 관련이 있네.
③ '안전'과 '보건'은 일하는 모든 과정이 안전하고 건강한 상태를 의미해.
④ '산업안전보건법'이 잘 지켜지기 위해서는 노동자의 노력도 필요하네.
⑤ 사업자의 '안전'과 '보건'이 유지 · 증진될 수 있도록 제도적 장치가 마련되어 있구나.

15. 다음 글의 논리적 구조를 바르게 설명한 것은?

(가) 붕당(朋黨)은 싸움에서 생기고 그 싸움은 이해(利害)에서 생긴다. 이해가 절실할수록 당파는 심해지고, 이해가 오래될수록 당파는 굳어진다. 이것은 형세가 그렇게 만드는 것이다. 어떻게 하면 이것을 밝힐 수 있을까?

(나) 이제 열 사람이 모두 굶주리다가 한 사발의 밥을 함께 먹게 되었다고 하자. 그릇을 채 비우기도 전에 싸움이 일어난다. 말이 불손하다고 꾸짖는 것을 보고 사람들은 모두 싸움이 말 때문에 일어났다고 믿는다. 다른 날에 또 한 사발의 밥을 함께 먹다 그릇을 채 비우기도 전에 싸움이 일어난다. 태도가 공손치 못하다고 꾸짖는 것을 보고 사람들은 모두 싸움이 태도 때문에 일어났다고 믿는다. 다른 날에 또다시 같은 상황이 벌어지면 이제 행동이 거칠다고 힐난하다가 마침내 어떤 사람이 울화통을 터뜨리고 여럿이 이에 시끌벅적하게 가세한다. 시작은 대수롭지 않으나 마지막에는 크게 된다.

(다) 이것을 또 길에서 살펴보면 이러하다. 오던 자가 어깨를 건드리면 가던 자가 싸움을 건다. 말이 불손하고 태도가 사나우며 행동이 거칠다 하여 그 하는 말은 끝이 없으나 떳떳하게 성내는 것이 아님은 한 사발의 밥을 함께 먹다 싸울 때와 똑같다.

(라) 이로써 보면 싸움이 밥 때문이지, 말이나 태도나 행동 때문에 일어나는 것이 아님을 알 수 있다. 이해의 연원이 있음을 알지 못하고는 그 잘못됨을 장차 고칠 수가 없는 법이다. 가령 오늘은 한 사발의 밥을 함께 먹다 싸웠으되 내일은 각기 밥상을 차지하고 배불리 먹게 하여 싸우게 되었던 원인을 없앤다면, 한때 헐뜯고 꾸짖던 앙금이 저절로 가라앉아 다시는 싸우는 일이 없게 될 것이다.

① (가)는 (라)로부터 이끌어 낸 주장이다.

② (나)는 원인과 결과를 분석하고 있다.

③ (다)는 (나)에 대한 예시이다.

④ (나)와 (다)는 병렬적 관계이다.

⑤ (라)는 주장에 대한 반론을 제시하고 있다.

영역 2 수리

20문항/25분

01. A 그룹 30명, B 그룹 50명, C 그룹 20명이 영어시험을 봤다. 영어시험 점수의 평균이 B 그룹은 A 그룹보다 25점 높았고, C 그룹은 A 그룹의 3배였다. A 그룹의 영어시험 점수 총합이 600점일 때 세 그룹의 전체 평균은?

① 40.5점 ② 41점 ③ 41.5점
④ 42점 ⑤ 42.5점

02. 영수는 자전거를 타고 시속 100km로, 준희는 오토바이를 타고 시속 85km로 동시에 같은 지점에서 같은 방향으로 출발했다. 20분 후에 영수와 준희의 간격은 몇 km 벌어지는가?

① 3km ② 4km ③ 5km
④ 6km ⑤ 7km

03. 9%의 소금물 200g에 6%의 소금물을 넣어 8%의 소금물을 만들려고 한다. 넣어야 하는 6% 소금물의 양은?

① 80g ② 90g ③ 100g
④ 110g ⑤ 120g

04. 원가가 10,000원인 물건에 20%의 이익을 붙여 팔다가 세일 기간에 7%를 할인하여 판매한다면 물건을 팔 때 얻는 이익은 얼마인가?

① 980원 ② 1,000원 ③ 1,100원
④ 1,160원 ⑤ 1,180원

05. 원탁에 앉아 있는 여섯 명의 사원 중 두 명은 나란히 앉아야 할 때, 이들이 원탁에 앉을 수 있는 경우의 수는?

① 8가지　② 16가지　③ 24가지
④ 36가지　⑤ 48가지

06. 가장 작은 숫자와 가운데 숫자, 그리고 가장 큰 숫자 사이에 동일한 간격을 가지고 있는 3개의 자연수가 있다. 이때 가운데 숫자를 제곱한 값은 가장 큰 숫자와 가장 작은 숫자를 곱한 값보다 4가 크다고 한다. 가운데 숫자가 18이라면 가장 큰 숫자는 얼마인가?

① 20　② 21　③ 22
④ 23　⑤ 24

07. 어느 카페에서 가로세로 5칸의 총 25칸짜리 박스 안에 무료 음료 쿠폰 5개를 서로 다른 칸에 하나씩 넣어 두고, 한 사람당 칸을 고를 기회를 3번씩 준다고 한다. 2번만에 쿠폰이 있는 칸을 고를 확률은? (단, 소수점 첫째 자리에서 반올림한다)

① 9%　② 11%　③ 14%
④ 16%　⑤ 17%

08. 둘레가 Acm, 가로가 Bcm, 세로가 Ccm인 직사각형이 있다. B의 길이는 C의 8배일 때, C의 길이는?

① $\frac{A}{16}$cm　② $\frac{A}{18}$cm　③ $\frac{A}{20}$cm
④ $\frac{A}{22}$cm　⑤ $\frac{A}{25}$cm

09. A 카드회사의 현금서비스 이자율은 4%이다. 이번 달 A 카드회사의 현금서비스 청구금액이 54,080원이었다면 이자는 얼마인가?

① 1,960원 ② 2,080원 ③ 2,860원
④ 3,120원 ⑤ 3,200원

10. 현아는 연료통이 가득 찬 오토바이를 타고 A 지점에서 출발하여 B 지점을 거쳐 C 지점까지 가려고 한다. A 지점에서 B 지점까지 가는 데 연료통의 $\frac{1}{4}$을 소모하였고, B 지점에서 C 지점까지 가는 데 5L의 연료를 소모하였더니 남은 연료가 연료통의 $\frac{1}{4}$이었다면 처음 연료통에 들어 있던 연료의 양은 몇 L인가?

① 10L ② 15L ③ 20L
④ 25L ⑤ 30L

11. 다음 OECD 주요국의 지적재산권 사용료에 대한 설명으로 옳지 않은 것은?

〈OECD 주요국의 지적재산권 사용료〉

(단위 : 100만 달러)

구분	사용료 수입			사용료 지급		
	2020년	2021년	2022년	2020년	2021년	2022년
한국	5,167	6,199	6,622	10,546	10,056	9,292
일본	37,336	36,427	39,013	20,942	17,034	19,672
프랑스	14,273	14,974	15,625	12,333	13,982	13,319
독일	15,507	15,235	17,596	10,687	9,761	10,489
영국	19,826	19,370	16,318	10,420	12,940	11,740

① 2020년 독일의 지적재산권 사용료 수입은 한국의 3배 이상이다.
② 조사기간 중 지적재산권 사용료 수입과 지급 규모가 가장 큰 나라는 일본이다.
③ 조사기간 중 한국을 제외한 다른 나라들은 사용료 지급보다 사용료 수입이 더 많다.
④ 2022년 영국의 지적재산권 사용료 지급은 전년 대비 10% 이상 감소하였다.
⑤ 2022년 프랑스의 지적재산권 사용료 지급은 전년 대비 64,000만 달러 이상 감소하였다.

12. 다음 20XX년 국내 주요 도시의 전출 · 입 인구 자료에 대한 분석으로 적절하지 않은 것은?

〈국내 5개 도시 전출 · 입 인구 자료〉

(단위 : 명)

전출＼전입	서울	부산	대구	인천	광주	계
서울	190,065	183	1,029	50,822	95	242,194
부산	3,225	81,566	75	4,550	152	89,568
대구	2,895	622	69,255	202	122	73,096
인천	8,622	326	192	19,820	256	29,216
광주	3,022	118	82	268	36,562	40,052
계	207,829	82,815	70,633	75,662	37,187	474,126

① 대구에서 부산으로 전입해 온 사람의 수는 622명이다.

② 같은 도시로 전출 간 사람의 수가 3번째로 적은 곳은 대구이다.

③ 국내 5개 도시에서 서울로 전출 간 전체 인구 중 서울로 진입해 온 다른 도시 사람의 수는 약 10% 이상을 차지한다.

④ 인천으로 전입해 온 사람의 수는 75,662명이다.

⑤ 광주에서 다른 도시로 전출을 제일 많이 간 곳은 서울이다.

13. 다음 스팸 수신량에 관한 자료 분석으로 옳지 않은 것은?

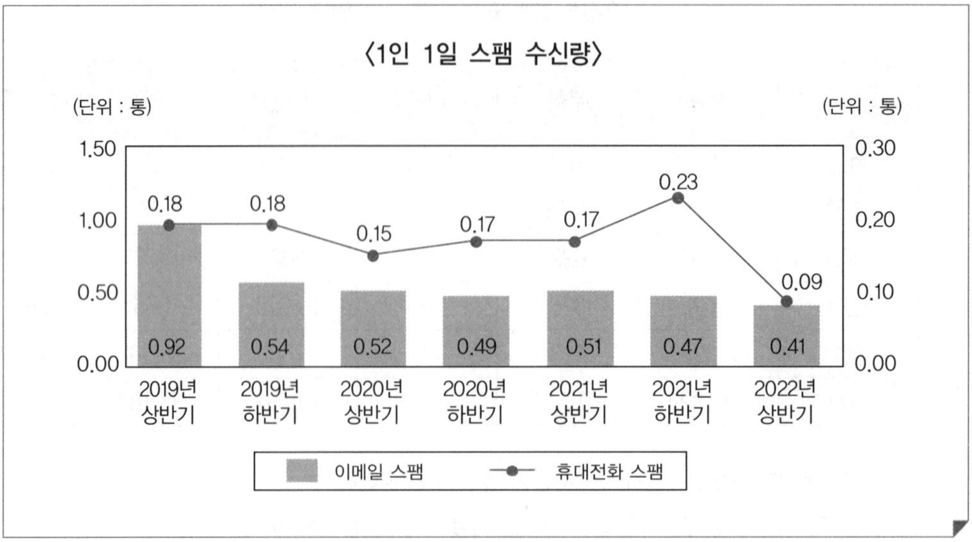

① 휴대전화 스팸 수신량이 전년 동기 대비 가장 크게 감소한 시기는 2022년 상반기로 45% 이상 감소하였다.

② 이메일 스팸 수신량이 전년 동기 대비 가장 크게 감소한 시기는 2020년 상반기로 45% 이상 감소하였다.

③ 2019년 하반기 휴대전화 스팸 수신량은 2022년 상반기의 휴대전화 스팸 수신량의 두 배이다.

④ 2021년 상반기에는 6개월간 90통 이상의 스팸 이메일을 받았을 것으로 추론할 수 있다.

⑤ 2022년 상반기에는 2021년 하반기보다 이메일 스팸 수신량이 12% 이상 감소하였다.

14. 다음 4개 국가의 상호 전력 수출입 현황을 나타낸 표에 대한 분석으로 옳은 것을 〈보기〉에서 모두 고르면?

(단위 : 천 kW)

수출국 \ 수입국	N 국	K 국	S 국	E 국
N 국	–	420	234	270
K 국	153	–	552	635
S 국	277	432	–	405
E 국	105	215	330	–

| 보기 |

가. 전력의 수출량이 수입량보다 많은 국가는 2개이다.
나. 전력의 무역수지가 0에 가장 가까운 국가는 S 국이다.
다. N 국의 총 전력 수입량의 2배가 넘는 전력량을 수출하는 국가는 2개이다.
라. N 국이 모든 국가로의 수출량을 절반으로 줄이면 나머지 3개국의 수입량은 모두 1,000천 kW 이하로 줄어든다.

※ 무역수지=수출－수입

① 가, 나, 다　② 가, 나, 라　③ 가, 다, 라
④ 나, 다, 라　⑤ 가, 나, 다, 라

15. 다음 ○○시의 세입 통계에 대한 설명으로 옳은 것은?

〈20X0 ~ 20X2년 ○○시 세입 통계〉

구분	20X0년		20X1년		20X2년	
	액수 (억 원)	비율	액수 (억 원)	비율	액수 (억 원)	비율
지방세	116,837	31%	130,385	28%	134,641	25%
세외수입	27,019	7%	23,957	5%	25,491	5%
지방교부세	52,000	14%	70,000	15%	80,000	15%
조정교부금	25,000	7%	35,000	8%	60,000	11%
국고보조금	93,514	24%	109,430	23%	123,220	23%
도비보조금	24,876	6%	36,756	8%	44,978	8%
보전수입 등 내부거래	42,743	11%	61,069	13%	72,105	13%
총계	381,989		466,597		540,435	

① 세외수입의 액수는 20X0년 이후 지속적으로 증가하였다.
② 전년 대비 세입 증가액은 20X1년이 20X2년보다 적다.
③ ○○시의 세입 중 가장 큰 비중을 차지하는 것은 지방세이다.
④ 전체 세입에서 지방세가 차지하는 비중은 20X0년 이후로 계속 증가하였다.
⑤ 20X1년 지방교부세의 전년 대비 증가액은 20X1년 국고보조금의 전년 대비 증가액보다 적다.

16. 다음 자료에 대한 설명으로 옳지 않은 것은?

〈연도별 마약밀수 단속 추이〉

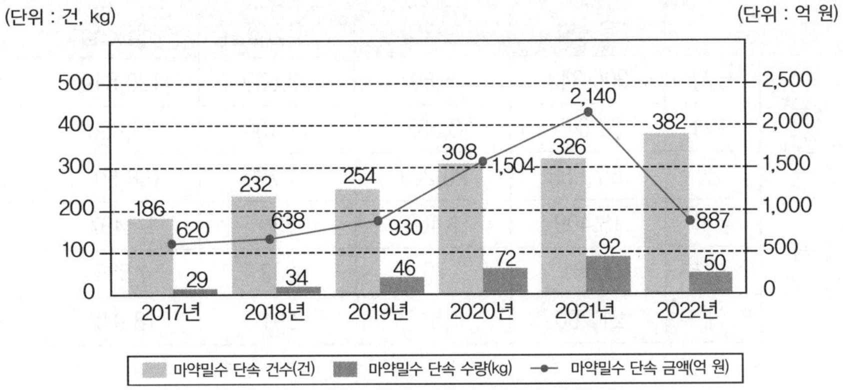

① 2018년 마약밀수 단속 건수는 전년 대비 46건 증가하였다.

② 2020년 마약밀수 단속 수량은 전년 대비 55% 이상 증가하였다.

③ 2021년 마약밀수 단속 금액은 2017년 대비 300% 이상 증가하였다.

④ 2022년에 마약밀수 단속 건당 평균 130g 이상의 마약을 적발하였다.

⑤ 마약밀수 단속 건수는 증가하는 추세이다.

17. 다음 자료에 대한 설명으로 옳은 것을 〈보기〉에서 모두 고르면?

〈20X9년 운송업 종사자 수〉

(단위 : 명)

구분		육상 운송업	수상 운송업	항공 운송업	운송 관련 서비스업	계
상용 근로자	남자	305,343	16,897	13,639	120,649	456,528
	여자	22,645	3,332	11,150	37,856	74,983
	계	327,988	20,229	24,789	158,505	531,511
임시 근로자	남자	18,409	1,468	358	14,407	34,642
	여자	3,381	79	233	4,535	8,228
	계	21,790	1,547	591	18,942	42,870

| 보기 |

㉠ 전체 운송업 종사자 중에서 운송 관련 서비스업 종사자가 가장 많다.
㉡ 전체 상용근로자 중 여자가 차지하는 비율은 10%가 되지 않는다.
㉢ 전체 임시근로자 중 육상 운송업 종사자의 비율은 50%가 넘는다.
㉣ 운송 관련 서비스업에 종사하는 남자 임시근로자는 항공 운송업에 종사하는 여자 상용 근로자보다 많다.

① ㉠, ㉡　② ㉡, ㉢　③ ㉢, ㉣
④ ㉠, ㉡, ㉢　⑤ ㉡, ㉢, ㉣

18. 다음 ○○사 전 직원의 구강건강에 대한 실태조사에 대한 분석으로 옳은 것을 〈보기〉에서 모두 고르면?

〈○○사 전 직원의 구강건강실태〉

구분		대상자(명)	구강건강실태(%)				
			매우 건강	건강	보통	건강하지 않음	매우 건강하지 않음
전체		19,597	6.87	34.60	42.46	14.75	1.32
성별	남성	10,154	6.99	35.47	40.97	15.33	1.23
	여성	9,443	6.74	33.65	44.08	14.11	1.41
연령별	20대	4,784	9.66	39.00	34.69	14.29	2.36
	30대	4,365	7.14	37.49	40.88	13.85	0.64
	40대	5,173	5.95	34.32	46.01	12.95	0.77
	50대 이상	5,275	4.84	28.09	47.93	17.67	1.46
근무지	A 지사	8,487	7.44	36.62	40.34	14.01	1.58
	B 지사	8,555	6.51	33.69	43.83	14.94	1.03
	본사	2,555	5.77	27.60	46.18	18.53	1.91

※ 구강건강실태(%)는 소수점 아래 셋째 자리에서 반올림한 값임.

| 보기 |

㉠ 연령대가 낮을수록 구강건강이 보통인 직원의 비율이 높다.

㉡ 구강건강이 매우 건강하지 않은 직원들 중에서 B 지사에서 근무하는 직원이 A 지사에서 근무하는 직원보다 더 많다.

㉢ 전체 직원 중에서 구강건강이 매우 건강한 직원은 1,300명 이상이다.

㉣ 구강건강이 매우 건강한 남성 직원이 구강건강이 매우 건강한 여성 직원보다 더 많다.

① ㉠, ㉡　　② ㉠, ㉢　　③ ㉡, ㉢

④ ㉡, ㉣　　⑤ ㉢, ㉣

19. 2016년 화재로 인한 사망자 수는 전년 대비 20% 감소하였고, 2017년 화재로 인한 부상자 수는 전년 대비 20% 증가하였다. 2016년 화재로 인한 인명피해 수는 총 몇 명인가?

〈자료 1〉 화재로 인한 인명피해 및 화재발생 현황

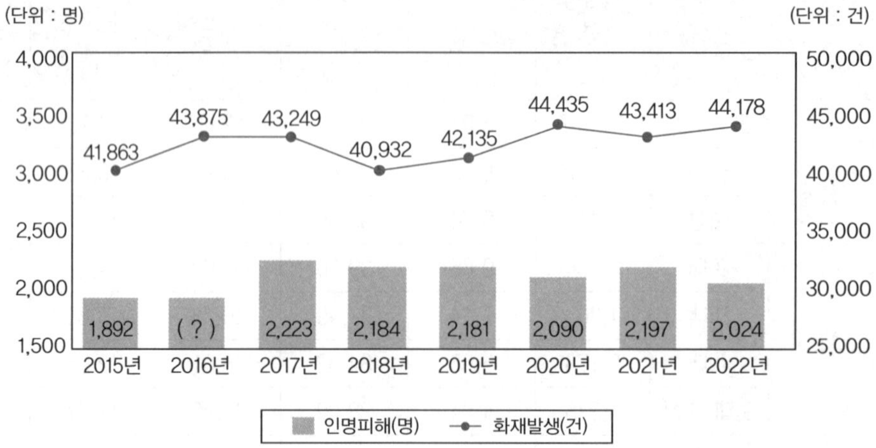

〈자료 2〉 화재로 인한 인명피해 세부 현황

(단위 : 명)

구분	2015년	2016년	2017년	2018년	2019년	2020년	2021년	2022년
소계	1,892	( )	2,223	2,184	2,181	2,090	2,197	2,024
사망	305	( )	267	307	325	253	345	306
부상	1,587	( )	1,956	1,877	1,856	1,837	1,852	1,718

① 1,874명　② 1,892명　③ 1,974명
④ 2,107명　⑤ 2,250명

20. 다음 자료를 토대로 보고서를 작성하려고 한다. ㉠에 들어갈 수치로 옳은 것은? (단, 소수점 아래 둘째 자리에서 반올림한다)

〈자료 1〉 노후 준비여부

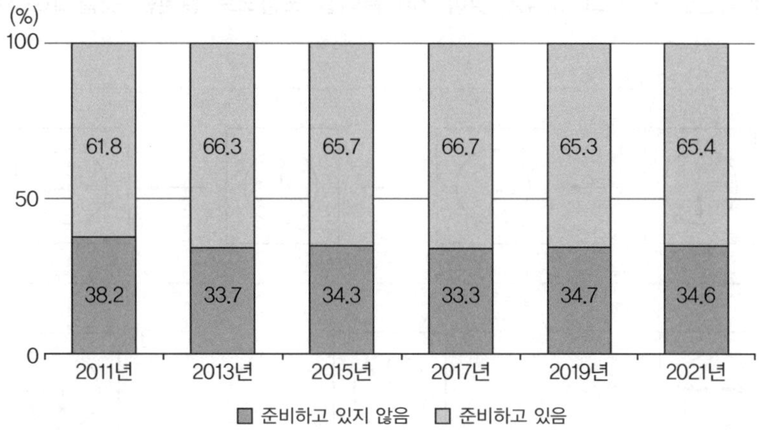

〈자료 2〉 2021년 노후 준비 방법

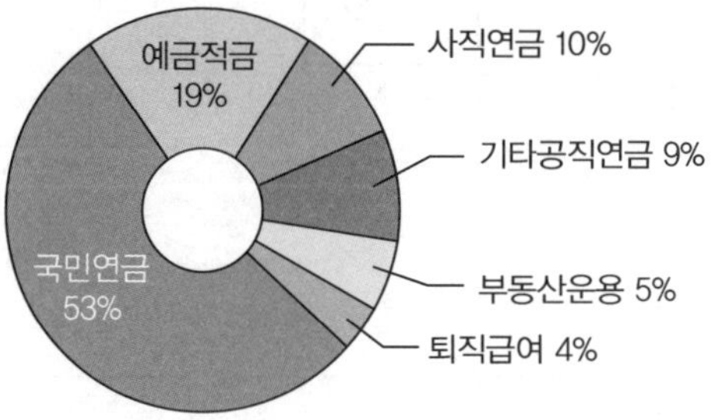

2021년 조사에서 노후를 준비하고 있다고 대답한 사람은 2011년보다 3.6%p 증가했다. 2021년 노후를 준비하는 사람들에게 노후 준비 방법에 대해 질문하였을 때, 국민연금으로 노후 준비를 하는 인원이 가장 많았으며, 이는 2021년 전체 조사대상자 중 약 ____㉠____에 해당하는 수치였다.

① 6.3% ② 9.8% ③ 22.9%

④ 34.7% ⑤ 42.3%

영역 3 도형추리

15문항/15분

[01 ~ 03] 다음을 보고 그 규칙을 찾아 ?에 들어갈 도형으로 알맞은 것을 고르시오.

01.

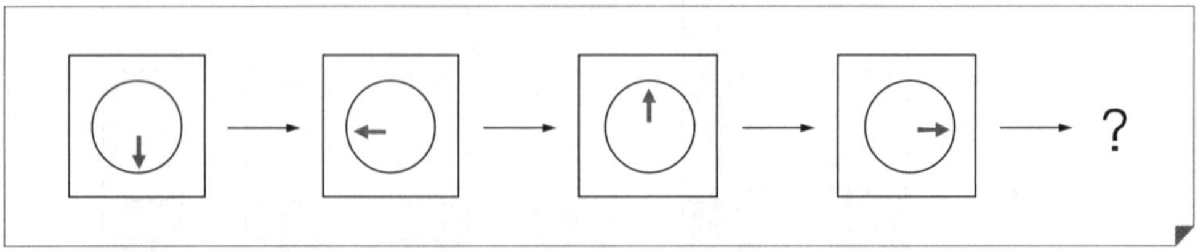

① 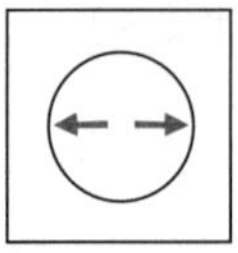

② 

③ 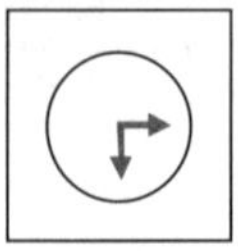

④ 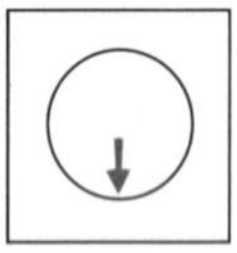

⑤ 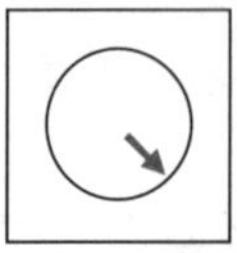

02.

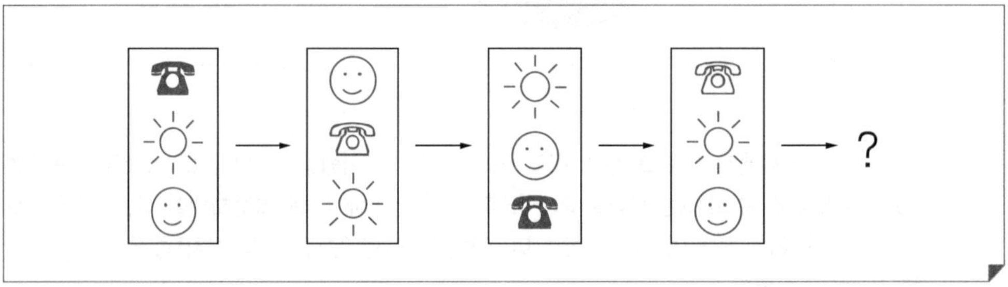

① 

② 

③ 

④ 

⑤ 

03.

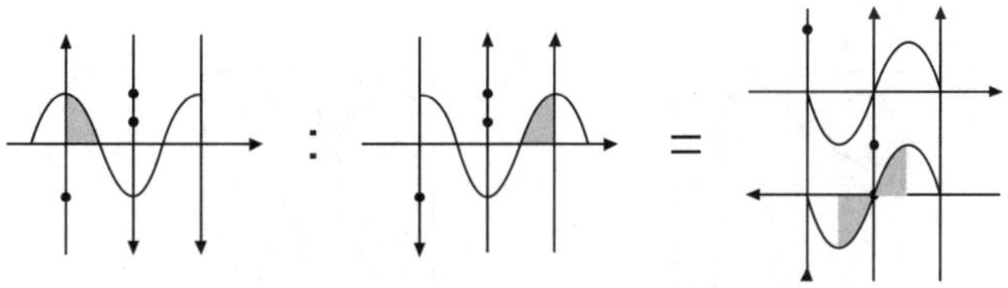

: ?

① 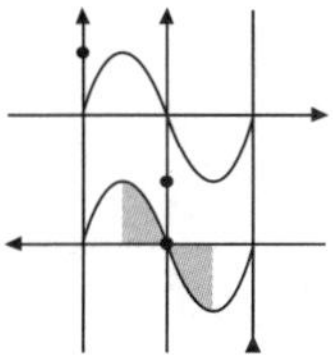

② 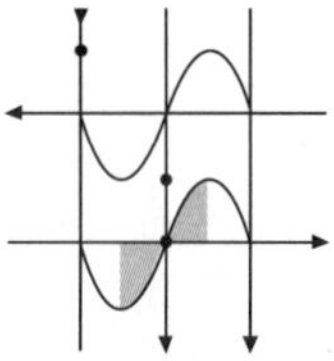

③ 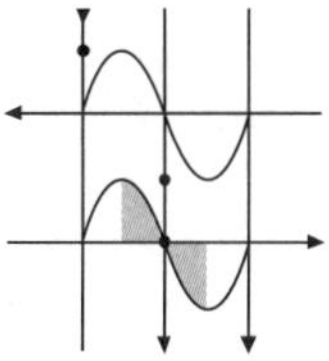

④ 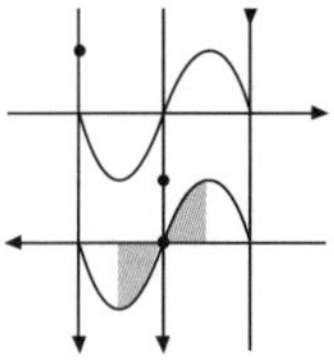

⑤ 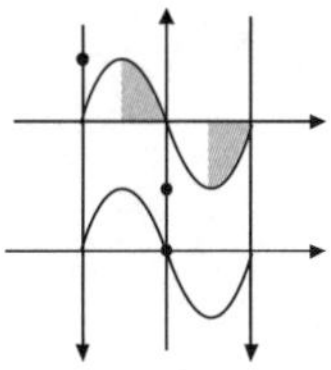

[04 ~ 05] 다음 각 기호의 규칙에 따라 ?에 들어갈 알맞은 도형을 고르시오.

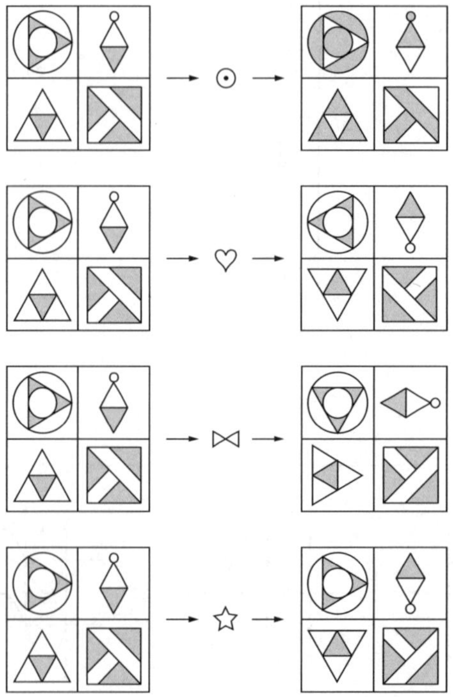

04.

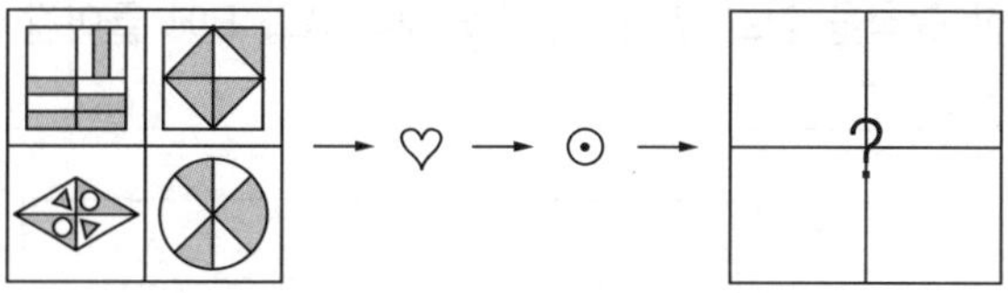

①
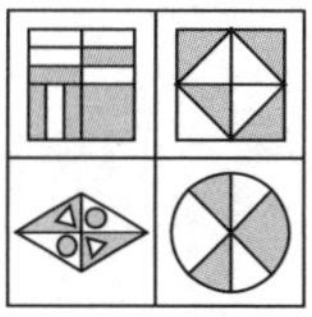

②
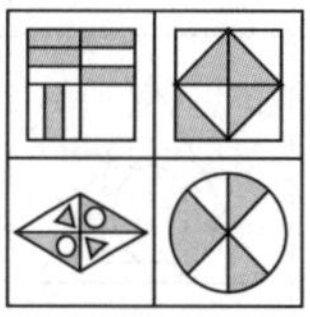

③
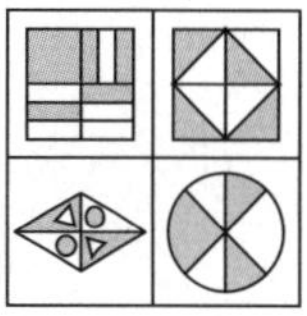

④
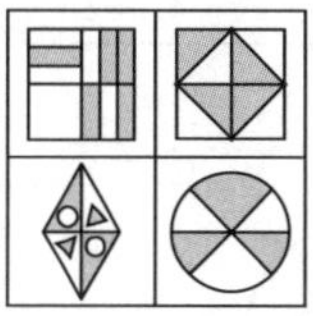

⑤
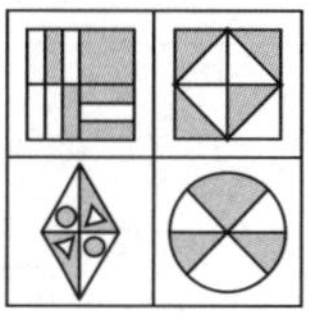

05.

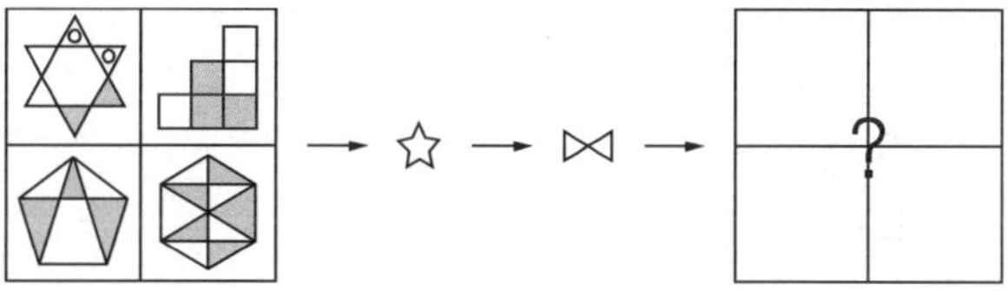

①
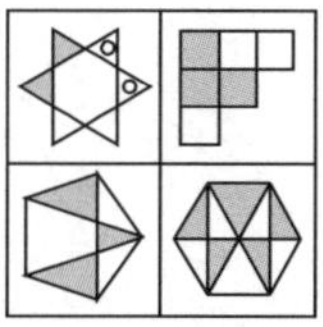

②
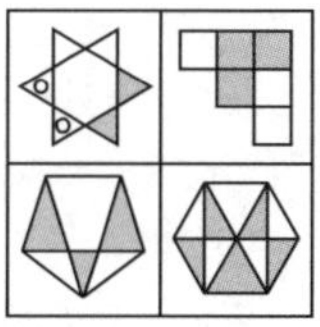

③
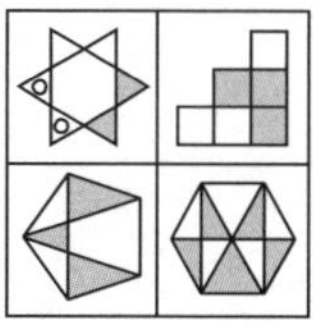

④
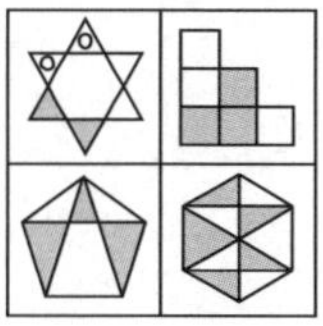

⑤
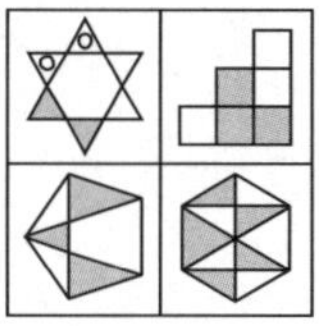

06. 다음은 두 개의 가로줄과 세 개의 세로줄이 각각 왼쪽에서 오른쪽, 위쪽에서 아래쪽 방향으로 서로 다른 일정한 규칙을 갖고 있다. 규칙을 찾아 A와 B에 들어갈 알맞은 도형을 고르면?

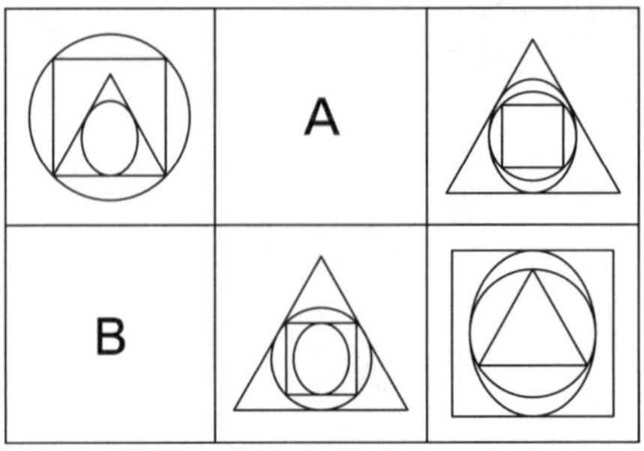

A B

① 

② 

③ 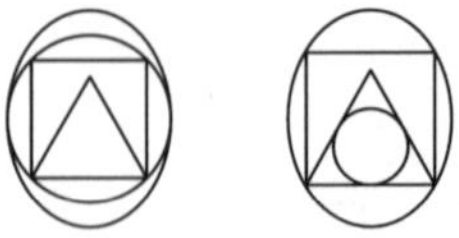

④ 

⑤ 

07. 그룹 내에서 도형들이 왼쪽에서 오른쪽, 위에서 아래로 이동할 때 서로 다른 일정한 변화 규칙이 적용된다. [그룹 1]과 [그룹 3]에서 그 규칙을 찾아 [그룹 2]의 A, B에 들어갈 알맞은 도형을 고르면?

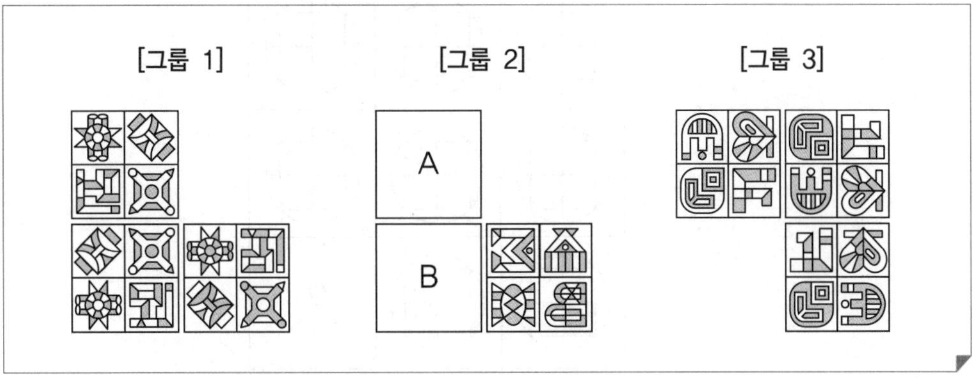

A B A B

① 

② 

③ 

④ 

⑤ 

[08 ~ 10] 다음을 보고 그 규칙을 찾아 ?에 들어갈 도형으로 알맞은 것을 고르시오.

08.

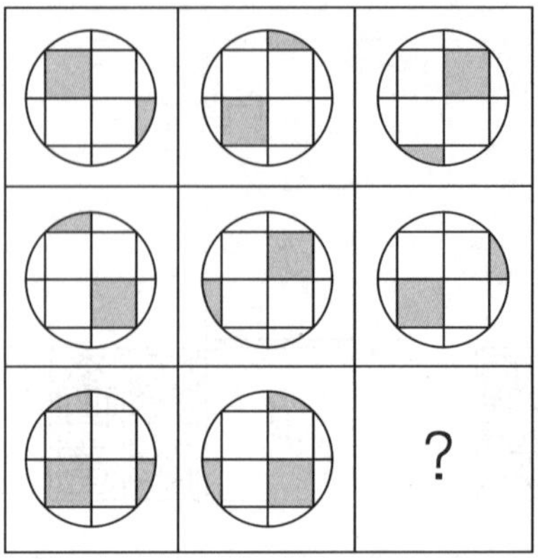

①

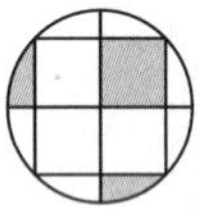

②

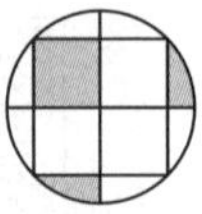

③

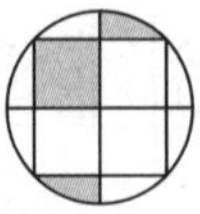

④

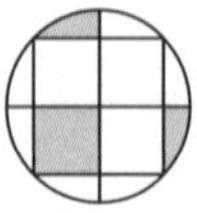

⑤

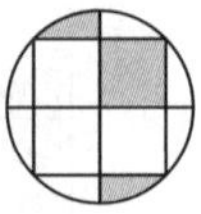

09.

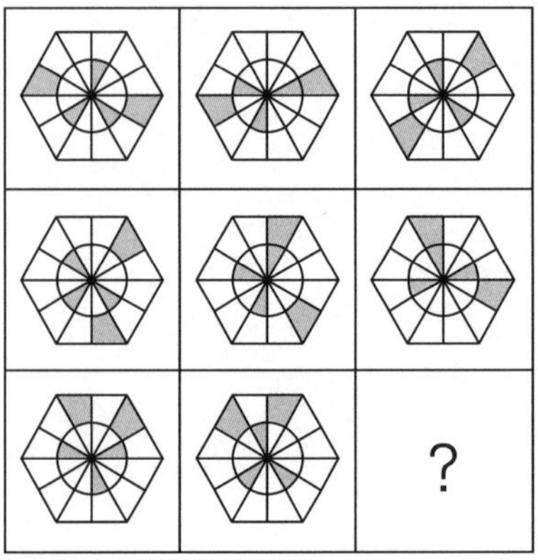

① 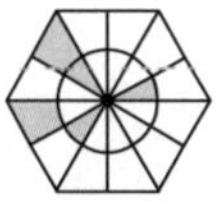
② 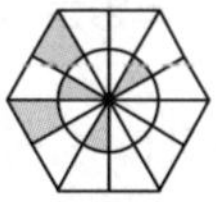
③ 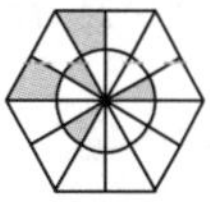
④ 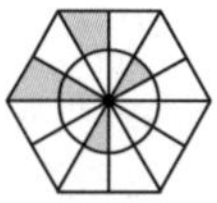
⑤ 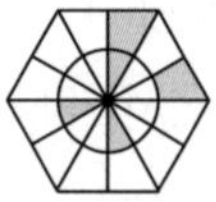

10.

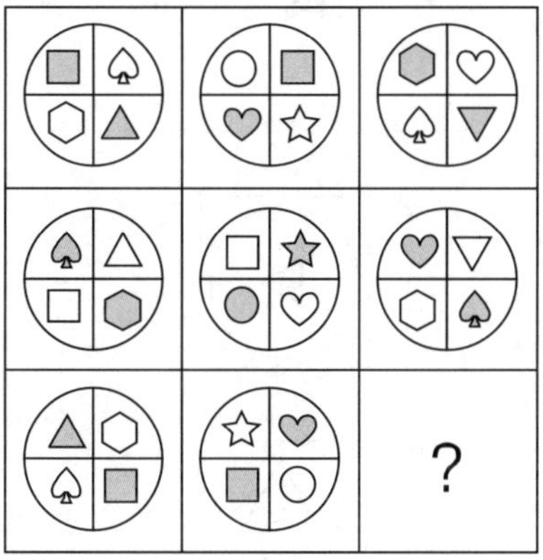

① 
② 
③ 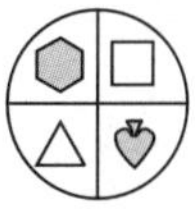
④ 
⑤ 

[11 ~ 13] 다음 제시된 규칙에 따라 ?에 들어갈 도형을 고르시오.

| 규칙 |

∞ : 가장 안쪽 도형의 모양으로 테두리를 그린다.

★ : 가장 바깥 도형을 반시계방향으로 90° 회전시킨다.

♂ : 가장 안쪽 도형을 시계방향으로 90° 회전시킨다.

◆ : 가장 안쪽 도형을 180° 회전시킨다.

11.

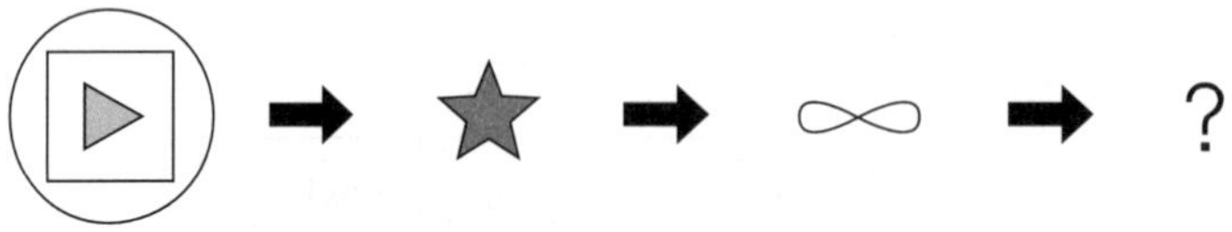

①

②
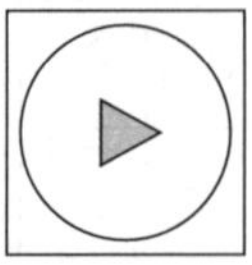

③
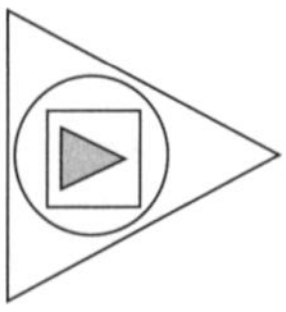

④

⑤

12.

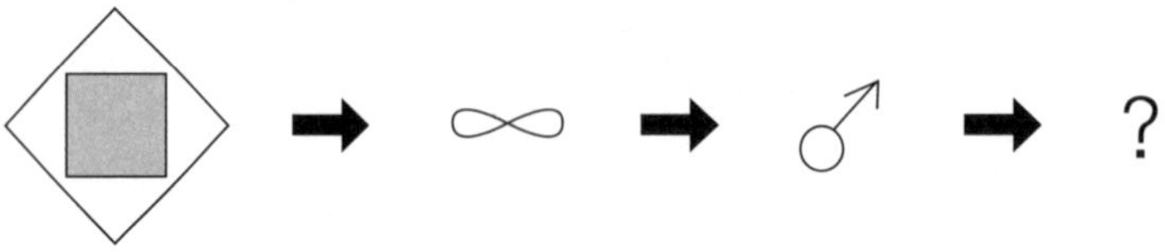

① 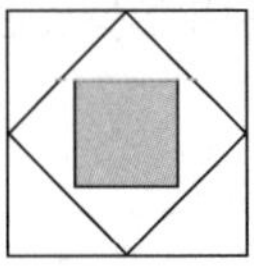

② 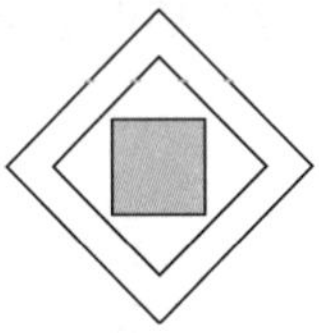

③ 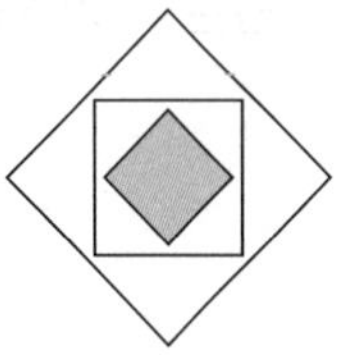

④ 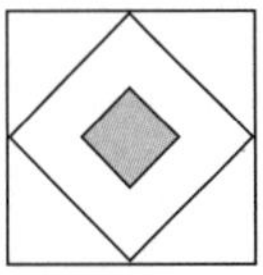

⑤ 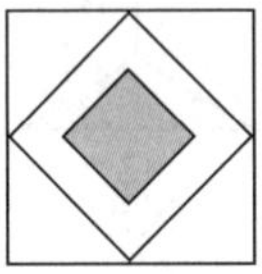

13.

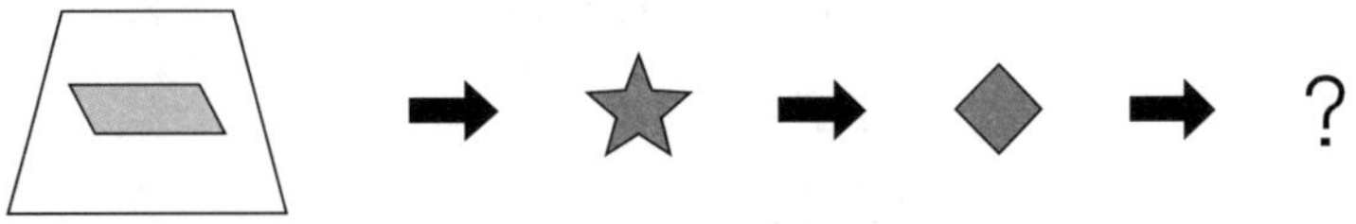

① 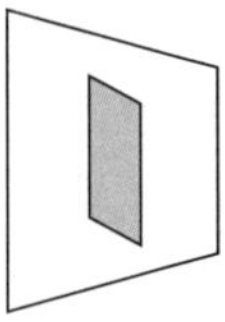

② 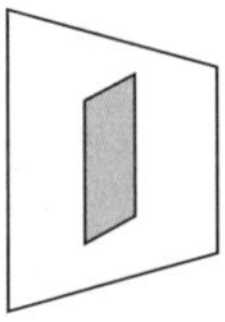

③ 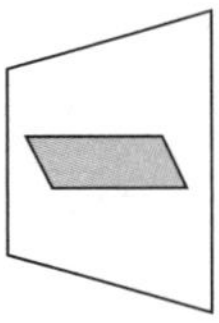

④ 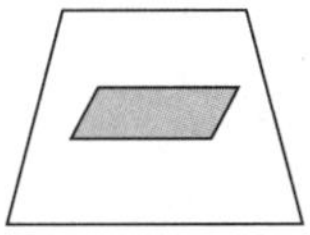

⑤ 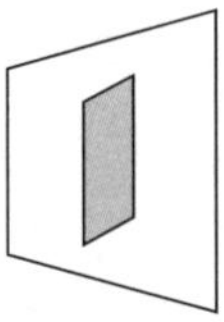

[14 ~ 15] 다음은 각 기호의 규칙에 의한 도형의 변화를 나타낸 것이다. ?에 들어갈 알맞은 도형을 고르시오.

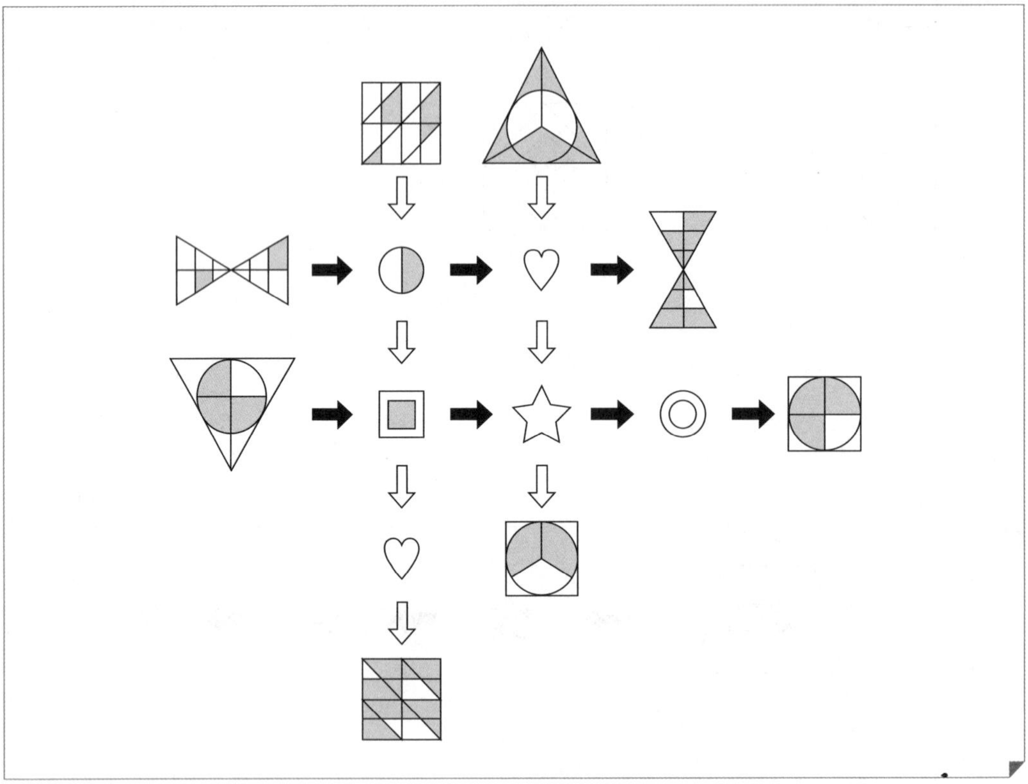

14.

① 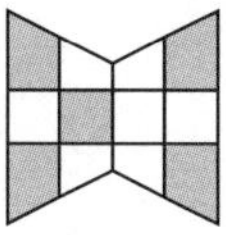

② 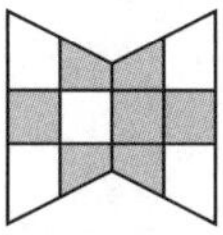

③ 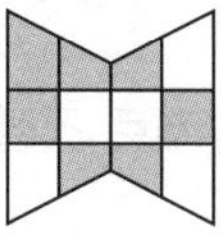

④ 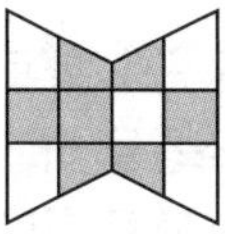

⑤ 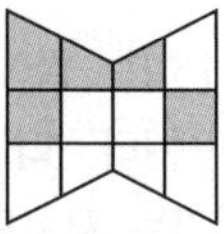

15.

① 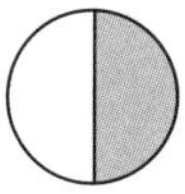

② 

③ 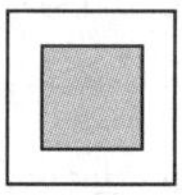

④ 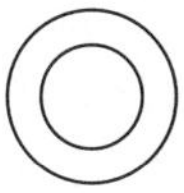

⑤ 

S-OIL 3회

기출유형문제

문항수 | 50문항
문항시간 | 60분

▸ 정답과 해설 20쪽

영역 1 언어

15문항/20분

01. 다음 글의 주제로 적절한 것은?

> 자신의 소통 스타일이 궁금하다면 자신이 하는 말에 '다'로 끝나는 말이 많은지 '까'로 끝나는 말이 많은지를 확인해 보는 것이 도움이 된다. '다'가 많다면 주로 닫힌 소통을 하고 있는 것이다. 상대방을 향한 내 이야기가 잔소리라는 저항의 벽을 넘기 원한다면 '까'로 끝나는 문장을 써 주는 것이 효과적이다. 닫힌 문장이 아닌 열린 질문으로 소통하라는 것이다. '공부 열심히 해라'는 닫힌 문장이다. '공부 열심히 하니?'는 질문이긴 한데 닫힌 질문이다. '네, 아니요'로 답이 떨어지기 때문이다. '요즘 공부하는 거 어때?'가 열린 질문이다. 마찬가지로 '여보, 술 줄인다면서 어제 또 술을 먹은 것 아니에요?'는 닫힌 질문이다. '여보, 술을 잘 줄이지 못하는 이유가 무엇일까요?'가 열린 질문이다.
>
> 열린 질문은 일방적 지시가 아닌 상대방 의견을 묻는 구조이므로 저항이 적게 생긴다. 그래서 마음이 열리게 된다. 술을 끊지 못하는 이유를 묻는 질문에 '술을 끊으려 해도 스트레스를 받으니 쉽지 않아'라고 답하게 되고 술 대신 스트레스를 풀 방법을 찾는 것이 중요하다는 결론에 이르게 된다. 이 결론은 대화를 통해 얻은 내 생각이고 내 결정이기 때문에 거부감 없이 받아들이게 된다.
>
> 열린 질문에 익숙하지 않은 이유는 빨리 변화시키고 싶은 조급함과 불안감 때문이다. 그러나 긍정적인 변화를 위한 소통에는 인내와 기다림이 필요하다.
>
> 열린 질문, 어떻게 생각하는가?

① 열린 질문은 원활한 소통에 도움이 된다.
② 열린 질문과 닫힌 질문은 각각의 장단점이 있다.
③ 소통 스타일은 매우 다양하다.
④ 적당한 음주는 친분 형성에 긍정적인 영향을 끼친다.
⑤ 대화할 때 딱딱한 말투의 사용은 자제해야 한다.

02. 다음 글에서 추론할 수 없는 내용은?

우주는 물체와 허공으로 구성된다. 물체와 허공 이외에는 어떠한 것도 존재한다고 생각할 수 없다. 그리고 우리가 허공이라고 부르는 것이 없다면 물체가 존재할 곳이 없고 움직일 수 있는 공간도 없을 것이다. 허공을 제외하면 비물질적인 것은 존재하지 않는다. 허공은 물체에 영향을 주지도 받지도 않으며 다만 물체가 자신을 통과해서 움직이도록 허락할 뿐이다. 물질적인 존재만이 물질적 존재에 영향을 줄 수 있다.

영혼은 아주 미세한 입자들로 구성되어 있기 때문에 몸의 나머지 구조들과 더 조화를 잘 이룰 수 있다. 감각의 주요한 원인은 영혼에 있다. 그러나 몸의 나머지 구조에 의해 보호되지 않는다면 영혼은 감각을 가질 수 없을 것이다. 몸은 감각의 원인을 영혼에 제공한 후 자신도 감각 속성의 몫을 영혼으로부터 얻는다. 영혼이 몸을 떠나면 몸은 더 이상 감각을 소유하지 않는다. 왜냐하면 몸은 감각 능력을 스스로 가진 적이 없으며 몸과 함께 태어난 영혼이 몸에게 감각 능력을 주었기 때문이다. 물론 몸의 일부가 소실되어 거기에 속했던 영혼이 해체되어도 나머지 영혼은 몸 안에 있다. 또한 영혼의 한 부분이 해체되더라도 나머지 영혼이 계속해서 존재하기만 한다면 여전히 감각을 유지할 것이다. 반면에 영혼을 구성하는 입자들이 전부 몸에서 없어진다면 몸 전체 또는 일부가 계속 남아 있더라도 감각을 가지지 못할 것이다. 더구나 몸 전체가 분해된다면 영혼도 더 이상 이전과 같은 능력을 가지지 못하고 해체되며 감각 능력도 잃게 된다.

① 허공은 물체의 운동을 위해 반드시 필요하다.

② 감각을 얻기 위해서는 영혼과 몸 모두가 필요하다.

③ 영혼은 비물질적인 존재이며 몸에게 감각 능력을 제공한다.

④ 영혼이 담겨 있던 몸 전체가 분해되면 영혼의 입자들은 흩어져 버린다.

⑤ 육체의 일부가 소실되면 영혼의 일부가 해체되지만 나머지 영혼은 여전히 감각 능력을 유지할 수 있다.

03. 다음 글에서 필자가 전달하고자 하는 바로 가장 적절한 것은?

사람들은 흔히 뉴스를 세상에서 일어난 일을 사실적이고 객관적으로 기술한 정보라고 생각한다. 만약 어떤 사건이나 이슈가 완벽하게 사실적이고 객관적으로 기술될 수 있다면, 서로 다른 미디어가 취재해서 보도하더라도 같은 뉴스가 만들어질 것이니 우리 사회에는 굳이 그렇게 많은 뉴스 미디어가 존재할 필요가 없을 것이다. 하지만 현실에는 언론사, 포털 뉴스, 뉴스 큐레이션 서비스, 소셜 미디어 및 개인 미디어 등 수많은 뉴스 생산 주체들이 뉴스를 생산한다. 이렇게 많은 언론사 및 개인들이 뉴스를 생산한다는 것은 현실에서 일어난 하나의 사건이 뉴스 미디어에 따라 다르게 보도될 수 있다는 것을 의미한다.

과거에는 뉴스를 만드는 사람들은 언론사에 속해 있었고, 언론사의 수도 많지 않았기 때문에 누가 뉴스를 만들었는지에 대한 대답을 쉽게 얻을 수 있었다. 하지만 미디어 환경 및 뉴스 산업 구조의 변화로 인해 뉴스 생산환경이 급속하게 변화하였고, 지금은 언론사에 속한 기자뿐만 아니라 블로거, 시민기자, 팟캐스터 등 다양한 사람들이 뉴스 생산에 기여한다. 따라서 뉴스를 바르게 이해하기 위해서는 뉴스 생산자의 역할과 임무에 대한 이해가 선행되어야 한다.

① 뉴스가 가지는 가치는 다양성에 있다.
② 뉴스는 생산자에 따라 다르게 구성된다.
③ 뉴스는 이용자의 특성에 따라 다르게 구성된다.
④ 뉴스에는 생산자의 특정한 시각과 가치가 담겨 있다.
⑤ 올바른 뉴스 소비를 위해서는 이용자의 능동적인 판단이 필요하다.

04. 다음 글을 요약한 내용으로 적절한 것은?

> 세계보건기구(WHO)가 휴대폰 전자파를 발암 가능성이 있는 물질인 'Group 2B'로 분류한 이후 전자파에 대한 사람들의 불안이 커지고 있는 가운데 이동전화의 전자파가 성인에 비해 7세 미만의 어린이들에게 더 잘 흡수된다는 조사 결과가 나왔다. 방송통신위원회는 한국전자통신연구원(ETRI)과 한국전자파학회, 단국대 의대, 이화여대 약대, 한국원자력의학원을 통해 어린이들에 대한 전자파의 영향을 조사한 결과 7세 미만 어린이들은 성인에 비해 특정 주파수 대역에서 전자파를 더 많이 흡수하는 것으로 조사되었다고 밝혔다. 해당 주파수 대역은 FM방송 주파수 대역 등으로 활용 중인 100MHz 전후의 주파수 대역과 이동통신용 주파수 대역으로 활용하고 있는 1GHz 이상의 주파수 대역이다. 국내 이동통신 서비스는 현재 800 MHz 주파수를 사용하는 한 회사의 2세대(2G) 이동통신 서비스를 제외하고는 모두 1GHz 대역 이상의 주파수를 사용하고 있기 때문에 모든 휴대폰의 전자파가 어린이들에게 더 많이 흡수되는 것으로 볼 수 있다. 또한 휴대폰을 포함한 무선 기기에서 나오는 전자파가 뇌에 손상을 입혀 십대 청소년의 노화를 촉진할 수 있다는 연구 결과나 휴대폰을 많이 사용하는 어린이의 주의력 결핍·과잉행동 장애(ADHD)의 발병 가능성에 대한 조사 결과가 속속 발표됨에 따라 휴대폰 전자파의 위험성에 대한 각별한 대책이 필요하게 되었다.

① 휴대폰 전자파는 성인보다 어린이들에게 더 해로울 수 있다.

② 성장기의 어린이에게 휴대폰을 사용하게 해서는 안 된다.

③ 휴대폰 전자파는 주파수 대역에 따라 흡수율이 달라진다.

④ 현재 유통되고 있는 휴대폰에서 나오는 전자파 강도는 국제기준에 비해 훨씬 낮은 수준이므로 그 영향이 크지 않다.

⑤ 휴대폰 전자파에는 발암 가능성이 있는 물질이 포함되어 있다.

05. 다음 중 글의 내용과 일치하는 것은?

자신의 자존심을 지키기 위해 실패나 과오에 대한 자기 정당화의 구실을 찾아내는 행위를 가리켜 '구실 만들기 전략(Self－handicapping strategy)'이라고 하는데, 좀 더 넓은 관점에서는 그런 심리를 가리켜 '이기적 편향(Self－serving bias)'이라고 부르기도 한다. 이는 일상생활에서도 아주 쉽게 목격할 수 있다.

우리말에 '좋은 건 자기 잘난 탓으로 돌리고 나쁜 건 부모 탓 또는 세상 탓으로 돌린다'는 말이 있는데 그게 바로 '이기적 편향'이다. '이기적 편향'은 우리의 부정적인 행동의 이유에 대해서는 상황적 · 환경적 요소로 돌리는 반면, 긍정적인 행동의 이유에 대해서는 우리의 내부적 요소로 돌리는 경향을 의미한다. 물론 이는 자신의 자존심을 높이거나 방어하고자 하는 욕구 때문에 생겨나는 것이다.

그렇다면 왜 이런 이기적 편향이 생겨났을까? 우리는 어떤 일을 끝마친 후 그 일에 대해 평가와 반성을 한다. 그 과정에서 일이 성공하게 된 혹은 실패하게 된 원인을 따져 보려 하지만 성공과 실패의 진정한 원인을 찾는 것이 그리 간단한 일은 아니다. 당시의 특수한 상황에서 비롯된 결과일 수 있고, 심지어는 정말 우연히 이루어진 결과일 수도 있기 때문이다. 어쨌든 원인을 찾아야 한다면, 이왕이면 우리는 마음 편한 쪽에서 원인을 찾고자 한다. 특히 실패를 했을 때는 우리의 자존심이 상하지 않는 방향에서 원인을 찾는다. 그리하여 실패의 원인은 늘 타인과 상황, 시기 등 나 자신이 아닌 다른 데 있게 된다.

이렇게 이기적인 것이 사람의 마음이다. 이기적 편향은 치사하고 비겁하게 보이기는 하지만, 일이 잘못됐을 때 실패의 원인을 남의 탓으로 돌림으로써 나의 자존심을 지킬 수 있는 심리적인 방어 능력이기도 하다. 그러나 실패할 때마다 자기반성은 하지 않고 남의 탓만 하다가는 자기 발전을 이룰 수 없을 것이다. 따라서 자존심이 상하더라도 실패의 진정한 원인이 어디에 있는지 냉정히 자기 내면의 소리에 귀를 기울여 볼 필요가 있다.

① 구실 만들기 전략은 결과에 대해 자기반성을 하는 행위를 일컫는다.

② '좋은 것은 자기 잘난 탓이고 나쁜 것은 세상 탓'이라는 말은 이기적 편향과 상충되는 말이다.

③ 구실 만들기 전략은 일반적으로 타인의 자존심을 지켜 주기 위해 나타나는 행위를 일컫는다.

④ 이기적 편향은 긍정적인 행동의 이유에 대해서는 외부적 요소로, 부정적 행동의 이유에 대해서는 내부적 요소로 돌리는 경향을 의미한다.

⑤ 이기적 편향은 완결된 일에 대한 원인을 찾는 과정에서 자존심을 지키고자 하는 심리적인 방어로 인해 일어나는 현상이다.

06. 다음 글의 빈칸에 들어갈 문장으로 가장 적절한 것은?

노예들이 저항의 깃발을 들고 일어설 때는 그들의 굴종과 인내가 한계에 이르렀을 때이다. 그러나 분노와 원한이 폭발하더라도 그것이 개인의 행위로 발생할 경우에는 개인적 복수극에 그치고 만다. 저항의 본질은 억압하는 자에 대한 분노와 원한이 확산되어 가치를 공유하게 되는 데 있다. 스파르타쿠스가 저항의 깃발을 들어 올렸을 때, 수십만 명의 노예와 농민들이 그 깃발 아래로 모여든 원동력은 바로 이러한 공통의 분노, 공통의 원한, 공통의 가치에 있었다.

프로메테우스의 신화에서도 저항의 본질을 엿볼 수 있다. 프로메테우스는 제우스가 인간에게 불을 보내 주지 않자, 인간의 고통에 공감하여 '하늘의 바퀴'에서 불을 훔쳐 지상으로 내려가 인간에게 주었다. 프로메테우스의 저항에 격노한 제우스는 인간과 프로메테우스에게 벌을 내렸다. 인간에게는 불행의 씨앗이 들어 있는 '판도라의 상자'를 보냈고 프로메테우스에게는 쇠줄로 코카서스 산 위에 묶인 채 독수리에게 간을 쪼아 먹히는 벌을 내린 것이다.

( ) 그리스도교의 정신과 의식을 원용하여 권력의 신성화에 성공한 중세의 지배체제는 너무도 견고하여 농민들의 눈물과 원한이 저항의 형태로 폭발하지 못했다. 반면 산업사회의 시민이나 노동자들은 평균적이고 안락한 생활이 위협받을 때에만 '저항의 광장'으로 나가는 모험을 감행했다. 그들이 바라고 지키려던 것은 가족, 주택, 자동차, 휴가였다.

저항이 폭발하여 기존의 지배체제를 무너뜨리고 새로운 왕조나 국가를 세우고 나면 그 저항의 힘은 시들어 버린다. 원한에 사무친 민중들의 함성이야말로 저항의 원동력이기 때문이다. 저항의 형태를 취하고 있으면서도 권력 쟁탈을 목적으로 한 쿠데타와 같은 적대 행위는, 그 본질에 있어서 지배와 피지배의 관계에서 발생하는 저항과는 다르다. 권력의 성채 속에서 벌어지는 음모, 암살, 배신은 이들 민중의 원한과 분노에서 비롯된 것이 아니기 때문이다.

① 시대의 흐름에 따라 저항은 여러 가지 모습으로 그 형태를 달리하였다.

② 저항에 나선 사람들이 느끼는 굴종과 인내의 한계는 시대와 그들이 처한 상황에 따라 다르게 나타난다.

③ 굴종과 인내의 한계는 시대가 변화함에 따라 달라졌고, 저항을 보는 사회적 시선도 그에 따라 변화됐다.

④ 사회와 시대가 발전됨에 따라 저항이 표출되는 행태 또한 예전과 달라졌지만 변함없이 우리 사회에 존재하여 왔다.

⑤ 지배계급을 향한 대규모 저항은 타인의 분노와 원한에 공감해야만 발생한다.

07. (가)~(라)를 논리적 순서에 맞게 배열한 것은?

(가) 창조 도시는 창조적 인재들이 창의성을 발휘할 수 있는 환경을 갖춘 도시이다. 즉, 창조 도시는 인재들을 위한 문화 및 거주 환경의 창조성이 풍부하며, 혁신적이고도 유연한 경제시스템을 구비하고 있는 도시이다.

(나) 창조 계층을 중시하는 관점에서는 개인의 창의력으로 부가가치를 창출하는 창조 계층이 모여서 인재 네트워크인 창조 자본을 형성하고 이를 통해 도시는 경제적 부를 축적할 수 있는 자생력을 갖게 된다고 본다. 따라서 창조 계층을 끌어들이고 유지하는 것이 도시의 경쟁력을 제고하는 관건이 된다. 창조 계층에는 과학자, 기술자, 예술가, 건축가, 프로그래머, 영화 제작자 등이 포함된다.

(다) 그러나 창조성의 근본 동력을 무엇으로 보든 한 도시가 창조 도시로 성장하려면 창조 산업과 창조 계층을 유인하는 창조 환경이 먼저 마련되어야 한다. 창조 도시에 대한 논의를 주도한 랜드리는 창조성이 도시의 유전자 코드로 바뀌기 위해서는 다음과 같은 환경적 요소들이 필요하다고 보았다. 개인의 자질, 의지와 리더십, 다양한 재능을 가진 사람들과의 접근성, 조직 문화, 지역 정체성, 도시의 공공 공간과 시설, 역동적 네트워크의 구축 등이 그것이다.

(라) 창조 도시의 주된 동력을 창조 산업으로 볼 것인가 창조 계층으로 볼 것인가에 대해서는 견해가 다소 엇갈리고 있다. 창조 도시의 주된 동력으로 창조 산업을 중시하는 관점에서는 창조 산업이 도시에 인적, 사회적, 문화적, 경제적 다양성을 불어넣음으로써 도시의 재구조화를 가져오고 나아가 부가가치와 고용을 창출한다고 주장한다. 창의적 기술과 재능을 소득과 고용의 원천으로 삼는 창조 산업의 예로는 광고, 디자인, 출판, 공연 예술, 컴퓨터 게임 등이 있다.

① (가)-(나)-(다)-(라)
② (가)-(라)-(나)-(다)
③ (라)-(나)-(가)-(다)
④ (라)-(나)-(다)-(가)
⑤ (라)-(가)-(나)-(다)

08. 다음 글의 제목으로 적절한 것은?

저탄소 녹색성장은 생산과 소비라는 두 가지 기본 요소로 구성되는 경제계에서 자원과 자연을 포함하는 광의의 경제관을 전제로 경제활동 및 환경 문제를 해결하겠다는 인식의 대전환을 요구하고 있다. 자연환경 및 자원이 유한하다는 인식을 기초로 경제활동을 하고 있지만, 실제 경제활동은 자연환경이 자정역량에 의해서 항상 깨끗할 것이고 자원은 무한히 공급될 수 있다는 인식하에 이루어지고 있다. 그 결과 지구의 성장은 환경 문제로 둔화될 것이라는 주장이 확산되고 있을 뿐만 아니라 환경오염은 인류의 삶을 위협할 정도로 악화되고 있으며, 자원, 특히 에너지 자원 부족현상은 가속화되고 있다. 이 같은 환경오염 문제를 해결하고, 특히 성장의 동력으로 활용하기 위해서는 경제계와 환경계가 상호 영향을 주고 있는 불가분의 관계에 있다는 사실을 인식해야 할 것이다. 그리고 환경계까지 포함하는 광의의 시장이 형성되어야 한다.

그 이유는 첫째, 환경이 경제에 영향을 미치고 있기 때문이다. 환경은 생산과 소비활동에 필요한 자원과 에너지를 공급하는 동시에 경제활동을 일부 제약하기도 한다. 둘째, 환경은 경제활동의 결과 발생된 잔여물을 일정한도 내에서 흡수하여 정화하는 역할을 수행하고 있다. 셋째, 환경은 자연경관, 깨끗한 공기와 물 등을 통해 사람들에게 직접적인 만족을 제공하고 있다. 한편 생산자, 소비자, 정부 등 모든 경제 주체는 경제활동 결과 필연적으로 발생하는 잔여물을 환경계로 방출하고 있다. 이처럼 환경과 경제는 서로 영향을 주고받으면서 양자 간에 순환하는 구조를 갖고 있다. 따라서 경제활동에 공급되는 자연자원은 가급적 효율적으로 사용되어야 할 것이고 배출되는 잔여물의 재생 또는 재활용 기능을 강화한 자원순환형 경제구조를 요구해야 할 것이다.

① 저탄소 녹색성장의 배경
② 자연의 위대한 재활용 기능
③ 환경과 경제의 중요성
④ 자원순환형 경제의 필요성
⑤ 환경이 경제에 미치는 영향

09. 다음 글을 읽고 내용을 바르게 이해하지 못한 것은?

> 건축물에서의 피난 관련 사항은 건축허가 요건을 이루는 중요한 규정이다. 일반적으로 피난은 건축물의 화재 상황을 염두에 두고 검토되기 때문에 건축법에서는 대피 관련 규정의 상당 부분을 화재 상황으로 상정하고 있고, 방화규정과 피난규정을 엄격히 구분하고 있지 않다.
>
> 건축물에서의 피난요건을 규정하는 방식은 크게 두 가지로 사양방식과 성능방식이 있다. 사양방식이란 건축 상황을 일반화시켜 놓고 피난시설의 개수, 치수, 면적, 위치 등을 구체적으로 규정하는 방식을 말한다. 반면 성능방식이란 건축물의 특수한 상황에서 법으로 규정된 사양을 맞출 수는 없으나 시뮬레이션을 통해 사람들이 안전하게 대피할 수 있음을 입증하는 방식이다. 우리나라의 건축법은 전적으로 사양방식을 채택하고 있으나, 해외에서는 사양방식을 기본으로 하되 필요에 따라 일부 층이나 특정 공간에서 성능방식을 채택할 수 있도록 규정하고 있다.
>
> 피난이란 건축물 내에서 안전한 곳까지 막힘없이 안전하게 도달하는 것을 의미한다. 피난 관련 규정은 규모 면에 있어서 고층 건축물을 구분하여 관리하고 있다. 또한 피난의 개념에 관한 규정은 건축물 내부에서 대피통로, 건축물 내에서 밖으로 탈출하기 위한 출구, 건축물 출구에서 안전한 장소까지 이동하거나 화재 진압에 필요한 통로와 관련하여 크게 세 가지로 구분하고 있다.

① 피난이란 건축물 내에서 안전한 곳까지 막힘없이 안전하게 도달하는 것을 의미한다.

② 우리나라는 일반적으로 건축 상황을 일반화시킨 뒤 피난시설의 개수, 치수, 면적, 위치 등을 구체적으로 규정하는 방식을 채택하고 있다.

③ 30층 이상의 높이를 가진 건축물에는 성능방식을, 그 외 기타규모의 건축물에는 사양방식을 적용하는 것이 옳다.

④ 해외에서는 일부 층이나 특정 공간에서 필요에 따라 건축적 특수 상황에서 시뮬레이션을 통해 사람들이 안전하게 대피할 수 있음을 입증하는 방법을 채택하기도 한다.

⑤ 피난규정과 방화규정은 엄격히 구분되지 않고 있는데, 이는 피난이 건축물의 화재 상황을 염두에 두고 검토되기 때문이다.

10. 다음 중 (가)와 (나)의 내용상의 관계를 가장 잘 표현한 것은?

(가) 20세기 후반, 복잡한 시스템에 관한 연구에 몰두하던 일련의 물리학자들은 기존의 경제학 이론으로는 설명할 수 없었던 경제 현상을 이해하기 위해 물리적인 접근을 시도하기 시작했다. 보이지 않는 손과 시장의 균형, 완전한 합리성 등 신고전 경제학은 숨 막힐 정도로 정교하고 아름다웠지만, 불행히도 현실 경제는 왈라스나 애덤 스미스가 꿈꿨던 '한 치의 오차도 없이 맞물려 돌아가는 톱니바퀴'가 아니었다. 물리학자들은 인간 세상의 불합리함과 혼잡함에 관심을 가지고 그것이 만들어 내는 패턴들과 열린 가능성에 주목했다.

(나) 우리가 주류 경제학이라고 부르는 것은 왈라스 이후 체계가 잡힌 신고전 경제학이다. 이 이론에 의하면 모든 경제주체는 완전한 합리성으로 무장하고 있고 항상 최선의 선택을 하며, 자신의 효용이나 이윤을 최적화한다. 개별 경제주체의 공급곡선과 수요곡선을 합하면 시장에서의 공급곡선과 수요곡선이 얻어진다. 이 두 곡선이 만나는 점에서 가격과 판매량이 동시에 결정된다. 더 나아가 모든 주체가 합리적 판단을 하기 때문에 모든 시장은 동시에 균형에 이르게 된다.

① (가)보다 (나)가 경제 공황을 더 잘 설명한다.

② (나)는 (가)로부터 필연적으로 도출된다.

③ (나)는 (가)의 한 부분에 대한 부연 설명이다.

④ (나)는 (가)를 수학적으로 다시 설명한 것이다.

⑤ (나)는 (가)와 상반되는 내용을 설명한다.

11. 다음 글에 사용된 설명 방법에 대해 적절하게 이해한 것은?

중고차 시장에서 판매되는 중고차의 흠이나 내력에 대해서는 구매자보다 판매자가 더 많이 알고 있을 것이다. 판매자는 팔려는 자동차가 언제 물에 잠겼고 언제 사고를 당해서 고쳐졌는지, 내재되어 있는 치명적인 결함은 무엇인지를 잘 알고 있다. 반면에 구매자는 판매자가 이러한 자동차의 결함을 감추기 때문에 그 자동차의 결함에 대해 충분히 알 수 없으므로 자동차의 겉모양만 보고 판단할 수밖에 없다. 이와 같이 거래의 양 당사자가 그 상품에 대한 정보를 균등하지 않게 보유하고 있는 경우를 '정보의 비대칭성(Asymmetric Information)'이라 한다.

이러한 정보의 비대칭성은 생명보험의 판매에서도 찾을 수 있다. 생명보험회사는 건강한 사람들을 가능하면 많이 가입시키는 것이 유리하다. 반면에 보험가입자의 경우에는 건강상태가 나쁠수록 보험가입에 적극적이다. 보험가입자들의 다수가 병에 걸려 있다면 생명보험회사는 막대한 손실을 보거나 파산할 수도 있다. 따라서 생명보험회사는 병에 걸린 사람들이 보험에 가입하는 것을 방지하고자 최대한의 노력을 기울일 것이나 보험가입자는 자신의 건강상태에 대해서 생명보험을 판매하는 생명보험회사보다 훨씬 더 잘 알고 있다. 이와 같은 경우도 정보의 비대칭성에 해당한다.

① 구체적인 예시를 들어 대상을 쉽게 설명하고 있다.
② 사례 간의 비교를 통해 대상의 특징을 설명하고 있다.
③ 여러 대상을 일정한 기준에 따라 나누어 설명하고 있다.
④ 대상의 부분을 체계적으로 조직하여 내적인 연관관계를 설명하고 있다.
⑤ 대상에 대한 이해를 높이기 위해 필자의 인상과 느낌을 강조하고 있다.

12. 다음 중 바이오시밀러 산업을 지원해야 하는 이유에 해당되지 않는 것은?

바이오시밀러(Biosimilar)는 사람이나 다른 생물체에서 유래된 세포 · 조직 · 호르몬 등의 유효물질을 이용하여 유전자재결합 또는 세포배양기술을 통해 분자생물학적 기법으로 개발한 의약품인 바이오의약품(생물학적제제 · 유전자재조합의약품 · 세포배양의약품 · 세포치료제 · 유전자치료제 등)의 복제약(특허가 만료된 오리지널 의약품을 모방하여 만든 약품)을 뜻하는 말이다. 또한 바이오시밀러는 동등생물의약품 또는 FOB(Follow-on Biologics)라고도 하며, 오리지널 바이오의약품과 동등한 품목 · 품질을 지니며, 비임상 · 임상적 비교동등성이 입증된 의약품이다.

화학 합성의약품 복제약(제네릭, Generic)의 경우 오리지널 약품의 화학식만 알면 쉽게 만들 수 있고, 화학반응에 이변이 없어 오리지널 의약품의 공정과 똑같이 생산된다. 반면 살아 있는 단백질 세포 등을 이용하여 만드는 바이오시밀러의 경우, 아무리 염기서열이 동일한 의약품을 개발하려 해도 구조적 복잡성으로 인하여 특성 분석이 어렵다. 단백질 세포는 배양배지 · 배양온도 · 배양크기에 매우 민감하여 오리지널 약품과 똑같은 복제약을 제조하는 것은 불가능하며 단지 유사한 복제약을 개발할 수 있을 뿐이다. 또 합성의약품 복제약을 개발할 때에는 임상시험이 생략되지만 바이오시밀러의 경우에는 비임상 · 임상시험에 통과해야 한다.

바이오시밀러는 고가의 오리지널 바이오의약품에 비해 상대적으로 저렴하다는 장점이 있으며, 많은 오리지널 바이오의약품들이 2012년 이후 특허가 만료되어 바이오시밀러 시장이 확대될 것으로 보인다.

① 오리지널 바이오의약품과 거의 동일한 효과를 보인다면 바이오시밀러가 가격 면에서 경쟁력이 있다.

② 가격이 비싸 의약품 혜택을 못 받는 저개발국 환자들을 치료할 수 있는 길을 열 수 있다.

③ 제네릭에 비해 엄격한 허가 기준을 충족시켜야 하므로 진입 장벽이 높아 경쟁력이 있고, 오리지널 바이오의약품만큼 또는 그 이상으로 좋은 제품이 될 수 있다.

④ 고령화 등으로 인하여 고가의 바이오의약품에 대한 수요가 증가하는 상황에서 바이오시밀러가 의료 관련 사회적 부담 비용을 낮출 수 있다.

⑤ 임상시험이 생략되는 화학 합성의약품 복제약과 달리, 오리지널 바이오의약품과 똑같은 복제약을 제조하기 위해 비임상 · 임상시험에 통과해야 한다.

13. 다음 글을 읽고 알 수 없는 것은?

언제부턴가 우리에게 '집'은 쉼터가 아닌 '자랑거리'가 되어 버렸다. 부동산이 최고의 가치가 되어 버린 지금 시대에 한평생을 청렴하게 살다 간 정승의 소박한 집은 역설적으로 생명력을 갖는다.

맹사성은 조선 세종 때 황희, 윤희, 권진 등과 함께 나라를 다스린 명재상이다. 높은 벼슬에 있으면서도 약 27평 남짓한 작은 집에서 살았다. 방문객의 신분이 높든 낮든 항상 의복을 갖추고 예를 다해 맞았다는 그의 집 대문 앞에 섰다. 아침 공기가 유난히 시렸던 날, 대문 언저리의 은행나무에선 아이의 웃음소리처럼 맑은 새소리가 들렸다. 기차와 지하철이 지척에 다니지만 이곳에는 수백 년 세월이 그대로 멈춘 것 같은 고즈넉함이 있다.

작은 고택의 역사는 700여 년 전으로 올라간다. 고려 말, 최영 장군이 실제로 살았으며 맹사성의 아버지 맹희도가 물려받은 후로 신창 맹씨 일가가 관리하고 있다. 대청마루에 서면 집안 전체가 보일 정도로 아담한 이곳에 고려와 조선을 대표하는 두 청백리, 최영과 맹사성이 살다 갔다. 집 주변을 천천히 돌아도 몇 걸음이 되지 않는 작은 집. 하지만 흔들리지 않는 기백은 하늘을 가릴 듯 우뚝 선 은행나무만큼이나 크다.

고택을 내려다보는 곳에는 맹희도와 맹사성의 위패를 모신 세덕사가 있다. 고택을 둘러싼 돌담길에 손을 대고 한 걸음 한 걸음 느리게 걸어 본다. 고택만큼 소박한 밭을 지나면 맹사성이 황희, 권진과 느티나무를 세 그루씩 심었다는 구괴정이 나온다. 시를 읊으며 농민을 위로하던 세 정승의 푸근한 말소리가 들리는 듯하다. 600여 년의 시간이 지나 아홉 그루의 느티나무는 두 그루만 남았다. 탁, 탁, 탁, 도시로 향하는 여행자의 발걸음 소리가 고요한 마을에 울려 퍼진다. 마치 노인의 두 다리처럼 받침대에 의지한 두 느티나무가 타박타박 뒤따르며 말을 걸고 있는 것 같다. "또 오게나."

① 훌륭한 재상은 백성을 위한다.

② 맹사성 고택의 느티나무는 옛 정승의 모습 같다.

③ 최영과 맹사성은 청렴한 관리였다.

④ 도시의 고택은 역사를 잃어버렸다.

⑤ 높은 벼슬에 있던 정승의 작은 집은 소박함을 나타낸다.

14. 다음 글에 이어질 내용으로 적절하지 않은 것은?

인간은 흔히 자기 뇌의 10%도 쓰지 못하고 죽는다고 한다. 또 사람들은 천재 과학자인 아인슈타인조차 자기 뇌의 15% 이상을 쓰지 못했다는 말을 덧붙임으로써 이 말에 신빙성을 더한다. 이 주장을 처음 제기한 사람은 19세기 심리학자인 윌리엄 제임스로 추정된다. 그는 "보통 사람은 뇌의 10%를 사용하는데 천재는 15 ~ 20%를 사용한다."라고 말한 바 있다. 인류학자 마거릿 미드는 한발 더 나아가 그 비율이 10%가 아니라 6%라고 수정했다. 그러던 것이 1990년대에 와서는 인간이 두뇌를 단지 1% 이하로 활용하고 있다고 했다. 최근에는 인간의 두뇌 활용도가 단지 0.1%에 불과해서 자신의 재능을 사장시키고 있다는 연구 결과도 제기됐다.

① 인간의 두뇌가 가진 능력을 제대로 발휘하지 못하도록 하는 요소가 무엇인지 연구해야 한다.
② 어른들도 계속적인 연구와 노력을 통하여 자신의 능력을 충분히 발휘할 수 있도록 해야 한다.
③ 학교는 자라나는 학생이 재능을 발휘할 수 있도록 여건을 조성해 주어야 한다.
④ 인간의 두뇌 개발을 촉진시킬 수 있는 프로그램을 개발해야 한다.
⑤ 어린 시절부터 개성적인 인간으로 성장할 수 있도록 조기교육을 실시해야 한다.

15. 다음 중 (A)가 들어갈 위치로 적절한 곳은?

(A) 일어난 일에 대한 묘사는 본 사람이 무엇을 중요하게 판단하고, 무엇에 흥미를 가졌느냐에 따라 크게 다르다.

기억이 착오를 일으키는 프로세스는 인상적인 사물을 받아들이는 단계부터 이미 시작된다. (가) 감각적인 지각의 대부분은 무의식중에 기록되고 오래 유지되지 않는다. (나) 대개는 수 시간 안에 사라져 버리며, 약간의 본질만이 남아 장기 기억이 된다. 무엇이 남을지는 선택에 의해서이기도 하고, 그 사람의 견해에 따라서이기도 하다. (다) 분주하고 정신이 없는 장면을 주고, 나중에 그 모습에 대해서 이야기하게 해 보자. (라) 어느 부분에 주목하고, 또 어떻게 그것을 해석했는지에 따라 즐겁기도 하고 무섭기도 하다. (마) 단순히 정신 사나운 장면으로만 보이는 경우도 있다. 기억이란 원래 일어난 일을 단순하게 기록하는 것이 아니다.

① (가) ② (나) ③ (다)
④ (라) ⑤ (마)

영역 2 수리

20문항/25분

01. 현재 아버지의 나이는 36세이고, 아들의 나이는 8세이다. 아버지의 나이가 아들 나이의 3배가 되는 것은 몇 년 후인가?

① 2년 후 ② 3년 후 ③ 4년 후
④ 5년 후 ⑤ 6년 후

02. 어떤 다리를 건너는 데 5초 걸린 열차가 40m 길이의 터널을 통과하는 데 10초 걸렸다면 다리의 길이는 몇 m인가? (단, 열차는 등속운동을 하며, 열차의 길이는 무시한다)

① 30m ② 20m ③ 18m
④ 15m ⑤ 13m

03. 진영이는 한 시간에 만두 20개를 빚을 수 있고, 성은이는 한 시간에 15개를 빚을 수 있다고 할 때, 만두 210개를 함께 빚는 데 걸리는 시간은?

① 2시간 ② 4시간 ③ 6시간
④ 8시간 ⑤ 10시간

04. 어떤 물건의 가격을 50% 인상하였다가, 얼마 후 다시 20% 인하하였더니 A원이 되었다. 이 물건의 원래 가격은 얼마인가?

① $\frac{3}{4}A$원 ② $\frac{4}{5}A$원 ③ $\frac{5}{6}A$원
④ $\frac{6}{7}A$원 ⑤ $\frac{7}{8}A$원

05. 길이가 16cm인 끈 20개를 매듭지어 하나로 이으려 한다. 매듭으로 묶이는 부분의 길이가 2cm로 동일하다면, 총 길이는 몇 cm인가? (단, 매듭의 크기는 무시한다)

① 282cm ② 284cm ③ 320cm
④ 352cm ⑤ 358cm

06. A ~ E 다섯 명의 영어시험 평균 점수는 72점이다. A, B의 점수가 65점, C, D의 점수가 75점이라고 할 때, E의 점수는?

① 70점 ② 75점 ③ 80점
④ 85점 ⑤ 90점

07. 가로와 세로의 길이가 각각 10cm, 14cm인 직사각형의 가로와 세로를 똑같은 길이만큼 늘려 새로운 직사각형을 만들었더니 넓이가 기존보다 80% 증가하였다. 새로운 직사각형의 가로 길이는 몇 cm인가?

① 12cm ② 14cm ③ 16cm
④ 18cm ⑤ 20cm

08. 네 면에 각각 1, 1, −1, 0이 적혀 있는 정사면체를 두 번 던졌을 때 바닥에 깔리는 숫자의 합이 0이 될 확률은?

① $\frac{5}{9}$ ② $\frac{2}{3}$ ③ $\frac{3}{8}$
④ $\frac{5}{16}$ ⑤ $\frac{8}{17}$

09. K사는 워크숍에 참석한 직원들에게 객실을 배정하고 있다. 다음의 〈조건〉을 참고할 때, 워크숍에 참석한 직원은 최대 몇 명인가?

| 조건 |

- 객실 1개에 4명씩 배정하면 12명이 객실 배정을 받지 못한다.
- 객실 1개에 6명씩 배정하면 객실은 3개가 남고 하나의 객실은 6명 미만이 사용한다.

① 60명 ② 64명 ③ 68명 ④ 72명 ⑤ 76명

10. 어떤 상자에 100개가 넘는 구슬이 들어 있다. 이 구슬을 3명이나 4명 또는 5명에게 똑같이 나누어 주면 항상 3개가 남는다고 한다. 상자 속에 들어 있는 구슬은 최소 몇 개인가?

① 120개 ② 121개 ③ 122개 ④ 123개 ⑤ 124개

11. 다음 자료에 대한 분석으로 옳지 않은 것은?

〈청년(20 ~ 39세)의 연령계층별 점유형태 비율〉

(단위 : %)

구분	자가	임차			무상	계
		전세	보증부월세	순수월세		
20 ~ 24세	5.1	11.9	62.7	15.4	4.9	100
25 ~ 29세	13.6	24.7	47.7	6.5	7.5	100
30 ~ 34세	31.9	30.5	28.4	3.2	6.0	100
35 ~ 39세	45.0	24.6	22.5	2.7	5.2	100

① 20 ~ 24세 청년의 약 78.1%가 월세 형태로 거주하고 있으며 자가 비율은 5.1%이다.
② 20 ~ 24세 청년을 제외한 연령계층별 무상 거주 비율은 순수월세 비율보다 항상 높다.
③ 20 ~ 39세 전체 청년의 자가 거주 비중은 약 31.1%이나 이 중 20대 청년의 자가 거주 비중은 약 9.4%로 매우 낮은 수준이다.
④ 연령계층이 높아질수록 자가 비율이 높아지고 월세 비중은 작아지는 것으로 나타났다.
⑤ 25 ~ 29세 청년의 경우, 20 ~ 24세에 비해서 자가 거주의 비중이 높으며 전체의 78.9%가 임차로, 54.2%가 월세로 거주한다.

12. 다음 출발지에서 목적지로 항해하는 선박이 중국으로 표류한 횟수에 대한 설명으로 옳지 않은 것을 〈보기〉에서 모두 고르면?

(단위 : 회)

출발지＼목적지	A	B	C	D	E	F	G	합계
A	7	(나)	5	58	2	1	0	138
B	(가)	68	22	16	2	0	1	(마)
C	22	30	(다)	1	13	9	1	(바)
D	6	24	0	7	2	0	0	39
E	11	6	11	2	7	2	3	42
F	0	0	4	0	2	0	7	13
G	0	2	1	1	9	4	1	18
합계	73	195	136	(라)	37	16	13	(사)

| 보기 |

㉠ 목적지를 기준으로 할 때, 중국으로 표류한 횟수의 합이 세 번째로 많은 곳은 D이다.
㉡ 출발지와 목적지가 같은 선박이 중국으로 표류한 횟수를 모두 합하면 출발지가 C인 선박이 중국으로 표류한 횟수의 합보다 많다.
㉢ 출발지를 기준으로 할 때, 출발지가 B인 선박이 중국으로 표류한 횟수의 합이 가장 적다.
㉣ 중국으로 표류한 횟수의 총합은 555회이다.
㉤ 출발지를 기준으로 할 때, 중국으로 표류한 횟수의 합이 가장 많은 곳은 D이다.

① ㉠, ㉢　　② ㉢, ㉤　　③ ㉣, ㉤
④ ㉡, ㉢, ㉣　　⑤ ㉢ ,㉣, ㉤

13. 다음 X 기업, Y 기업의 연도별 제품 판매액 관련 자료에 대한 설명으로 옳지 않은 것은?

〈X 기업, Y 기업의 연도별 제품 판매액〉

(단위 : 천 원)

구분		20X0년	20X1년	20X2년	20X3년	20X4년	20X5년	20X6년
X 기업	A 제품	294,621	389,664	578,578	943,056	1,089,200	1,143,402	1,469,289
	B 제품	0	0	0	0	6,089	350,681	1,285,733
	C 제품	917,198	1,103,227	1,605,182	2,556,300	3,979,159	5,122,441	7,056
	D 제품	862,884	912,760	1,148,179	1,145,557	1,342,439	1,683,142	2,169,014
Y 기업	E 제품	4,490,107	3,862,087	4,228,112	2,753,924	2,150,013	2,858,714	2,819,882
	F 제품	52,307	465,924	483,777	492,172	495,354	395,556	489,466
	G 제품	524,623	1,027,251	1,839,558	4,656,237	5,546,583	6,237,564	7,466,664
	H 제품	10,203,907	11,737,151	11,554,426	14,334,944	22,468,966	22,754,303	23,867,053

① Y 기업의 제품 중 판매액이 매년 지속적으로 증가한 제품은 한 종류이다.

② 20X0년 대비 20X4년에 판매액이 감소한 제품은 한 종류이다.

③ 20X0 ~ 20X6년 동안 매년 Y 기업의 판매액 총합이 X 기업의 판매액 총합보다 컸다.

④ D 제품의 판매액이 전년 대비 감소한 해에는 E 제품의 판매액도 전년 대비 감소하였다.

⑤ Y 기업의 제품 중 20X0년 대비 20X6년 판매액 증가율이 가장 높은 제품은 F 제품이다.

14. 다음 자료에 대한 분석으로 옳지 않은 것은?

〈표 1〉 청소년(12 ~ 19세)의 일평균 스마트폰 이용 현황

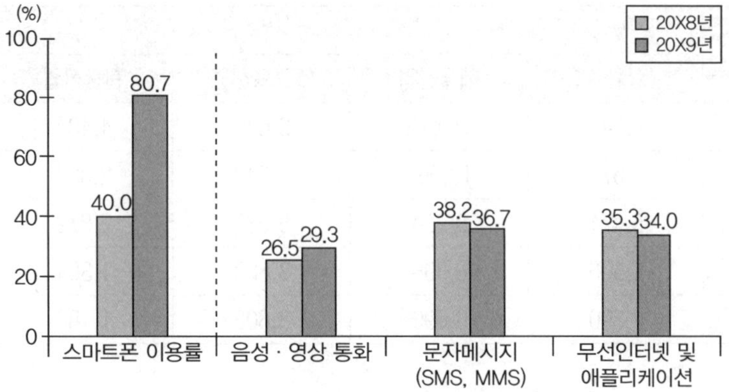

〈표 2〉 청소년(12 ~ 19세)의 스마트폰 이용 시간

(단위 : 시간, %)

구분	일평균 이용 시간	시간별 이용률				
		계	1시간 미만	1시간 이상 ~ 2시간 미만	2시간 이상 ~ 3시간 미만	3시간 이상
20X8년	2.7	100.0	16.0	24.3	18.0	41.7
20X9년	2.6	100.0	7.7	28.9	27.0	36.4

① 청소년들은 스마트폰으로 음성 · 영상 통화보다 문자메시지를 더 많이 사용한다.

② 20X9년 청소년의 스마트폰 일평균 이용 시간은 전년과 비슷한 수준이다.

③ 청소년의 스마트폰 일평균 이용 시간은 시간별 이용률에서 가장 많은 비중을 차지하는 이용 시간보다 길며, 전년에 비해 20X9년 평균 문자메시지 이용 시간은 10분 이상 감소했다.

④ 20X9년 청소년의 스마트폰 이용률은 전년에 비해 40%p 이상 증가하였다.

⑤ 20X8년과 20X9년에 3시간 이상 스마트폰을 사용한다고 답한 청소년들의 정확한 수는 알 수 없다.

영역별 빈출이론 언어 수리 도형추리
기출유형문제 1회 2회 3회 4회 5회
인성검사
면접가이드

15. 다음 특정 시점 우리나라의 지역별 사업체 수 현황을 나타낸 자료와 〈보기〉를 근거로 할 때, ㉠ ~ ㉣에 들어갈 지역명을 바르게 짝지은 것은?

〈우리나라 지역별 사업체 수 현황〉

(단위 : 개)

구분	문화산업	예술산업	스포츠산업	관광산업	문화체육 관광산업 전체
㉠	8,645	14,672	9,646	4,482	37,445
㉡	7,072	12,050	6,247	2,027	27,396
인천	5,471	8,254	5,633	2,872	22,230
㉢	4,508	6,896	3,808	1,364	16,576
㉣	4,390	6,690	3,802	1,183	16,065

| 보기 |

㉮ 문화체육관광산업의 사업체 수는 대구가 인천보다 많으며 대전은 인천보다 적다.
㉯ 광주와 대전의 관광산업 사업체 수의 합은 대구보다 많고 부산보다 적다.
㉰ 대구와 대전의 예술산업 사업체 수의 합은 5개 도시 예술산업 사업체 수 합의 약 38.6% 이다.

	㉠	㉡	㉢	㉣
①	부산	대구	대전	광주
②	대구	부산	광주	대전
③	대전	대구	광주	부산
④	부산	대구	광주	대전
⑤	부산	광주	대구	대전

16. 다음 20X1년 미국과 중국의 총수출 중 한국이 차지하는 비중을 나타낸 자료에 대한 설명으로 옳은 것을 〈보기〉에서 모두 고르면?

〈미국과 중국의 수출 중 한국의 위치〉

(단위 : 백만 불)

구분	미국			중국		
	총수출	한국수출	국별 순위(위)	총수출	한국수출	국별 순위(위)
20X1년	1,275,029	39,888	7	1,830,131	83,559	4
1월	117,711	3,368	8	182,694	7,882	4
2월	119,340	3,572	8	120,054	6,552	4
3월	135,648	4,360	7	180,464	9,293	4
4월	123,722	4,429	6	179,759	8,353	4
5월	128,025	4,495	6	190,826	8,833	4
6월	133,071	4,227	7	196,384	8,734	4
7월	122,168	4,070	6	193,544	8,084	4
8월	129,286	3,736	7	199,300	8,626	4
9월	130,043	3,825	8	198,160	8,865	4
10월	136,014	3,807	7	188,947	8,337	4

| 보기 |

(가) 미국의 총수출 중 한국의 비중은 매월 3% 이상이다.
(나) 20X1년 1 ~ 10월 동안 중국의 총수출 중 한국의 비중이 5% 이상인 시기는 없다.
(다) 미국의 총수출 중 한국의 비중은 더 높지만 국별 순위는 더 낮은 시기가 있다.
(라) 한국에 대한 수출의존도는 미국보다 중국이 더 높다고 볼 수 있다.

① (가), (다) ② (가), (라) ③ (나), (다)
④ (나), (라) ⑤ (다), (라)

17. 다음 통계를 근거로 장기 기업 경영 계획에 대한 보고서를 작성할 때, 보고서에 작성할 수 있는 내용으로 옳지 않은 것은?

〈주요 가구유형별 구성비 추이(2017－2047)〉

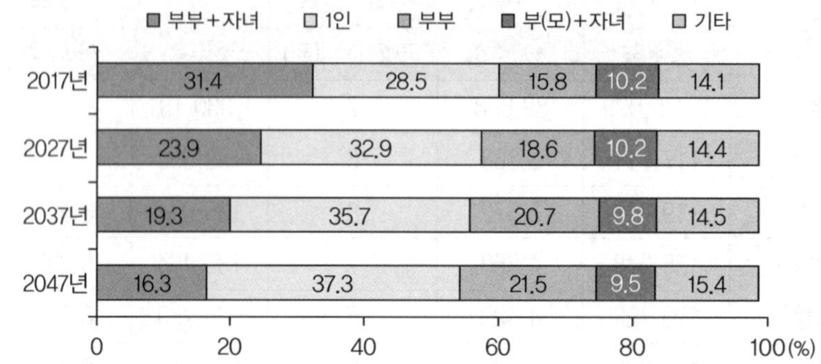

〈가구원수별 가구 구성비 추이(2017－2047)〉

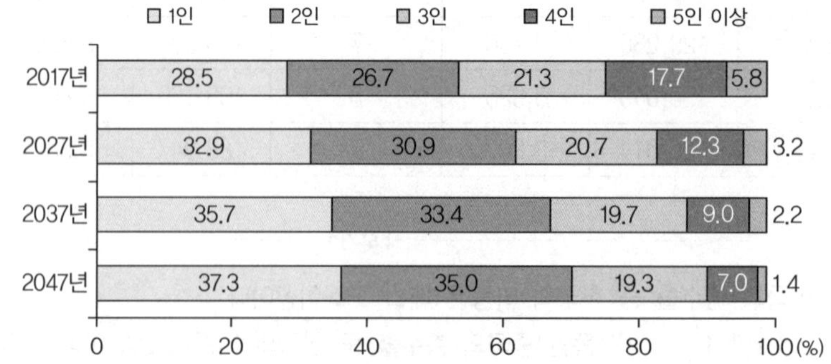

① 3인 가구의 가구 구성비는 다른 유형에 비해 줄어드는 폭이 완만한 편이다.

② 출산율이 낮아지고 고령화가 급속도로 진행되면서 1인 가구는 빠르게 증가할 것이다.

③ 2017년에 이미 1인 가구의 가구 수는 부부와 자녀로 이루어진 가구 수를 넘어섰다.

④ 자식을 낳지 않는 맞벌이 부부들이 증가할 것이다.

⑤ 장기적으로는 1 ~ 2인으로 구성된 소형 가구 중심의 경영 전략을 설정할 것이 요구된다.

18. 다음은 A 도시의 전년 대비 혼인 건수 증감률과 연도별 혼인 건수 중 재혼이 차지하는 비율을 나타낸 자료이다. 20X0년 혼인 건수가 15,300건일 때, 자료에 대한 설명으로 옳은 것을 〈보기〉에서 모두 고르면? (단, 증감률과 비율은 소수점 아래 둘째 자리에서 반올림한 값이다)

〈전년 대비 혼인 건수 증감률〉

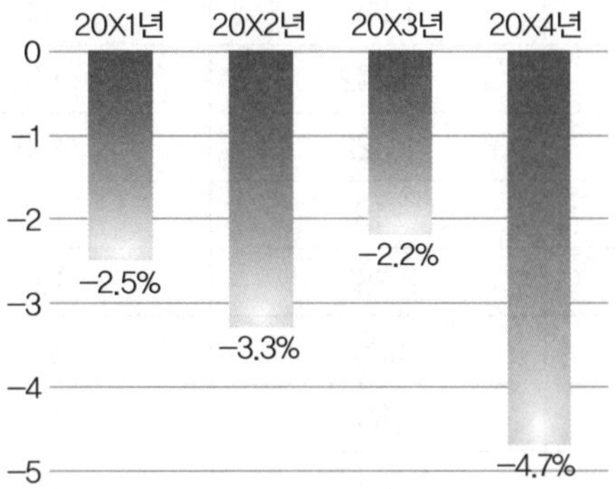

〈연도별 혼인 건수 중 재혼 건수 비율〉

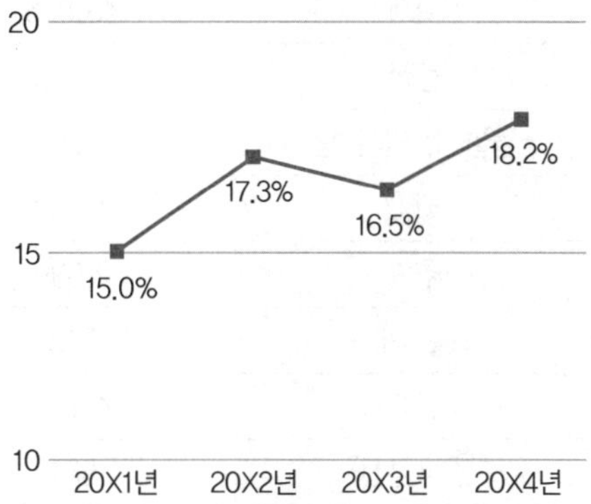

※ 남성과 여성이 모두 초혼인 경우를 제외하고 나머지는 모두 재혼으로 계산함.

| 보기 |

㉠ 20X4년 혼인 건수는 13,000건 미만이다.
㉡ 20X2년 남성과 여성이 모두 초혼인 건수는 11,000건 이상이다.
㉢ 20X3년의 재혼 건수가 2,330건이면 혼인 건수는 14,000건 이상이다.
㉣ 20X1년의 재혼 건수 중 남성의 재혼 비율이 63%라면 남성의 재혼 건수는 1,500건 이상이다.

① ㉠, ㉢　② ㉡, ㉢　③ ㉡, ㉣
④ ㉠, ㉡, ㉢　⑤ ㉡, ㉢, ㉣

19. 20X9년 전체 인적재난 중 교통사고의 발생 비율과 인명피해 비율은? (단, 소수점 아래 둘째 자리에서 반올림한다)

〈20X9년 주요 유형별 인적재난 발생 현황〉

(단위 : 건, 명)

구분	발생건수	인명피해	사망
교통사고	221,711	346,620	5,229
화재	43,875	1,862	263
등산	4,243	3,802	90
물놀이, 익사 등	2,393	1,322	489
해양	1,750	219	38
추락	2,699	2,383	189
농기계	918	925	90
자전거	4,188	3,865	36
전기(감전)	581	581	46
열차	277	275	124
환경오염	4,216	4,093	115
전체	286,851	365,947	6,709

	발생 비율	인명피해 비율
①	77.3%	94.7%
②	77.3%	91.7%
③	75.3%	98.7%
④	75.3%	94.7%
⑤	73.3%	91.7%

20. 다음 20X5 ~ 20X9년 동안 해외여행자 수의 전년 대비 증감률 추이 자료에 대한 설명으로 옳은 것은?

〈목적별 해외여행자 수의 전년 대비 증감률〉

(단위 : %, 명)

구분	계	관광	업무	기타
20X5년	23.4 (8,426,867)	24.6 (7,028,001)	16.9 (1,120,230)	21.4 (278,636)
20X6년	14.7	15.3	9.3	19.1
20X7년	12.8	12.1	22.6	23.3
20X8년	-3.3	-4.2	0.7	-3.9
20X9년	10.9	13.1	0.5	18.6

※ (　) 안의 수치는 20X5년의 해외여행자 수이다.

① 전체 해외여행자 수의 전년 대비 증가 수는 20X7년이 20X6년보다 많다.

② 20X5년 대비 20X9년 업무 목적의 해외여행자 수는 감소하였다.

③ 20X5 ~ 20X9년 동안 관광 목적의 해외여행자 수가 전년 대비 가장 크게 감소한 해는 20X8년이다.

④ 20X6년 대비 20X8년 업무 목적의 해외여행자의 증가 수는 30만 명 이상이다.

⑤ 20X5 ~ 20X9년 동안 관광 목적의 해외여행자 수가 전년 대비 감소했던 해는 없다.

영역 3 도형추리

15문항/15분

[01 ~ 04] 다음을 보고 그 규칙을 찾아 ?에 들어갈 도형으로 알맞은 것을 고르시오.

01.

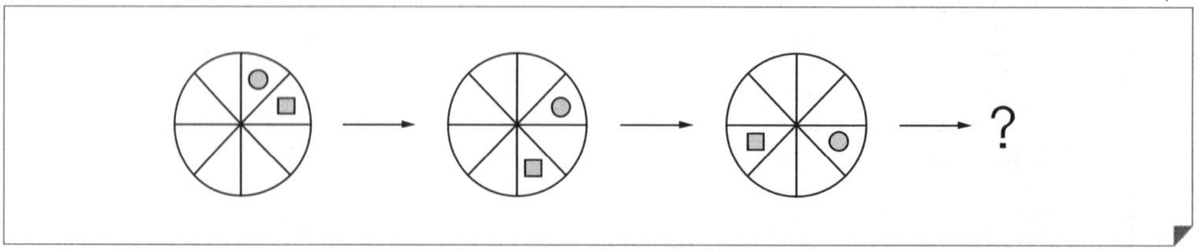

① 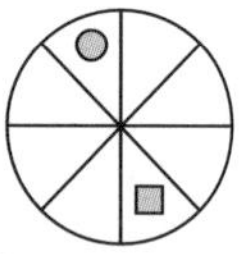

② 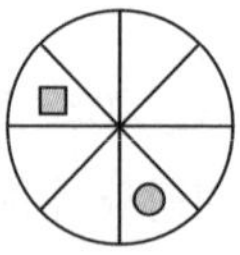

③ 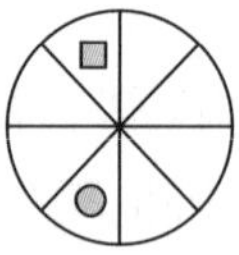

④ 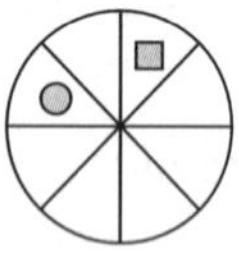

⑤ 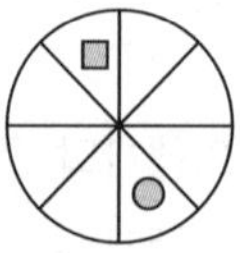

02.

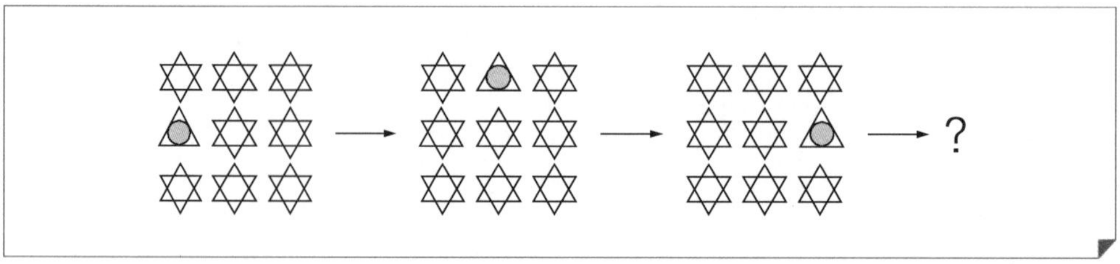

① 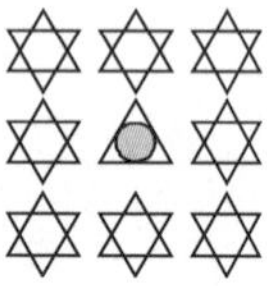

② 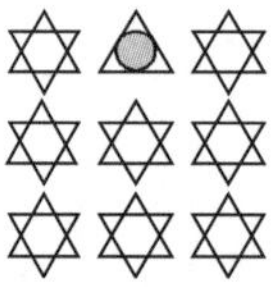

③ 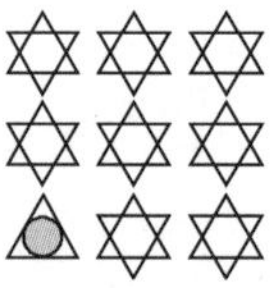

④ 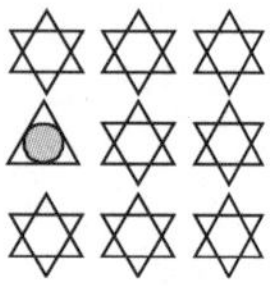

⑤ 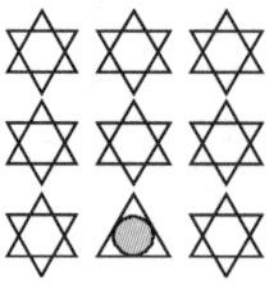

03.

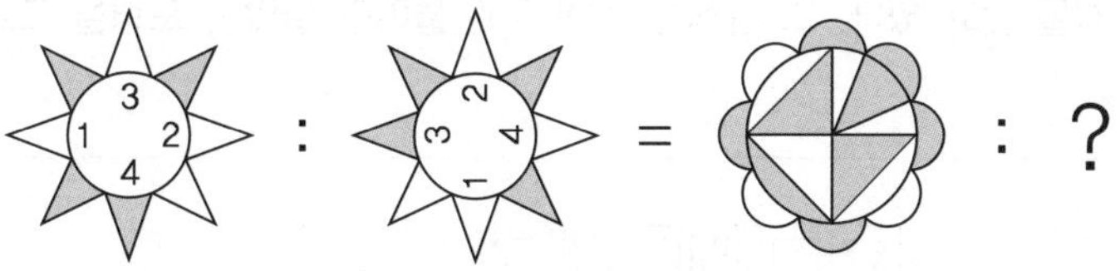

①

②
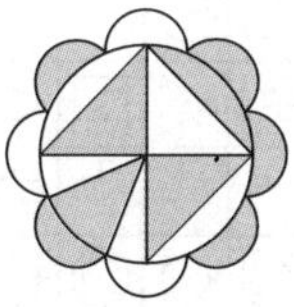

③

④
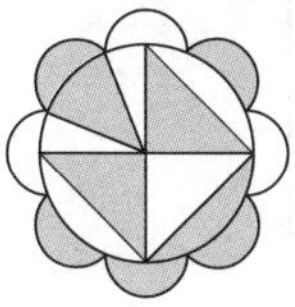

⑤
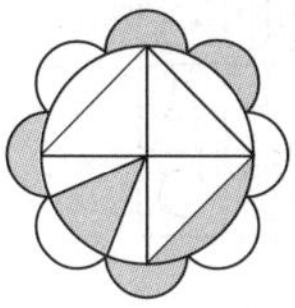

04.

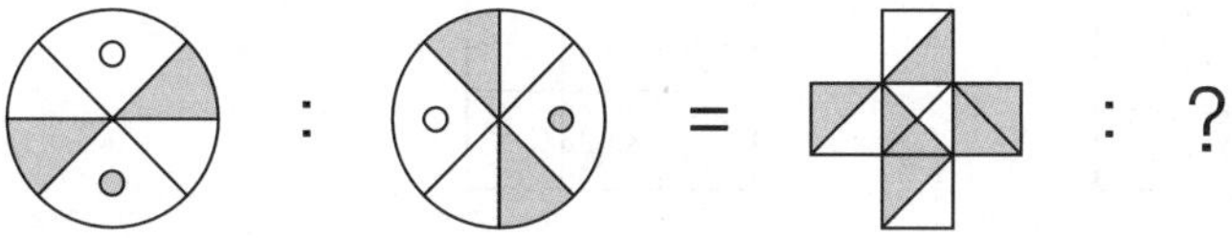

①
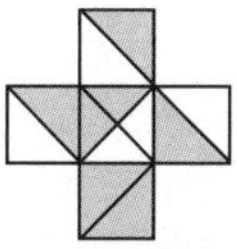

②
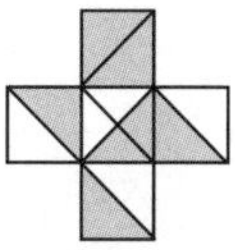

③
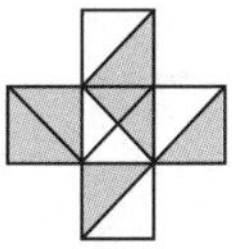

④
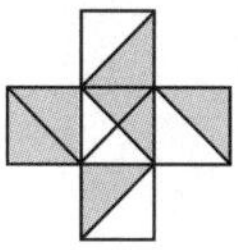

⑤
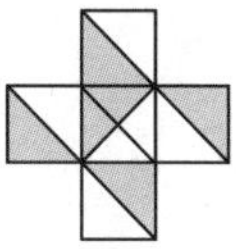

[05 ~ 06] 다음은 가로줄과 세로줄이 각각 왼쪽에서 오른쪽, 위쪽에서 아래쪽 방향으로 서로 다른 일정한 변화 규칙을 갖고 있다. 그 규칙을 찾아 ?에 들어갈 알맞은 도형을 고르시오.

05.

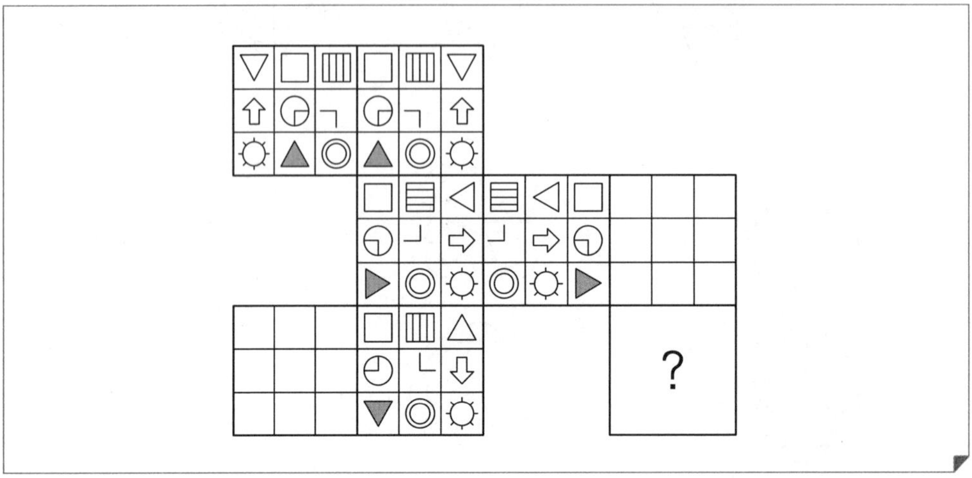

①
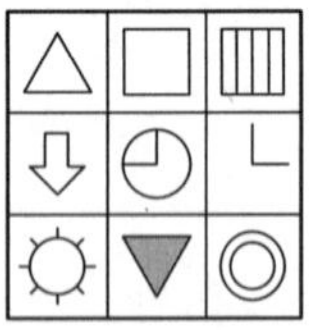

②
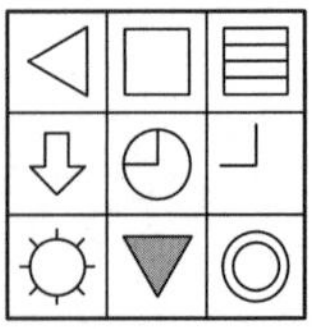

③

④
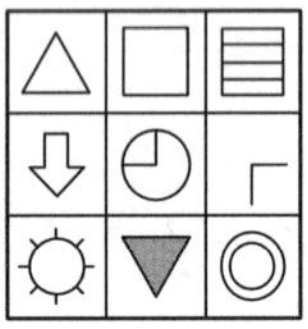

⑤
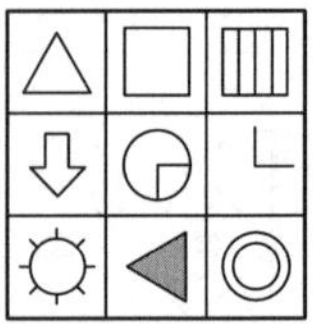

06.

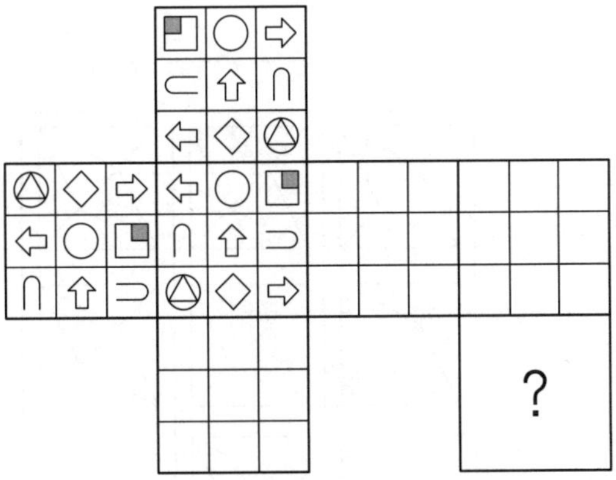

①

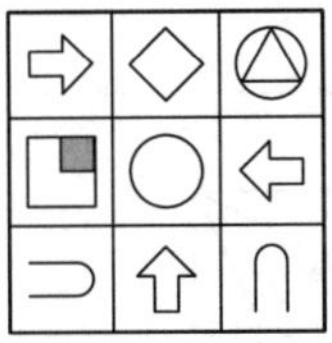

②

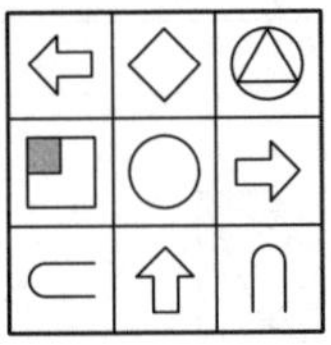

③

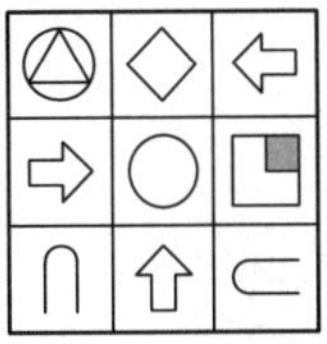

④

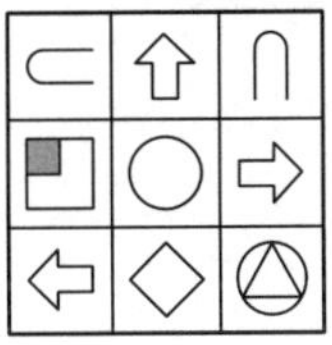

⑤

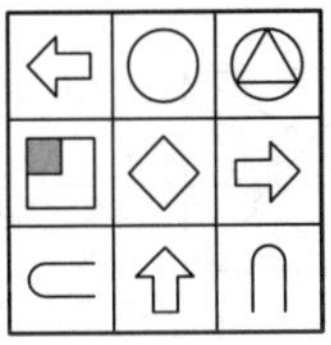

[07 ~ 10] 다음을 보고 그 규칙을 찾아 ?에 들어갈 도형으로 알맞은 것을 고르시오.

07.

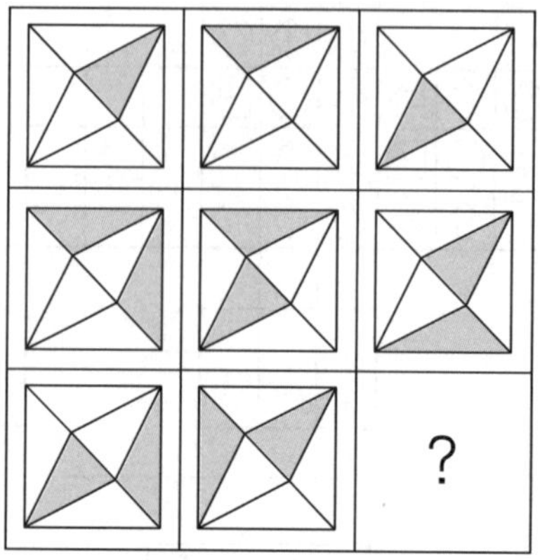

① 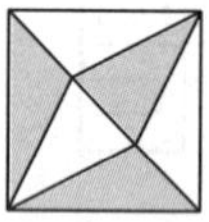

② 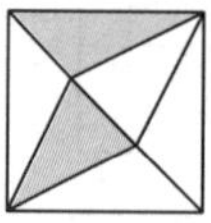

③ 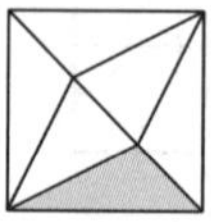

④ 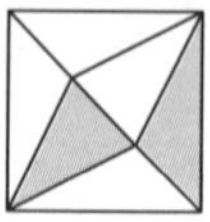

⑤ 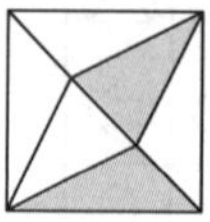

08.

A	D	F	B	E	G	C	F	H
D	F	G	E	G	H	F	H	I
F	G	H	G	H	I	H	I	J
D	F	H	E	G	I	F	H	J
C	E	G	D	F	H	E	G	I
A	E	F	B	F	G	C	G	H
A	C	E	B	D	F	?		
F	G	H	G	H	I			
B	D	F	C	E	G			

①

E	H	J
H	J	F
J	F	I

②

E	J	F
J	F	H
F	H	I

③

C	E	G
H	I	J
D	F	H

④

C	G	E
I	J	H
D	H	F

⑤

C	E	G
H	A	J
D	F	C

09.

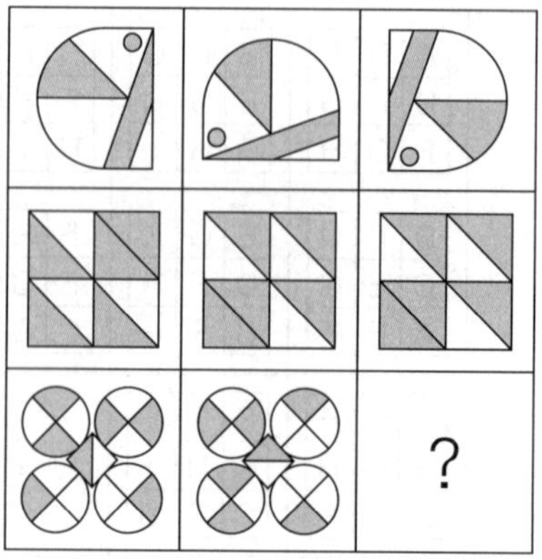

① 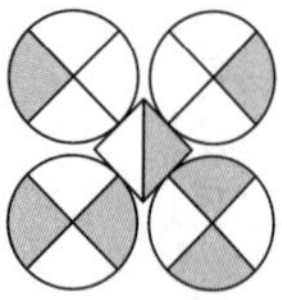

② 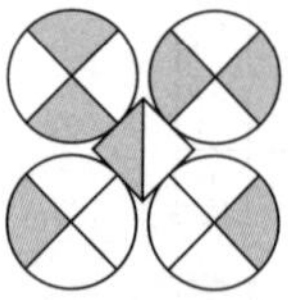

③ 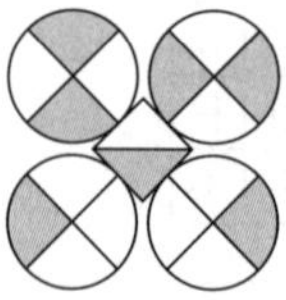

④ 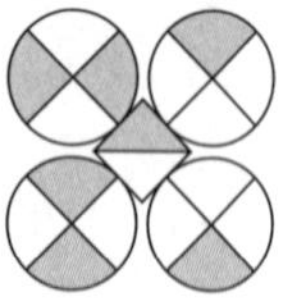

⑤ 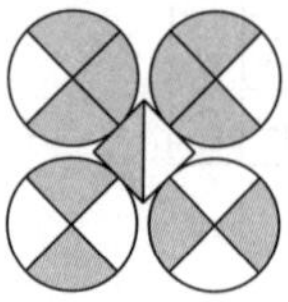

10.

① 

② 

③ 

④ 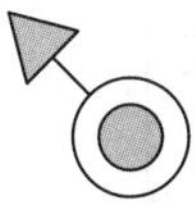

⑤ 

[11 ~ 13] 다음 제시된 규칙에 따라 ?에 들어갈 도형을 고르시오.

| 규칙 |

$: 가장 바깥 도형을 시계방향으로 90° 회전시킨다.
: 전체 도형을 180° 회전시킨다.
※ : 가장 안쪽 도형의 모양으로 테두리를 그린다.
& : 가장 안쪽 도형을 반시계방향으로 90° 회전시킨다(단, 가장 안쪽의 도형은 제일 안에 위치한 1개의 도형을 말한다).

11.

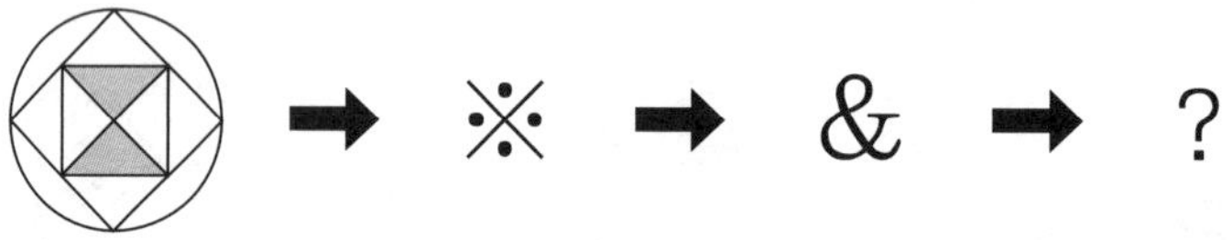

①

②

③

④

⑤
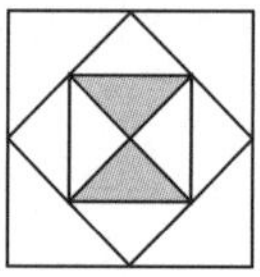

12.

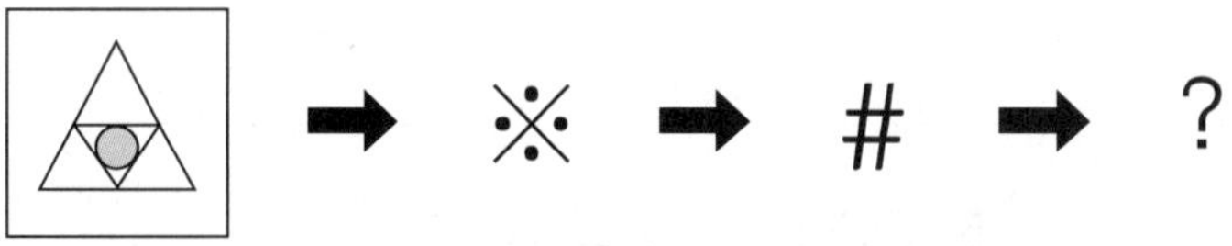

① 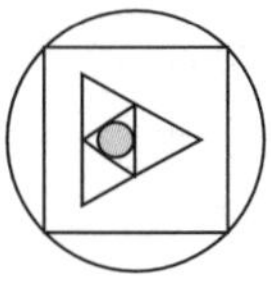
② 
③ 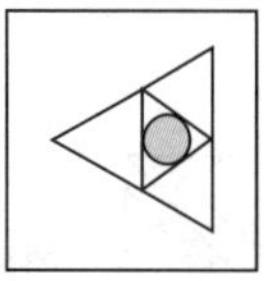
④ 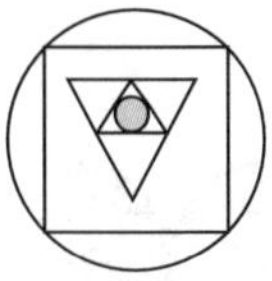
⑤ 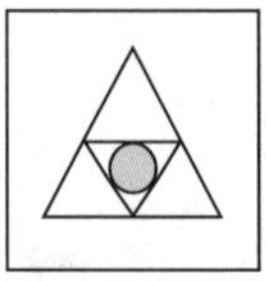

13.

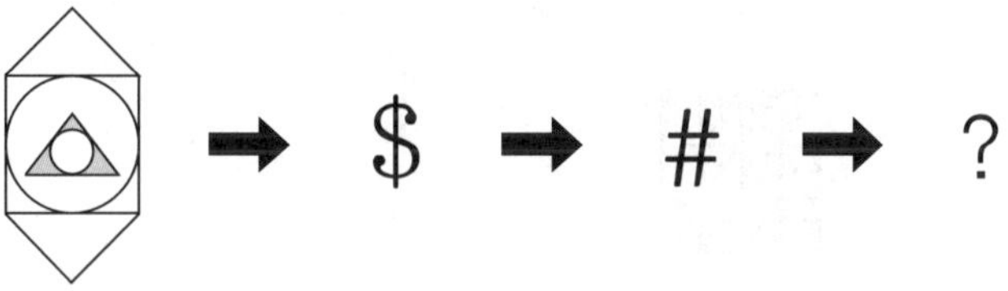

① 
② 
③ 
④ 
⑤ 

[14 ~ 15] 다음은 각 기호의 규칙에 의한 도형의 변화를 나타낸 것이다. ?에 들어갈 알맞은 도형을 고르시오.

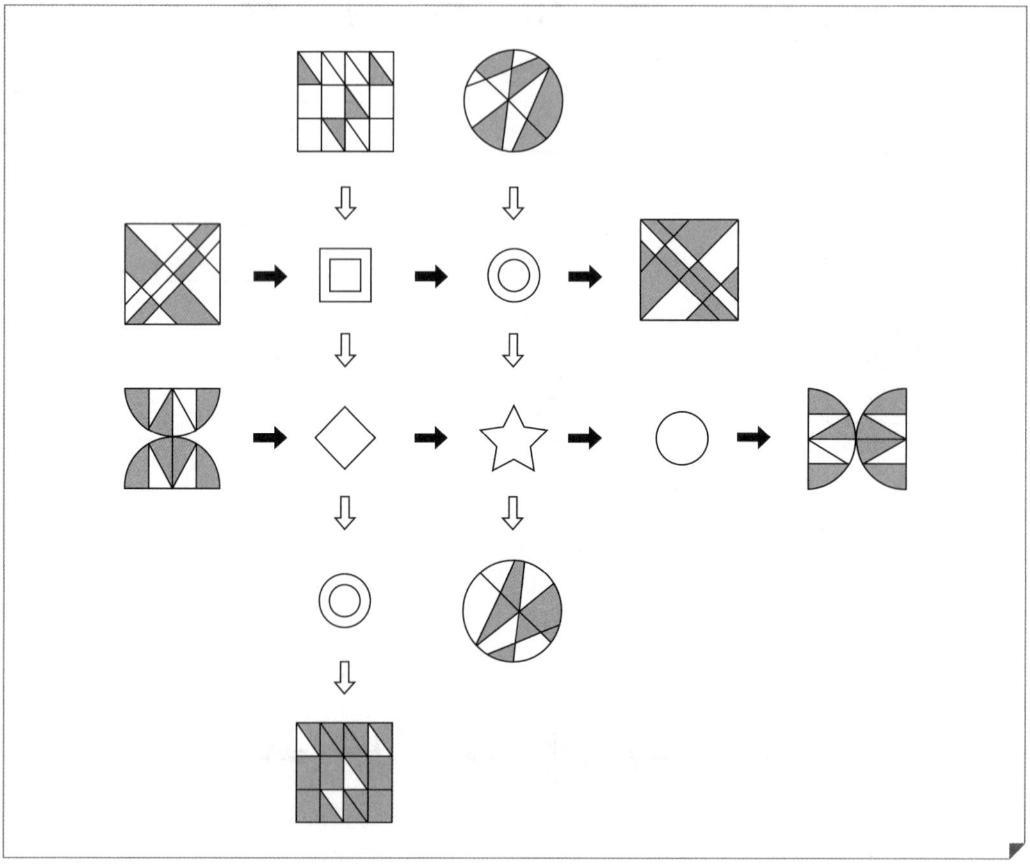

영역별 빈출이론
언어
수리
도형추리
기출유형문제
1회
2회
3회
4회
5회
인성검사
면접가이드

14.

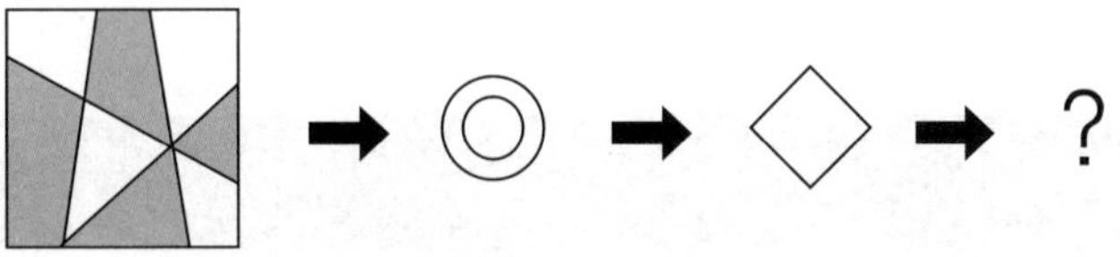

① 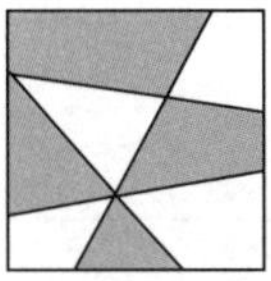

② 

③ 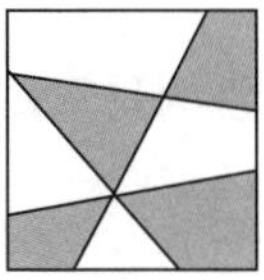

④ 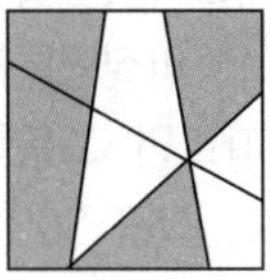

⑤ 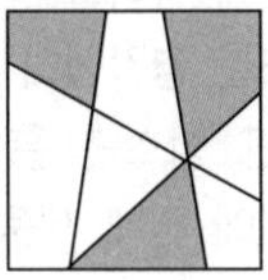

15.

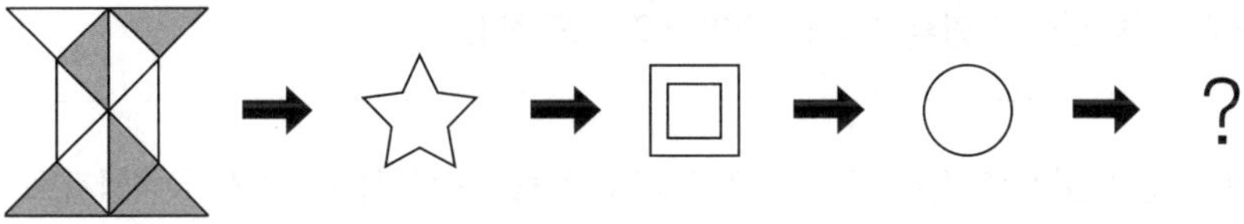

① 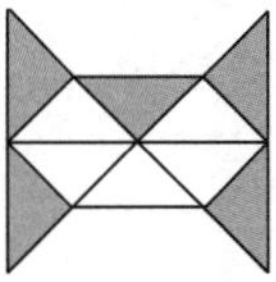

② 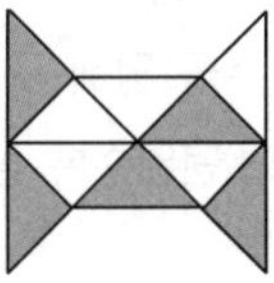

③ 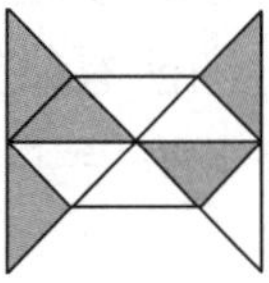

④ 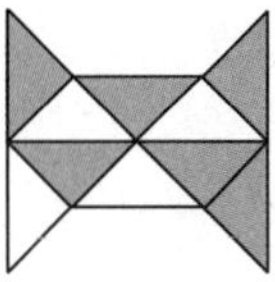

⑤ 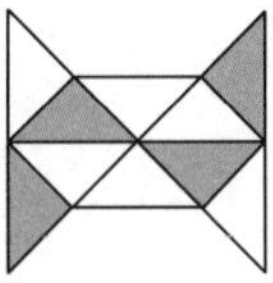

S-OIL 4회

기출유형문제

문항수 | 50문항
문항시간 | 60분

▸ 정답과 해설 29쪽

영역 1 언어

15문항/20분

01. 다음 기사의 제목으로 적절한 것은?

> 10대는 성인보다 니코틴 중독에 더욱 취약하고, 이는 금연을 하지 못하고 평생 흡연으로 이어질 가능성이 높아 청소년 흡연에 대한 경각심이 높아지고 있다. 하지만 미질병통제예방센터(CDC)가 작년 2월 발표한 2018년 청소년 흡연 실태 보고서에 따르면 고등학생의 27.1%, 중학생의 7.1%가 최근 30일 내에 담배 제품을 흡입한 적이 있고, 최근 30일 내에 흡연 경험이 있는 10대는 2017년 360만 명에서 2018년 470만 명으로 증가했음을 알 수 있다. 한편 미국에서는 18세 이상이면 담배를 구입할 수 있다는 현행법이 청소년 흡연율과 연관성이 있다는 주장이 지속적으로 확산되면서 담배 구입 가능 연령을 상향 조정해야 한다고 제기하고 있다. 이에 하와이, 캘리포니아, 뉴저지, 오레곤, 메인, 매사추세츠, 알칸소 주 등은 21세부터 담배 구매가 가능하도록 현행법을 바꾸었고, 2019년 7월 1일부터 일리노이 주와 버지니아 주를 시작으로 워싱턴(2020년 1월 1일), 유타(2021년 7월 1일) 주에서도 담배 구매 가능 연령을 향후 상향할 것이라고 발표했다.

① 미국, 청소년 흡연 실태 조사 결과 대다수의 중 · 고등학생이 흡연 유경험자로 나타나
② 미국, 심각한 청소년 흡연율로 인한 미 전역 담배 구입 연령 상향 조정
③ 흡연 연령과 청소년 흡연율의 관계가 밝혀짐에 따라 담배 구입 연령 상향 조정
④ 미국, 심각한 청소년 흡연율에 다수의 주들 담배 구입 연령 21세로 상향 조정
⑤ 흡연이 유발하는 다양한 질병, 미국 청소년일수록 높게 나타나

02. 다음 글을 읽고 이해한 내용으로 적절하지 않은 것은?

가족은 경제적으로 협동하는 사회적 단위이자 정서적 욕구를 충족하는 곳이다. 그러나 구성원들 간의 이런 끈끈함은 외부 세계에 대한 배타성을 강화시키고 사적 이익만을 추구하게 하여 이타성과 공공선을 추구하는 공동체의 원리와 대립하게 한다.

그동안 우리 사회는 경제적으로 급성장하였지만 불균등한 분배 구조로 계층 간의 차이가 지속적으로 확대되었고, 그 차이는 다음 세대로 전승되어 사회적 불평등 구조가 재생산되고 있다. 이러한 사회적 불평등 재생산 구조는 한국 특유의 배타적 가족주의와 결합되면서 온갖 사회 모순을 확대시켜 왔다. 기업의 족벌 경영 체제, 부동산 투기, 사치성 소비 성향, 고액 과외 등의 부정적 현상들은 개개인들이 자기 가족의 안락과 번영을 위해 헌신한 행위로 정당화되어 결과적으로 가족 집단의 공동 이익이 다른 가족들의 경제적 빈곤을 악화시키는 반공동체적 행위를 강화시켜 왔다.

이와 같이 가족 내에서 형성된 배타성이 전체 사회의 공동체적 언어를 파괴할 뿐만 아니라 가족 생활 자체도 점차 공동체적 성격을 상실해 간다면, 가족은 더 이상 전체 사회에 유익한 일차 집단이 될 수 없다. 그럼에도 불구하고 가족에 대한 비판을 금기시하고 신성화하는 이데올로기를 고집한다면 우리 사회가 직면한 문제들을 해결하기는 더욱 어려워질 것이다.

① 배타적 가족주의는 한국 특유의 현상이다.
② 가족 공동체는 사회의 일차 집단이다.
③ 현재는 가족에 대한 비판을 금기시하고 있다.
④ 가족주의를 사회의 구조적 불평등 문제와 연결시키고 있다.
⑤ 가족의 이익추구는 사회적 공동체의 원리와 대립한다.

03. 다음 글의 중심내용으로 적절한 것은?

> 올바르고 깊은 경험을 통해 나오는 말은 형용하기 어려운 무게를 갖고 있다. 이는 어떤 것을 표현하는 말의 진정한 설명이 그 어떤 것 자체 안에 있기 때문이다. 이러한 표현의 올바른 사용은 결코 쉬운 일이 아니며, 즉각적으로 만들어지는 것도 아니다. 이러한 맥락에서 사물에 대해서만 사색한다는 '알랭 드 보통'의 신조를 이해할 수 있다.
>
> 말에는 그것이 진짜 말이 되기 위한 필수적인 조건이 있다. 그것을 충족시키는 것은 그 조건에 대응하는 경험이다. 다만 현실에서는 그 조건을 최소한으로도 충족시키지 못하는 말의 사용이 횡행하고 있다. 어떤 관점에서 보면 경험이란 사물과 자기 자신 사이에서 생기는 장애 의식과 저항의 역사라고 할 수 있다. 경험을 통해 나오지 않은 말은 안이하고 매우 알기 쉽다. 그러나 사회의 복지를 논하든 평화를 논하든 그 근거가 되는 경험이 얼마나 어려운 것이어야 하는지를 알게 된다. 또한 얼마나 스스로를 포기해야 하는지를 생각하게 된다면, 세상에 횡행하는 명론탁설은 실제로는 분석도 논의도 아니며 허영심에 지나지 않음을 알 수 있다. 그런 상황에서는 아무리 이론을 깊이 파고들어 간다 해도 진정한 말에 새 발의 피만큼도 미치지 못한다.
>
> 이것이 일종의 모럴리즘의 입장에서 체험주의를 예찬하는 것은 아니다. 여기서 말하는 경험은 이른바 체험과 비슷하기도 하며 비슷하지 않기도 하다. 체험주의는 일종의 안일한 주관주의로 빠지기 쉬우며, 그것에 그치고 마는 경우가 대부분이기 때문이다.

① 단순한 체험주의가 아니라 사물과 자기 자신 사이에서 생기는 장애 의식과 저항의 역사라고도 할 수 있는 경험에 근거해야 비로소 사물에 맞는 진정한 말이 생겨난다.

② 사물 자체를 진정한 말로 표현하려면 자기희생을 동반하는 어려움으로 가득한 경험이 필요하다.

③ 올바르고 깊은 경험은 일종의 무게를 지닌 말을 만들어 내는데, 자기 주관에 그치는 경험은 안일하고 과장된 말밖에 만들어 내지 못한다.

④ 현실에 있는 대부분의 말은 사물과의 안일한 타협을 통해 생겨난 단순한 관념의 유희에 지나지 않으며 어떤 것 자체를 표현하지는 못한다.

⑤ 경험에 기반하지 않은 말은 진정한 말이 되기 위한 최소한의 조건을 충족시키지 못한 것이며, 진정한 말이 되기 위해 그 내용은 철저히 체험에 기반해야 한다.

04. 다음 글의 주제로 적절한 것은?

원시공동체의 수렵채취 활동은 그 집단이 소비해 낼 수 있는 만큼의 식품을 얻는 선에서 그친다. 당장 생존에 필요한 만큼만 채취할 뿐 결코 자연을 과다하게 훼손하지 않는 행태는 포악한 맹수나 원시 인류나 서로 다를 바 없었다. 이미 포식한 뒤에는 더 사냥하더라도 당장 먹을 수 없고, 나중에 먹으려고 남기면 곧 부패되므로 욕심을 부릴 까닭이 없기 때문이었다. 또 각자 가진 것이라고는 하루분 식량 정도로 강탈해도 얻는 것이 별로 없으니 목숨을 걸고 다툴 일도 없었다. 더 탐해도 이익이 없으므로 욕심내지 않기 때문에 원시공동체의 사람이나 맹수는 마치 스스로 탐욕을 절제하는 것처럼 보인다.

신석기시대에 이르면 인류는 수렵채취 중심의 생활을 탈피하고 목축과 농사를 주업으로 삼기 시작한다. 목축과 농사의 생산물인 가축과 곡물은 저장 가능한 내구적 생산물이다. 당장 먹는 데 필요한 것보다 더 많이 거두어도 남는 것은 저장해 두었다가 뒷날 쓸 수 있다. 따라서 본격적인 잉여의 축적도 이 시기부터 일어나기 시작하였다. 그리고 축적이 늘어나면서 약탈로부터 얻는 이익도 커지기 시작했다. 많이 생산하고 비축하려면 그만큼 힘을 더 많이 들여야 한다. 그런데 그 주인만 제압해 버리면 토지와 비축물을 간단히 빼앗을 수 있다. 내 힘만 충분하면 토지를 빼앗고 원래의 주인을 노예로 부리면서 장기간 착취할 수도 있으니 가장 수익성 높은 '생산' 활동은 약탈과 전쟁이다. 이렇게 순수하고 인간미 넘치던 원시 인류도 드디어 탐욕으로 오염되었고 강한 자는 거리낌 없이 약한 자의 것을 빼앗기 시작하였다.

① 잉여의 축적과 약탈의 시작
② 인류에게 내재된 탐욕의 기원
③ 목축과 농사의 인류학적 가치
④ 사적 소유의 필요성
⑤ 약탈 방법의 다양성과 진화

05. 다음 글을 통해 추론할 수 있는 내용으로 적절하지 않은 것은?

'핸드오버'란 이동단말기가 이동함에 따라 기존 기지국에서 이탈하여 새로운 기지국으로 넘어갈 때 통화가 끊기지 않도록 통화 신호를 새로운 기지국으로 넘겨주는 것을 말한다. 이런 핸드오버는 이동단말기, 기지국, 이동전화교환국 사이의 유무선 연결을 바탕으로 실행된다. 이동단말기가 기지국에 가까워지면 그 둘 사이의 신호가 점점 강해지는 데 반해, 이동단말기와 기지국이 멀어지면 그 둘 사이의 신호는 점점 약해진다. 이 신호의 세기가 특정 값 이하로 떨어지게 되면 핸드오버가 명령되어 이동단말기와 새로운 기지국 간의 통화 채널이 형성된다. 이 과정에서 이동전화교환국과 기지국 간 연결에 문제가 발생하면 핸드오버가 실패하게 된다.

핸드오버는 이동단말기와 기지국 간 통화 채널 형성 순서에 따라 '형성 전 단절 방식'과 '단절 전 형성 방식'으로 구분될 수 있다. FDMA와 TDMA에서는 형성 전 단절 방식을, CDMA에서는 단절 전 형성 방식을 사용한다. 형성 전 단절 방식은 이동단말기와 새로운 기지국 간의 통화 채널이 형성되기 전에 기존 기지국과의 통화 채널을 단절하는 것을 말한다. 이와 반대로 단절 전 형성 방식은 이동단말기와 기존 기지국 간의 통화 채널이 단절되기 전에 새로운 기지국과의 통화 채널을 형성하는 방식이다. 이런 핸드오버 방식의 차이는 각 기지국이 사용하는 주파수 간 차이에서 비롯된다. 만약 각 기지국이 다른 주파수를 사용하고 있다면, 이동단말기는 기존 기지국과의 통화 채널을 미리 단절한 뒤 새로운 기지국에 맞는 주파수를 할당받은 후 통화 채널을 형성해야 한다. 그러나 각 기지국이 같은 주파수를 사용하고 있다면, 그런 주파수 조정이 필요 없으므로 새로운 통화 채널을 형성하고 나서 기존 통화 채널을 단절할 수 있다.

① 핸드오버가 명령되었다는 것은 이동단말기와 기지국 사이의 거리가 멀어졌음을 의미한다.
② 단절 전 형성 방식은 각 기지국이 같은 주파수를 사용할 때 가능하다.
③ FDMA는 CDMA보다 더 빠르게 핸드오버가 명령되며 연결이 더 간편하다.
④ CDMA에서는 하나의 이동단말기가 두 기지국과 동시에 통화 채널을 형성할 수 있다.
⑤ 이동단말기와 기지국 사이의 신호가 특정 값 아래로 떨어지지 않으면 핸드오버가 명령되지 않는다.

06. 다음 글을 읽고 제시한 견해로 적절하지 않은 것은?

> 한국 사회는 이미 '초저출산 사회'로 접어들었고, 최근에는 초저출산 현상이 심화되는 양상이다. 초저출산 현상은 여성 1명이 평생 낳을 수 있는 평균 자녀 수인 합계출산율이 1.3명 이하인 경우를 말한다. 일선 지방자치단체들이 인구증가 시책의 하나로 출산 · 양육지원금을 경쟁적으로 늘리고 있으나 출생아는 물론 오히려 인구까지 줄고 있다.
>
> 전북 진안군은 파격적인 출산장려금 지원에도 좀처럼 인구가 늘지 않아 고민이다. 2013년 2만 7천6명이었던 진안군 인구는 2016년 2만 6천14명으로 줄었다. 해마다 감소하는 출산율을 높이기 위해 지난해 출산장려금을 대폭 늘렸는데도 효과를 보지 못했다. 진안군은 2007년부터 첫째 · 둘째 120만 원, 셋째 이상 450만 원씩 지원하던 출산장려금을 2016년 각 360만 원과 1천만 원으로 늘렸다. 열악한 군의 재정 상황에도 인구를 늘리기 위한 고육지책이었다. 경북 영덕군은 첫째 출산 때 30만 원, 둘째 50만 원, 셋째 이상 100만 원을 주고 첫돌에 30만 원, 초등학교 입학 때는 40만 원을 준다. 하지만 2013년 말, 인구가 4만 142명에서 2014년 3만 9천586명으로 4만 명 선이 무너졌다. 이후에도 2015년 3만 9천191명, 2016년 3만 9천52명에서 2017년 6월 3만 8천703명으로 계속 감소하고 있다.
>
> 정부도 저출산 문제 해결을 위해 2006년부터 10여 년간 저출산 · 고령사회 대책 마련에 100조 원가량을 쏟아 부었지만 별 효과를 보지 못하고 있다. 출산율은 결국 출산과 교육 등 사회양육 환경, 소득과 같은 경제 여건 등에 많이 좌우되기 때문에 일시적 지원금은 출산율 제고에 한계가 있으며 부수적 요소에 지나지 않는다.

① 우리나라는 지속적인 출산율 저하로 초저출산현상을 겪고 있다.

② 일회적이고 단편적인 지원책으로는 출산율을 늘리는 데 한계가 있다.

③ 일선 지방자치단체들이 인구증가 시책의 하나로 출산 · 양육지원금제도를 시행하고 있으나 오히려 인구가 줄고 있다.

④ 국가 차원의 보육체계 강화나 인식의 전환 없는 대책은 그 효과가 제한적일 수밖에 없다.

⑤ 지방자치단체들은 출산율을 높이기에 실효성 있는 지원금 액수가 얼마 정도인지 제대로 파악하지 못하고 있다.

07. 다음 글을 통해 알 수 있는 내용으로 가장 적절한 것은?

> 랑케는 역사적 사실을 '신(神)의 손가락'에 의해 만들어진 자연계의 사물과 동일시했다. 그는 각 시대나 과거의 개체적 사실들은 그 자체로 완결된 고유의 가치를 지녔으며, 시간의 흐름을 초월해 존재한다고 믿었다. 그래서 역사가가 그것을 마음대로 해석하는 것은 신성한 역사를 오염시키는 것이라 여기고 과거의 역사적 사실을 있는 그대로 기술하는 것이 역사가의 몫이라고 주장했다. 이를 위해 역사가는 사료에 대한 철저한 고증과 확인을 통해 역사를 인식해야 하며 목적을 앞세워 역사를 왜곡하지 말아야 한다고 보았다.
>
> 이에 반해 드로이젠은 역사적 사실이란 어디까지나 역사가의 주관적 인식에 의해 학문적으로 구성된 사실이라는 점을 강조했다. 그래서 그는 역사를 단순히 과거 사건들의 집합으로 보지 않았으며 역사가의 임무는 과거 사건들을 이해하고 해석하여 하나의 지식 형태로 구성하는 것이라고 보았다. 그리고 객관적 사실을 파악하기 위한 사료 고증만으로는 과거에 대한 부분적이고 불확실한 설명만 찾아낼 수 있을 뿐이라고 했다.

① 목적을 앞세운 사료 고증은 역사 왜곡 행위이다.
② 랑케는 역사가에 의해 주관적으로 파악된 과거 사실만을 인정했다.
③ 드로이젠은 사료 고증만을 떠받드는 것을 부정적으로 여겼다.
④ 드로이젠에 따르면 과거의 사실은 시간을 초월하여 존재하는 것이다.
⑤ 드로이젠은 역사의 임의성을 중시했다.

08. 다음 글의 빈칸에 들어갈 말로 적절한 것은?

죽음의 편재성(偏在性)이란 우리가 언제 어디서든 죽을 수 있다는 것을 뜻한다. 죽음의 편재성은 부인할 수 없는 사실이고, 그 사실은 우리에게 죽음에 대한 공포를 불러일으킨다. 보통 우리는 죽음의 공포를 불러일으키는 것을 회피대상으로 생각하고 가급적 피하려고 한다. 예를 들어 자정에서 새벽 1시까지는 아무도 죽지 않는 세계가 있다고 상상해 보자. 아마도 그 세계의 사람들은 매일 그 시간이 오기를 바랄 것이고 최소한 그 시간 동안에는 죽음의 공포를 느끼지 않을 것이다. 이번에는 어떤 세계에 아무도 죽지 않는 장소가 있다고 상상해 보자. 아마도 그 장소는 발 디딜 틈도 없이 북적일 것이다. 그 장소에서는 죽음의 공포를 피할 수 있기 때문이다. 이런 점들만 생각해 보아도 죽음의 편재성이 우리에게 죽음의 공포를 불러일으키고, 이로 인해 우리는 죽음의 편재성을 회피대상으로 생각한다는 것을 알 수 있다.

그런데 죽음의 편재성과 관련된 이러한 생각이 항상 맞지는 않다는 것을 보여 주는 사례가 있다. 우리는 죽음의 공포를 기꺼이 감수하면서 즐기는 활동들이 있다는 것을 알고 있다. 혹시 그 활동들이 죽음의 공포를 높이기 때문에 매력적으로 보이는 것은 아닐까? 스카이다이버들은 죽음의 공포를 느끼면서도 그 공포를 무릅쓰고 비행기에서 뛰어내리고 땅으로 떨어지면서 조그마한 낙하산 가방에 자신의 운명을 맡긴다. 이러한 사례가 보여 주는 것은 인간에게 죽음의 공포를 불러일으키는 것이 반드시 회피대상은 아니라는 것이다. 그렇다면 앞서 상상해 본 세계와 관련된 우리의 생각에는 오류가 있다고 할 수 있다. 즉, (
)

① 죽음의 편재성을 반드시 공포를 불러일으키는 대상으로 볼 수는 없다.

② 죽음의 편재성이 불러일으키는 죽음의 공포란, 인간 개개인에 따라 얼마든지 그 크기가 달라질 수 있다.

③ 죽음의 편재성이 가져오는 죽음의 공포는 반드시 피해야 할 회피대상이 아닌, 맞서 대적해야 할 대상으로 인식된다.

④ 죽음의 편재성이 불러일으키는 공포가 유희성을 띤 활동에서는 발생하지 않는다.

⑤ 죽음의 편재성이 인간에게 죽음의 공포를 불러일으킨다고 해서 그것이 반드시 회피대상이라는 결론으로 나아갈 수는 없다.

09. 다음 글의 내용과 일치하지 않는 것은?

> 뇌가 신체의 각 부분에서 어떤 일이 일어나는지 아는 것은 신체의 특정 기능을 작동시키고 조절하기 위해 필수적이다. 따라서 뇌가 우리의 생명이 의존하고 있는 수많은 신체 기능을 조율하기 위해서는 다양한 신체 기관을 매 순간 표상하는 지도가 필요하다. 그렇게 함으로써 뇌는 생명조절기능을 적절하게 수행할 수 있다. 외상이나 감염에 의한 국소적 손상, 심장이나 신장 같은 기관의 기능 부전, 호르몬 불균형 등에서 이런 조절이 일어나는 것을 발견할 수 있다. 그런데 생명조절기능에서 결정적인 역할을 하는 이 신경지도는 우리가 흔히 '느낌'이라고 부르는 심적 상태와 직접적으로 관련을 맺는다.
>
> 느낌은 어쩌면 생명을 관장하는 뇌의 핵심적 기능을 고려할 때 지극히 부수적인 것으로 생각될 수 있다. 더구나 신체 상태에 대한 신경지도가 없다면 느낌 역시 애초에 존재하지 않았을 것이다. 생명조절의 기본적인 절차는 자동적이고 무의식적이기 때문에 의식적인 것으로 간주되는 느낌은 아예 불필요하다는 입장이 있다. 이 입장에서는 뇌가 의식적인 느낌의 도움 없이 신경지도를 통해 생명 현상을 조율하고 생리적 과정을 실행할 수 있다고 말한다. 그 지도의 내용이 의식적으로 드러날 필요가 없다는 것이다. 그러나 이러한 주장은 부분적으로만 옳다.
>
> 신체 상태를 표상하는 지도가, 생명체 자신이 그런 지도의 존재를 의식하지 못하는 상태에서도 뇌의 생명 관장 활동을 돕는다는 말은 어느 범위까지는 진실이다. 그러나 이러한 주장은 중요한 사실을 간과하고 있다. 이런 신경지도는 의식적 느낌 없이는 단지 제한된 수준의 도움만을 뇌에 제공할 수 있다는 것이다. 이러한 지도들은 문제의 복잡성이 어느 정도 수준을 넘어서면 혼자서 문제를 해결하지 못하게 된다. 문제가 너무나 복잡해져서 자동적 반응뿐만 아니라 추론과 축적된 지식의 힘을 함께 빌려야 할 경우가 되면 무의식 속의 지도는 뒤로 물러서고 느낌이 구원투수로 나서는 것이다.

① 뇌가 수많은 신체 기능을 조율하기 위해서는 신경지도가 필요하다.

② 뇌가 느낌의 도움 없이 신경지도를 통해 생명 현상을 조율할 수 있다고 보는 주장은 부분적으로만 옳다.

③ 일정 수준의 복잡성을 넘어선 문제를 해결하기 위해서는 무의식 속 신경지도들의 연합이 필요하다.

④ 뇌가 생명조절기능을 수행하기 위해서는 신체 각 부분에서 일어나고 있는 현상에 대해 알아야 한다.

⑤ 문제가 복잡해지게 되면 신경지도만으로는 문제를 해결할 수 없다.

10. 다음 중 ㉠과 ㉡에 대한 설명으로 옳지 않은 것은?

> 우리 헌법 제1조 제2항에서는 '대한민국의 주권은 국민에게 있고, 모든 권력은 국민으로부터 나온다'라고 규정하고 있다. 이 규정은 국가의 모든 권력의 행사가 주권자인 국민의 뜻에 따라 이루어져야 한다는 의미로 해석할 수 있다. 따라서 국회의원이 지역구 주민의 뜻에 따라 입법해야 한다고 생각하는 사람이 있다면, 이 조항을 그러한 생각의 근거로 삼으면 될 것이다. 이 주장에서와 같이 대표자가 자신의 권한을 국민의 뜻에 따라 행사해야 하는 대표 방식을 ㉠ 명령적 위임 방식이라 한다. 명령적 위임 방식에서는 민주주의의 본래 의미가 충실하게 실현될 수 있으나, 현실적으로 표출된 국민의 뜻이 국가 전체의 이익과 다를 경우 바람직하지 않은 결과가 초래될 수 있다.
>
> 한편 우리 헌법에서는 '입법권은 국회에 속한다(제40조)', '국회의원은 국가 이익을 우선하여 양심에 따라 직무를 행한다(제46조 제2항)'라고 규정하고 있다. 이 규정은 입법권이 국회에 속하는 이상 입법은 국회의원의 생각에 따라야 한다는 뜻이다. 이 규정의 목적은 국회의원 각자가 현실적으로 표출된 국민의 뜻보다는 국가 이익을 고려하도록 하는 데 있다. 이에 따르면 국회의원은 소속 정당의 지시에도 반드시 따를 필요는 없다. 이와 같이 대표자가 소신에 따라 자유롭게 결정할 수 있도록 하는 대표 방식을 ㉡ 자유 위임 방식이라고 부른다. 자유 위임 방식에서 구체적인 국가 의사 결정은 대표자에게 맡기고, 국민은 대표자 선출권을 통해 간접적으로 대표자를 통제한다. 국회의원의 모든 권한은 국민이 갖는 이 대표자 선출권에 근거하기 때문에 자유 위임 방식은 헌법 제1조 제2항에도 모순되지 않으며. 우리나라는 기본적으로 이 방식의 입장을 취하고 있다.

① ㉠과 ㉡은 입법 활동에서 누구의 의사가 우선시되어야 하는가에 따라 구분된다.

② ㉠이 헌법 제1조 제2항을 따르는 것과 달리 ㉡은 모든 권력이 국민으로부터 나온다는 입장에 반대한다.

③ ㉠은 국민이 국회의원의 입법 활동을 직접적으로 통제할 수 있다는 입장을 취한다.

④ 국회의원이 자신의 소신에 따라 의사를 결정할 수 있다면 ㉡과 같은 입장을 취하는 것이다.

⑤ 국회의원의 소신을 중시하는 ㉡이더라도 국민의 의견은 간과되지 않는다.

11. 다음 (가) ~ (바)를 논리적 순서에 맞게 배열한 것은?

(가) 그런데 많은 문화가 혼재돼 문화상대주의가 만연한 곳에서는 사람들은 자신이 보루로 삼을 문화의 형태나 기둥을 잃게 되며, 자기상실에 빠져들어 불안한 상태에 던져지게 된다.
(나) 이에 따라 사람은 사회의 불안정성이나 불확실성을 견딜 정신적 지주를 가질 수 있다.
(다) 따라서 모든 문화가 지리적 풍토를 벗어나 지구 전체로 퍼져나가는 21세기에는 문화의 혼재에서 오는 아이덴티티(Identity) 상실의 시대가 도래할지도 모른다.
(라) 그 문화적 풍토에서 나고 자란 사람은 그 형태 속에서 자기 자신의 아이덴티티를 형성한다.
(마) 종교로 봐도, 언어로 봐도, 습관으로 봐도, 문화라는 것은 각각 서로 다른 형태를 갖고 있다.
(바) 가치의 상대성을 주장하는 것은 그 나름대로 옳지만 그게 너무 과해질 경우, 줏대를 잃게 되어 신념을 가질 수 없게 되는 것이다.

① (다)－(바)－(마)－(라)－(가)－(나)
② (마)－(가)－(바)－(나)－(다)－(라)
③ (바)－(마)－(나)－(라)－(다)－(가)
④ (바)－(가)－(라)－(마)－(나)－(다)
⑤ (마)－(라)－(나)－(가)－(바)－(다)

12. 다음 글에서 ㉠, ㉡에 들어갈 가장 알맞은 내용은?

기업은 여러 종류의 파트너십을 가진다. 하지만 '협력업체'와 '을'이란 단어는 그 사전적 의미에 더해 부당한 요구도 참아야만 하는 약자의 입장도 함의하고 있다. 씁쓸한 현실이다. 희망적인 것은 이러한 상황을 개선해보려는 자구의 노력들이 곳곳에서 시도되고 있다는 점이다. 기업들이 자체적으로 움직인다는 면에서 고무적이다. 이처럼 진정한 협력관계 구축을 위해서는 실천해야 할 일련의 과정이 있다. 비전을 세우고 제도를 만들고 문화로 확산시켜 생활화해야 한다.

'갑질'은 권력의 우위에 있는 갑이 권리관계에서 약자인 을에게 하는 부당한 행위를 통칭하는 말이다. 한 외신에서는 마땅한 영단어를 찾지 못해 우리 발음 그대로 Gapjil이라 표기하여 소개했다. 이것이 부당한 일이라는 것은 우리 모두가 알고 있다. 윤리의식 고양은 물론 기업 경쟁력 고취에도 도움이 되지 않는 일이다. 갑질을 하는 '갑'은 자신의 부족함을 모른 채 (㉠) 것이고, 갑질을 당하는 '을'은 (㉡) 데에만 자신의 최선을 다할 것이기 때문이다.

	㉠	㉡
①	의기양양할	맡은 바 업무를 수행하는
②	갑질을 일삼을	오더를 수주하는
③	기업을 경영할	울분을 견디는
④	갑질을 숨기게 될	갑에게 인정받는
⑤	도태될	그 상황을 벗어나는

13. 다음 (가)와 (나)의 공통된 서술 방식으로 옳은 것은?

(가) 인공위성을 이용한 원격 측정 기술은 각종 전자파 센서를 이용하여 대기 중의 오존이나 수증기와 같은 구성 물질의 전 지구적 분포를 측정하는 데 커다란 역할을 할 것이다. 미국은 적도를 따라 바다에서의 강수량을 측정할 수 있는 극초단파 센서를 장착한 인공위성을 쏘아 올릴 예정이고, 오존이나 수증기의 연직 분포를 인공위성에서 측정할 수 있는 방법 등을 연구 개발 중이다. 우리나라도 최근에 과학 로켓 1호와 2호에 오존 측정 기기를 장착하여 오존의 연직 분포 측정에 성공하였는데, 대기 오염 측정 기기나 기상 측정 기기가 개발되어 우리나라 인공위성에 장착될 날도 멀지 않았다.

(나) 지상에서 레이저 광선을 발사하여 대기 중의 구성 물질을 측정하는 원격 측정 기술도 활발히 진행되고 있다. 이 방법은 각 기체 분자가 가지고 있는 분광학적 특성을 이용한 것인데, 대기 중에서 반사되어 오는 분광(Spectrum)의 성분을 분석하여 아황산 가스나 오존과 같은 대기 오염 물질의 농도 및 그 연직 분포를 측정하는 것이다. 21세기에는 원격 측정 기술을 비롯한 측정 과학 기술이 크게 발전하여 전 지구적인 환경 감시 기능을 수행할 것으로 예상된다.

① 주지－예시－부연
② 전제－상세화－주지
③ 전제－현실 비판－대안의 제시
④ 일반적 진술－구체적 진술－미래의 전망
⑤ 주장－상세화－근거

14. 다음 중 에피쿠로스가 말하는 우정, 자유, 사색에 의한 행복의 특징으로 적절하지 않은 것은?

> 주지주의적이고 윤리적인 전통에서 벗어나 있는 에피쿠로스(Epicurus)는 자기수양과 수련을 통해서 감각적 쾌락이 아닌 정신적 쾌락을 성취하고 개인의 자유와 행복에 이르는 것을 목표로 하였다. 그에 따르면, 물질적인 것 또는 감각적인 것에서 즐거움을 얻는 것이 아니라 마음의 편안함이나 정신적 가치의 추구를 통해 개인의 정신적 즐거움을 추구하는 것이 행복의 요체이다.
>
> 에피쿠로스는 육체적 쾌락이 아닌 소극적 의미의 쾌락, 즉 고통을 피하는 데서 진정한 쾌락을 찾았다. 그는 "나에게 있는 것은 오직 살아 있는 것만 있는 것이다. 그러니 살아 있는 동안만이 내가 의식하는 삶의 전부이니 걱정하지 말고 자신의 삶을 즐겨라."고 주장한다. 이러한 사고방식을 가진 에피쿠로스는 당장의 고통을 스스로의 힘으로 이겨 내는 것, 지금 현존하는 이곳의 고통의 부재와 배척을 곧 자신이 실제로 추구해야 할 행복과 쾌락의 요체로 보았다.
>
> 그는 인간의 욕구를 결핍으로 보았고 자연스러운 욕구와 헛된 욕구로 구분하였다. 배고픔, 잠과 같은 생리적이고 자연스러운 욕구를 충족시키는 것은 선하지만, 정복욕이나 사치욕과 같은 것은 충족시킬수록 더 불어날 뿐만 아니라, 욕구의 충족이 오히려 고통을 낳으므로 피해야 할 것으로 본다. 또한 그는 물질적인 것을 추구하더라도 소소하고 조그마한 일상의 즐거움 같은 것들을 큰 즐거움으로 생각할 줄 아는 깨달음의 자세를 견지해야 한다고 보았다. 더 나아가 이러한 깨달음이 유지될 수 있도록 마음의 수련이 필요하다고 역설하였다. 그렇게 해서 일상에서 두려움이 자기를 흔들어 대도 흔들리지 않는 마음의 상태를 유지할 수 있는 능력을 갖추어야 한다는 것이다. 이처럼 흔들리지 않는 마음의 상태가 아타락시아(ataraxia)이다.
>
> 한편 에피쿠로스는 행복의 요소로서 세 가지를 제시하였다. 첫째는 우정이요, 둘째는 자유이고, 셋째는 사색이다.

① 나를 지지해 주고 인정해 주는 친구가 나의 인생을 즐겁게 해 주기 때문에 우정은 행복의 요소인 것이다.

② 선의 추구를 통해 내세(來世)에도 자유로움을 얻을 수 있는 사색이 행복의 중요한 요체이다.

③ 사색을 통하여 마음에 있는 근심과 걱정들을 떨쳐내고 자신들이 생각하는 올바른 삶을 살아가는 것이 행복이다.

④ 몸과 마음이 얽매이지 않고 자유로운 상태에서 편안함을 추구하는 것이 행복이다.

⑤ 물질적인 것과 생리적인 욕구를 추구하는 것은 헛된 욕구가 아니다.

15. 다음의 (가) ~ (라)를 문맥에 따라 순서대로 배열한 것은?

(가) 이는 'hyper(초월한)'와 'text(문서)'의 합성어이며, 1960년대 미국 철학자 테드 넬슨이 구상한 것으로, 컴퓨터나 다른 전자기기로 한 문서를 읽다가 다른 문서로 순식간에 이동해 읽을 수 있는 비선형적 구조의 텍스트를 말한다. 대표적인 예시인 모바일은 정보에 접근하는 속도는 매우 빠르지만 파편성은 극대화되는 매체다.

(나) 밀레니얼 세대(Y세대)와는 다르게 다양성을 중시하고 '디지털 네이티브'로 불리는 Z세대는 대개 1995년부터 2010년까지 출생한 세대를 보편적으로 일컫는 말이다. 이들은 어렸을 때부터 인터넷 문법을 습득하여 책보다는 모바일에 익숙하다. 책은 선형적 내러티브의 서사 구조를 갖는 반면 인터넷은 내가 원하는 정보에 순식간에 접근할 수 있게 해준다는 측면에서 정보들 사이의 서사적 완결성보다는 비선형적 구조를 지향한다. 이러한 텍스트 구조를 하이퍼텍스트라고 한다.

(다) 따라서 앞으로는 무한하게 확장된 정보 중에서 좋은 정보를 선별하고, 이를 올바르게 연결하는 개인의 능력이 중요하게 부각될 것이다.

(라) 이러한 경우 정보의 시작과 끝이 없으므로 정보의 크기를 무한대로 확장할 수 있다는 특징을 가진다. 기존의 문서는 저자가 일방적으로 정보를 제공했지만 하이퍼텍스트는 독자의 필요에 따라 특정 정보만 선택해서 제공할 수 있다.

① (가)-(나)-(다)-(라)
② (가)-(다)-(나)-(라)
③ (나)-(가)-(라)-(다)
④ (나)-(라)-(가)-(다)
⑤ (다)-(라)-(나)-(가)

영역 2 수리

20문항/25분

01. 세로의 길이가 120cm, 가로의 길이가 90cm인 벽에 남는 부분 없이 정사각형 모양의 타일을 붙이려고 한다. 타일을 최소한으로 사용하려고 할 때, 붙일 수 있는 타일 한 변의 길이는?

① 10cm ② 15cm ③ 20cm
④ 25cm ⑤ 30cm

02. 유정이가 하면 A일, 세영이가 하면 B일이 걸리는 일이 있다. 유정이와 세영이가 함께 일을 시작하였으나, 중간에 세영이가 그만두어 일이 모두 끝나기까지 15일이 걸렸다. 전체 일한 날 중 세영이가 일을 하지 않은 날은 며칠인가?

① $15-\frac{A(B-15)}{A}$일 ② $15-\frac{B(A-15)}{A}$일 ③ $15-\frac{B-15}{AB}$일
④ $15-\frac{A-15}{A}$일 ⑤ $15-\frac{A-15}{AB}$일

03. 양궁 선수 A와 B는 각각 $\frac{7}{8}$과 $\frac{8}{9}$의 확률로 10점 과녁을 명중시킨다고 한다. 두 선수가 동시에 화살을 날렸을 때 둘 다 10점 과녁에 명중시키지 못할 확률은 얼마인가?

① $\frac{1}{72}$ ② $\frac{1}{36}$ ③ $\frac{1}{9}$
④ $\frac{10}{72}$ ⑤ $\frac{56}{72}$

04. 2020년에 언니는 20세, 동생은 7세가 되었다. 언니의 나이가 동생 나이의 2배가 되는 해는 언제인가?

① 2024년 ② 2026년 ③ 2028년
④ 2030년 ⑤ 2032년

05. 현재까지 A 기업의 누적 생산량은 800개, B 기업의 누적 생산량은 600개이다. 한 달에 A 기업은 80개, B 기업은 100개의 제품을 생산한다면 B 기업이 A 기업의 누적 생산량을 추월하는 데 몇 개월이 걸리는가?

① 7개월 ② 8개월 ③ 9개월
④ 10개월 ⑤ 11개월

06. 한 우리에 얼룩말과 타조가 섞여 있는데, 동물들의 머리의 수는 22개, 다리의 수는 72개였다. 타조는 몇 마리인가?

① 7마리 ② 8마리 ③ 9마리
④ 14마리 ⑤ 15마리

07. 어떤 시험에서 총 25개의 문제 중 한 문제를 맞힐 때마다 4점을 얻고, 틀릴 때마다 2점이 감점된다고 한다. 응시자 A가 이 시험에서 58점을 받았다고 할 때, A가 맞힌 문제의 개수는?

① 14개 ② 15개 ③ 16개
④ 17개 ⑤ 18개

08. A 씨는 오늘 벼룩시장에서 생활용품을 판매했다. 오늘의 판매 물품과 판매 내용이 다음과 같을 때, A 씨가 판 물건의 총 이익률은?

- 오늘 판매한 수제 캔들은 24개, 수제 비누는 40개이다.
- 수제 캔들의 원가는 900원이고, 판매가는 3,000원이다.
- 수제 비누의 원가는 1,200원이고, 판매가는 4,000원이다.
- 총 이익률은 $\frac{\text{총 매출이익}}{\text{총 매출액}}\times 100$, 총 매출이익은 총 매출액−총 매출원가이다.

① 2%　② 21%　③ 39%
④ 70%　⑤ 82%

09. 지호는 반지름이 25cm인 굴렁쇠를 직선으로 된 도로에서 60m 굴렸다. 이때 굴렁쇠는 약 몇 번 회전하게 되는가? (단, π=3.14로 계산하며, 소수점 아래 첫째 자리에서 반올림한다)

① 21번　② 27번　③ 35번
④ 36번　⑤ 38번

10. 6km/h의 속력으로 가는 A를 15분 늦게 출발한 B가 한 시간 만에 따라잡았다면, B의 속력은 몇 km/h인가?

① 7.5km/h　② 8km/h　③ 9.5km/h
④ 10km/h　⑤ 10.5km/h

11. 다음 연료별 자동차의 연간 총 주행거리 및 비중에 대한 설명으로 옳지 않은 것은?

구분	연간 총 주행거리(백만 km)					비중(%)			
	전체	휘발유	경유	LPG	전기	휘발유	경유	LPG	전기
20X0년	290,009	108,842	130,146	45,340	5,681	38	45	16	2
20X1년	298,323	110,341	137,434	44,266	6,282	37	46	15	2
20X2년	311,236	115,294	149,264	39,655	7,023	37	48	13	2
20X3년	319,870	116,952	156,827	37,938	8,153	37	49	12	3
20X4년	327,073	116,975	164,264	36,063	9,771	36	50	11	3

① 20X0년 대비 20X4년의 연간 총 주행거리 증가율이 가장 큰 것은 경유 자동차이다.

② LPG를 사용하는 자동차의 연간 총 주행거리는 매년 감소하고 있다.

③ 휘발유를 사용하는 자동차의 연간 총 주행거리는 매년 증가하고 있다.

④ 20X4년 기준 경유 자동차는 총 주행거리의 50%를 차지하고 있다.

⑤ 전기를 사용하는 자동차의 연간 총 주행거리는 매년 증가하고 있다.

12. 다음 A 시, B 시의 물가 변동률에 대한 설명으로 옳은 것은?

〈A 시, B 시의 물가 변동률〉

(단위 : %)

구분	A 시	B 시
20X0년	0.62	2.45
20X1년	2.00	2.17
20X2년	4.47	3.43
20X3년	3.17	4.62
20X4년	4.98	4.95
20X5년	7.19	6.62
20X6년	10.19	6.07

① B 시의 물가 변동률은 매년 상승하고 있다.

② A 시의 물가 변동률은 매년 B 시 물가 변동률의 2배 이하이다.

③ A 시 물가 변동률의 전년 대비 증가율이 가장 높은 해는 20X6년이다.

④ B 시의 물가 변동률이 A 시의 물가 변동률보다 높은 연도는 4개이다.

⑤ 20X1 ~ 20X6년 중 전년 대비 물가 변동률의 차이가 가장 큰 연도는 A 시와 B 시가 동일하다.

13. 다음 자료는 202X년 A, B기업의 2 ~ 3분기 매출액 증감지수를 나타낸 것이다. A, B 기업의 202X년 1분기 매출액이 각각 200억 원, 150억 원일 때, 이에 대한 설명으로 옳지 않은 것은?

〈A 기업의 202X년 2 ~ 3분기 매출액 증감지수〉

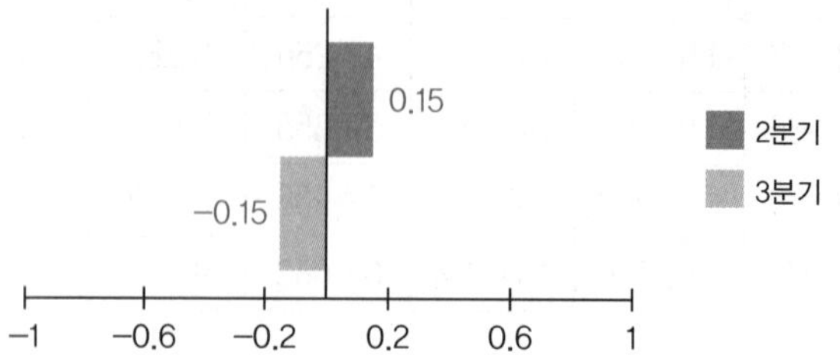

〈B 기업의 202X년 2 ~ 3분기 매출액 증감지수〉

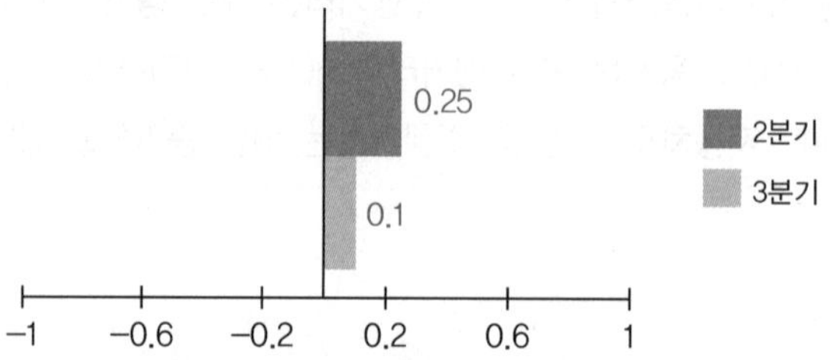

※ 매출액 증감지수 $= \frac{\text{해당분기 매출액} - \text{직전분기 매출액}}{\text{직전분기 매출액}}$

① A 기업의 202X년 3분기 매출액은 200억 원 미만이다.

② B 기업의 202X년 3분기 매출액은 A 기업의 202X년 3분기 매출액보다 많다.

③ 두 기업의 3분기 매출액 합계는 2분기 매출액 합계보다 작다.

④ A 기업의 202X년 매출액이 800억 원을 초과하려면 4분기 매출액은 3분기 대비 10% 이상 증가해야 한다.

⑤ 202X년 1 ~ 3분기 매출액의 총합은 A 기업이 B 기업보다 크다.

14. 다음은 20X9년 유럽 주요 국가의 보건부문 통계 자료이다. 이에 대한 설명으로 옳은 것을 〈보기〉에서 모두 고르면?

구분	기대수명(세)	조사망률(명)	인구 만 명당 의사 수(명)
독일	81.7	11.0	38.0
영국	79.3	10.0	27.0
이탈리아	81.3	10.0	37.0
프랑스	81.0	9.2	36.0
그리스	78.2	12.0	25.0

※ 조사망률 : 인구 천 명당 사망자 수

| 보기 |

ㄱ. 유럽에서 기대수명이 가장 낮은 국가는 그리스이다.
ㄴ. 인구 만 명당 의사 수가 많을수록 조사망률은 낮다.
ㄷ. 20X9년 프랑스의 인구가 6,500만 명이라면 사망자는 약 598,000명이다.

① ㄱ ② ㄷ ③ ㄱ, ㄴ
④ ㄱ, ㄷ ⑤ ㄴ, ㄷ

15. 다음 자료에 대한 설명으로 옳지 않은 것은?

〈가구주 연령대별 가구당 자산 보유액〉

(단위 : 만 원, %)

구분		전체	30세 미만	30대	40대	50대	60세 이상
평균	20X0년	42,036	9,892	31,503	44,776	48,441	41,738
	20X1년	43,191	10,994	32,638	46,947	49,345	42,026
	증감률	2.7	11.1	㉠	4.8	1.9	0.7

〈가구주 종사상지위별 가구당 자산 보유액〉

(단위 : 만 원, %)

구분		전체	상용근로자	임시 · 일용근로자	자영업자	기타 (무직 등)
평균	20X0년	42,036	46,695	18,070	53,347	33,715
	20X1년	43,191	48,532	19,498	54,869	34,180
	증감률	2.7	㉡	7.9	2.9	1.4

① ㉠에 들어갈 수치는 3.6이다.

② ㉡에 들어갈 수치는 3.9이다.

③ 연령대별로 보면, 50대보다 30세 미만에서 20X1년의 전년 대비 자산 보유액의 증감률이 더 작다.

④ 가구주 종사상지위별로 보면, 20X1년 상용근로자의 자산 보유액이 4억 8,532만 원으로 전년 대비 3.9% 증가하였다.

⑤ 가구주 종사상지위별로 보면, 20X1년 임시 · 일용근로자의 자산 보유액이 1억 9,498만 원으로 전년 대비 7.9% 증가하였다.

16. 다음 중 어느 기업의 각 연도별 자동차 수출입액을 분기 단위로 산술평균한 자료와 각 연도별 자동차 수출입대수에 관한 자료를 바르게 이해한 사람은?

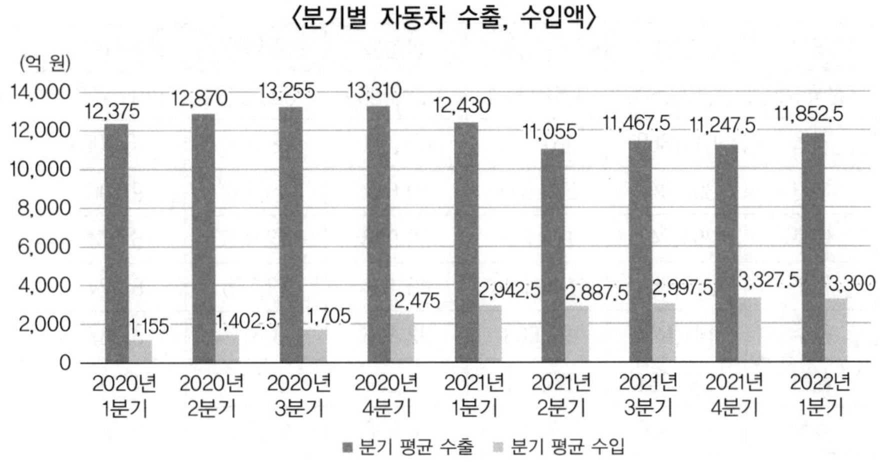

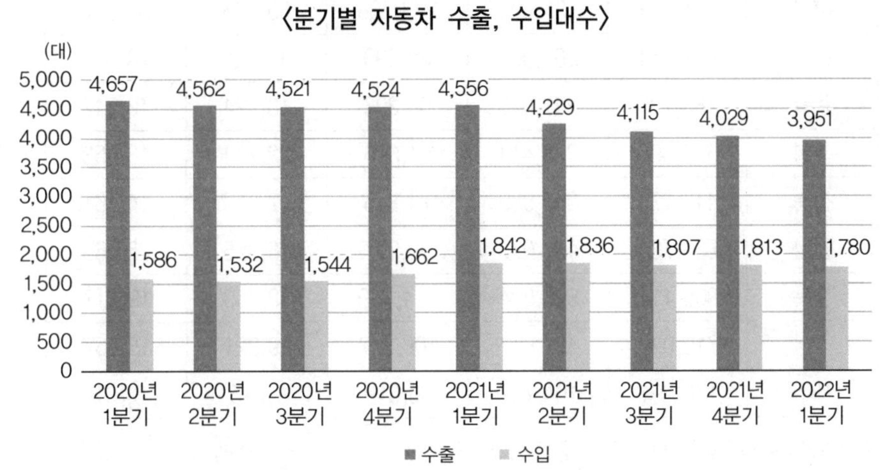

① 대용 : 2021년 하반기 자동차 수출액은 2조 2천억 원 미만이야.

② 민철 : 2020년 4분기 자동차 수출액은 수입액의 5배 이상이야.

③ 재민 : 자료에서 분기별 수출액과 수입액의 차이가 가장 작을 때에도 그 차이가 8천억 원 이상이 유지됐어.

④ 수창 : 자동차 수입대수와 수출대수의 차이가 가장 클 때는 자동차의 수출대수가 수입대수의 3배를 넘었었어.

⑤ 태인 : 자동차 수출액이 가장 많았던 분기에 자동차 수출대수도 가장 많았어.

17. 전국 상업용 건축물 중 수도권(서울, 경기, 인천) 지역의 건축물은 몇 %인가? (단, 소수점 아래 둘째 자리에서 반올림한다)

〈지역별 용도에 따른 건축물 현황(20X7년)〉

(단위 : 동)

구분	합계	주거용	상업용	공업용	교육사회용	기타
전국 계	7,126,526	4,612,604	1,246,859	309,519	191,739	765,805
서울	611,368	461,294	127,080	2,761	16,209	4,024
부산	369,947	262,641	69,613	15,152	9,206	13,335
대구	254,247	175,281	50,938	12,979	6,074	8,975
인천	219,752	145,178	43,101	13,755	6,324	11,394
광주	141,693	97,603	32,116	3,811	3,887	4,276
대전	133,784	95,111	26,231	2,842	4,794	4,806
울산	135,576	78,627	28,998	14,351	3,783	9,817
세종	33,654	19,317	5,485	2,057	898	5,897
경기	1,148,790	636,634	243,268	99,925	34,667	134,296
강원	403,114	267,909	68,490	6,749	13,331	46,635
충북	383,295	243,075	58,296	18,324	10,242	53,358
충남	523,896	328,414	81,576	22,774	13,653	77,479
전북	445,173	269,559	74,345	12,715	14,461	74,093
전남	636,734	427,073	90,297	18,325	15,563	85,476
경북	805,114	518,504	114,159	32,763	19,117	120,571
경남	710,098	481,627	106,247	29,221	15,657	77,346
제주	170,291	104,757	26,619	1,015	3,873	34,027

※ 건축물 : 토지에 정착하는 공작물 중 지붕과 기둥 또는 벽이 있는 것과 이에 부수되는 시설물, 지하 또는 고가의 공작물에 설치하는 사무소, 공연장, 점포, 차고, 기타 대통령령이 정하는 것

※ 무허가 건축물은 대상에 포함되지 않음.

① 27.5%　② 29.7%　③ 31.4%

④ 33.2%　⑤ 35.8%

18. 다음 자료를 참고할 때 〈보기〉에서 자료를 잘못 분석한 사람은 모두 몇 명인가?

〈자료 1〉 성별에 따른 결혼할 의향이 없는 1인 가구의 비율

구분	20X2년		20X3년	
	남자	여자	남자	여자
20대	8.2%	4.2%	15.1%	15.5%
30대	6.3%	13.9%	18.8%	19.4%
40대	18.6%	29.5%	22.1%	35.5%
50대	24.3%	45.1%	20.8%	44.9%

〈자료 2〉 연도별 향후 1인 생활 지속기간 유지 여부 예상 비율

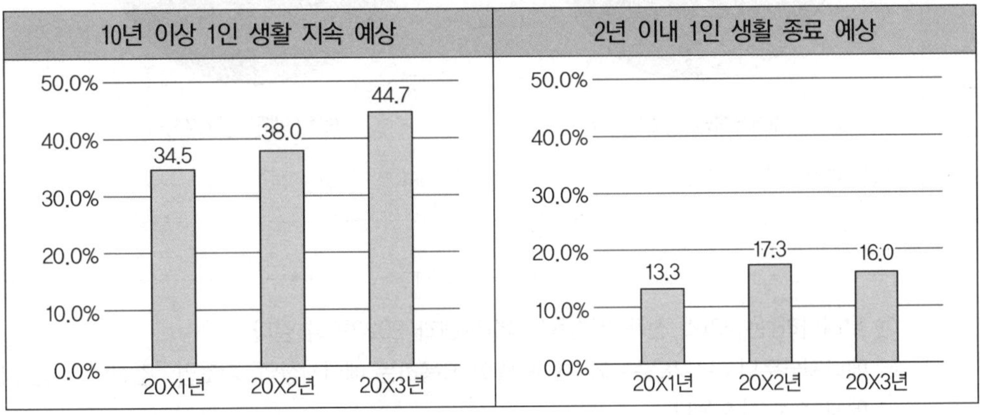

※ 위 자료에서 각 연령대 및 성별 조사 인원은 동일하다.

| 보기 |

A : 20X3년 조사에서 남자 중 앞으로 결혼할 의향이 없는 1인 가구의 비율은 50대가 20대에 비해 45% 이상 많아.

B : 20X2년 조사에서 여자는 연령대가 높아질수록 결혼할 의향이 없다는 1인 가구의 비율이 높아져.

C : 20X3년 조사에서 2년 이내에 1인 생활 종료가 예상된다고 응답한 사람의 비율은 전년보다 1.3%p 줄어들었네.

D : 제시된 자료에서 1인 생활을 10년 이상 지속할 것이라고 예상하는 사람의 비율은 갈수록 늘어나고 있어.

① 0명 ② 1명 ③ 2명
④ 3명 ⑤ 4명

19. 우리나라 에너지부문의 온실가스 배출량에 관한 자료를 통해서 알 수 있는 사실을 〈보기〉에서 모두 고르면?

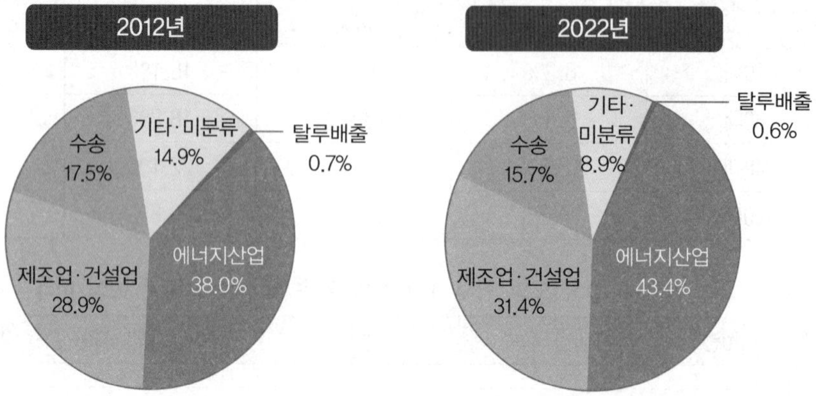

466.6백만 톤CO_2eq　　　　601.0백만 톤CO_2eq

※ 간접배출량(전력, 열) 제외

| 보기 |

㉠ 우리나라 온실가스 전체 배출량은 2012년과 2022년이 같다.

㉡ 에너지부문의 온실가스는 에너지를 많이 사용하는 에너지산업, 제조업 · 건설업, 수송부문에서 주로 배출된다.

㉢ 2012년에 비해 2022년의 에너지산업부문 배출비중은 5.4%p, 제조업 · 건설업부문의 배출비중은 2.5%p 늘어났다.

㉣ 2012년에 비해 2022년의 수송부문의 배출비중은 1.8%p, 기타부문(미분류 포함)의 배출비중은 6.0%p 감소했다.

① ㉠, ㉢　② ㉡, ㉢　③ ㉡, ㉣

④ ㉠, ㉡, ㉢　⑤ ㉡, ㉢, ㉣

20. 2023년 국내 총 경찰관 수의 전년 대비 증가율이 2016년 인구 10만 명당 경찰관 수의 전년 대비 증가율과 같다면 국내 총 경찰관 수는? (단, 모든 계산은 소수점 아래 첫째 자리에서 반올림한다)

〈자료 1〉 국내 총 경찰관 수 및 인구 10만 명당 경찰관 수

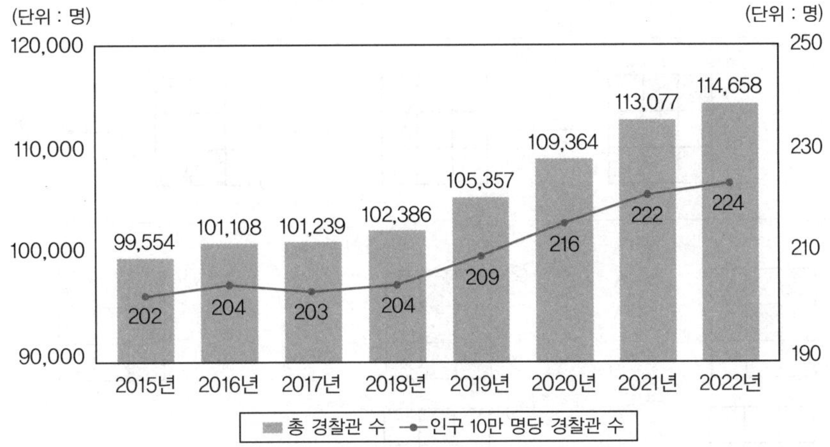

① 114,773명
② 115,805명
③ 116,212명
④ 116,239명
⑤ 116,951명

영역 3 도형추리

[01 ~ 04] 다음을 보고 그 규칙을 찾아 ?에 들어갈 도형으로 알맞은 것을 고르시오.

01.

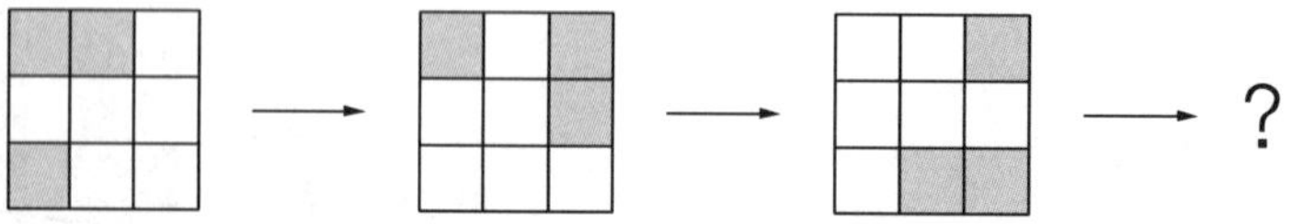

① 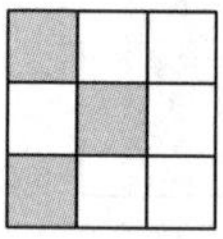

② 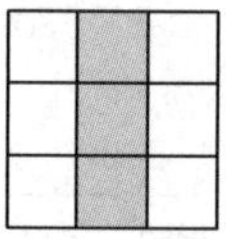

③ 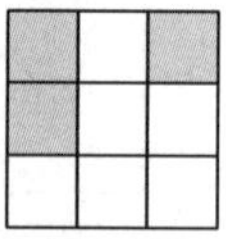

④ 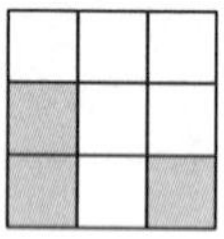

⑤ 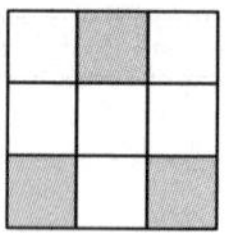

02.

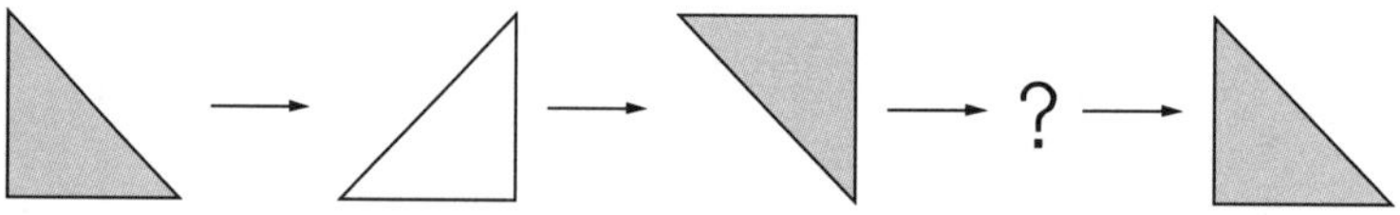

① 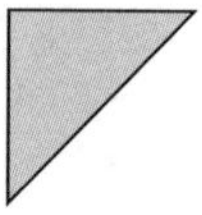

② 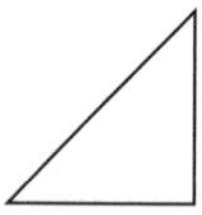

③ 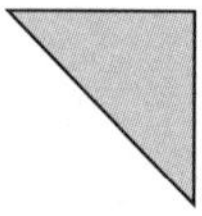

④ 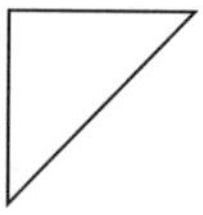

⑤ 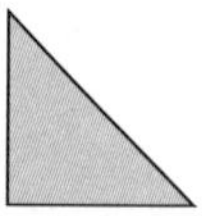

03.

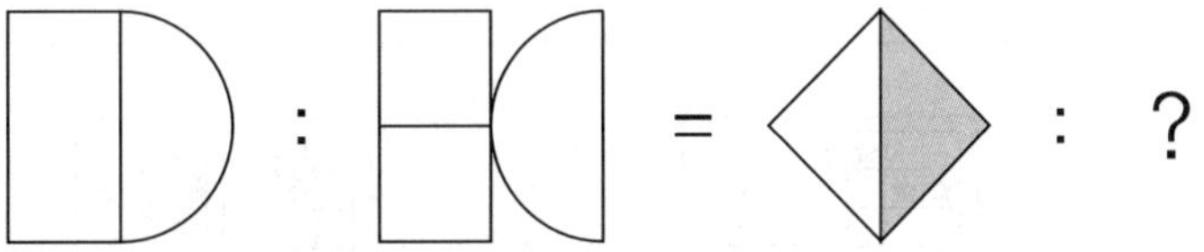

①
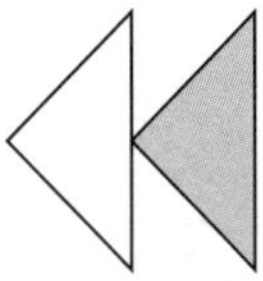
②
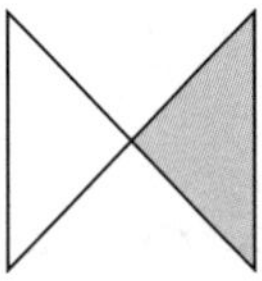
③
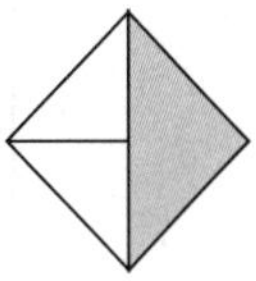
④
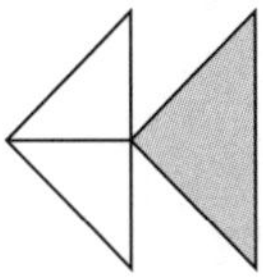
⑤
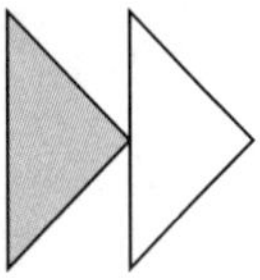

04.

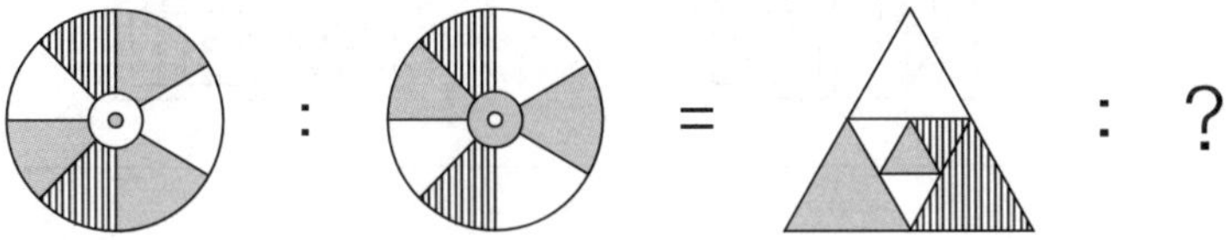

①
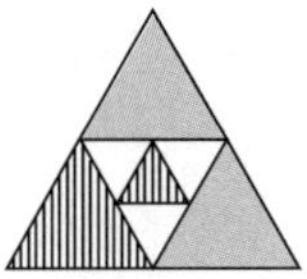
②
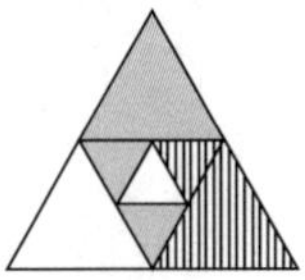
③
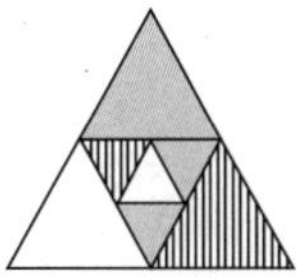
④
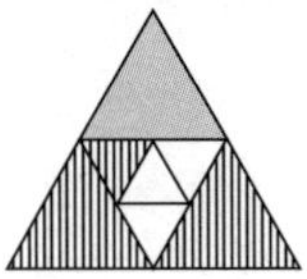
⑤
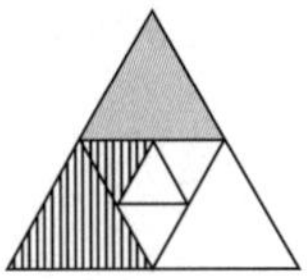

[05 ~ 06] 다음 각 기호의 규칙에 의한 도형의 변화를 보고 ?에 들어갈 알맞은 것을 고르시오.

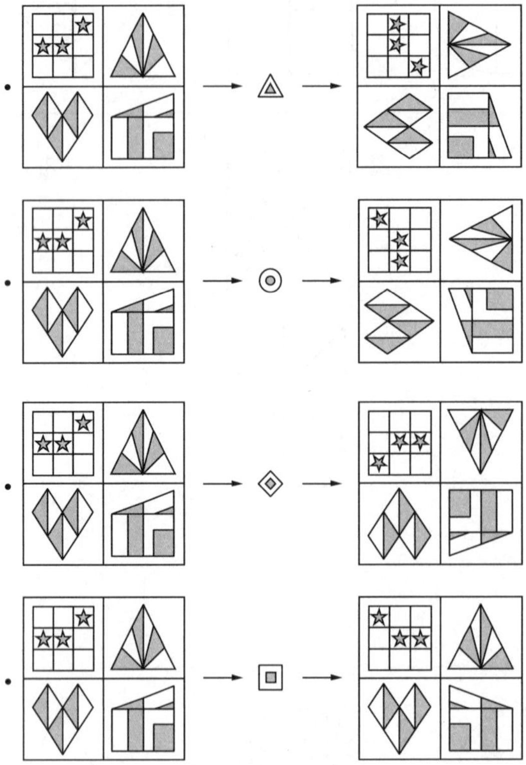

05.

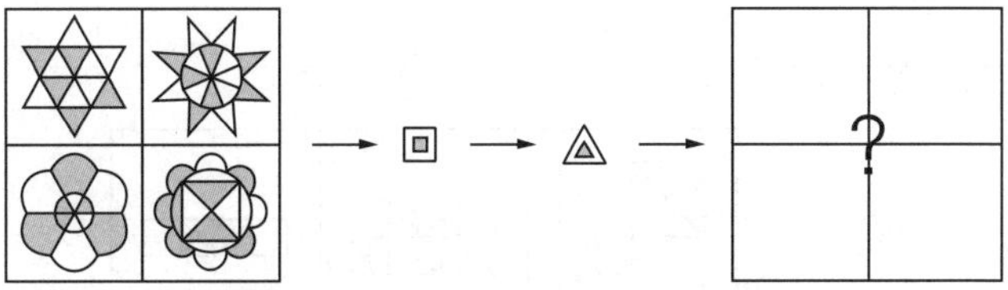

①

②

③

④

⑤

06.

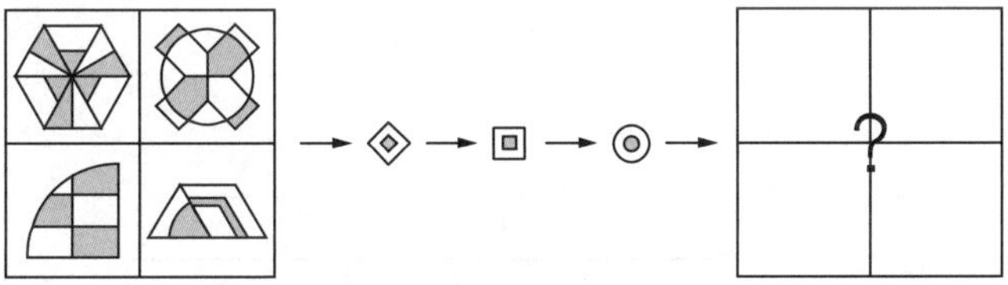

①
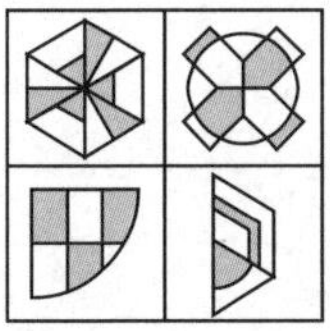

②
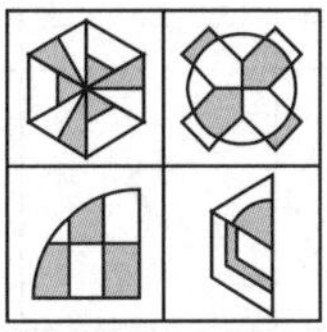

③
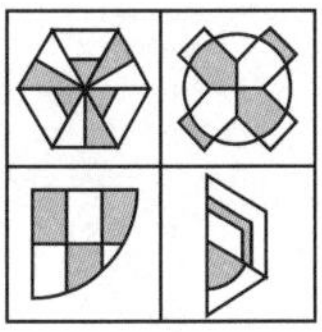

④
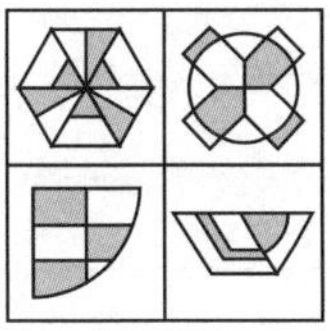

⑤
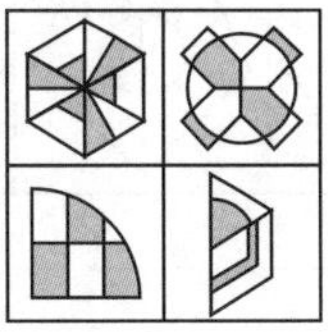

[07 ~ 10] 다음을 보고 그 규칙을 찾아 ?에 들어갈 도형으로 알맞은 것을 고르시오.

07.

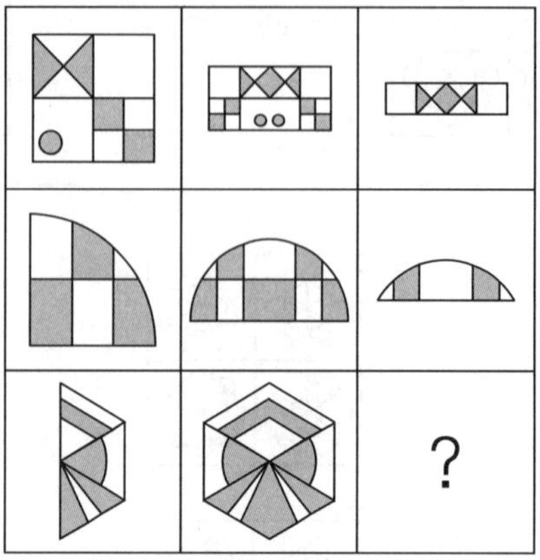

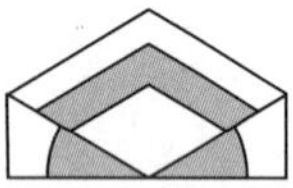
①

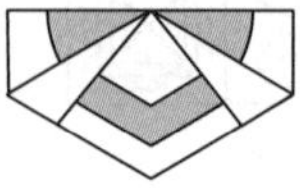
②

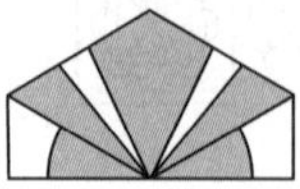
③

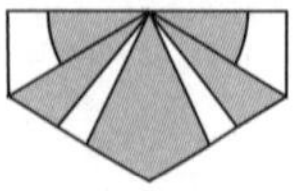
④

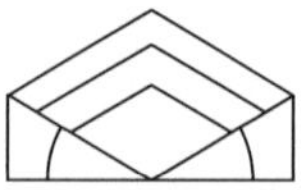
⑤

08.

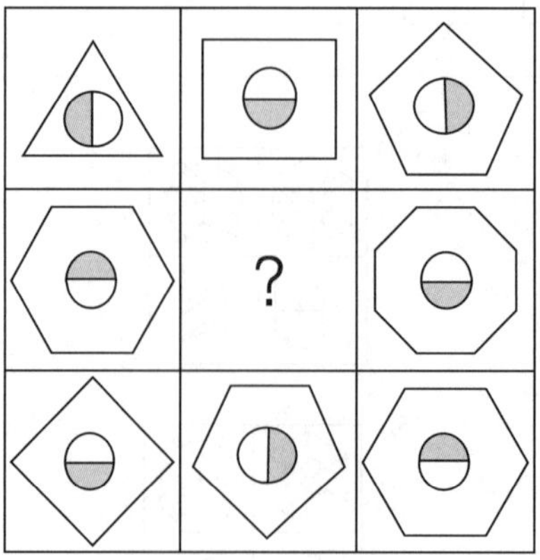

①
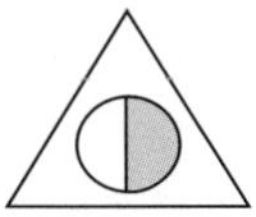

②
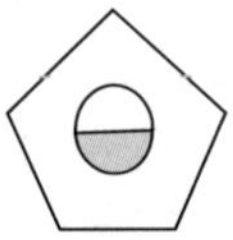

③
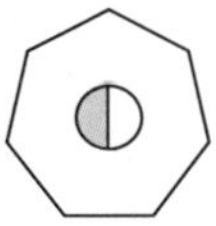

④
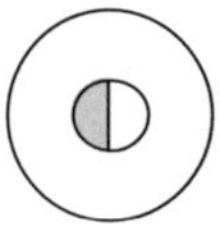

⑤
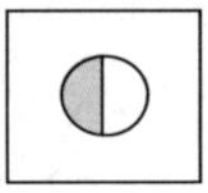

09.

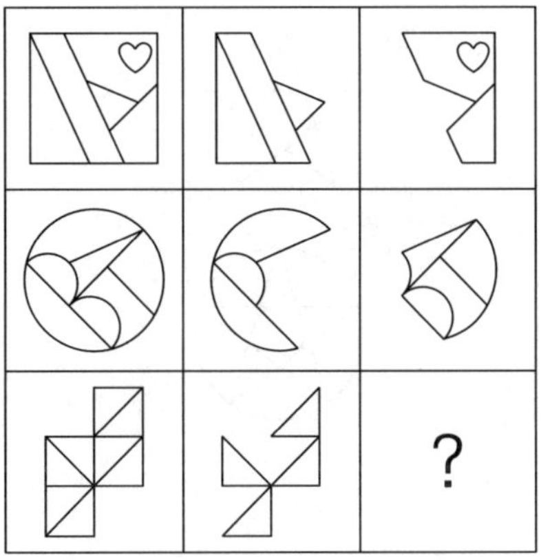

①
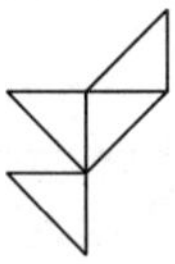

②
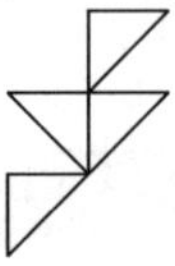

③
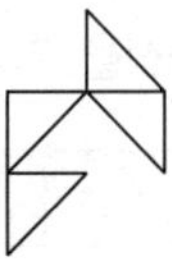

④
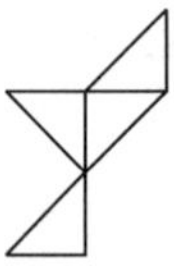

⑤
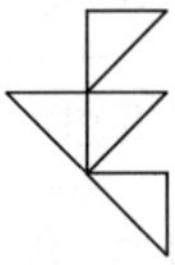

10.

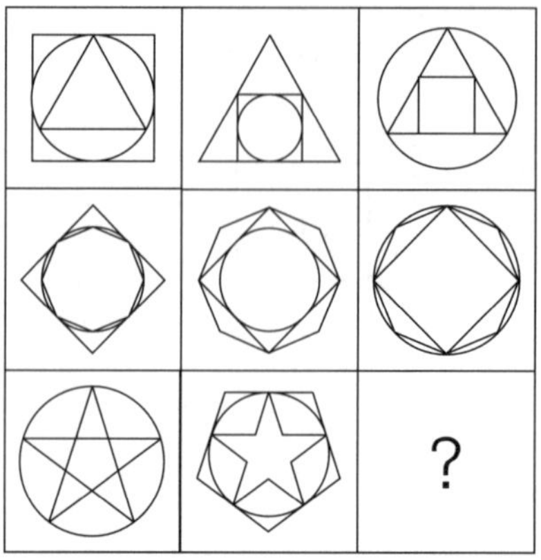

① 

② 

③ 

④ 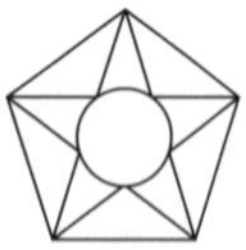

⑤ 

[11 ~ 12] 다음은 각 기호가 의미하는 변환 조건을 나타낸 것이다. 제시된 도형이 변화한 모습을 보고 어떤 변환 과정을 거쳐야 하는지 고르시오.

기호	변환 조건
□	1번과 2번 도형을 시계방향으로 90° 회전함.
■	1번과 4번 도형을 시계방향으로 90° 회전함.
◇	2번과 3번 도형을 시계방향으로 90° 회전함.
◆	2번과 4번 도형을 시계방향으로 90° 회전함.
○	3번과 4번 도형을 시계방향으로 90° 회전함.

11.

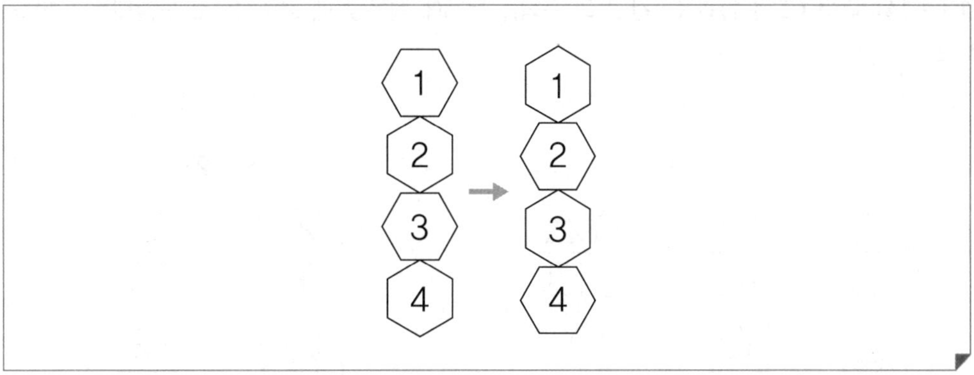

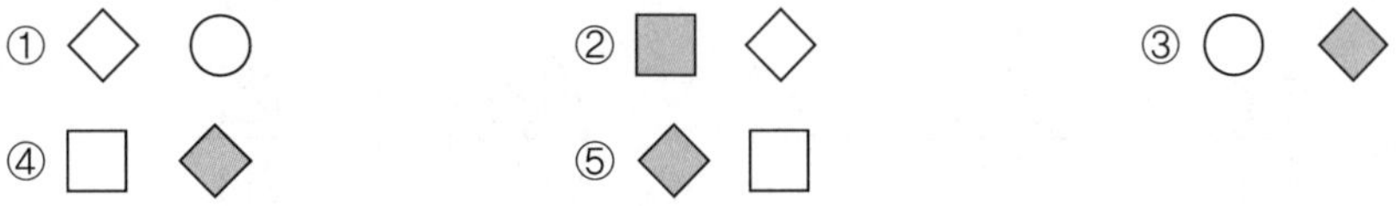

12.

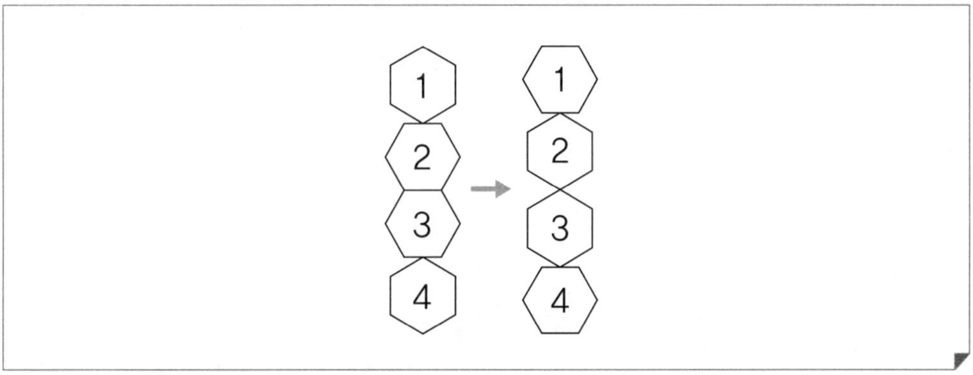

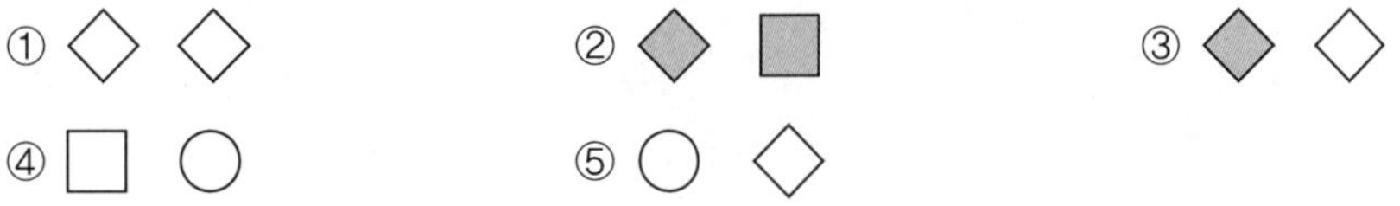

[13 ~ 14] 다음 〈조건 1〉과 〈조건 2〉의 규칙을 문제에 적용할 때 최종적으로 도출되는 도형을 고르시오.

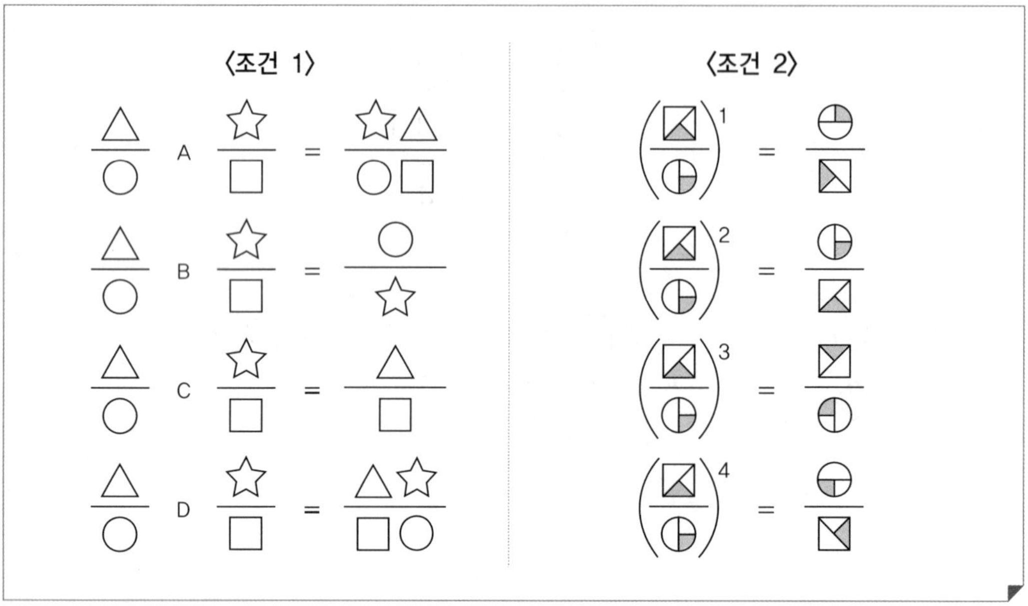

13.

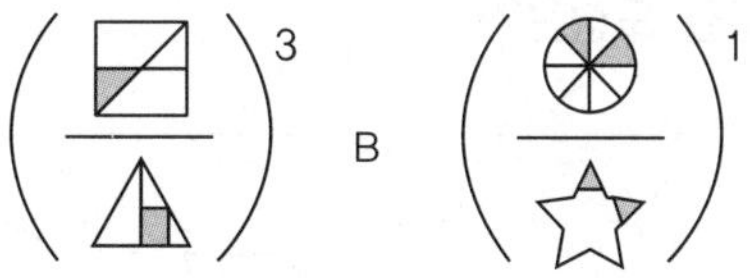

① 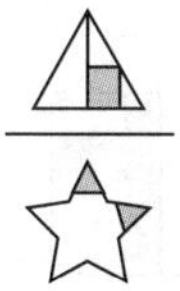

② 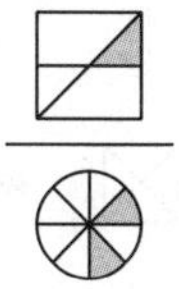

③ 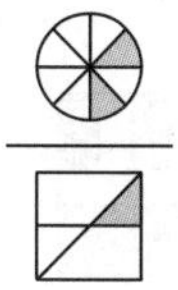

④ 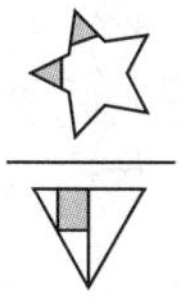

⑤ 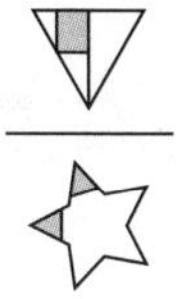

14.

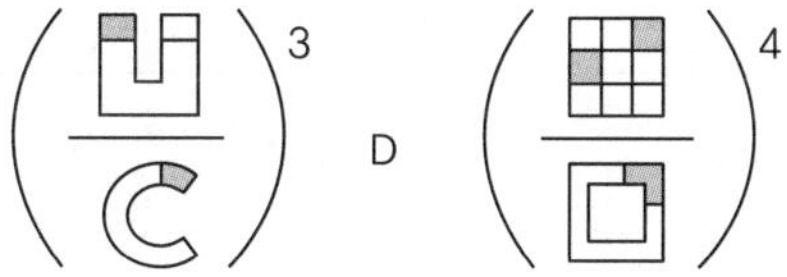

① 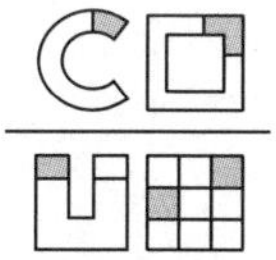

② 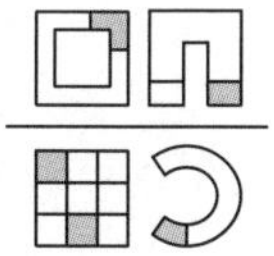

③ 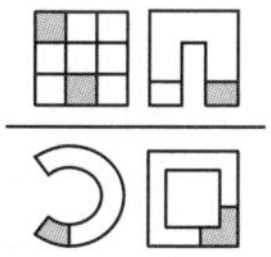

④ 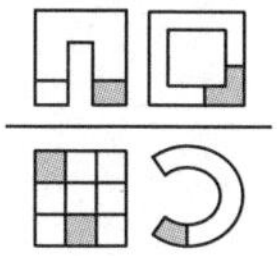

⑤ 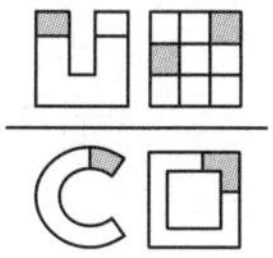

15. 다음 흐름도에서 각각의 기호들은 정해진 규칙에 따라 도형를 변환시키는 약속을 나타낸다. 이를 적용할 때 ?에 들어갈 도형은?

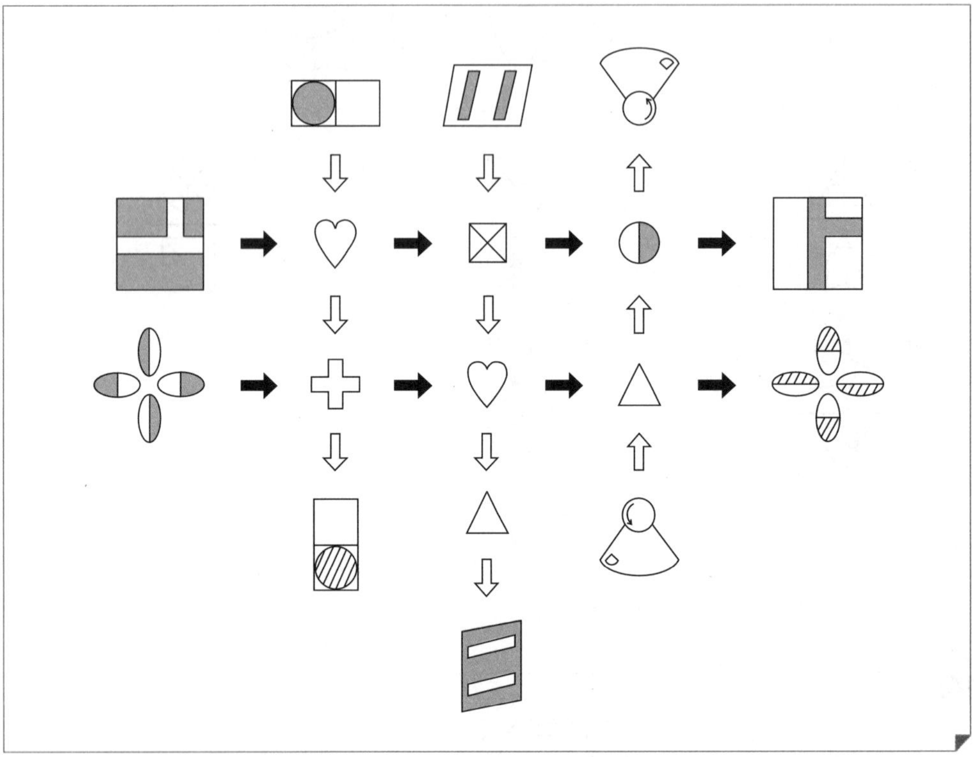

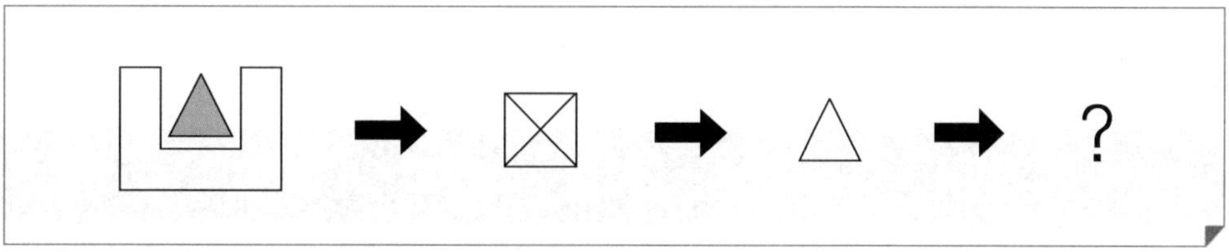

① 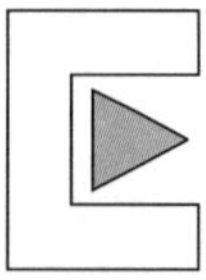

② 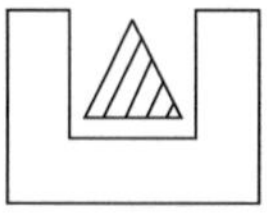

③ 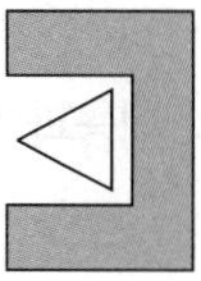

④ 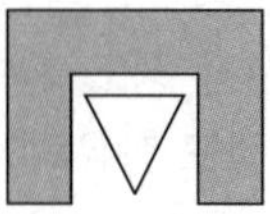

⑤ 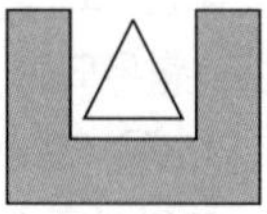

S-OIL 5회

기출유형문제

문항수 | 50문항
문항시간 | 60분

▶ 정답과 해설 39쪽

영역 1 언어

15문항/20분

01. 다음 중 글의 내용과 일치하는 것은?

향수는 원액의 농도에 따라 퍼퓸, 오드 퍼퓸, 오드 뚜왈렛, 오드 콜로뉴 등으로 나뉜다. 퍼퓸은 알코올 85%에 향 원액이 30% 정도 함유되어 있고, 향은 약 12시간 정도 지속된다. 퍼퓸 다음으로 농도가 짙은 오드 퍼퓸은 알코올 92%에 향 원액이 15% 정도 함유되어 있으며 향의 지속시간은 7시간 정도이다. 오드 뚜왈렛은 알코올 80%, 향료 8%에 3 ~ 4시간 정도 향이 지속되고, 오드 콜로뉴는 알코올 95%, 향료 5%에 1 ~ 2시간 정도 향이 지속된다.

향취는 톱 노트, 미들 노트, 라스팅 노트의 3단계로 변하는데, 먼저 톱 노트는 알코올과 함께 섞인 향으로 향수 뚜껑을 열자마자 처음 맡게 되는 냄새이다. 미들 노트는 알코올 냄새가 조금 느껴지면서 원래 향수의 주된 향기가 맡아지는 단계이고, 라스팅 노트는 맨 마지막에 남는 냄새로 향수 본래의 향취가 나는 단계이다. 향수는 라스팅 노트가 6시간 정도 지속되는 것이 가장 좋으므로 알코올이 어느 정도 날아가고 난 상태에서 향을 맡아 보고 고르는 것이 좋다. 또한 향취는 밑에서 위로 올라오는 성질이 있기 때문에 잘 움직이는 신체 부분에 발라야 하며, 귀 뒤나 손목, 팔꿈치 안쪽 등 맥박이 뛰는 부분에 뿌리면 향의 지속력이 더 좋아지고 은은하게 발산된다.

① 향수는 원액의 농도가 높을수록 가격이 비싸다.
② 톱 노트가 오래 지속되는 향수를 골라야 한다.
③ 향수를 목에 뿌리면 향이 오래 지속되지 않는다.
④ 아침에 뿌리고 밤까지 향이 지속되기를 원한다면 퍼퓸을 구입한다.
⑤ 알코올은 향수 본래의 향취를 다 날아가게 한다.

02. 다음 밑줄 친 ㉠ ~ ㉣ 중에서 가리키는 것이 다른 하나는?

로빈슨은 상응하는 신체기관을 가지지 않는다고 알려진 ㉠ 능동적 지성에 주목하여 아리스토텔레스가 신체로부터 독립되어 존재할 수 있는 ㉡ 비물질적인 지성을 인정한다고 주장한다. 아리스토텔레스 이전에 이러한 이론의 대표자는 오르페우스교와 피타고라스 학파의 이론을 수용한 플라톤이다. 근대에 들어와 데카르트가 이 같은 이론을 재조명해 많은 영향을 미쳤다. 이 이론은 영혼(정신, 마음 또는 지성)과 신체는 같은 속성들을 전혀 공유하지 않는 두 개의 실체들이며, 따라서 신체로부터 독립되어 정신만이 존재하는 것은 논리적으로 가능하다는 입장이다. 로빈슨은 아리스토텔레스가 '능동적 지성'이 신체로부터 단지 논리적으로 분리 가능한 것이 아니라 실제로 분리 가능한 것으로 본다고 여긴다.

아리스토텔레스의 심신론에 대해 다른 입장도 존재한다. 코드는 아리스토텔레스의 심신론은 몸과 마음을 이원론적으로 분리하는 것이 아니라고 지적한다. 살아 있는 생물 자체는 자연적 또는 본질적으로 ㉢ 심신의 유기체인 것이다. 코드에 따르면 물질적 신체와 ㉣ 비물질적 영혼을 구분하는 것은 데카르트 이후의 근대적인 구분법이며, 아리스토텔레스는 그러한 구분을 생각조차 할 수 없었다는 것이다. 또한 그는 '환원' 개념도 아리스토텔레스에게는 적용될 수 없다고 주장한다. '환원'은 생명이 없는 물질을 인정할 때 사용하는 반면에, 아리스토텔레스가 논의했던 물질은 생명이 있는 물질이기 때문이다.

① ㉠　　② ㉡　　③ ㉢
④ ㉣　　⑤ 모두 같다.

03. 다음 글의 서술 방식으로 옳은 것은?

> 춘향전에서 이도령과 변학도는 아주 대조적인 사람들이다. 흥부와 놀부가 대조적인 것도 물론이다. 한 사람은 하나부터 열까지가 다 좋고, 다른 사람은 모든 면에서 나쁘다. 적어도 이 이야기에 담긴 '권선징악'이라는 의도가 사람들을 그렇게 믿게 만든다.
>
> 소설만 그런 것이 아니다. 우리의 의식 속에는 은연중 이처럼 모든 사람을 좋은 사람과 나쁜 사람 두 갈래로 나누는 버릇이 있다. 그래서인지 흔히 사건을 다루는 신문 보도에는 모든 사람이 경찰 아니면 도둑놈인 것으로 단정한다. 죄를 지은 사람에 관한 보도를 보면 마치 그 사람이 죄의 화신이고, 그 사람의 이력이 죄만으로 점철되었고, 그 사람의 인격에 바른 사람으로서의 흔적이 하나도 없는 것으로 착각하게 된다.
>
> 이처럼 우리는 부분만을 보고 전체를 판단하곤 한다. 부분만을 제시하면서도 보는 이가 그것을 전체라고 잘못 믿게 만들 뿐만 아니라, '말했다'를 '으스댔다', '우겼다', '푸념했다', '넋두리했다', '뇌까렸다', '잡아뗐다', '말해서 빈축을 사고 있다' 같은 주관적 서술로 감정을 부추겨서 상대방으로 하여금 이성적인 사실 판단이 아닌 감정적인 심리 반응으로 얘기를 들을 수밖에 없도록 만든다.
>
> 세상에서 가장 결백해 보이는 사람일망정 남이 알지 못하는 결함이 있을 수 있고, 남들에게 가장 못된 사람으로 낙인 찍힌 사람일망정 결백한 사람에게조차 찾지 못한 아름다운 인간성이 있을지도 모른다.

① 설의법을 적절히 활용하여 내용을 강조하고 있다.

② 열거법을 통해 말하고자 하는 바를 강조하고 있다.

③ 인용을 통해 주장을 뒷받침하고 있다.

④ 두 대상을 비교하여 자세히 설명하고 있다.

⑤ 의인법을 사용하여 주장을 극대화하고 있다.

04. 다음 글의 중심내용으로 적절한 것은?

> 우리의 생각과 판단은 언어에 의해 결정되는가 아니면 경험에 의해 결정되는가? 즉, 언어결정론이 옳은가 아니면 경험결정론이 옳은가? 언어결정론자들은 우리의 생각과 판단이 언어를 반영하고 있고 실제로 언어에 의해 결정된다고 주장한다. 눈에 관한 에스키모인들의 언어를 생각해 보자. 언어결정론자들의 주장에 따르면 에스키모인들은 눈에 관한 다양한 언어 표현들을 갖고 있어서 눈이 올 때 우리가 미처 파악하지 못한 미묘한 차이점들을 찾아낼 수 있다. 또한, 언어결정론자들은 '노랗다', '샛노랗다', '누르스름하다' 등 노랑에 대한 다양한 우리말 표현들이 있어서 노란색들의 미묘한 차이가 구분되고 그 덕분에 색에 관한 우리의 인지 능력이 다른 언어 사용자들보다 뛰어나다고 본다. 이렇듯 언어결정론자들은 사용하는 언어에 의해서 우리의 사고 능력이 결정된다고 말한다.
>
> 하지만 정말 그럴까? 모든 색은 명도와 채도에 따라 구성된 스펙트럼 속에 놓이고, 각각의 색은 여러 언어로 표현될 수 있다. 이러한 사실에 비추어 보면 우리말이 다른 언어에 비해 보다 풍부한 색 표현을 갖고 있다고 볼 수 없다. 나아가 더 풍부한 표현을 가진 언어를 사용함에도 불구하고 인지 능력이 뛰어나지 못한 경우들도 발견할 수 있다. 따라서 우리의 생각과 판단은 언어가 아닌 경험에 의해 결정된다고 보는 것이 옳으며 언어결정론자들의 주장과 달리, 다양한 언어적 표현은 다양한 경험에서 비롯된다고 보는 것이 더 적절할 것이다.

① 우리말은 다른 언어들에 비해 색깔 사이의 미묘한 느낌을 잘 표현할 수 있다.
② 인간의 인지 능력은 언어 표현이 풍부해질수록 발달하는 경향을 보인다.
③ 언어와 경험 외에도 우리의 생각과 판단을 결정할 수 있는 다른 요인들이 많이 있다.
④ 언어가 존재하지 않는다면 인간은 다양한 생각과 올바른 판단을 할 수가 없다.
⑤ 언어결정론자들의 의견과 달리 인간의 사고는 다양한 경험에 의해 영향을 받는다.

05. 다음 글의 제목으로 적절한 것은?

현대인의 삶의 질이 점차 향상됨에 따라 도시공원에 대한 관심도 함께 높아지고 있다. 도시공원은 자연 경관을 보호하고, 사람들의 건강과 휴양, 정서 생활을 위하여 도시나 근교에 만든 공원을 말한다. 또한 도시공원은 휴식을 취할 수 있는 공간인 동시에 여러 사람과 만날 수 있는 소통의 장이기도 하다.

도시공원은 사람들이 선호하는 도시 시설 가운데 하나이지만 노인, 어린이, 장애인, 임산부 등 사회적 약자들은 이용하기 어려운 경우가 많다. 사회적 약자들은 그들의 신체적 제약으로 인해 도시공원에 접근하거나 이용하기에 열악한 상황에 놓여 있기 때문이다.

우선, 도시공원은 대중교통을 이용해서 가기 어려운 위치에 있는 경우가 많다. 또한 공원에 간다 하더라도 사회적 약자를 미처 배려하지 못한 시설들이 대부분이다. 동선이 복잡하거나 안내 표시가 없어서 불편을 겪는 경우도 있다. 이런 물리적 · 사회적 문제점들로 인해 실제 공원을 찾는 사회적 약자는 처음 공원 설치 시 기대했던 인원보다 매우 적은 편이다. 도시공원은 일반인뿐 아니라 사회적 약자들도 동등하게 이용할 수 있는 공간이어야 한다. 그러기 위해서는 도시 공간 계획 및 기준 설정을 할 때 다른 시설들과 실질적으로 연계가 되도록 제도적 · 물리적으로 정비되어야 한다. 사회적 약자에게 필요한 것은 작은 공간이더라도 편안하게 접근할 수 있고 사람들과 소통하고 쉴 수 있는 공간이다.

① 도시공원의 생태학적 특성
② 도시의 자연 경관을 보호하는 도시공원
③ 모두가 여유롭게 쉴 수 있는 도시공원
④ 도시공원, 사회적 약자만이 이용할 수 있는 쉼터
⑤ 공원 이용 활성화를 위한 도시공원 안내 표지판의 필요성

06. 다음 글의 주제로 가장 적절한 것은?

전쟁을 다룬 소설 중에는 실재했던 전쟁을 제재로 한 작품들이 있다. 이런 작품들은 허구를 매개로 실재했던 전쟁을 새롭게 조명하고 있다. 가령 『박씨전』의 후반부는 병자호란의 패전을 있는 그대로 받아들이고 싶지 않았던 조선 사람들의 욕망에 따라, 허구적 인물인 박씨가 패전의 고통을 안겼던 실존 인물 용골대를 물리치는 장면을 중심으로 허구화되어 전개되었다.

외적에 휘둘린 무능한 관군 탓에 병자호란 당시 여성은 전쟁의 큰 피해자였다. 『박씨전』에서는 이 비극적 체험을 재구성하여 전화를 피하기 위한 장소인 피화당(避禍堂)에서 여성 인물과 적군이 전투를 벌이는 장면을 설정하기도 한다. 이들 간의 대립 구도에서 전개되는 이야기는 조선 사람들의 슬픔을 위로하고 희생자를 추모함으로써 공동체의 연대감을 강화하였다. 한편, 『시장과 전장』은 한국 전쟁이 남긴 상흔을 직시하고 이에 좌절하지 않으려던 작가의 의지가 이념 간의 갈등에 노출되고 생존을 위해 몸부림치는 인물을 통해 허구화되었다. 이 소설은 전장을 재현하여 전쟁의 폭력에 노출된 개인의 연약함을 강조하고 무고한 희생을 목도한 인물의 내면을 드러냄으로써 개인의 존엄을 탐색하였다.

우리는 이런 작품들을 통해 전쟁의 성격을 확인할 수 있다. 두 작품에서는 외적의 침략이나 이념 갈등과 같은 공동체 사이의 갈등이 드러나고 있다. 그런데 전쟁이 폭력적인 것은 이 과정에서 사람들이 죽기 때문만은 아니다. 전쟁의 명분은 폭력을 정당화하기에, 적의 죽음을 불가피한 것으로, 우리 편의 죽음은 불의한 적에 의한 희생으로 간주된다. 전쟁은 냉혹하게도 아군이나 적군 모두가 민간인의 죽음조차 외면하고 자신의 명분에 따라 이를 이용하게 한다는 점에서 폭력성을 띠는 것이다. 두 작품에서 사람들이 죽는 장소가 군사들이 대치하는 전선뿐만이 아니라는 점도 주목된다. 전쟁터란 전장과 후방, 가해자와 피해자가 구분되지 않는 혼돈의 현장이다. 이 혼돈 속에서 사람들은 고통받으면서도 생의 의지를 추구해야 한다는 점이 전쟁의 비극성이다. 이처럼 전쟁의 허구화를 통해 우리는 전쟁에 대해 새로운 인식을 경험해 볼 수 있다.

① 문학에 반영되는 작가의 작품 세계
② 전쟁과 문학 작품의 상호 관계
③ 문학에서 허구화된 전쟁이 갖는 의미
④ 한국 소설에 나타난 전쟁의 비극성
⑤ 문학에 나타난 역사에 대한 진위 여부 판단의 중요성

07. 다음 글을 통해 유추한 내용으로 적절하지 않은 것은?

한 마리의 개미가 모래 위를 기어가고 있다. 개미가 기어감에 따라 모래 위에는 하나의 선이 생긴다. 개미가 모래 위에서 방향을 이리저리 틀기도 하고 가로지르기도 하여 형성된 모양이 아주 우연히도 이순신 장군의 모습과 유사한 그림같이 되었다고 하자. 이 경우, 그 개미가 이순신 장군의 그림을 그렸다고 할 수 있는가? 개미는 단순히 어떤 모양의 자국을 남긴 것이다. 우리가 그 자국을 이순신 장군의 그림으로 보는 것은 우리 스스로가 그렇게 보기 때문이다. 선 그 자체는 어떠한 것도 표상하지 않는다. 이순신 장군의 모습과 단순히 유사하다고 해서 그것이 바로 이순신 장군을 표상하거나 지시한다고 할 수 없다는 것이다.

반대로 어떤 것이 이순신 장군을 표상하거나 지시한다고 해서 반드시 이순신 장군의 모습과 유사하다고 할 수도 없다. 이순신 장군의 모습을 본뜨지도 않았으면서 이순신 장군을 가리키는 데에 사용되는 것은 활자화된 '이순신 장군'과 입으로 말해진 '이순신 장군' 등 수없이 많다.

개미가 그린 선이 만약 이순신 장군의 모습이 아니라 '이순신 장군'이란 글자 모양이라고 가정해 보자. 그것은 분명히 아주 우연히 그렇게 된 것이므로, 개미가 그리게 된 모래 위의 '이순신 장군'은 이순신 장군을 표상한다고 할 수 없다. 활자화된 모양인 '이순신 장군'이 어느 책이나 신문에 나온 것이라면 그것은 이순신 장군을 표상하겠지만 말이다. '이순신'이란 이름을 책에서 본다면 그 이름을 활자화한 사람이 있을 것이고, 그 사람은 개미와는 달리 이순신 장군의 모습을 생각하고 있었으며, 그를 지시하려는 의도를 분명히 가졌을 것이기 때문이다.

① 이름이 어떤 것을 표상하기 위해 의도는 필요조건이다.

② 어떤 것을 표상하기 위해 유사성은 충분조건이 아니다.

③ 이순신 장군을 그리고자 그린 그림이라도 이순신 장군과 닮지 않았다면 그를 표상하는 그림이라고 볼 수 없다.

④ 이름이 어떤 대상을 표상하기 위해서는 그 이름을 사용한 사람이 그 대상에 대해서 생각할 수 있는 능력이 있어야 한다.

⑤ 책에 있는 이순신 장군의 그림은 개미가 우연히 그린 이순신 장군과 비교하였을 때, 그 의미가 같지 않다.

08. 다음 문장들을 논리적 순서에 맞게 배열한 것은?

(가) 중미 멕시코가 원산지인 고추는 '남만초'나 '왜겨자'라는 이름으로 16세기 말 조선에 전래되어 17세기부터 서서히 보급되다가 17세기 말부터 가루로 만들어져 비로소 김치에 쓰이게 되었다.
(나) 19세기 무렵에 와서 고추는 향신료로서 압도적인 우위를 차지하게 되었다.
(다) 김치와 관련하여 우리나라 향신료의 대명사로 쓰이는 고추는 생각만큼 오랜 역사를 갖고 있지 않다.
(라) 그 결과 후추는 더 이상 고가품이 아니게 되었으며, 산초라고도 불리는 천초의 경우 지금에 와서는 간혹 추어탕에나 쓰일 정도로 중요하지 않게 되었다.
(마) 조선 전기까지 주요 향신료는 후추, 천초 등이었고, 이 가운데 후추는 값이 비싸 쉽게 얻을 수 없었다.

① (가)－(나)－(마)－(라)－(다)
② (나)－(라)－(다)－(마)－(가)
③ (다)－(가)－(나)－(라)－(마)
④ (다)－(가)－(마)－(나)－(라)
⑤ (마)－(라)－(다)－(가)－(나)

09. 다음 글을 내용상 두 문단으로 나눌 때, 두 번째 문단이 시작되기에 적절한 곳은?

전 세계적으로 집값이 극단적인 수준의 변동성을 보였음에도 불구하고 휴스턴의 집값이 보합세를 유지할 수 있었던 이유는 수요 변화에 맞춰 주택 공급도 변했기 때문이다. (가) 집값 거품이 정점에 달했던 2006년에 해리스 카운티는 3만 채가 넘는 주택 건설을 허용했는데, 그때 지어진 집들은 주택 가격을 낮게 유지하는 데 도움이 되었다. (나) 또한, 2008년에 신규 주택 건설 물량이 절반으로 뚝 떨어진 것은 주택 가격 하락의 완충제 역할을 해 주었다. (다) 이러한 탄력적인 주택 공급은 일반적으로 가격 거품을 막아 주는 효과도 낳는다. (라) 1996 ~ 2006년 평균적으로 주택 공급이 가장 어려웠던 미국 26개 도시의 실질 집값은 무려 94%가 올랐다. (마) 반면 주택 공급 제한이 덜 했던 28개 도시의 실질 집값은 28% 오르는 데 그쳤다.

① (가)　② (나)　③ (다)　④ (라)　⑤ (마)

10. 다음 빈칸에 들어갈 가장 적절한 내용은?

> 우리는 환경이 우리가 존중하는 분위기와 관념을 구현하고, 우리에게 그것을 일깨워 주기를 은근히 기대한다. 건물이 일종의 심리적 틀처럼 우리를 지탱하여, 우리에게 도움이 되는 우리의 모습을 유지해 주기를 기대한다. 우리 내부에 필요한 것—그러나 필요하다는 사실 자체를 잊을 위험이 있는 것—을 표현해 주는 물질적 형태들을 주위에 배치한다. 벽지, 벤치, 그림, 거리가 우리의 진정한 자아의 실종을 막아 주기를 기대한다.
>
> 어떤 장소의 전망이 우리의 전망과 부합되고 또 그것을 정당화해 준다면 우리는 그곳을 '집'이라는 말로 부르곤 한다. 꼭 우리가 영구히 거주하거나 우리 옷을 보관해 주어야 집이라는 이름을 붙이는 것은 아니다. 어떤 건물과 관련하여 집 이야기를 하는 것은 단지 그것이 우리가 귀중하게 여기는 내적인 노래와 조화를 이룬다는 사실을 인정하는 방식일 뿐이다. 집은 공항이나 도서관일 수도 있고 정원이나 도로변 식당일 수도 있다.
>
> 집을 사랑한다는 것은 또 우리의 정체성이 스스로 결정되는 것이 아님을 인정하는 것이다. (   ) 우리의 약한 면을 보상하기 위해서다. 우리에게는 마음을 받쳐줄 피난처가 필요하다. 세상의 아주 많은 것이 우리의 신의와 대립하기 때문이다. 우리에게는 우리의 바람직한 모습을 바라보게 해 주고, 중요하면서도 쉬이 사라지는 측면들이 살아있도록 유지해 줄 방이 필요하다.

① 벽지, 벤치, 그림 등을 진정한 자아의 실종을 막도록 배치해야 한다.
② 삶을 통해 얻게 되는 다양한 스트레스를 집에서 풀 수 있어야 한다.
③ 우리의 정체성을 견지하기 위해 타인과 함께 사는 지혜가 필요하다.
④ 우리에게는 물리적인 집만이 아니라 심리적인 의미의 집도 필요하다.
⑤ 우리가 인간으로서 가지는 정체성은 우리가 사는 집에 의해서 결정된다.

11. 다음 글을 통해 전달하고자 하는 핵심내용으로 가장 적절한 것은?

4차 산업혁명, 인공지능, 로봇 등 과학 기술의 발전은 우리 사회와 직업 세계 전반에 많은 영향을 미칠 것으로 예상된다. 4차 산업혁명 시대의 모습은 다양한 형태로 나타날 수 있겠지만 가장 핵심적인 특징 가운데 하나가 바로 초연결성이다. 초연결은 캐나다 사회과학자인 아나벨 콴하스(Anabel Quan-Haase)와 배리 웰먼(Barry Wellman)에 의해 시작된 용어로 네트워크를 통해 사람-사람, 사람-사물, 사물-사물이 자유롭게 연결되어 커뮤니케이션할 수 있는 것을 말한다.

이러한 기술이 활성화되는 사회를 초연결사회라고 하는데, 초연결사회는 사람, 프로세스, 사물 등 모든 사물과 사람 간에 네트워크로 연결이 극대화된 사회를 말한다. 이를 통해 기존과는 다른 사회 서비스를 만들어 내고, 새로운 문화와 가치를 형성해 나가는 기반이 된다. 초연결사회의 핵심 기술은 사물인터넷, 클라우드 컴퓨팅, 빅데이터 등이며 이러한 기술들은 서로 결합되어 모든 사물과 사람 간의 연결을 극대화하도록 지원한다.

초연결 기술들은 초연결사회의 직업 세계 모습에 큰 영향을 준다. 초연결사회의 직업 세계에서는 지능을 가진 기계와 사람 간의 협업, 저숙련 직무를 중심으로 인공지능 기계의 대체 직무에 따른 업무의 양극화 등이 가속될 것으로 예측된다. 정교함이 떨어지는 직업이나 단순 업무들은 자동화로 인하여 인공지능이나 로봇으로 대체될 것으로 전망된다. 초연결 기술들은 일하는 방식이나 일터의 변화를 수반하고, 네트워크의 극대화와 디지털의 특성으로 유연한 근무시간이나 재택근무가 확대되면서 독립 자영업자와 같이 일하는 방식이 일반화될 것으로 예측된다.

① 초연결사회란 무엇인가

② 4차 산업혁명 시대의 특징

③ 초연결사회가 가져올 직업 세계의 변화

④ 새로운 문화와 가치를 형성하는 초연결사회

⑤ 네트워크의 극대화 및 디지털화에 따른 재택근무의 확대

12. 다음 빈칸에 들어갈 접속어를 순서대로 알맞게 짝지은 것은?

공유지의 비극은 공적 자원의 남용을 설명하는 경제 이론으로 수요가 공급을 압도적으로 추월하여 결과적으로 자원을 사용할 수 없게 되는 비극을 말한다. (　　　) 사적 이익에 따라 행동하는 개인들이 모여 자원을 고갈시키거나 훼손시킴으로써 모든 사용자의 공동 이익에 반하는 문제를 일으키는 것이다. 크게는 대기와 수도, 작게는 사무용 냉장고와 같이 다수의 사용자가 공유하면서 어떠한 규제도 없는 자원들이 이에 해당한다. 이러한 이론은 모든 사용자가 개방된 자원에 동일 확률로 접근할 수 있을 때 일어나는 문제를 다루면서 사용된다. (　　　) 어느 초원에서 가축을 사육한다고 가정해 보자. 초원의 주인은 없고 누구나 자신의 가축을 방목하여 풀을 먹일 수 있다. 사람들은 사용에 관한 일체의 대화도, 함께 일을 하지도 않는다. 만약 가축 10마리를 수용할 정도의 초원에 풀이 10마리가 먹을 수 있는 양만 있다면 수용능력 이상으로 가축을 방목할 경우 추가로 들어온 동물은 원래 수용능력 안의 동물들이 먹었어야 할 풀을 먹어 모든 동물들의 가치를 떨어뜨리고 말 것이다. 동물들의 건강은 위험에 처하고 더 낮은 품질의 자원을 제공할 것이다. 결과적으로는 손실 구조임에도 불구하고 가축업자들은 동물이 주는 당장의 이익만을 본다. 훼손된 목초지에 대한 비용은 모든 사용자가 부담하지만 각 개인은 그중 일부만 지불하면 되므로, 이러한 방식은 자원을 과도하게 사용하는 이유 중 하나가 될 것이다. 가축업자들은 이러한 유인책에 유혹되어 자신에게 이득이 되는 한 가축의 수를 계속 늘리거나 더 오랜 시간 방목한다. 한정된 자원에 대한 자유로운 접근과 끝없는 요구가 과도한 개발을 유도하고 자원을 감소시키는 것이다. 환경뿐만 아니라 정치나 경제, 인문학, 사회학 분야에서도 비슷한 문제가 발생한다. 이처럼 모두가 함께 사는 세상에서 극단적인 비극을 맞이하지 않으려면 정부 차원의 해결책이 고려돼야 한다. 필요한 만큼만 적절히 사용할 때 지급되는 인센티브와 과다 사용에 대한 처벌이 있다면 건강한 환경을 지키는 데 도움이 될 것이다.

① 즉－하지만
② 그러므로－이와 달리
③ 그러므로－예를 들어
④ 다시 말하면－이를테면
⑤ 그러나－만약

13. 다음 글의 내용과 일치하지 않는 것은?

12세기 이전까지 유럽에서의 독서는 신앙심을 고취하기 위하여 주로 성경이나 주석서를 천천히 반복해서 읽는 방식으로 이루어졌다. 그런데 12세기에 들어 그리스 고전이 이슬람 세계로부터 대거 유입되고 학문적 저술의 양이 폭발적으로 늘어나게 되자 독서 문화에도 변화가 일어나기 시작했다.

이 시기의 독서는 폭넓고 풍부한 지식의 습득을 목적으로 삼게 되었다. 하지만 방대한 양의 저서를 두루 구해 읽는다는 것은 시간적으로나 경제적으로나 불가능한 일이었다. 이에 책의 중요한 내용을 뽑아 간략하게 정리한 요약집, 백과사전과 같은 다양한 참고 도서의 발행이 성행하였다. 이러한 책들은 텍스트가 장, 절로 나누어져 있고 중요한 구절 표시가 있는가 하면, 차례나 찾아보기 같은 보조 장치가 마련되어 있는 등 이전과 다른 새로운 방식으로 편집되었다. 이를 활용하여 독자들은 다양한 정보와 해석을 편리하고 빠르게 찾고, 이렇게 얻은 지식들을 논증의 도구로 활용할 수 있게 되었다.

그러나 참고 도서를 위주로 한 독서가 유행하면서 사람들은 점차 원전 독서를 등한시하여 원전이 담고 있는 풍부함을 맛볼 수 없게 되었다. 주요 부분을 발췌하여 읽는 것은 텍스트의 의미를 효율적으로 파악하는 데 이점은 있었지만 그 속에 담긴 깊은 뜻을 이해하기에는 한계가 있었다.

① 12세기 이후에는 독서가 목적을 성취하기 위한 도구로 전락했다.
② 12세기 이후의 독서는 효율성을 극대화하는 방식으로 이루어졌다.
③ 12세기 이전에는 차례나 찾아보기 같은 보조 장치가 존재하지 않았다.
④ 12세기 이후 유행한 참고 도서는 원전의 깊음과 풍부함을 담아낼 수 없었다.
⑤ 독서 목적의 변화는 새로운 편집 방식을 야기했다.

14. 다음 발표 내용으로 알 수 없는 것은?

저는 신제품 개발 프로젝트를 위해 식품의 맛에 대해 고민하였습니다. 다양한 맛 중에 떫은 맛에 대해 이야기하려고 합니다. 단맛, 짠맛 등의 기본적인 맛은 혀의 미각 세포를 통해 느낄 수 있습니다. 그러면 떫은맛은 어떻게 느끼게 될까요? 떫은맛은 입속 점막과 같은 피부 조직이 자극을 받아 느껴지는 촉각입니다. 떫은맛을 내는 성분은 입안에서 혀 점막의 단백질과 결합합니다. 그 과정에서 만들어진 물질이 혀의 점막을 자극하면 우리는 입안이 텁텁하다고 느낍니다. 그 텁텁한 느낌이 바로 떫은맛입니다.

떫은맛은 우리 몸에 어떤 영향을 줄까요? 최근 발표된 Y 대학교 연구팀의 연구결과에 따르면 떫은맛을 내는 타닌이 들어 있는 감과 녹차는 당뇨와 고혈압 등을 개선하는 기능이 있다고 합니다. 그렇지만 떫은맛이 나는 식품을 많이 섭취하면 입이 마르고 대장에서 수분 흡수율이 지나치게 높아져서 속이 불편할 수 있다고 합니다.

떫은맛을 꺼리는 사람도 있지만 떫은맛은 다른 맛과 혼합하여 독특한 풍미를 형성하기도 합니다. 그 풍미를 즐기려고 녹차나 홍차를 마시는 사람도 많습니다. 타닌이 풍부한 감의 경우 덜 익은 감의 타닌은 침에 녹아서 떫은맛을 강하게 내지만, 감이 익으면서 타닌이 침에 녹지 않는 성질로 변하기 때문에 잘 익은 감에서는 떫은맛이 느껴지지 않습니다. 이런 감에서 저는 제 프로젝트 방향의 감을 잡았습니다. 하하하. 농담이구요. 여하튼 저는 이 잘 익은 감의 타닌 성분을 이용하여 고혈압에 도움을 줄 수 있는 새로운 건강식품 개발 프로젝트를 제안하고 싶습니다.

① 떫은맛을 이용한 다양한 타 회사의 건강식품의 예
② 떫은맛이 잘 익은 감에서는 느껴지지 않는 이유
③ 떫은맛이 포함된 음식들
④ 떫은맛을 느끼는 과정
⑤ 떫은맛의 효능

15. 다음 강의를 들은 청중의 반응으로 적절하지 않은 것은?

블랙박스 암호란 물리적인 하드웨어로 만들어진 암호화 장치를 기반으로 작동되는 암호 기술을 말합니다. 하드웨어로 구성된 암호화 장치가 외부의 공격으로부터 보호받을 수 있다는 가정하에 암호 키를 암호 장치 내부에 두고 보안하도록 설계하는 방식입니다. 언뜻 보면 완벽한 보안 장치로 보이지만 공격자에게 그 내부가 공개되는 순간 암호와 키가 모두 유출될 위험이 있습니다.

화이트박스 암호는 이런 블랙박스 암호의 한계를 보완하기 위해 등장한 기술로 암호화 기술에 소프트웨어 개념을 도입하여 암호 알고리즘의 중간 연산 값 및 암호 키를 안전하게 보호할 수 있다는 장점이 있습니다. 암호와 키에 대한 정보가 소프트웨어로 구현된 알고리즘 상태로 화이트박스에 숨겨져 있기 때문에 내부 해킹을 시도해도 알고리즘을 유추할 수 없습니다. 또한 화이트박스 암호는 다른 저장 매체에 비해 운용체계에 따른 개발과 관리가 용이합니다. 애플리케이션 업데이트를 통해 원격으로 암호 알고리즘에 대한 오류 수정 및 보완이 가능하기 때문에 블랙박스 암호의 한계를 더욱 보완할 수 있습니다. 최근에는 패스(PASS), 모바일 결제 시스템, 전자지갑, 모바일 뱅킹의 주요 보안 수단으로 활용되고 있습니다.

그러나 화이트박스 암호도 변조 행위나 역공학에 의한 공격을 받는다면 노출될 가능성이 있습니다. 그래서 더욱 다양한 플랫폼과 콘텐츠를 통해 안정성을 확보하는 것이 중요하며 그 과정에서 새롭게 등장한 플랫폼이 화이트크립션입니다. 화이트크립션은 화이트박스 암호 보안을 위해 애플리케이션 보호 기능을 제공하는 플랫폼으로, 기존의 암호화 기능을 더욱 강화하여 암호 실행 중에도 암호 키를 활성화하여 보호하는 기술을 가지고 있습니다.

① 화이트박스 암호는 전자 서명 서비스나 핀테크 산업에도 사용될 수 있겠군.

② 외부의 공격으로 내부가 뚫리더라도 화이트박스 암호는 쉽게 유출될 수 없겠군.

③ 해킹의 성공 여부에 있어 중요한 포인트는 암호화 키가 어떻게 숨겨져 있는지겠군.

④ 화이트박스 암호는 블랙박스 암호를 보완하기 위해 등장한 기술로 외부 공격에 노출될 위험이 전혀 없겠군.

⑤ 화이트박스 암호는 애플리케이션의 업데이트를 통해 원격으로 암호 알고리즘에 대한 오류 수정 및 보완이 가능하겠군.

영역 2 수리

20문항/25분

01. 지름이 400m인 원형 공원의 둘레에 벚나무를 7m 간격으로 심으려고 한다. 공원 입구는 3m이고 입구 양옆부터 나무를 심는다면, 몇 그루의 벚나무가 필요한가? (단, π=3.14로 계산한다)

① 178그루 ② 179그루 ③ 180그루
④ 181그루 ⑤ 182그루

02. 두 대의 버스가 7시에 동시에 출발하는데 한 대의 버스는 15분, 다른 한 대의 버스는 20분마다 출발한다면, 다음으로 동시에 출발하는 시간은?

① 7시 30분 ② 8시 ③ 8시 30분
④ 9시 ⑤ 9시 30분

03. A와 B 사이의 거리는 120km이다. 고진이는 A 지점에서 오토바이를 타고 시속 36km로, 애정이는 B 지점에서 도보로 시속 4km로 각각 B, A 지점을 향해 달렸다. 두 사람은 몇 시간 후에 만나는가?

① 1시간 후 ② 1시간 30분 후 ③ 2시간 후
④ 3시간 후 ⑤ 3시간 30분 후

04. 빨래를 할 때 적합한 세제의 농도는 0.2%이다. 물 8,000mL에 세제를 풀려고 할 때 넣어야 하는 적합한 세제의 양은 몇 g인가?

① 0.016g　② 0.16g　③ 1.6g
④ 16g　⑤ 160g

05. 갑은 중간고사에서 네 과목의 평균이 89.5점이 나왔다. 마지막 영어시험까지 합하여 다섯 과목의 총 평균이 90점 이상 나오려면, 영어는 최소한 몇 점을 받아야 하는가?

① 88점　② 90점　③ 92점
④ 93점　⑤ 95점

06. 현재 어머니의 나이는 아버지 나이의 $\frac{4}{5}$이다. 2년 후에 아들의 나이는 아버지 나이의 $\frac{1}{3}$이 되며 아들과 어머니의 나이를 합하면 65세가 된다. 3명의 현재 나이를 모두 합하면 몇 세인가?

① 116세　② 120세　③ 124세
④ 128세　⑤ 130세

07. A, B, C 3명의 평균 체중은 69kg이다. B는 C보다 2kg 가볍고, A는 B보다 5kg 가볍다고 할 때 A, B, C의 체중은 각각 몇 kg인가?

	A	B	C
①	64kg	69kg	71kg
②	65kg	70kg	72kg
③	66kg	71kg	73kg
④	67kg	72kg	74kg
⑤	68kg	73kg	75kg

08. 개당 재료비가 5만 원인 상품을 50개 만들어 10%의 이윤을 남기고 판매하려고 하였으나 구입한 재료 일부가 손상되어 20개만 만들 수 있었다. 50개를 만들어서 판매할 때의 이윤과 같은 이윤을 남기려고 한다면 20개를 팔 때 몇 %의 이윤을 남기도록 가격을 책정해야 하는가?

① 15%　② 20%　③ 25%　④ 30%　⑤ 35%

09. 10명의 사원들에게 25, 26, 27, 28일 중 하루를 특별휴가로 지급하려 한다. 하루에 최대 3명까지 휴가를 쓸 수 있다면 휴가를 분배할 수 있는 경우의 수는? (단, 어떤 사원이 어느 날짜에 휴가를 쓰는지는 고려하지 않는다)

① 10가지　② 16가지　③ 48가지　④ 80가지　⑤ 100가지

10. 각 자릿수의 합이 7인 두 자리의 자연수에서 십의 자리의 숫자와 일의 자리의 숫자를 바꾸면 처음 수의 2배보다 2가 크다고 한다. 이때 처음의 수는?

① 16　② 25　③ 34　④ 43　⑤ 45

11. 다음 2018 ~ 2022년 동안 근로소득세, 법인세 실효세율 추이를 비교한 표에 대한 설명으로 옳지 않은 것은?

〈근로소득세, 법인세 실효세율 추이 비교〉

(단위 : %)

구분	2018년	2019년	2020년	2021년	2022년
근로소득세	10.59	10.77	11.00	11.14	11.30
법인세	19.59	16.56	16.65	16.80	15.99

① 전년 대비 근로소득세 실효세율의 증감이 가장 낮은 해는 2021년이다.
② 2019년 대비 2021년 법인세 실효세율의 증가율은 약 1.45%이다.
③ 2022년 법인세의 실효세율은 근로소득세 실효세율의 약 1.42배이다.
④ 근로소득세의 실효세율은 2018년부터 2022년까지 매년 증가하는 추세를 보인다.
⑤ 2020년 대비 2021년 세금 실효세율의 증감률은 법인세가 근로소득세보다 높았다.

12. 다음 20X1 ~ 20X5년의 아르바이트 동향에 관한 자료 분석으로 옳은 것은?

〈5년간 아르바이트 동향 자료〉

(단위 : 원, 시간)

구분	20X1년	20X2년	20X3년	20X4년	20X5년
월 평균 소득	642,000	671,000	668,000	726,000	723,000
평균 시급	6,210	6,950	7,100	6,900	9,100
주간 평균 근로시간	24.5	24	22	21	19.5

① 5년 동안 월 평균 소득은 꾸준히 증가하였다.
② 20X5년 평균 시급은 20X1년의 1.4배 이상이다.
③ 20X3년 월 평균 근로시간은 100시간을 초과한다.
④ 5년 동안 월 평균 소득이 증가하면 평균 시급도 증가하는 양상을 보이고 있다.
⑤ 5년 동안 평균 시급은 꾸준히 증가하고 주간 평균 근로시간은 그 반대의 양상을 보이고 있다.

13. 다음은 최근 5년간의 주요 대도시 환경소음도를 나타낸 자료이다. 이에 대한 설명으로 옳은 것은?

〈주요 대도시 주거지역(도로) 소음도〉

(단위 : dB)

구분	2018년		2019년		2020년		2021년		2022년	
	낮	밤	낮	밤	낮	밤	낮	밤	낮	밤
서울	68	65	68	66	69	66	68	66	68	66
부산	67	62	67	62	67	62	67	62	68	62
대구	68	63	67	63	67	62	65	61	67	61
인천	66	62	66	62	66	62	66	62	66	61
광주	64	59	63	58	63	57	63	57	62	57
대전	60	54	60	55	60	56	60	54	61	55

※ 소음환경기준의 개념 : 사람의 건강을 보호하고 쾌적한 환경을 조성하기 위한 환경정책의 목표치

※ 주거지역(도로) 소음환경기준 : 낮(06 : 00 ~ 22 : 00) 65dB 이하, 밤(22 : 00 ~ 06 : 00) 55dB 이하

※ 주요 대도시 환경소음도의 개념 : 소음환경기준의 달성여부 측정을 위한 전국 소음측정망 중 주요 대도시의 도로변 주거지역 소음도를 의미하며 소음도가 낮을수록 정온하고 쾌적한 환경을 나타냄.

① 조사기간 중 낮 시간대 소음환경기준을 모두 만족한 도시는 대구와 광주 두 도시뿐이다.

② 2020 ~ 2022년 동안 모든 주요 대도시의 밤 시간대 소음도의 증감 폭은 1dB 이하이다.

③ 2021 ~ 2022년 동안 밤 시간대 소음도는 대전을 제외한 주요 대도시 모두 소음환경기준을 초과하였다.

④ 조사기간 중 밤 시간대 평균 소음도가 가장 높았던 해는 2020년으로 소음환경기준보다 6dB이 더 높았다.

⑤ 조사기간 중 낮 시간대 평균 소음도가 가장 높은 대도시는 서울이었으며 대전의 낮 시간대 평균보다 9dB 이상 높았다.

14. 다음 세계 주요국의 20XX년 1 ~ 3분기 수출액 동향에 대한 설명으로 적절하지 않은 것은?

〈20XX년 분기별 수출액〉

(단위 : 억 $)

순위 / 국가명		1분기 수출액	2분기 수출액	3분기 수출액	1 ~ 3분기 합계 수출액
1	중국	4,800	5,633	5,891	16,324
2	미국	3,729	3,851	3,811	11,391
3	독일	3,403	3,516	3,736	10,655
4	일본	1,674	1,692	1,764	5,130
5	네덜란드	1,534	1,551	1,642	4,727
6	한국	1,321	1,471	1,510	4,302
7	홍콩	1,246	1,370	1,429	4,045
8	프랑스	1,248	1,321	1,312	3,881
9	이탈리아	1,159	1,261	1,261	3,681
10	영국	1,076	1,076	1,107	3,259
11	벨기에	1,025	1,060	1,093	3,178
12	캐나다	1,034	1,068	1,015	3,117
13	멕시코	947	1,028	1,018	2,993
14	싱가포르	889	906	943	2,738
15	러시아	826	835	844	2,505
16	스페인	777	795	764	2,336
17	대만	721	756	838	2,315
18	인도	770	718	749	2,237
19	스위스	712	762	723	2,197
20	태국	565	571	619	1,755

※ 국가별 순위는 20XX년 1 ~ 3분기 수출액 합계를 기준으로 한다.

① 20XX년 1 ~ 3분기 수출액을 각각 기준으로 한 국가별 순위는 모두 표에 제시된 순위와 다르다.
② 20XX년 1분기부터 3분기까지 수출액의 증감 방향이 중국과 동일한 국가는 10개 국가이다.
③ 20XX년 1 ~ 3분기 수출액 합계가 1조 달러를 초과하는 국가는 3개국이다.
④ 20XX년 1분기에 벨기에보다 수출액이 많은 국가는 10개국이다.
⑤ 4 ~ 6순위의 1 ~ 3분기 수출액 합계를 모두 합해도 1위의 수출액 합계에 못 미친다.

15. 다음 어느 지방자치단체의 결혼이민자에 관한 자료를 바르게 분석한 것은? (단, 모든 계산은 소수점 아래 첫째 자리에서 반올림한다)

〈자료 1〉 연도별 결혼이민자 수

(단위 : 명)

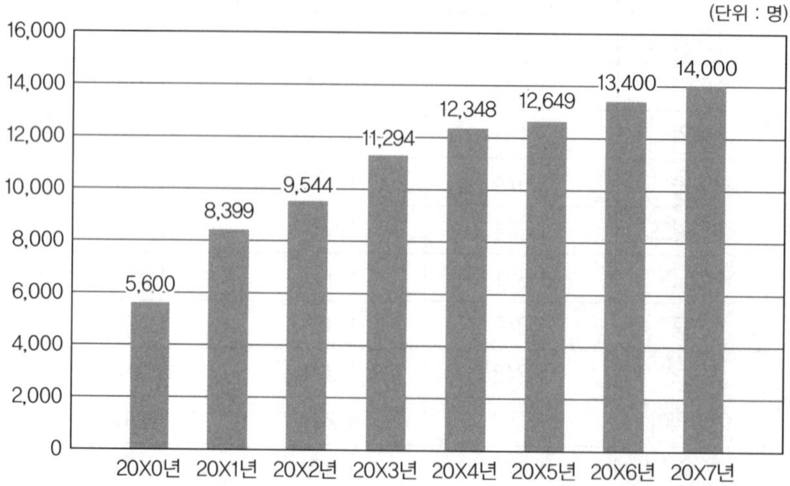

※ 결혼이민자 : 체류외국인 중 국민의 배우자 체류자격을 가진 외국인

〈자료 2〉 20X7년 국적별 결혼이민자 수

(단위 : 명)

국적	베트남	중국(한국계)	중국	필리핀	일본	캄보디아	태국	기타
결혼 이민자 수	3,920	3,360	2,800	1,260	560	420	280	1,400

※ 기타 : 200명 미만인 16개 국적의 결혼이민자 수의 합계

① 20X7년 결혼이민자 수는 20X2년 대비 약 147% 증가하였다.

② 20X0년 대비 20X1년의 결혼이민자 수 증가율은 약 55%이다.

③ 기타에 해당하는 국적 중 결혼이민자 수가 87명 이하인 국적이 존재한다.

④ 20X7년 필리핀 국적의 결혼이민자 수는 해당 연도 전체 결혼이민자의 28%에 해당한다.

⑤ 20X7년 중국(한국계)과 중국 국적의 결혼이민자 수의 합은 전년도 전체 결혼이민자 수 대비 과반수를 차지한다.

16. 다음 자료에 대한 설명으로 옳지 않은 것을 〈보기〉에서 모두 고르면?

〈전공과 직업의 일치 여부〉

(단위 : %)

구분		일치한다	보통이다	일치하지 않는다	계
성별	남	33.3	40.4	26.3	100
	여	33.7	32.1	34.2	100
연령대별	10 ~ 20대	31.6	38.0	30.4	100
	30 ~ 40대	33.0	38.3	28.7	100
	50대 이상	36.7	30.7	32.6	100
직종별	전문직	45.3	30.5	24.2	100
	사무직	29.7	41.9	28.4	100
	서비스직	22.3	25.2	52.5	100
	기타	31.0	51.9	17.1	100

| 보기 |

㉠ 전공과 직업이 일치한다고 응답한 비율이 가장 높은 항목은 성별에서는 여성, 연령대별에서는 50대 이상, 직종별에서는 전문직으로 나타났다.

㉡ 만약 조사대상이 600명, 남녀 비율이 2 : 3이라면, 여성 중 전공과 직업이 일치한다고 응답한 사람은 120명 이하이다.

㉢ 만약 조사대상이 1,000명이고 그중 서비스직에 종사하는 사람이 35%라면, 서비스직에 종사하는 사람 중 전공과 직업이 일치하지 않는다고 응답한 사람은 185명 이상이다.

① ㉠ ② ㉡ ③ ㉢

④ ㉠, ㉢ ⑤ ㉡, ㉢

17. 다음의 타이어 생산업체 3사의 생산성에 관한 자료를 바르게 이해하지 못한 것은?

〈자료 1〉 타이어 3사 직원 1인당 생산성 비교

(단위 : 십만 원)

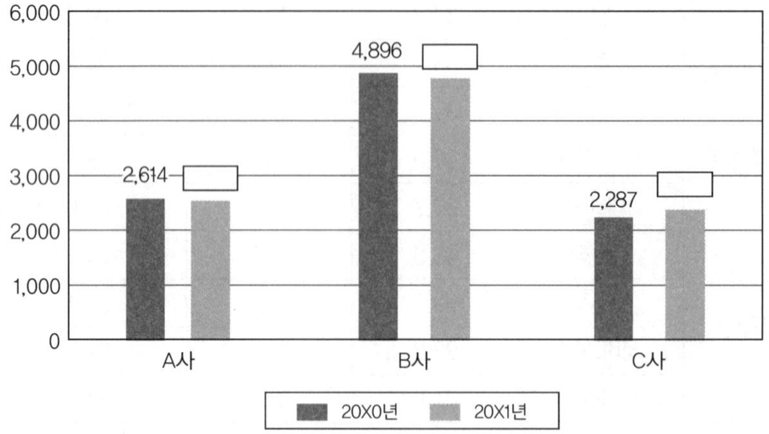

※ 직원 1인당 생산성 $= \frac{\text{매출액}}{\text{총 직원수}}$

〈자료 2〉 타이어 3사 직원 1인당 생산성 추이

(단위 : 명, 억 원, %)

구분	20X0년		20X1년		직원 1인당 생산성 증감률
	직원 수	매출액	직원 수	매출액	
A사	5,050	13,200	5,010	12,900	−1.5
B사	6,760	33,100	6,950	32,900	−3.3
C사	4,350	9,950	4,170	9,770	2.4

① 20X1년에 3사 간의 매출액 차이가 전년 대비 모두 줄어들지는 않았다.

② 20X1년의 3사의 매출액 평균은 전년 대비 200억 원 이상 감소하였다.

③ 20X1년 매출액이 전년 대비 가장 많이 감소한 업체는 직원 수가 감소하였다.

④ 20X1년 기준 전년 대비 직원 1인당 생산성이 증가한 업체의 매출액은 약 2% 증가하였다.

⑤ 20X2년에 B사가 매출액을 유지한 채 직원 수를 150명 더 늘린다면 1인당 생산성은 4.7억 이하로 감소할 것이다.

18. 보훈 보상금 지급 현황에 대한 설명으로 옳지 않은 것은? (단, 소수점 아래 셋째 자리에서 반올림한다)

〈보훈 보상금 지급 현황〉

(단위 : 천 명, 억 원)

구분		2018년	2019년	2020년	2021년	2022년
계	인원	522	524	527	526	502
	금액	32,747	34,370	35,610	36,672	37,306
독립유공자	인원	6	6	6	6	6
	금액	776	799	863	896	910
국가유공자	인원	227	228	237	246	237
	금액	25,212	26,085	26,967	27,570	27,948
고엽제 후유의증환자	인원	37	37	37	37	37
	금액	2,209	2,309	2,430	2,512	2,590
참전유공자	인원	252	253	247	237	222
	금액	4,550	5,177	5,350	5,694	5,858

① 2018년 대비 2022년에 전체 대상자 인원이 감소한 것은 참전유공자의 인원이 감소한 것에 기인한다.

② 2018년 고엽제후유의증환자의 1인당 보상금액은 참전유공자의 1인당 보상금액의 3배 이상이다.

③ 2020년 보훈 대상자는 전년 대비 약 3천 명 증가하였고, 보상금액은 약 1,240억 원 증가하였다.

④ 2021년 국가유공자의 1인당 보상금액은 전년 대비 20만 원 이상 감소하였다.

⑤ 2022년 고엽제후유의증환자의 보상금액은 전년 대비 78억 원 증가하였다.

19. 다음은 제조사별 국내 자동차 판매 실적 관련 자료이다. 총 판매량이 20X0년에는 140만 대, 20X1년에는 145만 대이다. 20X0년 대비 20X1년에 판매 점유율이 감소한 제조사들을 살펴볼 때, 판매량이 몇 대만큼 감소하였는가?

〈연도별 자동차 판매 점유율〉

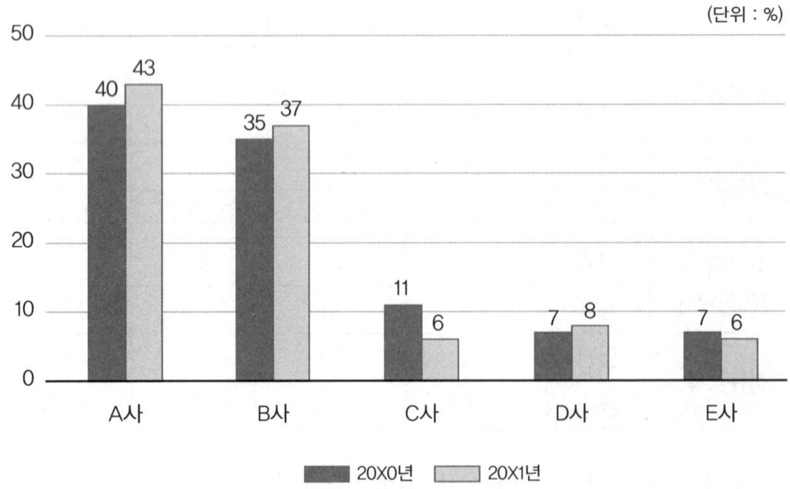

① 7.0만 대　② 7.4만 대　③ 7.8만 대
④ 8.2만 대　⑤ 8.6만 대

20. 다음의 지역(담당자)별 매출 비율을 나타낸 그래프에 대한 설명으로 옳은 것을 〈보기〉에서 모두 고르면?

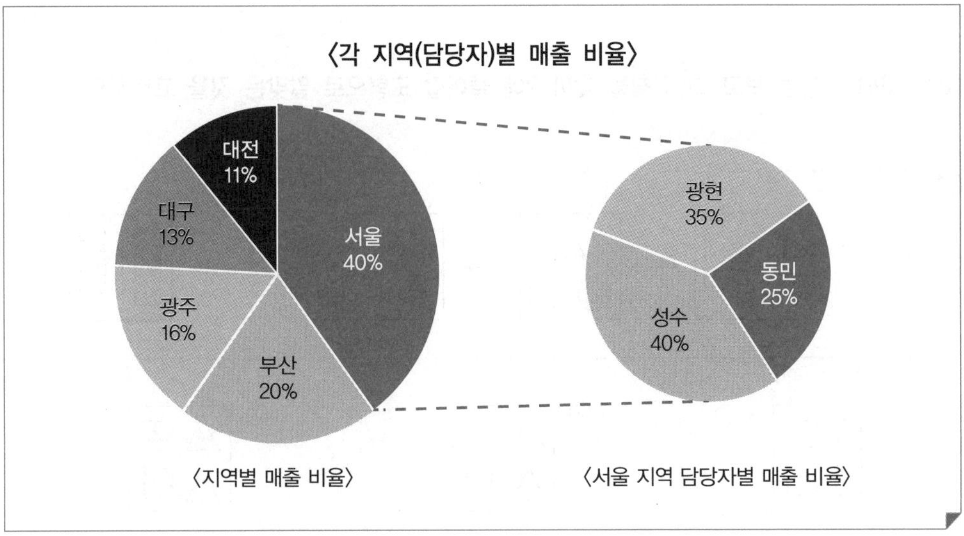

| 보기 |

ㄱ. 전체 매출 중 광현이 차지하는 비중은 13% 미만이다.
ㄴ. 전체 매출 중 동민이 차지하는 비중은 10% 이상이다.
ㄷ. 전체 매출 중 광현과 동민이 차지하는 비중은 대구와 대전의 매출 비중의 합보다 작다.
ㄹ. 전체 매출 중 성수가 차지하는 비중은 대구의 비중보다 많다.

① ㄱ, ㄴ　② ㄱ, ㄷ　③ ㄴ, ㄷ
④ ㄴ, ㄹ　⑤ ㄷ, ㄹ

영역 3 도형추리

15문항/15분

[01 ~ 04] 다음을 보고 그 규칙을 찾아 ?에 들어갈 도형으로 알맞은 것을 고르시오.

01.

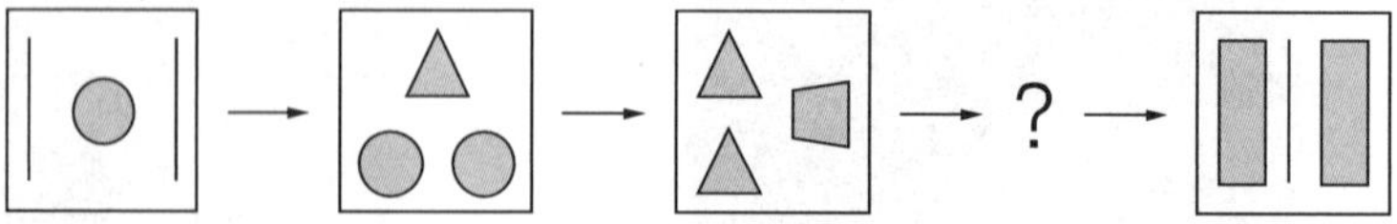

① 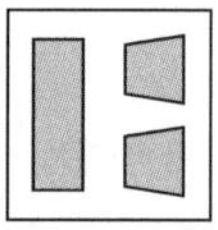

② 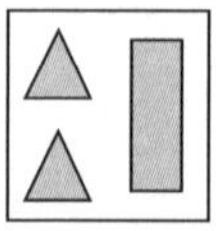

③ 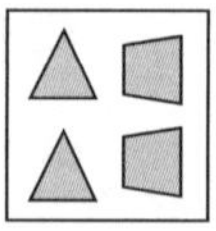

④ 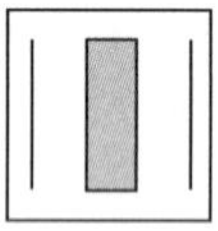

⑤ 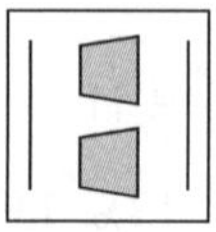

02.

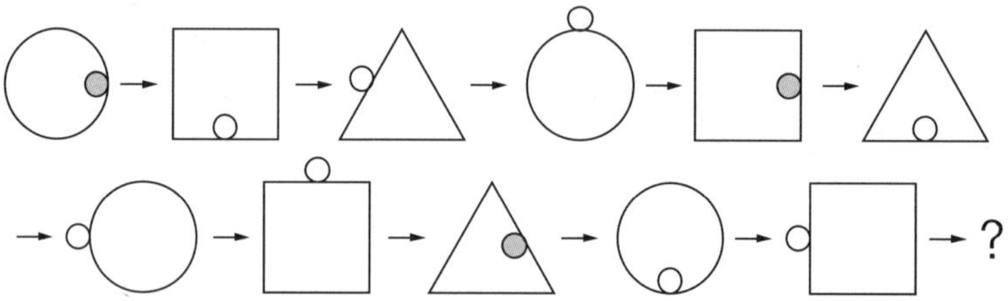

① 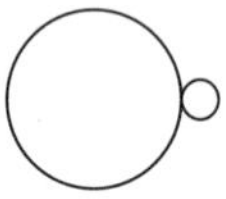

② 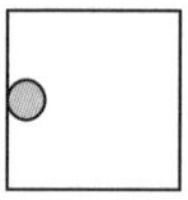

③ 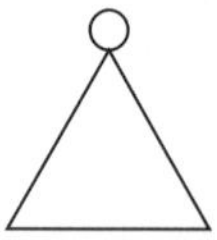

④ 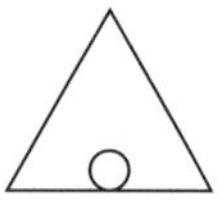

⑤ 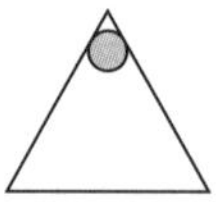

03.

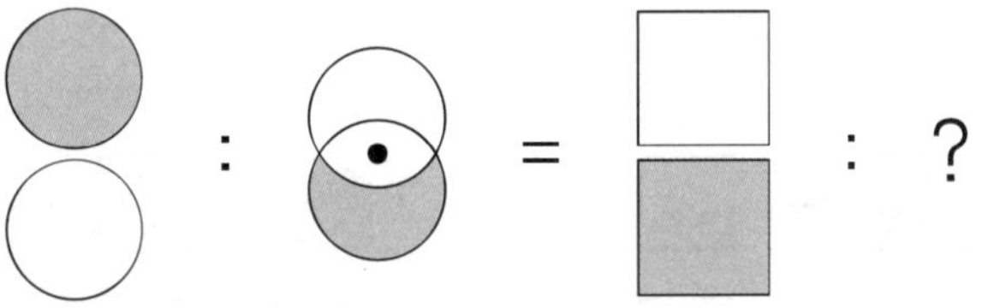

①
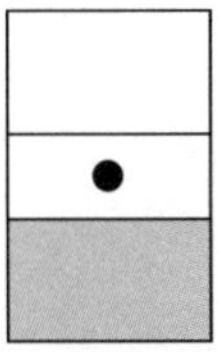

②
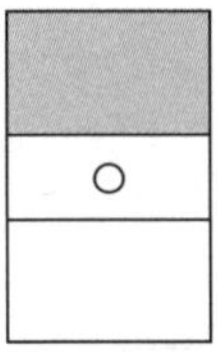

③
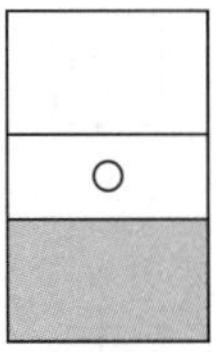

④
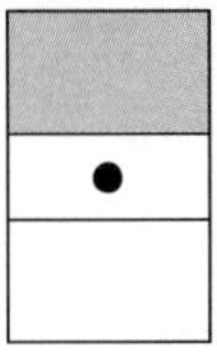

⑤
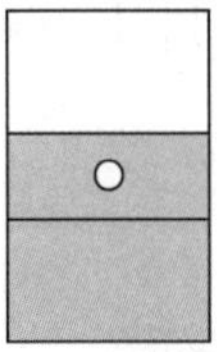

04.

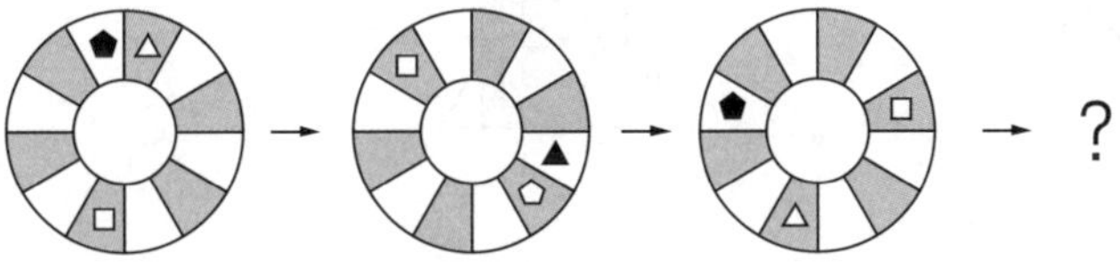

①
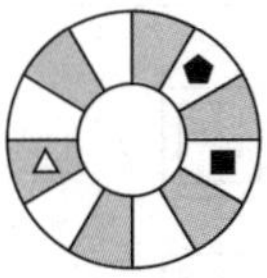

②
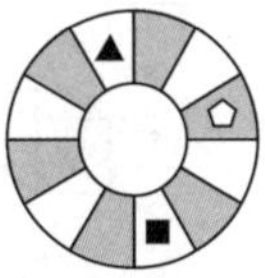

③
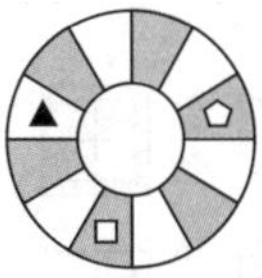

④
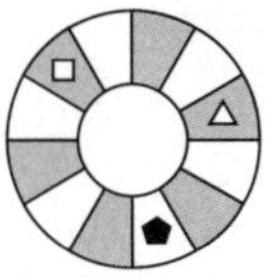

⑤
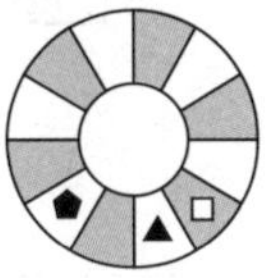

[05 ~ 06] 다음 규칙을 통해 ?에 들어갈 알맞은 것을 고르시오.

05.

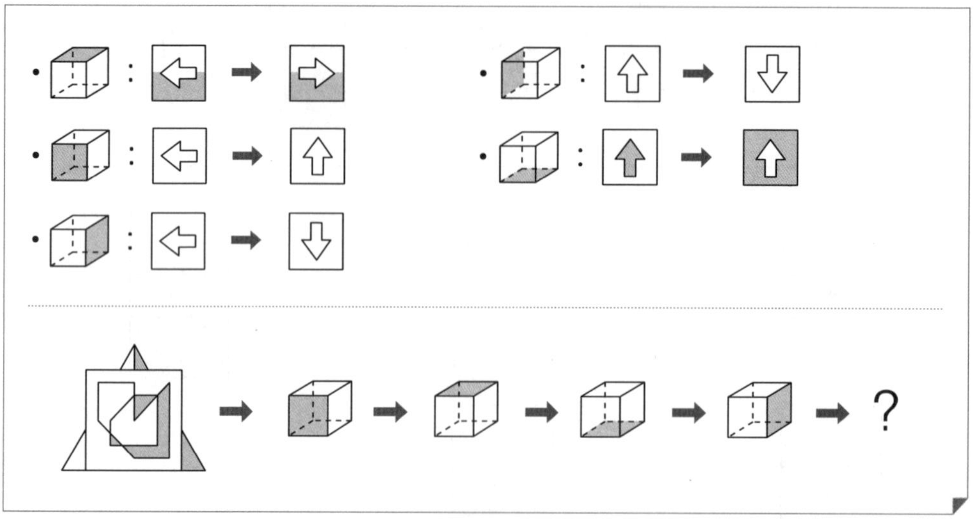

①

②

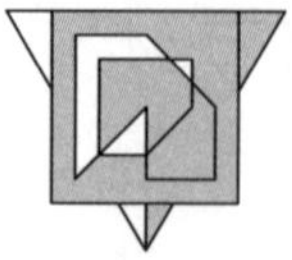

③

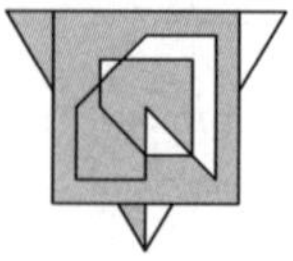

④

⑤

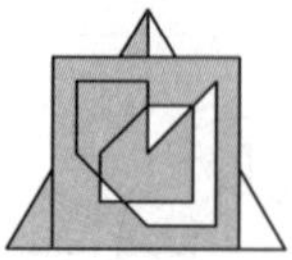

06.

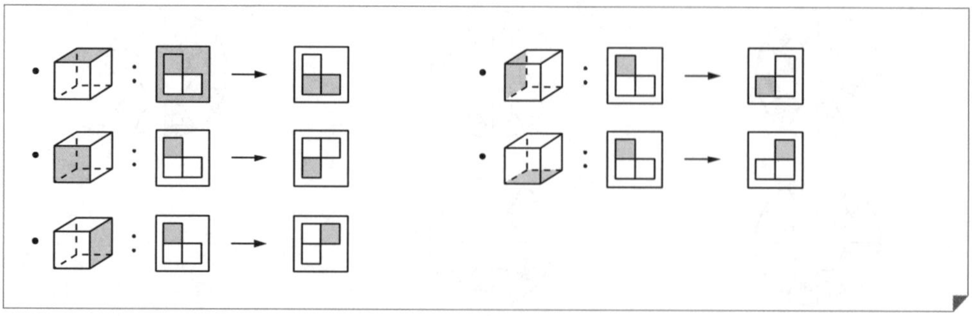

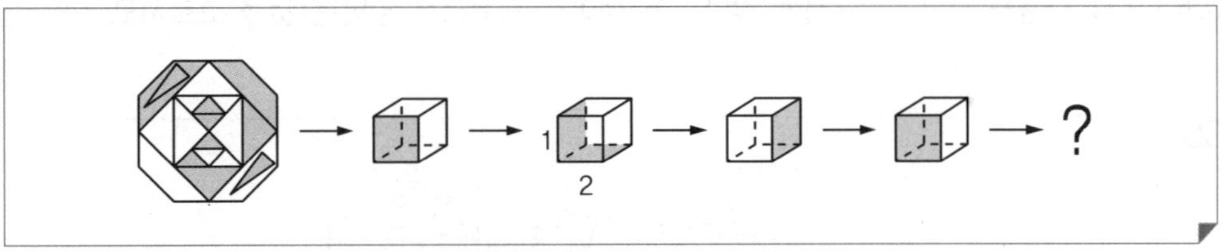

① 

② 

③ 

④ 

⑤ 

07. 도형이 왼쪽에서 오른쪽으로, 위쪽에서 아래쪽으로 이동할 때 각각의 서로 다른 변화 규칙이 적용된다. 그 규칙을 찾아 A와 B에 들어갈 알맞은 도형을 고르면?

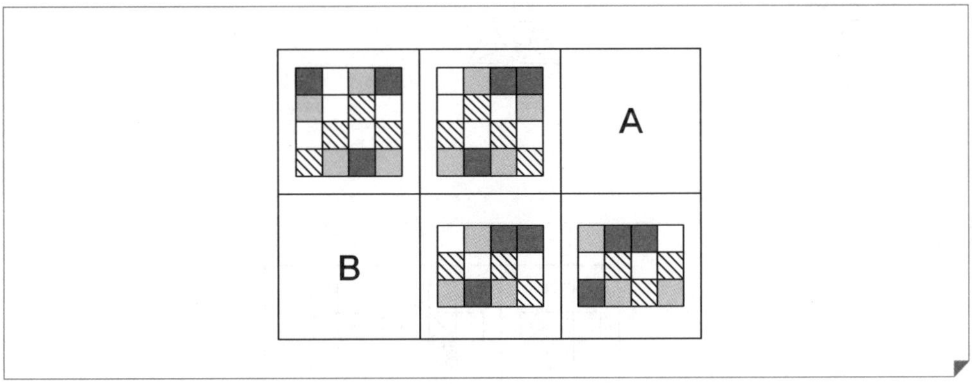

A B

① 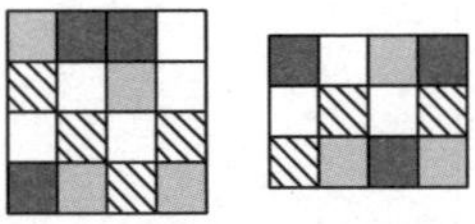

② 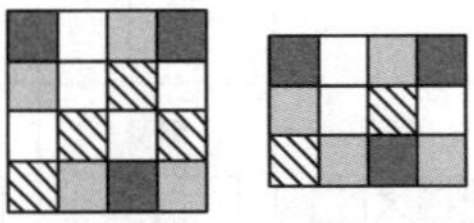

③ 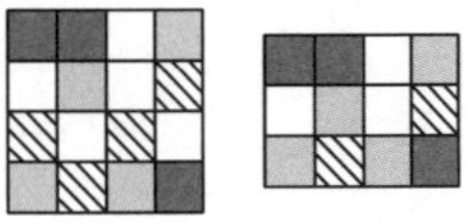

④ 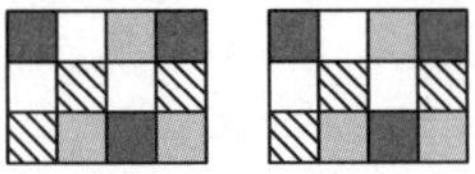

⑤ 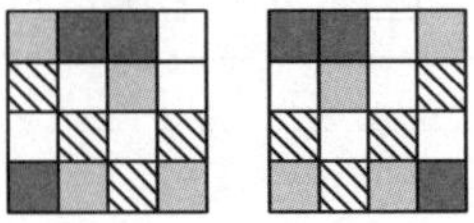

[08 ~ 11] 다음을 보고 그 규칙을 찾아 ?에 들어갈 도형으로 알맞은 것을 고르시오.

08.

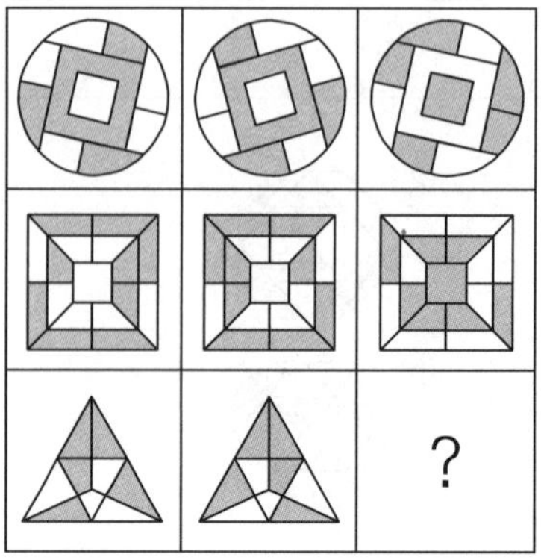

①
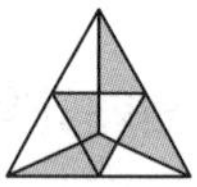

②
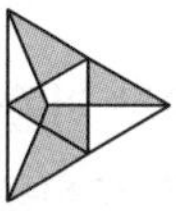

③
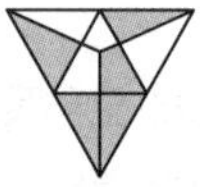

④

⑤
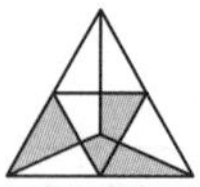

09.

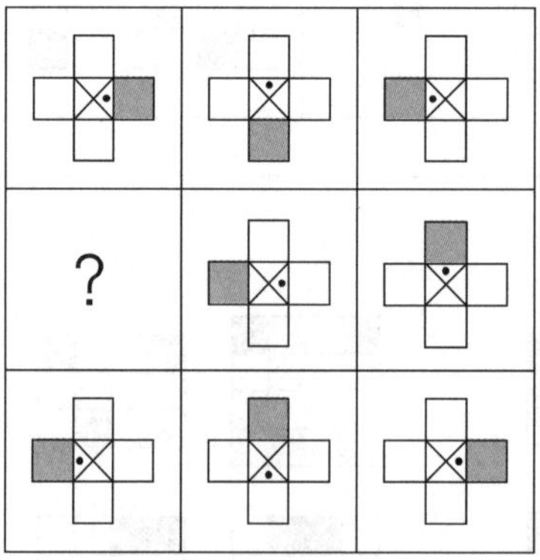

① 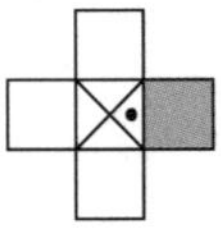
② 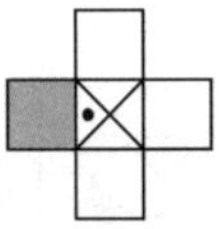
③ 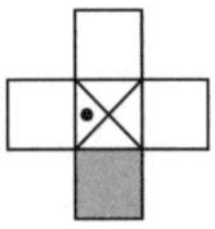

④ 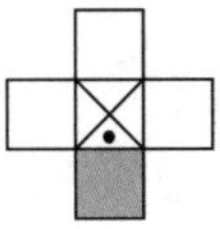
⑤ 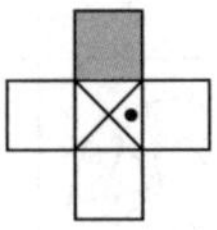

10.

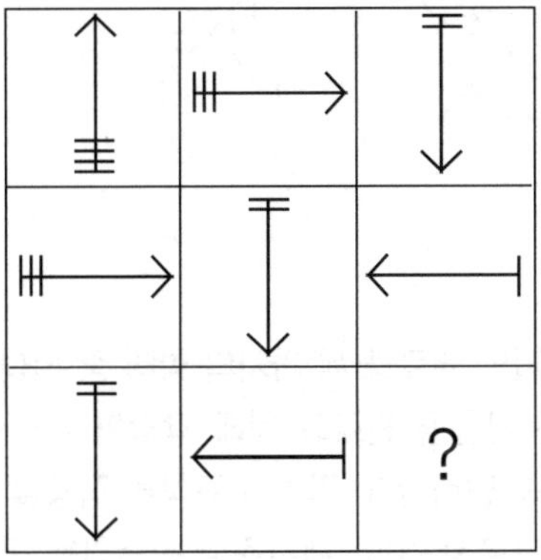

① 
② 
③ 

④ 
⑤ 

11.

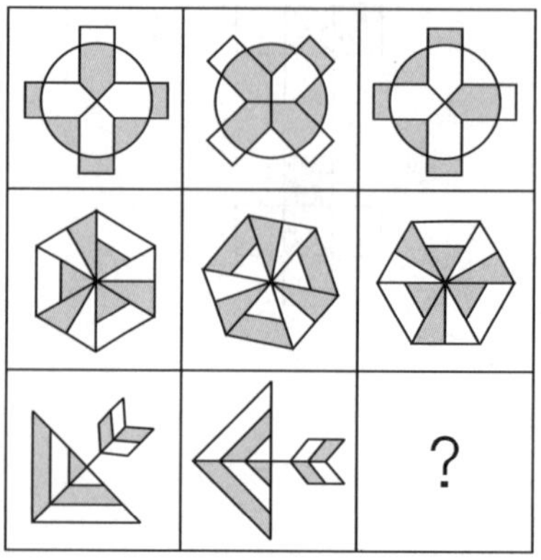

① 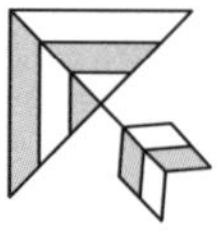 ② 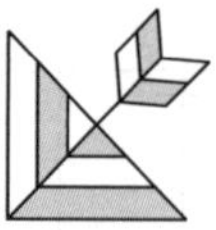 ③  ④ 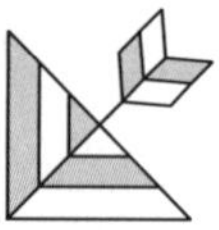 ⑤ 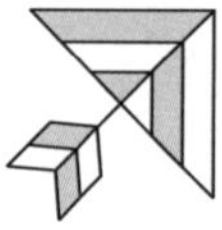

[12 ~ 13] 다음과 같은 세 가지의 원료와 세 가지의 형태 중 하나씩을 골라 배합하여 새로운 결과물을 만들고자 한다. 〈조건〉에는 사용될 원료와 형태 각각의 우선순위가 나열되어 있으며, 〈규칙〉에 따라 주어진 원료와 형태는 계속 변화한다. 각각의 규칙을 적용할 때 원료와 형태가 올바르게 배합된 결과물로서 ?에 들어갈 것을 고르시오(단, 제시된 우선순위는 규칙으로 인해 바뀌지 않으며, '우선순위 1'의 한 단계 위는 '우선순위 3'이 되고, '우선순위 3'의 한 단계 아래는 '우선순위 1'이 된다).

〈조건〉

우선순위	원료	형태
1	Z	⬠
2	K	△
3	J	○

〈규칙〉

구분	내용
♤	우선순위 최하위의 형태로 변화
◎	우선순위보다 한 단계 낮은 원료로 변화
▣	우선순위보다 한 단계 높은 원료로 변화
▨	원료와 형태의 우선순위가 모두 한 단계 낮게 변화

12.

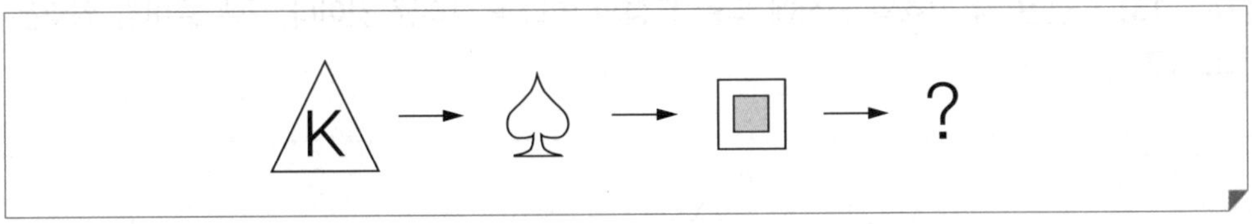

① 

② 

③ 

④ 

⑤ 

13.

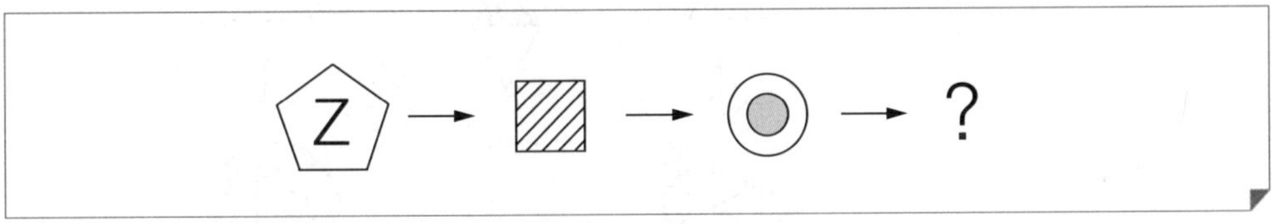

① 

② 

③ 

④ 

⑤ 

[14 ~ 15] 다음은 각 기호의 규칙에 의한 도형의 변화를 나타낸 것이다. ?에 들어갈 알맞은 것을 고르시오.

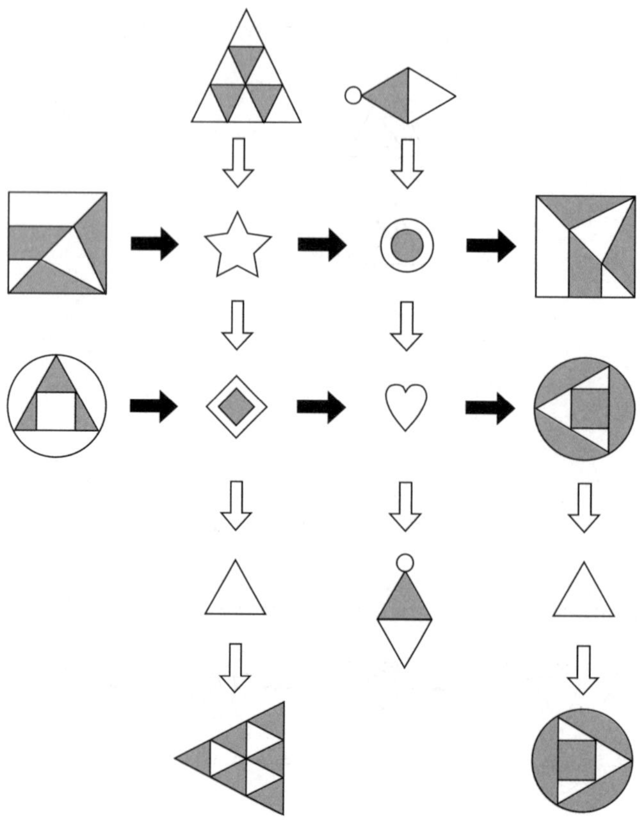

14.

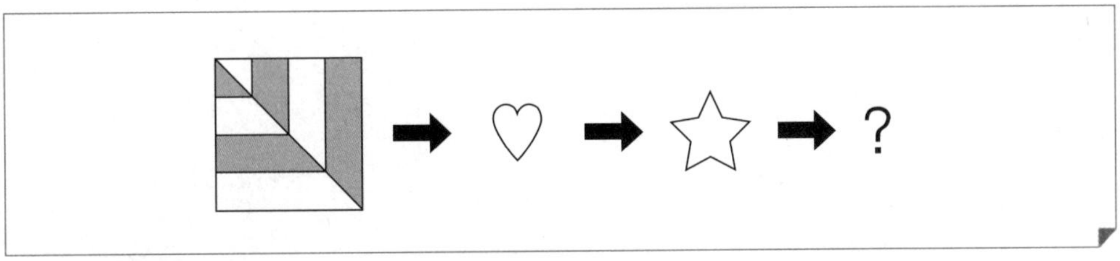

① 

② 

③ 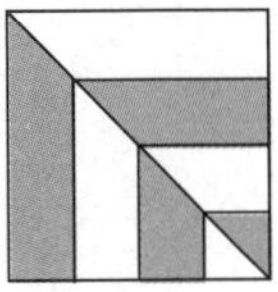

④ 

⑤ 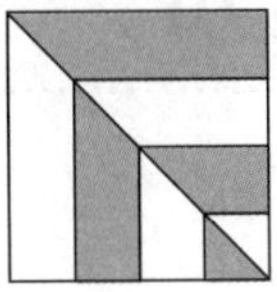

15.

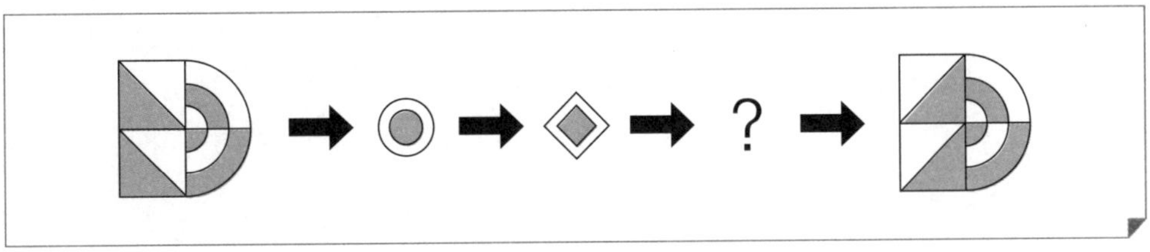

① 

② 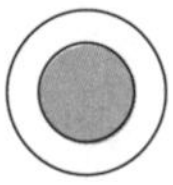

③ 

④ 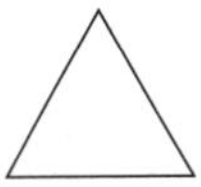

⑤ 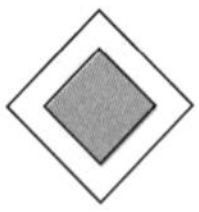

고시넷 S-OIL 인적성검사 최신기출유형모의고사

S-OIL 인적성검사

파트 3 인성검사

01 인성검사의 이해

1 인성검사, 왜 필요한가?

채용기업은 지원자가 '직무적합성'을 지닌 사람인지를 인성검사와 직무적성검사를 통해 판단한다. 인성검사에서 말하는 인성(人性)이란 그 사람의 성품, 즉 각 개인이 가지는 사고와 태도 및 행동 특성을 의미한다. 인성은 사람의 생김새처럼 사람마다 다르기 때문에 몇 가지 유형으로 분류하고 이에 맞추어 판단한다는 것 자체가 억지스럽고 어불성설일지 모른다. 그럼에도 불구하고 기업들의 입장에서는 입사를 희망하는 사람이 어떤 성품을 가졌는지 정보가 필요하다. 그래야 해당 기업의 인재상에 적합하고 담당할 업무에 적격한 인재를 채용할 수 있기 때문이다.

지원자의 성격이 외향적인지 아니면 내향적인지, 어떤 직무와 어울리는지, 조직에서 다른 사람과 원만하게 생활할 수 있는지, 업무 수행 중 문제가 생겼을 때 어떻게 대처하고 해결할 수 있는지에 대한 전반적인 개성은 자기소개서를 통해서나 면접을 통해서도 어느 정도 파악할 수 있다. 그러나 이것들만으로 인성을 충분히 파악할 수 없기 때문에 객관화되고 정형화된 인성검사로 지원자의 성격을 판단하고 있다.

채용기업은 필기시험을 높은 점수로 통과한 지원자라 하더라도 해당 기업과 거리가 있는 성품을 가졌다면 탈락시키게 된다. 일반적으로 필기시험 통과자 중 인성검사로 탈락하는 비율이 10% 내외가 된다고 알려져 있다. 물론 인성검사를 탈락하였다 하더라도 특별히 인성에 문제가 있는 사람이 아니라면 절망할 필요는 없다. 자신을 되돌아보고 다음 기회를 대비하면 되기 때문이다. 탈락한 기업이 원하는 인재상이 아니었다면 맞는 기업을 찾으면 되고, 경쟁자가 많았기 때문이라면 자신을 다듬어 경쟁력을 높이면 될 것이다.

2 인성검사의 특징

우리나라 대다수의 채용기업은 인재개발 및 인적자원을 연구하는 한국행동과학연구소(KIRBS), 에스에이치알(SHR), 한국사회적성개발원(KSAD), 한국인재개발진흥원(KPDI) 등 전문기관에 인성검사를 의뢰하고 있다.

이 기관들의 인성검사 개발 목적은 비슷하지만 기관마다 검사 유형이나 평가 척도는 약간의 차이가 있다. 또 지원하는 기업이 어느 기관에서 개발한 검사지로 인성검사를 시행하는지는 사전에 알 수 없다. 그렇지만 공통으로 적용하는 척도와 기준에 따라 구성된 여러 형태의 인성검사지로 사전 테스트를 해 보고 자신의 인성이 어떻게 평가되는가를 미리 알아보는 것은 가능하다.

인성검사는 필기시험 당일 직무능력평가와 함께 실시하는 경우와 직무능력평가 합격자에 한하여 면접과 함께 실시하는 경우가 있다. 인성검사의 문항은 100문항 내외에서부터 최대 500문항까지 다양하다. 인성검사에 주어지는 시간은 문항 수에 비례하여 30 ~ 100분 정도가 된다.

문항 자체는 단순한 질문으로 어려울 것은 없지만 제시된 상황에서 본인의 행동을 정하는 것이 쉽지만은 않다. 문항 수가 많을 경우 이에 비례하여 시간도 길게 주어지지만 단순하고 유사하며 반복되는 질문에 방심하여 집중하지 못하고 실수하는 경우가 있으므로 컨디션 관리와 집중력 유지에 노력하여야 한다. 특히 같거나 유사한 물음에 다른 답을 하는 경우가 가장 위험하다.

3 인성검사 척도 및 구성

1 미네소타 다면적 인성검사(MMPI)

MMPI(Minnesota Multiphasic Personality Inventory)는 1943년 미국 미네소타 대학교수인 해서웨이와 매킨리가 개발한 대표적인 자기 보고형 성향 검사로서 오늘날 가장 대표적으로 사용되는 객관적 심리검사 중 하나이다. MMPI는 약 550여 개의 문항으로 구성되며 각 문항을 읽고 '예(YES)' 또는 '아니오(NO)'로 대답하게 되어 있다.

MMPI는 4개의 타당도 척도와 10개의 임상척도로 구분된다. 500개가 넘는 문항들 중 중복되는 문항들이 포함되어 있는데 내용이 똑같은 문항도 10문항 이상 포함되어 있다. 이 반복 문항들은 응시자가 얼마나 일관성 있게 검사에 임했는지를 판단하는 지표로 사용된다.

구분	척도명	약자	주요 내용
타당도 척도 (바른 태도로 임했는지, 신뢰할 수 있는 결론인지 등을 판단)	무응답 척도 (Can not say)	?	응답하지 않은 문항과 복수로 답한 문항들의 총합으로 빠진 문항을 최소한으로 줄이는 것이 중요하다.
	허구 척도 (Lie)	L	자신을 좋은 사람으로 보이게 하려고 고의적으로 정직하지 못한 답을 판단하는 척도이다. 허구 척도가 높으면 장점까지 인정받지 못하는 결과가 발생한다.
	신뢰 척도 (Frequency)	F	검사 문항에 빗나간 답을 한 경향을 평가하는 척도로 정상적인 집단의 10% 이하의 응답을 기준으로 일반적인 경향과 다른 정도를 측정한다.
	교정 척도 (Defensiveness)	K	정신적 장애가 있음에도 다른 척도에서 정상적인 면을 보이는 사람을 구별하는 척도로 허구 척도보다 높은 고차원으로 거짓 응답을 하는 경향이 나타난다.
임상척도 (정상적 행동과 그렇지 않은 행동의 종류를 구분하는 척도로, 척도마다 다른 기준으로 점수가 매겨짐)	건강염려증 (Hypochondriasis)	Hs	신체에 대한 지나친 집착이나 신경질적 혹은 병적 불안을 측정하는 척도로 이러한 건강염려증이 타인에게 어떤 영향을 미치는지도 측정한다.
	우울증 (Depression)	D	슬픔 · 비관 정도를 측정하는 척도로 타인과의 관계 또는 본인 상태에 대한 주관적 감정을 나타낸다.
	히스테리 (Hysteria)	Hy	갈등을 부정하는 정도를 측정하는 척도로 신체 증상을 호소하는 경우와 적대감을 부인하며 우회적인 방식으로 드러내는 경우 등이 있다.
	반사회성 (Psychopathic Deviate)	Pd	가정 및 사회에 대한 불신과 불만을 측정하는 척도로 비도덕적 혹은 반사회적 성향 등을 판단한다.
	남성-여성특성 (Masculinity-Feminity)	Mf	남녀가 보이는 흥미와 취향, 적극성과 수동성 등을 측정하는 척도로 성에 따른 유연한 사고와 융통성 등을 평가한다.

	편집증 (Paranoia)	Pa	과대 망상, 피해 망상, 의심 등 편집증에 대한 정도를 측정하는 척도로 열등감, 비사교적 행동, 타인에 대한 불만과 같은 내용을 질문한다.
	강박증 (Psychasthenia)	Pt	과대 근심, 강박관념, 죄책감, 공포, 불안감, 정리정돈 등을 측정하는 척도로 만성 불안 등을 나타낸다.
	정신분열증 (Schizophrenia)	Sc	정신적 혼란을 측정하는 척도로 자폐적 성향이나 타인과의 감정 교류, 충동 억제불능, 성적 관심, 사회적 고립 등을 평가한다.
	경조증 (Hypomania)	Ma	정신적 에너지를 측정하는 척도로 생각의 다양성 및 과장성, 행동의 불안정성, 흥분성 등을 나타낸다.
	사회적 내향성 (Social introversion)	Si	대인관계 기피, 사회적 접촉 회피, 비사회성 등의 요인을 측정하는 척도로 외향성 및 내향성을 구분한다.

2 캘리포니아 성격검사(CPI)

CPI(California Psychological Inventory)는 캘리포니아 대학의 연구팀이 개발한 성검사로 MMPI와 함께 세계에서 가장 널리 사용되고 있는 인성검사 툴이다. CPI는 다양한 인성 요인을 통해 지원자가 답변한 응답 왜곡 가능성, 조직 역량 등을 측정한다. MMPI가 주로 정서적 측면을 진단하는 특징을 보인다면, CPI는 정상적인 사람의 심리적 특성을 주로 진단한다.

CPI는 약 480개 문항으로 구성되어 있으며 다음과 같은 18개의 척도로 구분된다.

구분	척도명	주요 내용
제1군 척도 (대인관계 적절성 측정)	지배성(Do)	리더십, 통솔력, 대인관계에서의 주도권을 측정한다.
	지위능력성(Cs)	내부에 잠재되어 있는 내적 포부, 자기 확신 등을 측정한다.
	사교성(Sy)	참여 기질이 활달한 사람과 그렇지 않은 사람을 구분한다.
	사회적 자발성(Sp)	사회 안에서의 안정감, 자발성, 사교성 등을 측정한다.
	자기 수용성(Sa)	개인적 가치관, 자기 확신, 자기 수용력 등을 측정한다.
	행복감(Wb)	생활의 만족감, 행복감을 측정하며 긍정적인 사람으로 보이고자 거짓 응답하는 사람을 구분하는 용도로도 사용된다.
제2군 척도 (성격과 사회화, 책임감 측정)	책임감(Re)	법과 질서에 대한 양심, 책임감, 신뢰성 등을 측정한다.
	사회성(So)	가치 내면화 정도, 사회 이탈 행동 가능성 등을 측정한다.
	자기 통제성(Sc)	자기조절, 자기통제의 적절성, 충동 억제력 등을 측정한다.
	관용성(To)	사회적 신념, 편견과 고정관념 등에 대한 태도를 측정한다.
	호감성(Gi)	타인이 자신을 어떻게 보는지에 대한 민감도를 측정하며, 좋은 사람으로 보이고자 거짓 응답하는 사람을 구분한다.
	임의성(Cm)	사회에 보수적 태도를 보이고 생각 없이 적당히 응답한 사람을 판단하는 척도로 사용된다.

제3군 척도 (인지적, 학업적 특성 측정)	순응적 성취(Ac)	성취동기, 내면의 인식, 조직 내 성취 욕구 등을 측정한다.
	독립적 성취(Ai)	독립적 사고, 창의성, 자기실현을 위한 능력 등을 측정한다.
	지적 효율성(Le)	지적 능률, 지능과 연관이 있는 성격 특성 등을 측정한다.
제4군 척도 (제1~3군과 무관한 척도의 혼합)	심리적 예민성(Py)	타인의 감정 및 경험에 대해 공감하는 정도를 측정한다.
	융통성(Fx)	개인적 사고와 사회적 행동에 대한 유연성을 측정한다.
	여향성(Fe)	남녀 비교에 따른 흥미의 남향성 및 여향성을 측정한다.

3 SHL 직업성격검사(OPQ)

OPQ(Occupational Personality Questionnaire)는 세계적으로 많은 외국 기업에서 널리 사용하는 CEB 사의 SHL 직무능력검사에 포함된 직업성격검사이다. 4개의 질문이 한 세트로 되어 있고 총 68세트 정도 출제되고 있다. 4개의 질문 안에서 '자기에게 가장 잘 맞는 것'과 '자기에게 가장 맞지 않는 것'을 1개씩 골라 '예', '아니오'로 체크하는 방식이다. 단순하게 모든 척도가 높다고 좋은 것은 아니며, 척도가 낮은 편이 좋은 경우도 있다.

기업에 따라 척도의 평가 기준은 다르다. 희망하는 기업의 특성을 연구하고, 채용 기준을 예측하는 것이 중요하다.

척도	내용	질문 예
설득력	사람을 설득하는 것을 좋아하는 경향	– 새로운 것을 사람에게 권하는 것을 잘한다. – 교섭하는 것에 걱정이 없다. – 기획하고 판매하는 것에 자신이 있다.
지도력	사람을 지도하는 것을 좋아하는 경향	– 사람을 다루는 것을 잘한다. – 팀을 아우르는 것을 잘한다. – 사람에게 지시하는 것을 잘한다.
독자성	다른 사람의 영향을 받지 않고, 스스로 생각해서 행동하는 것을 좋아하는 경향	– 모든 것을 자신의 생각대로 하는 편이다. – 주변의 평가는 신경 쓰지 않는다. – 유혹에 강한 편이다.
외향성	외향적이고 사교적인 경향	– 다른 사람의 주목을 끄는 것을 좋아한다. – 사람들이 모인 곳에서 중심이 되는 편이다. – 담소를 나눌 때 주변을 즐겁게 해 준다.
우호성	친구가 많고, 대세의 사람이 되는 것을 좋아하는 경향	– 친구와 함께 있는 것을 좋아한다. – 무엇이라도 얘기할 수 있는 친구가 많다. – 친구와 함께 무언가를 하는 것이 많다.
사회성	세상 물정에 밝고 사람 앞에서도 낯을 가리지 않는 성격	– 자신감이 있고 유쾌하게 발표할 수 있다. – 공적인 곳에서 인사하는 것을 잘한다. – 사람들 앞에서 발표하는 것이 어렵지 않다.

겸손성	사람에 대해서 겸손하게 행동하고 누구라도 똑같이 사귀는 경향	– 자신의 성과를 그다지 내세우지 않는다. – 절제를 잘하는 편이다. – 사회적인 지위에 무관심하다.
협의성	사람들에게 의견을 물으면서 일을 진행하는 경향	– 사람들의 의견을 구하며 일하는 편이다. – 타인의 의견을 묻고 일을 진행시킨다. – 친구와 상담해서 계획을 세운다.
돌봄	측은해 하는 마음이 있고, 사람을 돌봐 주는 것을 좋아하는 경향	– 개인적인 상담에 친절하게 답해 준다. – 다른 사람의 상담을 진행하는 경우가 많다. – 후배의 어려움을 돌보는 것을 좋아한다.
구체적인 사물에 대한 관심	물건을 고치거나 만드는 것을 좋아하는 경향	– 고장 난 물건을 수리하는 것이 재미있다. – 상태가 안 좋은 기계도 잘 사용한다. – 말하기보다는 행동하기를 좋아한다.
데이터에 대한 관심	데이터를 정리해서 생각하는 것을 좋아하는 경향	– 통계 등의 데이터를 분석하는 것을 좋아한다. – 표를 만들거나 정리하는 것을 좋아한다. – 숫자를 다루는 것을 좋아한다.
미적가치에 대한 관심	미적인 것이나 예술적인 것을 좋아하는 경향	– 디자인에 관심이 있다. – 미술이나 음악을 좋아한다. – 미적인 감각에 자신이 있다.
인간에 대한 관심	사람의 행동에 동기나 배경을 분석하는 것을 좋아하는 경향	– 다른 사람을 분석하는 편이다. – 타인의 행동을 보면 동기를 알 수 있다. – 다른 사람의 행동을 잘 관찰한다.
정통성	이미 있는 가치관을 소중히 여기고, 익숙한 방법으로 사물을 대하는 것을 좋아하는 경향	– 실적이 보장되는 확실한 방법을 취한다. – 낡은 가치관을 존중하는 편이다. – 보수적인 편이다.
변화 지향	변화를 추구하고, 변화를 받아들이는 것을 좋아하는 경향	– 새로운 것을 하는 것을 좋아한다. – 해외여행을 좋아한다. – 경험이 없더라도 시도해 보는 것을 좋아한다.
개념성	지식에 대한 욕구가 있고, 논리적으로 생각하는 것을 좋아하는 경향	– 개념적인 사고가 가능하다. – 분석적인 사고를 좋아한다. – 순서를 만들고 단계에 따라 생각한다.
창조성	새로운 분야에 대한 공부를 하는 것을 좋아하는 경향	– 새로운 것을 추구한다. – 독창성이 있다. – 신선한 아이디어를 낸다.
계획성	앞을 생각해서 사물을 예상하고, 계획적으로 실행하는 것을 좋아하는 경향	– 과거를 돌이켜보며 계획을 세운다. – 앞날을 예상하며 행동한다. – 실수를 돌아보며 대책을 강구하는 편이다.

치밀함	정확한 순서를 세워 진행하는 것을 좋아하는 경향	- 사소한 실수는 거의 하지 않는다. - 정확하게 요구되는 것을 좋아한다. - 사소한 것에도 주의하는 편이다.
꼼꼼함	어떤 일이든 마지막까지 꼼꼼하게 마무리 짓는 경향	- 맡은 일을 마지막까지 해결한다. - 마감 시한은 반드시 지킨다. - 시작한 일은 중간에 그만두지 않는다.
여유	평소에 릴랙스하고, 스트레스에 잘 대처하는 경향	- 감정의 회복이 빠르다. - 분별없이 함부로 행동하지 않는다. - 스트레스에 잘 대처한다.
근심 · 걱정	어떤 일이 잘 진행되지 않으면 불안을 느끼고, 중요한 일을 앞두면 긴장하는 경향	- 예정대로 잘되지 않으면 근심 · 걱정이 많다. - 신경 쓰이는 일이 있으면 불안하다. - 중요한 만남 전에는 기분이 편하지 않다.
호방함	사람들이 자신을 어떻게 생각하는지를 신경 쓰지 않는 경향	- 사람들이 자신을 어떻게 생각하는지 그다지 신경 쓰지 않는다. - 상처받아도 동요하지 않고 아무렇지 않은 태도를 취한다. - 사람들의 비판에 크게 영향받지 않는다.
억제력	감정을 표현하지 않는 경향	- 쉽게 감정적으로 되지 않는다. - 분노를 억누른다. - 격분하지 않는다.
낙관적	사물을 낙관적으로 보는 경향	- 낙관적으로 생각하고 일을 진행시킨다. - 문제가 일어나도 낙관적으로 생각한다.
비판적	비판적으로 사물을 생각하고, 이론 · 문장 등의 오류에 신경 쓰는 경향	- 이론의 모순을 찾아낸다. - 계획이 갖춰지지 않은 것이 신경 쓰인다. - 누구도 신경 쓰지 않는 오류를 찾아낸다.
행동력	운동을 좋아하고, 민첩하게 행동하는 경향	- 동작이 날렵하다. - 여가를 활동적으로 보낸다. - 몸을 움직이는 것을 좋아한다.
경쟁성	지는 것을 싫어하는 경향	- 승부를 겨루게 되면 지는 것을 싫어한다. - 상대를 이기는 것을 좋아한다. - 싸워 보지 않고 포기하는 것을 싫어한다.
출세 지향	출세하는 것을 중요하게 생각하고, 야심적인 목표를 향해 노력하는 경향	- 출세 지향적인 성격이다. - 곤란한 목표도 달성할 수 있다. - 실력으로 평가받는 사회가 좋다.
결단력	빠르게 판단하는 경향	- 답을 빠르게 찾아낸다. - 문제에 대한 빠른 상황 파악이 가능하다. - 위험을 감수하고도 결단을 내리는 편이다.

4 인성검사 합격 전략

1 포장하지 않은 솔직한 답변

"다른 사람을 험담한 적이 한 번도 없다.", "물건을 훔치고 싶다고 생각해 본 적이 없다."

이 질문에 당신은 '그렇다', '아니다' 중 무엇을 선택할 것인가? 채용기업이 인성검사를 실시하는 가장 큰 이유는 '이 사람이 어떤 성향을 가진 사람인가'를 효율적으로 파악하기 위해서이다.

인성검사는 도덕적 가치가 빼어나게 높은 사람을 판별하려는 것도 아니고, 성인군자를 가려내기 위함도 아니다. 인간의 보편적 성향과 상식적 사고를 고려할 때, 도덕적 질문에 지나치게 겸손한 답변을 체크하면 오히려 솔직하지 못한 것으로 간주되거나 인성을 제대로 판단하지 못해 무효 처리가 되기도 한다. 자신의 성격을 포장하여 작위적인 답변을 하지 않도록 솔직하게 임하는 것이 예기치 않은 결과를 피하는 첫 번째 전략이 된다.

2 필터링 함정을 피하고 일관성 유지

앞서 강조한 솔직함은 일관성과 연결된다. 인성검사를 구성하는 많은 척도는 여러 형태의 문장 속에 동일한 요소를 적용해 반복되기도 한다. 예컨대 '나는 매우 활동적인 사람이다'와 '나는 운동을 매우 좋아한다'라는 질문에 '그렇다'고 체크한 사람이 '휴일에는 집에서 조용히 쉬며 독서하는 것이 좋다'에도 '그렇다'고 체크한다면 일관성이 없다고 평가될 수 있다.

그러나 일관성 있는 답변에만 매달리면 '이 사람이 같은 답변만 체크하기 위해 이 부분만 신경 썼구나'하는 필터링 함정에 빠질 수도 있다. 비슷하게 보이는 문장이 무조건 같은 내용이라고 판단하여 똑같이 답하는 것도 주의해야 한다. 일관성보다 중요한 것은 솔직함이다. 솔직함이 전제되지 않은 일관성은 허위 척도 필터링에서 드러나게 되어 있다. 유사한 질문의 응답이 터무니없이 다르거나 양극단에 치우치지 않는 정도라면 약간의 차이는 크게 문제되지 않는다. 중요한 것은 솔직함과 일관성이 하나의 연장선에 있다는 점을 명심하자.

3 지원한 직무와 연관성을 고려

다양한 분야의 많은 계열사와 큰 조직을 통솔하는 대기업은 여러 사람이 조직적으로 움직이는 만큼 각 직무에 걸맞는 능력을 갖춘 인재가 필요하다. 그래서 기업은 매년 신규채용으로 입사한 신입사원들의 젊은 패기와 참신한 능력을 성장 동력으로 활용한다.

기업은 사교성 있고 활달한 사람만을 원하지 않는다. 해당 직군과 직무에 따라 필요로 하는 사원의 능력과 개성이 다르기 때문에, 지원자가 희망하는 계열사나 부서의 직무가 무엇인지 제대로 파악하여 자신의 성향과 맞는지에 대한 고민은 반드시 필요하다. 같은 질문이라도 기업이 원하는 인재상이나 부서의 직무에 따라 판단 척도가 달라질 수 있다.

4 평상심 유지와 컨디션 관리

역시 솔직함과 연결된 내용이다. 한 질문에 오래 고민하고 신경 쓰면 불필요한 생각이 개입될 소지가 크다. 이는 직관을 떠나 이성적 판단에 따라 포장할 위험이 높아진다는 뜻이기도 하다. 긴 시간 생각하지 말고 자신의 평상시 생각과 감정대로 답하는 것이 중요하며, 가능한 건너뛰지 말고 모든 질문에 답하도록 한다. 300 ~ 400개 정도 문항을 출제하는 기업이 많기 때문에, 끝까지 집중하여 임하는 것이 중요하다.

특히 적성검사와 같은 날 실시하는 경우, 적성검사를 마친 후 연이어 보기 때문에 신체적 · 정신적으로 피로한 상태에서 자세가 흐트러질 수도 있다. 따라서 컨디션을 유지하면서 문항당 7 ~ 10초 이상 쓰지 않도록 하고, 문항 수가 많을 때는 답안지에 바로바로 표기하자.

02 인성검사 연습

1 S-OIL 인성검사의 특징

S-OIL 인성검사는 약 420 ~ 460문항에 약 60분간 답변해야 한다. 인성검사는 기업이 추구하는 내부 기준에 따라 적합한 인재를 찾기 위해 가치관과 태도를 측정하는 것이다. 응시자 개인의 사고와 태도 · 행동 특성 및 유사 질문의 반복을 통해 거짓말 척도 등으로 기업의 인재상에 적합한지를 판단하므로 문항에 대한 정답은 없다.

유형예시

'멀다' 또는 '가깝다' 선택형+개별 항목 체크형

3개 내외의 문항군으로 구성된 검사지에 자신이 동의하는 정도에 따라 '전혀 그렇지 않다 ~ 매우 그렇다' 중 해당되는 것을 표시한 후 자신과 가장 가까운 것과 가장 먼 것 하나를 선택하는 유형이다.

번호		문항 예시	응답 1					응답 2	
			전혀 그렇지 않다	그렇지 않다	보통이다	그렇다	매우 그렇다	멀다	가깝다
01	A	나는 운동화를 좋아한다.	①	②	③	④	⑤	○	○
	B	나는 꽃을 좋아한다.	①	②	③	④	⑤	○	○
	C	나는 비를 좋아한다.	①	②	③	④	⑤	○	○

[답안체크 예시]

응답 1					응답 2	
전혀 그렇지 않다	그렇지 않다	보통이다	그렇다	매우 그렇다	멀다	가깝다
①	②	③	④	❺	○	●
①	②	③	❹	⑤	○	○
①	❷	③	④	⑤	●	○

인성검사 Tip

1. 직관적으로 솔직하게 답한다.
2. 모든 문제를 신중하게 풀도록 한다.
3. 비교적 일관성을 유지할 수 있도록 한다.
4. 평소의 경험과 선호도를 자연스럽게 답한다.
5. 각 문항에 너무 골똘히 생각하거나 고민하지 않는다.
6. 지원한 분야와 나의 성격의 연관성을 미리 생각하고 분석해 본다.

2 모의 검사

■ 본 검사는 85세트 255문항으로 구성되어 있으며 제한시간은 60분입니다.

| 주의사항 | 자신의 모습 그대로 솔직하게 응답하십시오. 솔직하고 성의 있게 응답하지 않을 경우 불이익이 있을 수 있습니다.

[01~85] 다음 문항을 읽고 자신과 가까운 정도를 '전혀 그렇지 않다' 1점부터 '매우 그렇다' 5점까지 표시하여 주십시오. 또한 자신의 모습과 '멀다'고 생각되는 문항과 '가깝다'고 생각되는 문항을 각각 1개씩 표시하여 주십시오.

문항군_225문항 시험시간_60분

번호		문항 예시	응답 1					응답 2	
			전혀 그렇지 않다	그렇지 않다	보통이다	그렇다	매우 그렇다	멀다	가깝다
01	A	나는 활동적인 것을 좋아한다.	①	②	③	④	⑤	○	○
	B	나는 예술을 좋아한다.	①	②	③	④	⑤	○	○
	C	숫자를 잘 못 외우는 편이다.	①	②	③	④	⑤	○	○
02	A	음악 감상을 즐긴다.	①	②	③	④	⑤	○	○
	B	미술관을 자주 찾는 편이다.	①	②	③	④	⑤	○	○
	C	정적인 활동보다는 몸을 움직이는 것을 좋아한다.	①	②	③	④	⑤	○	○
03	A	평소 이미지 관리에 신경을 많이 쓴다.	①	②	③	④	⑤	○	○
	B	내가 세운 공은 남에게 절대 넘길 수 없다.	①	②	③	④	⑤	○	○
	C	해야 할 일을 나중으로 미루지 않는다.	①	②	③	④	⑤	○	○
04	A	논리적으로 자신의 의견을 말할 수 있다.	①	②	③	④	⑤	○	○
	B	남의 눈치를 보며 나의 성격을 포장할 때가 있다.	①	②	③	④	⑤	○	○
	C	사람들 앞에 나서는 것을 좋아하지 않는다.	①	②	③	④	⑤	○	○
05	A	나의 이득을 위해서라면 부정행위도 할 수 있다.	①	②	③	④	⑤	○	○
	B	조원들의 과오를 감싸 줄 수 있다.	①	②	③	④	⑤	○	○
	C	개인의 목표보다는 공동체의 목표가 더 중요하다.	①	②	③	④	⑤	○	○
06	A	손해 보는 일은 하지 않는다.	①	②	③	④	⑤	○	○
	B	자유롭게 행동하는 것이 좋다.	①	②	③	④	⑤	○	○
	C	기분 변화가 심하다.	①	②	③	④	⑤	○	○
07	A	나는 타인의 의견을 존중한다.	①	②	③	④	⑤	○	○
	B	리더십이 있다.	①	②	③	④	⑤	○	○
	C	팀 활동을 좋아한다.	①	②	③	④	⑤	○	○

번호		문항 예시	응답 1					응답 2	
			전혀 그렇지 않다	그렇지 않다	보통이다	그렇다	매우 그렇다	멀다	가깝다
08	A	수치로 나타내는 것을 좋아한다.	①	②	③	④	⑤	○	○
	B	준법정신이 뛰어나다.	①	②	③	④	⑤	○	○
	C	현재보다 미래가 중요하다.	①	②	③	④	⑤	○	○
09	A	나는 어떤 일을 할 때 항상 계획해서 행동한다.	①	②	③	④	⑤	○	○
	B	나는 그릇된 일을 한 번도 한 적이 없다.	①	②	③	④	⑤	○	○
	C	의사결정을 할 때에는 사람들과 의논한다.	①	②	③	④	⑤	○	○
10	A	나는 모임을 좋아한다.	①	②	③	④	⑤	○	○
	B	다른 사람의 충고를 기분 좋게 받아들이는 편이다.	①	②	③	④	⑤	○	○
	C	팀에서 사람들과의 화합이 중요하다고 생각한다.	①	②	③	④	⑤	○	○
11	A	나는 언제나 새로운 계획이 있다.	①	②	③	④	⑤	○	○
	B	실수한 일을 절대로 잊지 않는다.	①	②	③	④	⑤	○	○
	C	오늘 할 일을 내일로 미루지 않는다.	①	②	③	④	⑤	○	○
12	A	나는 어떤 경우에라도 법을 준수한다.	①	②	③	④	⑤	○	○
	B	양보하는 것을 좋아한다.	①	②	③	④	⑤	○	○
	C	사람들에게 선을 긋는 편이다	①	②	③	④	⑤	○	○
13	A	처음 만난 사람 앞에서도 자신감이 있다.	①	②	③	④	⑤	○	○
	B	나는 미리 계획하는 편이다.	①	②	③	④	⑤	○	○
	C	나는 문제를 신속하게 해결한다.	①	②	③	④	⑤	○	○
14	A	나는 공식이나 법칙을 다루는 것이 좋다.	①	②	③	④	⑤	○	○
	B	동료와 쉽게 유대관계를 형성한다.	①	②	③	④	⑤	○	○
	C	여러 사람의 의견을 종합하여 결론을 이끌어낸다.	①	②	③	④	⑤	○	○
15	A	다른 사람이 한 행동의 이유를 잘 파악하는 편이다.	①	②	③	④	⑤	○	○
	B	일상생활에서 새로운 것을 즐긴다.	①	②	③	④	⑤	○	○
	C	책임감이 강하다는 말을 자주 듣는다.	①	②	③	④	⑤	○	○
16	A	나는 질문을 체계적으로 잘하는 사람이다.	①	②	③	④	⑤	○	○
	B	조용하고 차분하다는 말을 자주 듣는다.	①	②	③	④	⑤	○	○
	C	빨리 결정하고 과감히 행동하는 사람이다.	①	②	③	④	⑤	○	○
17	A	나는 신속하게 의사결정을 한다.	①	②	③	④	⑤	○	○
	B	나는 회의에서 리더역할을 잘한다.	①	②	③	④	⑤	○	○
	C	기발한 아이디어를 많이 생각하고 제안한다.	①	②	③	④	⑤	○	○

번호		문항 예시	응답 1					응답 2	
			전혀 그렇지 않다	그렇지 않다	보통이다	그렇다	매우 그렇다	멀다	가깝다
18	A	다른 사람들보다 체계적으로 일을 처리하는 편이다.	①	②	③	④	⑤	○	○
	B	남들이 나를 비난해도 쉽게 동요하지 않는다.	①	②	③	④	⑤	○	○
	C	다른 사람들의 기분과 느낌을 잘 파악한다.	①	②	③	④	⑤	○	○
19	A	모임을 주선하게 되는 경우가 자주 있다.	①	②	③	④	⑤	○	○
	B	나는 학창시절부터 리더역할을 많이 해 왔다.	①	②	③	④	⑤	○	○
	C	변화를 즐기는 편이다.	①	②	③	④	⑤	○	○
20	A	혼자서 생활해도 밥은 잘 챙겨 먹고 생활리듬이 많이 깨지지 않는 편이다.	①	②	③	④	⑤	○	○
	B	다른 나라의 음식을 시도해 보는 것이 즐겁다.	①	②	③	④	⑤	○	○
	C	나 스스로에 대해서 높은 기준을 제시하는 편이다.	①	②	③	④	⑤	○	○
21	A	대화를 주도한다.	①	②	③	④	⑤	○	○
	B	나 스스로에 대해서 높은 기준을 세우고 시도해 보는 것을 즐긴다.	①	②	③	④	⑤	○	○
	C	나와 다른 분야에 종사하는 사람들을 만나도 쉽게 공통점을 찾을 수 있다.	①	②	③	④	⑤	○	○
22	A	나는 설득을 잘하는 사람이다.	①	②	③	④	⑤	○	○
	B	현상에 대한 새로운 해석을 알게 되는 것이 즐겁다.	①	②	③	④	⑤	○	○
	C	새로운 기회를 만들기 위해서 다방면으로 노력을 기울인다.	①	②	③	④	⑤	○	○
23	A	한 달 동안 필요한 돈이 얼마인지 파악하고 있다.	①	②	③	④	⑤	○	○
	B	어디 가서든 친구들 중에서 내가 제일 적응을 잘 하는 편이다.	①	②	③	④	⑤	○	○
	C	대개 어떤 모임이든 나가다 보면 중심 멤버가 돼 있는 경우가 많다.	①	②	③	④	⑤	○	○
24	A	극복하지 못할 장애물은 없다고 생각한다.	①	②	③	④	⑤	○	○
	B	생활패턴이 규칙적인 편이다.	①	②	③	④	⑤	○	○
	C	내 분야에서 전문가가 되기 위한 구체적인 계획을 가지고 있다.	①	②	③	④	⑤	○	○
25	A	누구보다 앞장서서 일하는 편이다.	①	②	③	④	⑤	○	○
	B	일어날 일에 대해서 미리 예상하고 준비하는 편이다.	①	②	③	④	⑤	○	○
	C	동문회에 나가는 것이 즐겁다.	①	②	③	④	⑤	○	○

번호		문항 예시	응답 1					응답 2	
			전혀 그렇지 않다	그렇지 않다	보통이다	그렇다	매우 그렇다	멀다	가깝다
26	A	같은 과 친구들을 만나면 행동만으로도 기분을 눈치챌 수 있다.	①	②	③	④	⑤	○	○
	B	혼자서 일하는 것보다 팀을 이루어서 일하는 것이 더 좋다.	①	②	③	④	⑤	○	○
	C	예상외의 일이 생겨도 상황에 적응하고 즐기는 편이다.	①	②	③	④	⑤	○	○
27	A	내 분야에 관한 한 전문가가 되기 위해 따로 시간 투자를 한다.	①	②	③	④	⑤	○	○
	B	일단 마음먹은 일은 맘껏 해 봐야 직성이 풀리는 편이다.	①	②	③	④	⑤	○	○
	C	위기는 기회라는 말에 동의한다.	①	②	③	④	⑤	○	○
28	A	팀 내에서 업무적인 대화만큼 개인적인 고민에 대한 대화 역시 필요하다.	①	②	③	④	⑤	○	○
	B	컨디션이 좋지 않아도 계획한 일은 예정대로 하는 편이다.	①	②	③	④	⑤	○	○
	C	내 몸의 컨디션에 대해서 잘 파악하는 편이다.	①	②	③	④	⑤	○	○
29	A	교통질서를 잘 지킨다.	①	②	③	④	⑤	○	○
	B	내가 무엇을 하면 즐거워지는지 정확하게 알고 있다.	①	②	③	④	⑤	○	○
	C	다른 나라의 문화에 대해서 알게 되는 것은 즐거운 일이다.	①	②	③	④	⑤	○	○
30	A	자기개발에 도움이 되는 것들을 꾸준히 찾아서 한다.	①	②	③	④	⑤	○	○
	B	모임에서 새로운 사람들과 잘 어울린다.	①	②	③	④	⑤	○	○
	C	친구의 고민 상담을 잘해 주는 편이다.	①	②	③	④	⑤	○	○
31	A	처음 경험하는 일이라도 빠르게 파악하고 적응하는 편이다.	①	②	③	④	⑤	○	○
	B	새로운 모임에 가도 잘 적응하는 편이다.	①	②	③	④	⑤	○	○
	C	새로운 정보나 지식을 팀원들과 공유한다.	①	②	③	④	⑤	○	○
32	A	다양한 문화를 인정하는 것은 중요하다.	①	②	③	④	⑤	○	○
	B	친구를 사귀는 것은 어렵지 않다.	①	②	③	④	⑤	○	○
	C	적응을 잘하는 편이다.	①	②	③	④	⑤	○	○

번호		문항 예시	응답 1					응답 2	
			전혀 그렇지 않다	그렇지 않다	보통이다	그렇다	매우 그렇다	멀다	가깝다
33	A	꾸준하다는 평가를 받는다.	①	②	③	④	⑤	○	○
	B	의리가 나에게는 매우 중요한 덕목이다.	①	②	③	④	⑤	○	○
	C	내 분야에서 최고가 되기 위해서 노력한다.	①	②	③	④	⑤	○	○
34	A	기분 나쁜 말을 전해야 할 때는 상대방의 기분을 고려하여 부드러운 말로 바꾸어 표현하는 편이다.	①	②	③	④	⑤	○	○
	B	나와 다른 관점이 있다는 것을 인정한다.	①	②	③	④	⑤	○	○
	C	규칙을 잘 지킨다.	①	②	③	④	⑤	○	○
35	A	내 성과로 직결되지 않는 일이라도 조직에 필요한 일은 묵묵히 하는 편이다.	①	②	③	④	⑤	○	○
	B	팀을 이루어 성취한 후 느끼는 쾌감이 크다.	①	②	③	④	⑤	○	○
	C	우리 회사(학교, 동아리) 사람들은 나를 좋아한다.	①	②	③	④	⑤	○	○
36	A	친절하다는 말을 많이 듣는다.	①	②	③	④	⑤	○	○
	B	사람들과 어울리는 것이 좋다.	①	②	③	④	⑤	○	○
	C	내가 공금을 맡으면 사람들이 안심하고 맡기는 편이다.	①	②	③	④	⑤	○	○
37	A	팀원들과의 관계는 늘 좋았던 편이다.	①	②	③	④	⑤	○	○
	B	나는 실패를 극복할 만한 의지를 가진 사람이라고 생각한다.	①	②	③	④	⑤	○	○
	C	다양한 가치를 존중받을 수 있는 사회가 바람직하다고 생각한다.	①	②	③	④	⑤	○	○
38	A	회의를 할 때 독특한 아이디어를 많이 내놓는 편이다.	①	②	③	④	⑤	○	○
	B	어느 집단에 소속되면 주로 리더의 역할을 맡는다.	①	②	③	④	⑤	○	○
	C	나는 돈 관리를 잘하는 편이어서 적자가 나는 법이 없다.	①	②	③	④	⑤	○	○
39	A	학창시절 반장이나 동아리 회장 등을 하곤 했다.	①	②	③	④	⑤	○	○
	B	무언가를 새롭게 창조하는 것을 좋아한다.	①	②	③	④	⑤	○	○
	C	어떤 환경에서 집중이 잘되는지 알고 있으며 되도록 그 시간대는 공부를 위해서 비워 놓으려고 노력한다.	①	②	③	④	⑤	○	○
40	A	목표를 세우면 거기에 모든 것을 거는 편이다.	①	②	③	④	⑤	○	○
	B	상황에 대한 내 감정을 잘 설명한다.	①	②	③	④	⑤	○	○
	C	주변사람들은 나를 개방적이라고 평가한다.	①	②	③	④	⑤	○	○

번호		문항 예시	응답 1					응답 2	
			전혀 그렇지 않다	그렇지 않다	보통이다	그렇다	매우 그렇다	멀다	가깝다
41	A	갑작스럽게 일이 생겨도 해결할 수 있도록 미리 준비하는 편이다.	①	②	③	④	⑤	○	○
	B	내가 하고자 하는 일이 있으면 잠을 못 잘 정도로 몰두한다.	①	②	③	④	⑤	○	○
	C	상대방의 표정이나 몸짓(비언어적 요소들)만으로 상대방 마음을 잘 알아차린다.	①	②	③	④	⑤	○	○
42	A	어떻게 하면 내 화가 풀리는지 알고 있다.	①	②	③	④	⑤	○	○
	B	일을 성취하기 위해서 공식적인 활동 이외의 노력도 기울인다.	①	②	③	④	⑤	○	○
	C	나는 목표를 달성하기 위해 방식을 현실적으로 조정해 가면서 일을 한다.	①	②	③	④	⑤	○	○
43	A	나는 호기심이 풍부한 사람이다.	①	②	③	④	⑤	○	○
	B	하나의 사안에 대해서 다양한 관점이 있다는 것을 흥미롭게 생각한다.	①	②	③	④	⑤	○	○
	C	일을 마치기 위해 즐거움을 잠시 미루는 것이 어렵지 않다.	①	②	③	④	⑤	○	○
44	A	아이디어가 풍부하다.	①	②	③	④	⑤	○	○
	B	한 가지에 빠지면 주변의 악조건에는 상관없이 몰두하는 편이다.	①	②	③	④	⑤	○	○
	C	외국인 친구와 교류하면서 외국문화를 알게 되는 것이 즐겁다.	①	②	③	④	⑤	○	○
45	A	나는 책임감이 강한 사람이다.	①	②	③	④	⑤	○	○
	B	현상의 원인에 대해서 궁금해 한다.	①	②	③	④	⑤	○	○
	C	나는 감정 조절을 잘하는 편이다.	①	②	③	④	⑤	○	○
46	A	기분이 우울하거나 화가 날 때 스스로를 달래는 방법을 알고 있다.	①	②	③	④	⑤	○	○
	B	믿을 수 있는 사람이 되고 싶다.	①	②	③	④	⑤	○	○
	C	나는 에너지가 넘친다.	①	②	③	④	⑤	○	○
47	A	굳이 말로 하지 않아도 행동을 보면 그 사람의 기분을 잘 파악할 수 있다.	①	②	③	④	⑤	○	○
	B	의리를 지키는 것은 중요하다고 생각한다.	①	②	③	④	⑤	○	○
	C	다른 나라에 가서 새로운 경험을 하는 것은 즐거운 일이다.	①	②	③	④	⑤	○	○
48	A	사람들 사이의 신의를 지키기 위해서 노력한다.	①	②	③	④	⑤	○	○
	B	일을 성취하기 위해서 최대한의 방법을 동원한다.	①	②	③	④	⑤	○	○
	C	비난보다는 칭찬을 많이 하는 편이다.	①	②	③	④	⑤	○	○

번호		문항 예시	응답 1					응답 2	
			전혀 그렇지 않다	그렇지 않다	보통 이다	그렇다	매우 그렇다	멀다	가깝다
49	A	나는 늘 책임감이 강한 편에 속했다.	①	②	③	④	⑤	○	○
	B	나 스스로의 한계에 도전하는 일을 좋아한다.	①	②	③	④	⑤	○	○
	C	실력을 쌓을 수 있는 기회면 일이 어려워도 자원해서 한다.	①	②	③	④	⑤	○	○
50	A	상대방이 편안하게 느낄 수 있도록 배려해야 마음이 놓인다.	①	②	③	④	⑤	○	○
	B	문제를 해결하는 데에는 다양한 가능성이 있다고 생각한다.	①	②	③	④	⑤	○	○
	C	내 실수에 대해서는 스스로 책임을 진다.	①	②	③	④	⑤	○	○
51	A	나는 상대방을 잘 배려하는 사람이다.	①	②	③	④	⑤	○	○
	B	나의 장점은 성실함이다.	①	②	③	④	⑤	○	○
	C	내가 신세 진 사람에게는 꼭 은혜를 갚는다.	①	②	③	④	⑤	○	○
52	A	일단 맡은 일은 책임지고 해낸다.	①	②	③	④	⑤	○	○
	B	어떤 조직이든 신뢰는 매우 중요한 가치라고 생각한다.	①	②	③	④	⑤	○	○
	C	외국 문화에 흥미를 가지고 있다.	①	②	③	④	⑤	○	○
53	A	국제단체에서 일하게 되면 재미있게 일할 수 있을 거 같다.	①	②	③	④	⑤	○	○
	B	내가 목표로 잡은 일은 여러 번 도전을 해서라도 해내야 직성이 풀린다.	①	②	③	④	⑤	○	○
	C	난 참 괜찮은 사람 같다.	①	②	③	④	⑤	○	○
54	A	나는 신뢰감을 주는 사람이다.	①	②	③	④	⑤	○	○
	B	상냥하다는 말을 많이 듣는다.	①	②	③	④	⑤	○	○
	C	나는 스스로 세운 목표는 끝까지 잘 달성한다.	①	②	③	④	⑤	○	○
55	A	나와 다른 의견을 가진 사람과 대화를 나누는 일은 흥미롭다.	①	②	③	④	⑤	○	○
	B	다른 사람의 입장을 이해하려고 노력한다.	①	②	③	④	⑤	○	○
	C	줄을 설 때 새치기를 하지 않는 편이다.	①	②	③	④	⑤	○	○
56	A	현장에서 닥치면 잘 해결하는 편이라서 긴 준비를 선호하지 않는다.	①	②	③	④	⑤	○	○
	B	스케줄에 맞추기 위해서 무리하게라도 일을 진행하는 편이다.	①	②	③	④	⑤	○	○
	C	학창시절 내가 기획했던 공연이나 행사를 치러 본 적이 있다.	①	②	③	④	⑤	○	○

번호		문항 예시	응답 1					응답 2	
			전혀 그렇지 않다	그렇지 않다	보통이다	그렇다	매우 그렇다	멀다	가깝다
57	A	앞으로 유행할 물건이나 경향에 대해 빨리 파악하는 편이다.	①	②	③	④	⑤	○	○
	B	자료를 찾는 시간에 사람을 만나 물어보는 방식이 더 잘 맞는다.	①	②	③	④	⑤	○	○
	C	신문에서 나오는 기사들이 나와 내가 소속한 집단(가족, 학교, 회사) 등에 어떤 영향을 미칠지 적절하게 파악할 수 있다.	①	②	③	④	⑤	○	○
58	A	정보가 많아도 중요한 몇 가지에만 집중해서 처리한다.	①	②	③	④	⑤	○	○
	B	주변 사람들로부터 논리적이라는 평가를 듣는 편이다.	①	②	③	④	⑤	○	○
	C	정리정돈을 좋아한다.	①	②	③	④	⑤	○	○
59	A	사무실에서 조사하는 것보다 현장에서 파악하는 것이 편하다.	①	②	③	④	⑤	○	○
	B	문제가 생기면 상대방 마음부터 챙기면서 일을 풀어 가는 타입이다.	①	②	③	④	⑤	○	○
	C	주변 사람들로부터 꼼꼼한 성격이라는 평가를 받는다.	①	②	③	④	⑤	○	○
60	A	당장 눈앞의 일을 하기 보다는 일의 추이에 대한 예상을 하고 방향성을 가지고 일을 한다.	①	②	③	④	⑤	○	○
	B	필요한 일들을 미리 체크하고 준비한다.	①	②	③	④	⑤	○	○
	C	메일을 보내는 것보다 만나서 말로 설득하는 것을 선호한다.	①	②	③	④	⑤	○	○
61	A	일을 처리할 때 웬만하면 직접 사람을 만나 얘기하는 것을 선택한다.	①	②	③	④	⑤	○	○
	B	나에게 정확한 일 처리는 중요하다.	①	②	③	④	⑤	○	○
	C	약속 장소에 가기 위한 가장 빠른 교통수단을 미리 알아보고 출발하는 편이다.	①	②	③	④	⑤	○	○
62	A	내가 한 행동에 대해 절대 후회하지 않는다.	①	②	③	④	⑤	○	○
	B	내 기분이 나쁘더라도 모임의 분위기에 맞춰 행동하려고 노력한다.	①	②	③	④	⑤	○	○
	C	나보다 사정이 급한 사람이 있을 때는 순서를 양보해 준다.	①	②	③	④	⑤	○	○
63	A	내가 가진 지식을 다른 분야의 아이디어와 연결하여 활용한다.	①	②	③	④	⑤	○	○
	B	절실해 보이는 사람에게 내가 가진 것을 양보할 수 있다.	①	②	③	④	⑤	○	○
	C	어차피 누군가가 해야 할 일이라면 내가 먼저 한다.	①	②	③	④	⑤	○	○

번호		문항 예시	응답 1					응답 2	
			전혀 그렇지 않다	그렇지 않다	보통 이다	그렇다	매우 그렇다	멀다	가깝다
64	A	사소한 절차를 어기더라도 일을 빨리 진행하는 것이 우선이다.	①	②	③	④	⑤	○	○
	B	사회적 관습이 잘 지켜져야 바람직한 사회이다.	①	②	③	④	⑤	○	○
	C	나는 항상 상대방의 말을 끝까지 집중해서 듣는다.	①	②	③	④	⑤	○	○
65	A	나는 상황의 변화를 빠르게 인지한다.	①	②	③	④	⑤	○	○
	B	정해진 원칙과 계획대로만 일을 진행해야 실수를 하지 않는다.	①	②	③	④	⑤	○	○
	C	나는 여러 사람들과 함께 일하는 것이 좋다.	①	②	③	④	⑤	○	○
66	A	나는 누구의 지시를 받는 것보다 스스로 해야 할 일을 찾아서 해야 한다.	①	②	③	④	⑤	○	○
	B	나는 어떤 사람에게든 똑같이 대한다.	①	②	③	④	⑤	○	○
	C	나는 언제나 모두의 이익을 생각하면서 일한다.	①	②	③	④	⑤	○	○
67	A	친구가 평소와는 다른 행동을 하면 바로 알아챈다.	①	②	③	④	⑤	○	○
	B	나는 누구와도 어렵지 않게 어울릴 수 있다.	①	②	③	④	⑤	○	○
	C	나의 부족한 점을 남들에게 숨기지 않는다.	①	②	③	④	⑤	○	○
68	A	비록 나와 관계없는 사람일지라도 도움을 요청하면 도와준다.	①	②	③	④	⑤	○	○
	B	여러 사람들과 가깝게 지내는 것은 불편하다.	①	②	③	④	⑤	○	○
	C	나는 사람들의 감정 상태를 잘 알아차린다.	①	②	③	④	⑤	○	○
69	A	나는 상대방이 나보다 먼저 하고 싶어 하는 말이 있는지 살핀다.	①	②	③	④	⑤	○	○
	B	궁금했던 내용을 잘 알기 위해 공부하는 것은 즐거운 일이다.	①	②	③	④	⑤	○	○
	C	팀 활동을 할 때는 나의 일보다 팀의 일이 우선순위에 있다.	①	②	③	④	⑤	○	○
70	A	나는 팀 과제에서 팀원들이 문제를 해결하도록 이끌 수 있다.	①	②	③	④	⑤	○	○
	B	문제 해결에 필요한 시간이 어느 정도인지를 생각하고 계획을 세운다.	①	②	③	④	⑤	○	○
	C	필요하다면 편법을 사용할 수 있는 융통성이 필요하다.	①	②	③	④	⑤	○	○
71	A	다른 사람들은 나에게 도움을 많이 요청한다.	①	②	③	④	⑤	○	○
	B	나는 아무리 힘들어도 해야 할 일을 미루지 않는다.	①	②	③	④	⑤	○	○
	C	나는 이루고자 하는 명확한 목표가 있다.	①	②	③	④	⑤	○	○

번호		문항 예시	응답 1					응답 2	
			전혀 그렇지 않다	그렇지 않다	보통이다	그렇다	매우 그렇다	멀다	가깝다
72	A	나는 가족, 친구들과 사이가 아주 가깝다.	①	②	③	④	⑤	○	○
	B	아무리 어려운 일이 있더라도 약속은 반드시 지킨다.	①	②	③	④	⑤	○	○
	C	상대방의 행동이 내 마음에 들지 않더라도 어느 정도 참을 수 있다.	①	②	③	④	⑤	○	○
73	A	나는 복잡한 문제의 핵심을 잘 파악한다.	①	②	③	④	⑤	○	○
	B	나의 실수나 잘못을 순순히 인정한다.	①	②	③	④	⑤	○	○
	C	나는 새로운 시도를 해 보는 것을 좋아한다.	①	②	③	④	⑤	○	○
74	A	하기 싫은 일을 맡아도 막상 시작하면 그 일에 몰두한다.	①	②	③	④	⑤	○	○
	B	내가 알게 된 새로운 정보나 노하우를 남에게 공유하고 싶지 않다.	①	②	③	④	⑤	○	○
	C	나는 상대방의 행동의 의도나 이유를 잘 파악한다.	①	②	③	④	⑤	○	○
75	A	나는 혼자 하는 일을 더 좋아한다.	①	②	③	④	⑤	○	○
	B	내가 생각해 낸 아이디어가 현실로 바뀌는 것은 매우 흥미로운 일이다	①	②	③	④	⑤	○	○
	C	나는 불규칙한 것보다 규칙적인 것을 좋아한다.	①	②	③	④	⑤	○	○
76	A	나는 어떤 일이든 할 때는 최선을 다한다.	①	②	③	④	⑤	○	○
	B	나는 실수나 잘못을 잘 인정한다.	①	②	③	④	⑤	○	○
	C	나는 결과가 어떨지 정확히 알 수 없어도 성공 가능성이 있다면 시작해 본다.	①	②	③	④	⑤	○	○
77	A	나는 대화할 때 상대방이 이해하기 쉽게 설명할 수 있다.	①	②	③	④	⑤	○	○
	B	나는 내 주변의 모든 사람들을 좋아한다.	①	②	③	④	⑤	○	○
	C	나는 배우겠다고 결심한 것이 있으면 아무리 바쁘더라도 시간을 낼 수 있다.	①	②	③	④	⑤	○	○
78	A	나 자신에게는 엄격하지만 다른 사람에게는 너그럽다.	①	②	③	④	⑤	○	○
	B	나는 질서와 규율을 너무 강조하는 조직을 싫어한다.	①	②	③	④	⑤	○	○
	C	나는 내 자신의 능력을 믿는다.	①	②	③	④	⑤	○	○
79	A	나는 매사에 행동을 조심하기 때문에 다른 사람들에게 나쁘게 평가받지 않는다.	①	②	③	④	⑤	○	○
	B	다른 사람들 앞에서 내 자랑을 쉽게 할 수 있다.	①	②	③	④	⑤	○	○
	C	나는 나의 개인적인 감정이 일에 영향을 주지 않도록 한다.	①	②	③	④	⑤	○	○

번호		문항 예시	응답 1					응답 2	
			전혀 그렇지 않다	그렇지 않다	보통이다	그렇다	매우 그렇다	멀다	가깝다
80	A	나는 문제의 원인을 단정하기에 앞서 다양한 가능성을 더 생각한다.	①	②	③	④	⑤	○	○
	B	나는 아무리 화가 나도 평정심을 유지하려 노력한다.	①	②	③	④	⑤	○	○
	C	나는 바쁘더라도 할 일이 많은 것이 좋다.	①	②	③	④	⑤	○	○
81	A	무엇이든 노력하면 해낼 수 있다고 믿는다.	①	②	③	④	⑤	○	○
	B	나의 가치관을 남에게 내세우지 않는다.	①	②	③	④	⑤	○	○
	C	나는 스스로 한 약속을 무슨 일이 있어도 지킨다.	①	②	③	④	⑤	○	○
82	A	나와 다른 의견도 있는 그대로 받아들인다.	①	②	③	④	⑤	○	○
	B	나는 남들보다 뛰어난 능력이 있다.	①	②	③	④	⑤	○	○
	C	다양한 분야에 관심을 갖기보다 특정 분야에 집중하고 싶다.	①	②	③	④	⑤	○	○
83	A	보수는 각자가 기여한 정도에 따라 달리 받아야 한다.	①	②	③	④	⑤	○	○
	B	경험해보지 못한 다양한 문화와 언어를 익히길 좋아한다.	①	②	③	④	⑤	○	○
	C	언제나 계획한 대로 실천한다.	①	②	③	④	⑤	○	○
84	A	사람을 감동시키는 재주가 있다.	①	②	③	④	⑤	○	○
	B	도전적인 분야보다 비교적 검증되고 안정된 분야를 선호한다.	①	②	③	④	⑤	○	○
	C	충동구매를 잘하는 편이다.	①	②	③	④	⑤	○	○
85	A	여러 사람이 협동해서 하는 일이 혼자 하는 일보다 좋다.	①	②	③	④	⑤	○	○
	B	해보고 싶은 일이 있으면 바로 추진한다.	①	②	③	④	⑤	○	○
	C	현실적 환경보다는 미래의 삶에 대해 더 많이 고민한다.	①	②	③	④	⑤	○	○

Memo

미래를 창조하기에 꿈만큼 좋은 것은 없다.
오늘의 유토피아가 내일 현실이 될 수 있다.

There is nothing like dream to create the future.
Utopia today, flesh and blood tomorrow.
빅토르 위고 Victor Hugo

S-OIL 인적성검사

파트 4 면접가이드

01 면접의 이해
02 구조화 면접 기법
03 면접 최신 기출 주제

01 면접의 이해

※ 능력중심 채용에서는 타당도가 높은 구조화 면접을 적용한다.

1 면접이란?

일을 하는 데 필요한 능력(직무역량, 직무지식, 인재상 등)을 지원자가 보유하고 있는지를 다양한 면접기법을 활용하여 확인하는 절차이다. 자신의 환경, 성취, 관심사, 경험 등에 대해 이야기하여 본인이 적합하다는 것을 보여 줄 기회를 제공하고, 면접관은 평가에 필요한 정보를 수집하고 평가하는 것이다.

- 지원자의 태도, 적성, 능력에 대한 정보를 심층적으로 파악하기 위한 선발 방법
- 선발의 최종 의사결정에 주로 사용되는 선발 방법
- 전 세계적으로 선발에서 가장 많이 사용되는 핵심적이고 중요한 방법

2 면접의 특징

서류전형이나 인적성검사에서 드러나지 않는 것들을 볼 수 있는 기회를 제공한다.

- 직무수행과 관련된 다양한 지원자 행동에 대한 관찰이 가능하다.
- 면접관이 알고자 하는 정보를 심층적으로 파악할 수 있다.
- 서류상의 미비한 사항과 의심스러운 부분을 확인할 수 있다.
- 커뮤니케이션, 대인관계행동 등 행동·언어적 정보도 얻을 수 있다.

3 면접의 평가요소

1 인재적합도

해당 기관이나 기업별 인재상에 대한 인성 평가

2 조직적합도

조직에 대한 이해와 관련 상황에 대한 평가

3 직무적합도

직무에 대한 지식과 기술, 태도에 대한 평가

4 면접의 유형

구조화된 정도에 따른 분류

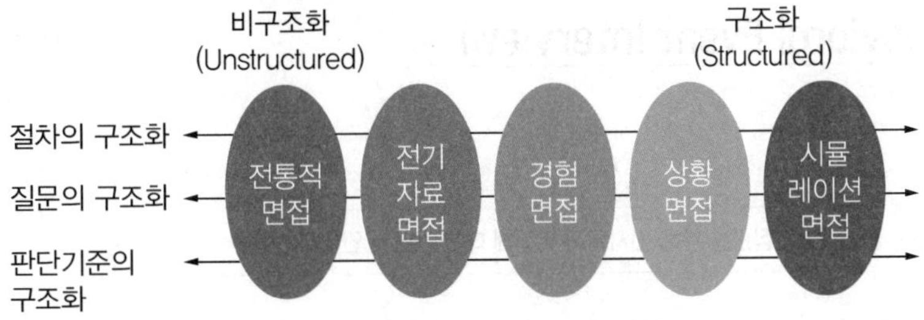

1 구조화 면접(Structured Interview)

사전에 계획을 세워 질문의 내용과 방법, 지원자의 답변 유형에 따른 추가 질문과 그에 대한 평가역량이 정해져 있는 면접 방식(표준화 면접)

- 표준화된 질문이나 평가요소가 면접 전 확정되며, 지원자는 편성된 조나 면접관에 영향을 받지 않고 동일한 질문과 시간을 부여받을 수 있음.
- 조직 또는 직무별로 주요하게 도출된 역량을 기반으로 평가요소가 구성되어, 조직 또는 직무에서 필요한 역량을 가진 지원자를 선발할 수 있음.
- 표준화된 형식을 사용하는 특성 때문에 비구조화 면접에 비해 신뢰성과 타당성, 객관성이 높음.

2 비구조화 면접(Unstructured Interview)

면접 계획을 세울 때 면접 목적만 명시하고 내용이나 방법은 면접관에게 전적으로 일임하는 방식(비표준화 면접)

- 표준화된 질문이나 평가요소 없이 면접이 진행되며, 편성된 조나 면접관에 따라 지원자에게 주어지는 질문이나 시간이 다름.
- 면접관의 주관적인 판단에 따라 평가가 이루어져 평가 오류가 빈번히 일어남.
- 상황 대처나 언변이 뛰어난 지원자에게 유리한 면접이 될 수 있음.

02 구조화 면접 기법

※ 능력중심 채용에서는 타당도가 높은 구조화 면접을 적용한다.

1 경험면접(Behavioral Event Interview)

면접 프로세스

단계	내용
안내	지원자는 입실 후, 면접관을 통해 인사말과 면접에 대한 간단한 안내를 받음.
질문	지원자는 면접관에게 평가요소(직업기초능력, 직무수행능력 등)와 관련된 주요 질문을 받게 되며, 질문에서 의도하는 평가요소를 고려하여 응답할 수 있도록 함.
세부질문	•지원자가 응답한 내용을 토대로 해당 평가기준들을 충족시키는지 파악하기 위한 세부질문이 이루어짐. •구체적인 행동·생각 등에 대해 응답할수록 높은 점수를 얻을 수 있음.

- 방식

  해당 역량의 발휘가 요구되는 일반적인 상황을 제시하고, 그러한 상황에서 어떻게 행동했었는지(과거경험)를 이야기하도록 함.

- 판단기준

  해당 역량의 수준, 경험 자체의 구체성, 진실성 등

- 특징

  추상적인 생각이나 의견 제시가 아닌 과거 경험 및 행동 중심의 질의가 이루어지므로 지원자는 사전에 본인의 과거 경험 및 사례를 정리하여 면접에 대비할 수 있음.

- 예시

지원분야		지원자		면접관	(인)
경영자원관리 조직이 보유한 인적자원을 효율적으로 활용하여, 조직 내 유·무형 자산 및 재무자원을 효율적으로 관리한다.					
주질문					
A. 어떤 과제를 처리할 때 기존에 팀이 사용했던 방식의 문제점을 찾아내 이를 보완하여 과제를 더욱 효율적으로 처리했던 경험에 대해 이야기해 주시기 바랍니다.					
세부질문					
[상황 및 과제] 사례와 관련해 당시 상황에 대해 이야기해 주시기 바랍니다. [역할] 당시 지원자께서 맡았던 역할은 무엇이었습니까? [행동] 사례와 관련해 구성원들의 설득을 이끌어 내기 위해 어떤 노력을 하였습니까? [결과] 결과는 어땠습니까?					

기대행동	평점
업무진행에 있어 한정된 자원을 효율적으로 활용한다.	① - ② - ③ - ④ - ⑤
구성원들의 능력과 성향을 파악해 효율적으로 업무를 배분한다.	① - ② - ③ - ④ - ⑤
효과적 인적/물적 자원관리를 통해 맡은 일을 무리 없이 잘 마무리한다.	① - ② - ③ - ④ - ⑤

척도해설

1 : 행동증거가 거의 드러나지 않음	2 : 행동증거가 미약하게 드러남	3 : 행동증거가 어느 정도 드러남	4 : 행동증거가 명확하게 드러남	5 : 뛰어난 수준의 행동증거가 드러남
관찰기록 : 총평 :				

※ 실제 적용되는 평가지는 기업/기관마다 다름.

2 상황면접(Situational Interview)

면접 프로세스

- **안내**: 지원자는 입실 후, 면접관을 통해 인사말과 면접에 대한 간단한 안내를 받음.
- **질문**:
  - 지원자는 상황질문지를 검토하거나 면접관을 통해 상황 및 질문을 제공받음.
  - 면접관의 질문이나 질문지의 의도를 파악하여 응답할 수 있도록 함.
- **세부질문**:
  - 지원자가 응답한 내용을 토대로 해당 평가기준들을 충족시키는지 파악하기 위한 세부질문이 이루어짐.
  - 구체적인 행동·생각 등에 대해 응답할수록 높은 점수를 얻을 수 있음.

- 방식

  직무 수행 시 접할 수 있는 상황들을 제시하고, 그러한 상황에서 어떻게 행동할 것인지(행동의도)를 이야기하도록 함.

- 판단기준

  해당 상황에 맞는 해당 역량의 구체적 행동지표

- 특징

  지원자의 가치관, 태도, 사고방식 등의 요소를 평가하는 데 용이함.

• 예시

지원분야		지원자		면접관	(인)
유관부서협업 타 부서의 업무협조요청 등에 적극적으로 협력하고 갈등 상황이 발생하지 않도록 이해관계를 조율하며 관련 부서의 협업을 효과적으로 이끌어 낸다.					
주질문					
당신은 생산관리팀의 팀원으로, 2개월 뒤에 제품 A를 출시하기 위해 생산팀의 생산 계획을 수립한 상황입니다. 그러나 원가가 곧 실적으로 이어지는 구매팀에서는 최대한 원가를 줄여 전반적 단가를 낮추려고 원가절감을 위한 제안을 하였으나, 연구개발팀에서는 구매팀이 제안한 방식으로 제품을 생산할 경우 대부분이 구매팀의 실적으로 산정될 것이므로 제대로 확인도 해보지 않은 채 적합하지 않은 방식이라고 판단하고 있습니다. 당신은 어떻게 하겠습니까?					
세부질문					
[상황 및 과제] 이 상황의 핵심적인 이슈는 무엇이라고 생각합니까? [역할] 당신의 역할을 더 잘 수행하기 위해서는 어떤 점을 고려해야 하겠습니까? 왜 그렇게 생각합니까? [행동] 당면한 과제를 해결하기 위해서 구체적으로 어떤 조치를 취하겠습니까? 그 이유는 무엇입니까? [결과] 그 결과는 어떻게 될 것이라고 생각합니까? 그 이유는 무엇입니까?					

척도해설

1 : 행동증거가 거의 드러나지 않음	2 : 행동증거가 미약하게 드러남	3 : 행동증거가 어느 정도 드러남	4 : 행동증거가 명확하게 드러남	5 : 뛰어난 수준의 행동증거가 드러남
관찰기록 : 총평 :				

※ 실제 적용되는 평가지는 기업/기관마다 다름.

3 발표면접(Presentation)

면접 프로세스

안내
- 입실 후 지원자는 면접관으로부터 인사말과 발표면접에 대해 간략히 안내받음.
- 면접 전 지원자는 과제 검토 및 발표 준비시간을 가짐.

발표
- 지원자들이 과제 주제와 관련하여 정해진 시간 동안 발표를 실시함.
- 면접관은 발표내용 중 평가요소와 관련해 나타난 가점 및 감점요소들을 평가하게 됨.

질문응답
- 발표 종료 후 면접관은 정해진 시간 동안 지원자의 발표내용과 관련해 구체적인 내용을 확인하기 위한 질문을 함.
- 지원자는 면접관의 질문의도를 정확히 파악하여 적절히 응답할 수 있도록 함.
- 응답 시 명확하고 자신있게 전달할 수 있도록 함.

- 방식
지원자가 특정 주제와 관련된 자료(신문기사, 그래프 등)를 검토하고, 그에 대한 자신의 생각을 면접관 앞에서 발표하며, 추가 질의응답이 이루어짐.
- 판단기준
지원자의 사고력, 논리력, 문제해결능력 등
- 특징
과제를 부여한 후, 지원자들이 과제를 수행하는 과정과 결과를 관찰 · 평가함. 과제수행의 결과뿐 아니라 과제수행 과정에서의 행동을 모두 평가함.

4 토론면접(Group Discussion)

면접 프로세스

안내
- 입실 후, 지원자들은 면접관으로부터 토론 면접의 전반적인 과정에 대해 안내받음.
- 지원자는 정해진 자리에 착석함.

토론
- 지원자들이 과제 주제와 관련하여 정해진 시간 동안 토론을 실시함(시간은 기관별 상이).
- 지원자들은 면접 전 과제 검토 및 토론 준비시간을 가짐.
- 토론이 진행되는 동안, 지원자들은 다른 토론자들의 발언을 경청하여 적절히 본인의 의사를 전달할 수 있도록 함. 더불어 적극적인 태도로 토론면접에 임하는 것도 중요함.

마무리 (5분 이내)
- 면접 종료 전, 지원자들은 토론을 통해 도출한 결론에 대해 첨언하고 적절히 마무리 지음.
- 본인의 의견을 전달하는 것과 동시에 다른 토론자를 배려하는 모습도 중요함.

- 방식
상호갈등적 요소를 가진 과제 또는 공통의 과제를 해결하는 내용의 토론 과제(신문기사, 그래프 등)를 제시하고, 그 과정에서의 개인 간의 상호작용 행동을 관찰함.
- 판단기준
팀워크, 갈등 조정, 의사소통능력 등
- 특징
면접에서 최종안을 도출하는 것도 중요하나 주장의 옳고 그름이 아닌 결론을 도출하는 과정과 말하는 자세 등도 중요함.

5 역할연기면접(Role Play Interview)

• 방식
기업 내 발생 가능한 상황에서 부딪히게 되는 문제와 역할을 가상적으로 설정하여 특정 역할을 맡은 사람과 상호작용하고 문제를 해결해 나가도록 함.

• 판단기준
대처능력, 대인관계능력, 의사소통능력 등

• 특징
실제 상황과 유사한 가상 상황에서 지원자의 성격이나 대처 행동 등을 관찰할 수 있음.

6 집단면접(Group Activity)

• 방식
지원자들이 팀(집단)으로 협력하여 정해진 시간 안에 활동 또는 게임을 하며 면접관들은 지원자들의 행동을 관찰함.

• 판단기준
대인관계능력, 팀워크, 창의성 등

• 특징
기존 면접보다 오랜 시간 관찰을 하여 지원자들의 평소 습관이나 행동들을 관찰하려는 데 목적이 있음.

03 면접 최신 기출 주제

S-OIL의 면접

S-OIL의 면접은 크게 1차 면접과 2차 면접으로 진행된다. 1차 면접은 역량/인성면접이며 어학면접으로 지칭되는 영어면접도 진행되기도 한다. 최근 온라인 형식으로 진행되었다.

- 역량/인성면접 : 다대일 면접으로 3명의 실무진으로 구성된 면접관이 참여한다. 자기소개서를 바탕으로 개인 역량과 인성, 기술 등에 대한 내용을 약 30분간 평가한다.
- 어학면접 : 일대일 면접으로 외국인 면접관 1명이 참여한다. 영어로 된 인성관련 질문에 약 5분간 영어로 답변해야 한다.

2차 면접은 임원면접이며 다대다로 진행된다. 임원진으로 구성된 면접관 5명이 4 ~ 5명 1조로 구성된 피면접자를 약 25분간 평가한다. 주로 개인이력과 인성과 관련된 질문이 제시된다.

S-OIL 면접 기출 질문

1 1차 면접

역량/인성면접

자기소개를 해 보시오.
지원한 동기를 말해 보시오.
본인의 수준보다 높은 목표를 세워 성과를 낸 경험과 이를 통해 느낀 점을 말해 보시오.
수행한 프로젝트에서 본인이 수행한 역할은 무엇인가?
지원한 직무를 위해 준비한 것을 말해 보시오.
지원한 직무를 수행할 때 가장 중요한 능력이나 기술은 무엇이라고 생각하는가?
지원한 직무와 관련하여 다른 사람들과 구별되게 가지고 있는 능력은 무엇인가?
프로젝트를 수행했을 때 발생한 갈등과 해결한 경험을 말해 보시오.
전공과 직무가 연관이 없는데, 해당 직무에 지원한 이유는 무엇인가?
희망하지 않은 분야에 배치된다면 어떻게 하겠는가?
살면서 힘들었던 경험과 배운 점을 말해 보시오.
이직하려는 이유는 무엇인가?
지방근무가 가능한가?
지원한 직무와 관련된 최근 이슈에 대한 개인의 생각을 말해 보시오.
지원한 직무와 관련하여 역할을 수행한 경험이 있는가?
입사하게 된다면 어떻게 기여할 것인가?
공백 기간 동안 무엇을 하였는가?
인생에서 가장 중요하게 여기는 가치가 무엇인가?
본인의 성격에 대해 말해 보시오.

영역별 빈출이론 언어 수리 도형추리
기출유형문제 1회 2회 3회 4회 5회
인성검사
면접가이드

어학면접

직무 지원동기를 말해 보시오.
본인의 전공을 소개하고 해당 전공을 왜 선택했는지 말해 보시오.
해외 경험을 말해 보시오.
전공과 관련된 꿈을 이루고 싶은가?
만약 회사에 불법적인 일이 발생한다면 어떻게 대처할 것인가?
자기소개를 해 보시오.
인생의 목표를 말해 보시오.
영어공부는 어떻게 하였는가?
오늘 날씨는 어떤가?
첫눈에 얽힌 경험을 말해 보시오.
본인의 결혼관을 설명해 보시오.
앞으로 영어공부를 어떻게 할 계획인가?
어제 한 일을 말해 보시오.

2 2차 면접(임원면접)

자기소개를 해 보시오.
당사와 해당 직무에 지원한 동기를 말해 보시오.
입사한 후 무엇을 배우고 어떻게 성장할 것인가?
실패한 경험과 극복 방안을 말해 보시오.
협업을 하며 본인과 도저히 맞지 않는 사람이 있었는가? 있었다면 어떻게 하였는가?
본인의 전공과 과에 대해 자세히 설명해 보시오.
10년 뒤 S-OIL은 무엇을 하고 있겠는가?
S-OIL 하면 떠오르는 이미지가 있는가?
지원한 직무의 전문가가 되기 위해 스스로 발전시켜야 할 부분은 무엇인가?
만약 본인이 기대한 것과 달리 다른 일을 하게 되거나 지루한 일을 맡게 된다면 어떻게 하겠는가?
다른 지원한 기업은 어디인가?
S-OIL에서 어떤 일을 할 것인가?
취미를 혼자 즐기는 편인가? 취미 생활을 어떻게 하는가?

S-OIL

감독관 확인란	

기출유형문제_연습용

성명표기란

ㄱ	ㅏ	ㄱ	ㄱ	ㅏ	ㄱ	ㄱ	ㅏ	ㄱ	ㄱ	ㅏ	ㄱ
ㄴ	ㅑ	ㄴ	ㄴ	ㅑ	ㄴ	ㄴ	ㅑ	ㄴ	ㄴ	ㅑ	ㄴ
ㄷ	ㅓ	ㄷ	ㄷ	ㅓ	ㄷ	ㄷ	ㅓ	ㄷ	ㄷ	ㅓ	ㄷ
ㄹ	ㅕ	ㄹ	ㄹ	ㅕ	ㄹ	ㄹ	ㅕ	ㄹ	ㄹ	ㅕ	ㄹ
ㅁ	ㅗ	ㅁ	ㅁ	ㅗ	ㅁ	ㅁ	ㅗ	ㅁ	ㅁ	ㅗ	ㅁ
ㅂ	ㅛ	ㅂ	ㅂ	ㅛ	ㅂ	ㅂ	ㅛ	ㅂ	ㅂ	ㅛ	ㅂ
ㅅ	ㅜ	ㅅ	ㅅ	ㅜ	ㅅ	ㅅ	ㅜ	ㅅ	ㅅ	ㅜ	ㅅ
ㅇ	ㅠ	ㅇ	ㅇ	ㅠ	ㅇ	ㅇ	ㅠ	ㅇ	ㅇ	ㅠ	ㅇ
ㅈ	ㅡ	ㅈ	ㅈ	ㅡ	ㅈ	ㅈ	ㅡ	ㅈ	ㅈ	ㅡ	ㅈ
ㅊ	ㅣ	ㅊ	ㅊ	ㅣ	ㅊ	ㅊ	ㅣ	ㅊ	ㅊ	ㅣ	ㅊ
ㅋ	ㅐ	ㅋ	ㅋ	ㅐ	ㅋ	ㅋ	ㅐ	ㅋ	ㅋ	ㅐ	ㅋ
ㅌ	ㅒ	ㅌ	ㅌ	ㅒ	ㅌ	ㅌ	ㅒ	ㅌ	ㅌ	ㅒ	ㅌ
ㅍ	ㅔ	ㅍ	ㅍ	ㅔ	ㅍ	ㅍ	ㅔ	ㅍ	ㅍ	ㅔ	ㅍ
ㅎ	ㅖ	ㅎ	ㅎ	ㅖ	ㅎ	ㅎ	ㅖ	ㅎ	ㅎ	ㅖ	ㅎ
	ㅘ		ㄲ	ㅘ	ㄲ	ㄲ	ㅘ	ㄲ	ㄲ	ㅘ	ㄲ
	ㅙ		ㄸ	ㅙ	ㄸ	ㄸ	ㅙ	ㄸ	ㄸ	ㅙ	ㄸ
	ㅚ		ㅃ	ㅚ	ㅃ	ㅃ	ㅚ	ㅃ	ㅃ	ㅚ	ㅃ
	ㅝ		ㅆ	ㅝ	ㅆ	ㅆ	ㅝ	ㅆ	ㅆ	ㅝ	ㅆ
	ㅞ		ㅉ	ㅞ	ㅉ	ㅉ	ㅞ	ㅉ	ㅉ	ㅞ	ㅉ
	ㅟ			ㅟ	ㄺ		ㅟ	ㄺ		ㅟ	ㄺ
	ㅢ			ㅢ	ㄻ		ㅢ	ㄻ		ㅢ	ㄻ

수험번호

0	0	0	0	0	0
1	1	1	1	1	1
2	2	2	2	2	2
3	3	3	3	3	3
4	4	4	4	4	4
5	5	5	5	5	5
6	6	6	6	6	6
7	7	7	7	7	7
8	8	8	8	8	8
9	9	9	9	9	9

(주민등록 앞자리 생년제외) 월일

0	0	0	0
1	1	1	1
2	2	2	2
3	3	3	3
4	4	4	4
5	5	5	5
6	6	6	6
7	7	7	7
8	8	8	8
9	9	9	9

수험생 유의사항

※ 답안은 반드시 컴퓨터용 사인펜으로 보기와 같이 바르게 표기해야 합니다.
〈보기〉 ① ② ③ ❹ ⑤

※ 성명표기란 위 칸에는 성명을 한글로 쓰고 아래 칸에는 성명을 정확하게 표기하십시오. (맨 왼쪽 칸부터 성과 이름은 붙여 씁니다)

※ 수험번호/월일 위 칸에는 아라비아 숫자로 쓰고 아래 칸에는 숫자와 일치하게 표기하십시오.

※ 월일은 반드시 본인 주민등록번호의 생년을 제외한 월 두 자리, 일 두 자리를 표기하십시오. 〈예〉 1994년 1월 12일 → 0112

인적성검사

gosinet (주)고시넷

	문번	답란		문번	답란		문번	답란		문번	답란
언어	1	① ② ③ ④ ⑤	수리	1	① ② ③ ④ ⑤	수리	16	① ② ③ ④ ⑤	도형추리	1	① ② ③ ④ ⑤
	2	① ② ③ ④ ⑤		2	① ② ③ ④ ⑤		17	① ② ③ ④ ⑤		2	① ② ③ ④ ⑤
	3	① ② ③ ④ ⑤		3	① ② ③ ④ ⑤		18	① ② ③ ④ ⑤		3	① ② ③ ④ ⑤
	4	① ② ③ ④ ⑤		4	① ② ③ ④ ⑤		19	① ② ③ ④ ⑤		4	① ② ③ ④ ⑤
	5	① ② ③ ④ ⑤		5	① ② ③ ④ ⑤		20	① ② ③ ④ ⑤		5	① ② ③ ④ ⑤
	6	① ② ③ ④ ⑤		6	① ② ③ ④ ⑤					6	① ② ③ ④ ⑤
	7	① ② ③ ④ ⑤		7	① ② ③ ④ ⑤					7	① ② ③ ④ ⑤
	8	① ② ③ ④ ⑤		8	① ② ③ ④ ⑤					8	① ② ③ ④ ⑤
	9	① ② ③ ④ ⑤		9	① ② ③ ④ ⑤					9	① ② ③ ④ ⑤
	10	① ② ③ ④ ⑤		10	① ② ③ ④ ⑤					10	① ② ③ ④ ⑤
	11	① ② ③ ④ ⑤		11	① ② ③ ④ ⑤					11	① ② ③ ④ ⑤
	12	① ② ③ ④ ⑤		12	① ② ③ ④ ⑤					12	① ② ③ ④ ⑤
	13	① ② ③ ④ ⑤		13	① ② ③ ④ ⑤					13	① ② ③ ④ ⑤
	14	① ② ③ ④ ⑤		14	① ② ③ ④ ⑤					14	① ② ③ ④ ⑤
	15	① ② ③ ④ ⑤		15	① ② ③ ④ ⑤					15	① ② ③ ④ ⑤

S-OIL

감독관 확인란	

기출유형문제_연습용

성명표기란

ㄱ	ㅏ	ㄱ	ㄱ	ㅏ	ㄱ	ㄱ	ㅏ	ㄱ	ㄱ	ㅏ	ㄱ
ㄴ	ㅑ	ㄴ	ㄴ	ㅑ	ㄴ	ㄴ	ㅑ	ㄴ	ㄴ	ㅑ	ㄴ
ㄷ	ㅓ	ㄷ	ㄷ	ㅓ	ㄷ	ㄷ	ㅓ	ㄷ	ㄷ	ㅓ	ㄷ
ㄹ	ㅕ	ㄹ	ㄹ	ㅕ	ㄹ	ㄹ	ㅕ	ㄹ	ㄹ	ㅕ	ㄹ
ㅁ	ㅗ	ㅁ	ㅁ	ㅗ	ㅁ	ㅁ	ㅗ	ㅁ	ㅁ	ㅗ	ㅁ
ㅂ	ㅛ	ㅂ	ㅂ	ㅛ	ㅂ	ㅂ	ㅛ	ㅂ	ㅂ	ㅛ	ㅂ
ㅅ	ㅜ	ㅅ	ㅅ	ㅜ	ㅅ	ㅅ	ㅜ	ㅅ	ㅅ	ㅜ	ㅅ
ㅇ	ㅠ	ㅇ	ㅇ	ㅠ	ㅇ	ㅇ	ㅠ	ㅇ	ㅇ	ㅠ	ㅇ
ㅈ	ㅡ	ㅈ	ㅈ	ㅡ	ㅈ	ㅈ	ㅡ	ㅈ	ㅈ	ㅡ	ㅈ
ㅊ	ㅣ	ㅊ	ㅊ	ㅣ	ㅊ	ㅊ	ㅣ	ㅊ	ㅊ	ㅣ	ㅊ
ㅋ	ㅐ	ㅋ	ㅋ	ㅐ	ㅋ	ㅋ	ㅐ	ㅋ	ㅋ	ㅐ	ㅋ
ㅌ	ㅒ	ㅌ	ㅌ	ㅒ	ㅌ	ㅌ	ㅒ	ㅌ	ㅌ	ㅒ	ㅌ
ㅍ	ㅔ	ㅍ	ㅍ	ㅔ	ㅍ	ㅍ	ㅔ	ㅍ	ㅍ	ㅔ	ㅍ
ㅎ	ㅖ	ㅎ	ㅎ	ㅖ	ㅎ	ㅎ	ㅖ	ㅎ	ㅎ	ㅖ	ㅎ
	ㅘ		ㄲ	ㅘ	ㄲ	ㄲ	ㅘ	ㄲ	ㄲ	ㅘ	ㄲ
	ㅙ		ㄸ	ㅙ	ㄸ	ㄸ	ㅙ	ㄸ	ㄸ	ㅙ	ㄸ
	ㅚ		ㅃ	ㅚ	ㅃ	ㅃ	ㅚ	ㅃ	ㅃ	ㅚ	ㅃ
	ㅝ		ㅆ	ㅝ	ㅆ	ㅆ	ㅝ	ㅆ	ㅆ	ㅝ	ㅆ
	ㅞ		ㅉ	ㅞ	ㅉ	ㅉ	ㅞ	ㅉ	ㅉ	ㅞ	ㅉ
	ㅟ			ㅟ	ㄺ		ㅟ	ㄺ		ㅟ	ㄺ
	ㅢ			ㅢ	ㄻ		ㅢ	ㄻ		ㅢ	ㄻ

수험번호

0	0	0	0	0	0
1	1	1	1	1	1
2	2	2	2	2	2
3	3	3	3	3	3
4	4	4	4	4	4
5	5	5	5	5	5
6	6	6	6	6	6
7	7	7	7	7	7
8	8	8	8	8	8
9	9	9	9	9	9

(주민등록 앞자리 생년제외) 월일

0	0	0	0
1	1	1	1
2	2	2	2
3	3	3	3
4	4	4	4
5	5	5	5
6	6	6	6
7	7	7	7
8	8	8	8
9	9	9	9

수험생 유의사항

※ 답안은 반드시 컴퓨터용 사인펜으로 보기와 같이 바르게 표기해야 합니다.
〈보기〉 ① ② ③ ❹ ⑤

※ 성명표기란 위 칸에는 성명을 한글로 쓰고 아래 칸에는 성명을 정확하게 표기하십시오. (맨 왼쪽 칸부터 성과 이름은 붙여 씁니다)

※ 수험번호/월일 위 칸에는 아라비아 숫자로 쓰고 아래 칸에는 숫자와 일치하게 표기하십시오.

※ 월일은 반드시 본인 주민등록번호의 생년을 제외한 월 두 자리, 일 두 자리를 표기하십시오. 〈예〉 1994년 1월 12일 → 0112

인적성검사

gosinet (주)고시넷

	문번	답란		문번	답란		문번	답란		문번	답란
언어	1	① ② ③ ④ ⑤	수리	1	① ② ③ ④ ⑤	수리	16	① ② ③ ④ ⑤	도형추리	1	① ② ③ ④ ⑤
	2	① ② ③ ④ ⑤		2	① ② ③ ④ ⑤		17	① ② ③ ④ ⑤		2	① ② ③ ④ ⑤
	3	① ② ③ ④ ⑤		3	① ② ③ ④ ⑤		18	① ② ③ ④ ⑤		3	① ② ③ ④ ⑤
	4	① ② ③ ④ ⑤		4	① ② ③ ④ ⑤		19	① ② ③ ④ ⑤		4	① ② ③ ④ ⑤
	5	① ② ③ ④ ⑤		5	① ② ③ ④ ⑤		20	① ② ③ ④ ⑤		5	① ② ③ ④ ⑤
	6	① ② ③ ④ ⑤		6	① ② ③ ④ ⑤					6	① ② ③ ④ ⑤
	7	① ② ③ ④ ⑤		7	① ② ③ ④ ⑤					7	① ② ③ ④ ⑤
	8	① ② ③ ④ ⑤		8	① ② ③ ④ ⑤					8	① ② ③ ④ ⑤
	9	① ② ③ ④ ⑤		9	① ② ③ ④ ⑤					9	① ② ③ ④ ⑤
	10	① ② ③ ④ ⑤		10	① ② ③ ④ ⑤					10	① ② ③ ④ ⑤
	11	① ② ③ ④ ⑤		11	① ② ③ ④ ⑤					11	① ② ③ ④ ⑤
	12	① ② ③ ④ ⑤		12	① ② ③ ④ ⑤					12	① ② ③ ④ ⑤
	13	① ② ③ ④ ⑤		13	① ② ③ ④ ⑤					13	① ② ③ ④ ⑤
	14	① ② ③ ④ ⑤		14	① ② ③ ④ ⑤					14	① ② ③ ④ ⑤
	15	① ② ③ ④ ⑤		15	① ② ③ ④ ⑤					15	① ② ③ ④ ⑤

S–OIL

감독관 확인란	

기출유형문제_연습용

성명표기란

ㄱ	ㅏ	ㄱ	ㄱ	ㅏ	ㄱ	ㄱ	ㅏ	ㄱ	ㄱ	ㅏ	ㄱ
ㄴ	ㅑ	ㄴ	ㄴ	ㅑ	ㄴ	ㄴ	ㅑ	ㄴ	ㄴ	ㅑ	ㄴ
ㄷ	ㅓ	ㄷ	ㄷ	ㅓ	ㄷ	ㄷ	ㅓ	ㄷ	ㄷ	ㅓ	ㄷ
ㄹ	ㅕ	ㄹ	ㄹ	ㅕ	ㄹ	ㄹ	ㅕ	ㄹ	ㄹ	ㅕ	ㄹ
ㅁ	ㅗ	ㅁ	ㅁ	ㅗ	ㅁ	ㅁ	ㅗ	ㅁ	ㅁ	ㅗ	ㅁ
ㅂ	ㅛ	ㅂ	ㅂ	ㅛ	ㅂ	ㅂ	ㅛ	ㅂ	ㅂ	ㅛ	ㅂ
ㅅ	ㅜ	ㅅ	ㅅ	ㅜ	ㅅ	ㅅ	ㅜ	ㅅ	ㅅ	ㅜ	ㅅ
ㅇ	ㅠ	ㅇ	ㅇ	ㅠ	ㅇ	ㅇ	ㅠ	ㅇ	ㅇ	ㅠ	ㅇ
ㅈ	ㅡ	ㅈ	ㅈ	ㅡ	ㅈ	ㅈ	ㅡ	ㅈ	ㅈ	ㅡ	ㅈ
ㅊ	ㅣ	ㅊ	ㅊ	ㅣ	ㅊ	ㅊ	ㅣ	ㅊ	ㅊ	ㅣ	ㅊ
ㅋ	ㅐ	ㅋ	ㅋ	ㅐ	ㅋ	ㅋ	ㅐ	ㅋ	ㅋ	ㅐ	ㅋ
ㅌ	ㅒ	ㅌ	ㅌ	ㅒ	ㅌ	ㅌ	ㅒ	ㅌ	ㅌ	ㅒ	ㅌ
ㅍ	ㅔ	ㅍ	ㅍ	ㅔ	ㅍ	ㅍ	ㅔ	ㅍ	ㅍ	ㅔ	ㅍ
ㅎ	ㅖ	ㅎ	ㅎ	ㅖ	ㅎ	ㅎ	ㅖ	ㅎ	ㅎ	ㅖ	ㅎ
	ㅘ		ㄲ	ㅘ	ㄲ	ㄲ	ㅘ	ㄲ	ㄲ	ㅘ	ㄲ
	ㅙ		ㄸ	ㅙ	ㄸ	ㄸ	ㅙ	ㄸ	ㄸ	ㅙ	ㄸ
	ㅚ		ㅃ	ㅚ	ㅃ	ㅃ	ㅚ	ㅃ	ㅃ	ㅚ	ㅃ
	ㅝ		ㅆ	ㅝ	ㅆ	ㅆ	ㅝ	ㅆ	ㅆ	ㅝ	ㅆ
	ㅞ		ㅉ	ㅞ	ㅉ	ㅉ	ㅞ	ㅉ	ㅉ	ㅞ	ㅉ
	ㅟ			ㅟ	ㄺ		ㅟ	ㄺ		ㅟ	ㄺ
	ㅢ			ㅢ	ㄻ		ㅢ	ㄻ		ㅢ	ㄻ

수험번호

0	0	0	0	0	0
1	1	1	1	1	1
2	2	2	2	2	2
3	3	3	3	3	3
4	4	4	4	4	4
5	5	5	5	5	5
6	6	6	6	6	6
7	7	7	7	7	7
8	8	8	8	8	8
9	9	9	9	9	9

(주민등록 앞자리 생년제외) 월일

0	0	0	0
1	1	1	1
2	2	2	2
3	3	3	3
4	4	4	4
5	5	5	5
6	6	6	6
7	7	7	7
8	8	8	8
9	9	9	9

수험생 유의사항

※ 답안은 반드시 컴퓨터용 사인펜으로 보기와 같이 바르게 표기해야 합니다.
〈보기〉 ① ② ③ ❹ ⑤

※ 성명표기란 위 칸에는 성명을 한글로 쓰고 아래 칸에는 성명을 정확하게 표기하십시오. (맨 왼쪽 칸부터 성과 이름은 붙여 씁니다)

※ 수험번호/월일 위 칸에는 아라비아 숫자로 쓰고 아래 칸에는 숫자와 일치하게 표기하십시오.

※ 월일은 반드시 본인 주민등록번호의 생년을 제외한 월 두 자리, 일 두 자리를 표기하십시오. 〈예〉 1994년 1월 12일 → 0112

인적성검사

	문번	답란		문번	답란		문번	답란		문번	답란
언어	1	① ② ③ ④ ⑤	수리	1	① ② ③ ④ ⑤	수리	16	① ② ③ ④ ⑤	도형추리	1	① ② ③ ④ ⑤
	2	① ② ③ ④ ⑤		2	① ② ③ ④ ⑤		17	① ② ③ ④ ⑤		2	① ② ③ ④ ⑤
	3	① ② ③ ④ ⑤		3	① ② ③ ④ ⑤		18	① ② ③ ④ ⑤		3	① ② ③ ④ ⑤
	4	① ② ③ ④ ⑤		4	① ② ③ ④ ⑤		19	① ② ③ ④ ⑤		4	① ② ③ ④ ⑤
	5	① ② ③ ④ ⑤		5	① ② ③ ④ ⑤		20	① ② ③ ④ ⑤		5	① ② ③ ④ ⑤
	6	① ② ③ ④ ⑤		6	① ② ③ ④ ⑤					6	① ② ③ ④ ⑤
	7	① ② ③ ④ ⑤		7	① ② ③ ④ ⑤					7	① ② ③ ④ ⑤
	8	① ② ③ ④ ⑤		8	① ② ③ ④ ⑤					8	① ② ③ ④ ⑤
	9	① ② ③ ④ ⑤		9	① ② ③ ④ ⑤					9	① ② ③ ④ ⑤
	10	① ② ③ ④ ⑤		10	① ② ③ ④ ⑤					10	① ② ③ ④ ⑤
	11	① ② ③ ④ ⑤		11	① ② ③ ④ ⑤					11	① ② ③ ④ ⑤
	12	① ② ③ ④ ⑤		12	① ② ③ ④ ⑤					12	① ② ③ ④ ⑤
	13	① ② ③ ④ ⑤		13	① ② ③ ④ ⑤					13	① ② ③ ④ ⑤
	14	① ② ③ ④ ⑤		14	① ② ③ ④ ⑤					14	① ② ③ ④ ⑤
	15	① ② ③ ④ ⑤		15	① ② ③ ④ ⑤					15	① ② ③ ④ ⑤

S-OIL

감독관 확인란	

기출유형문제_연습용

인적성검사

gosinet (주)고시넷

성명표기란

ㄱ	ㅏ	ㄱ	ㄱ	ㅏ	ㄱ	ㄱ	ㅏ	ㄱ	ㄱ	ㅏ	ㄱ
ㄴ	ㅑ	ㄴ	ㄴ	ㅑ	ㄴ	ㄴ	ㅑ	ㄴ	ㄴ	ㅑ	ㄴ
ㄷ	ㅓ	ㄷ	ㄷ	ㅓ	ㄷ	ㄷ	ㅓ	ㄷ	ㄷ	ㅓ	ㄷ
ㄹ	ㅕ	ㄹ	ㄹ	ㅕ	ㄹ	ㄹ	ㅕ	ㄹ	ㄹ	ㅕ	ㄹ
ㅁ	ㅗ	ㅁ	ㅁ	ㅗ	ㅁ	ㅁ	ㅗ	ㅁ	ㅁ	ㅗ	ㅁ
ㅂ	ㅛ	ㅂ	ㅂ	ㅛ	ㅂ	ㅂ	ㅛ	ㅂ	ㅂ	ㅛ	ㅂ
ㅅ	ㅜ	ㅅ	ㅅ	ㅜ	ㅅ	ㅅ	ㅜ	ㅅ	ㅅ	ㅜ	ㅅ
ㅇ	ㅠ	ㅇ	ㅇ	ㅠ	ㅇ	ㅇ	ㅠ	ㅇ	ㅇ	ㅠ	ㅇ
ㅈ	ㅡ	ㅈ	ㅈ	ㅡ	ㅈ	ㅈ	ㅡ	ㅈ	ㅈ	ㅡ	ㅈ
ㅊ	ㅣ	ㅊ	ㅊ	ㅣ	ㅊ	ㅊ	ㅣ	ㅊ	ㅊ	ㅣ	ㅊ
ㅋ	ㅐ	ㅋ	ㅋ	ㅐ	ㅋ	ㅋ	ㅐ	ㅋ	ㅋ	ㅐ	ㅋ
ㅌ	ㅒ	ㅌ	ㅌ	ㅒ	ㅌ	ㅌ	ㅒ	ㅌ	ㅌ	ㅒ	ㅌ
ㅍ	ㅔ	ㅍ	ㅍ	ㅔ	ㅍ	ㅍ	ㅔ	ㅍ	ㅍ	ㅔ	ㅍ
ㅎ	ㅖ	ㅎ	ㅎ	ㅖ	ㅎ	ㅎ	ㅖ	ㅎ	ㅎ	ㅖ	ㅎ
	ㅘ		ㄲ	ㅘ	ㄲ	ㄲ	ㅘ	ㄲ	ㄲ	ㅘ	ㄲ
	ㅙ		ㄸ	ㅙ	ㄸ	ㄸ	ㅙ	ㄸ	ㄸ	ㅙ	ㄸ
	ㅚ		ㅃ	ㅚ	ㅃ	ㅃ	ㅚ	ㅃ	ㅃ	ㅚ	ㅃ
	ㅝ		ㅆ	ㅝ	ㅆ	ㅆ	ㅝ	ㅆ	ㅆ	ㅝ	ㅆ
	ㅞ		ㅉ	ㅞ	ㅉ	ㅉ	ㅞ	ㅉ	ㅉ	ㅞ	ㅉ
	ㅟ			ㅟ	ㄺ		ㅟ	ㄺ		ㅟ	ㄺ
	ㅢ			ㅢ	ㄻ		ㅢ	ㄻ		ㅢ	ㄻ

수험번호

⓪	⓪	⓪	⓪	⓪	⓪
①	①	①	①	①	①
②	②	②	②	②	②
③	③	③	③	③	③
④	④	④	④	④	④
⑤	⑤	⑤	⑤	⑤	⑤
⑥	⑥	⑥	⑥	⑥	⑥
⑦	⑦	⑦	⑦	⑦	⑦
⑧	⑧	⑧	⑧	⑧	⑧
⑨	⑨	⑨	⑨	⑨	⑨

(주민등록 앞자리 생년제외) 월일

⓪	⓪	⓪	⓪
①	①	①	①
②	②	②	②
③	③	③	③
④	④	④	④
⑤	⑤	⑤	⑤
⑥	⑥	⑥	⑥
⑦	⑦	⑦	⑦
⑧	⑧	⑧	⑧
⑨	⑨	⑨	⑨

수험생 유의사항

※ 답안은 반드시 컴퓨터용 사인펜으로 보기와 같이 바르게 표기해야 합니다.
〈보기〉 ① ② ③ ❹ ⑤

※ 성명표기란 위 칸에는 성명을 한글로 쓰고 아래 칸에는 성명을 정확하게 표기하십시오. (맨 왼쪽 칸부터 성과 이름은 붙여 씁니다)

※ 수험번호/월일 위 칸에는 아라비아 숫자로 쓰고 아래 칸에는 숫자와 일치하게 표기하십시오.

※ 월일은 반드시 본인 주민등록번호의 생년을 제외한 월 두 자리, 일 두 자리를 표기하십시오. 〈예〉 1994년 1월 12일 → 0112

	문번	답란		문번	답란		문번	답란		문번	답란
언어	1	① ② ③ ④ ⑤	수리	1	① ② ③ ④ ⑤	수리	16	① ② ③ ④ ⑤	도형추리	1	① ② ③ ④ ⑤
	2	① ② ③ ④ ⑤		2	① ② ③ ④ ⑤		17	① ② ③ ④ ⑤		2	① ② ③ ④ ⑤
	3	① ② ③ ④ ⑤		3	① ② ③ ④ ⑤		18	① ② ③ ④ ⑤		3	① ② ③ ④ ⑤
	4	① ② ③ ④ ⑤		4	① ② ③ ④ ⑤		19	① ② ③ ④ ⑤		4	① ② ③ ④ ⑤
	5	① ② ③ ④ ⑤		5	① ② ③ ④ ⑤		20	① ② ③ ④ ⑤		5	① ② ③ ④ ⑤
	6	① ② ③ ④ ⑤		6	① ② ③ ④ ⑤					6	① ② ③ ④ ⑤
	7	① ② ③ ④ ⑤		7	① ② ③ ④ ⑤					7	① ② ③ ④ ⑤
	8	① ② ③ ④ ⑤		8	① ② ③ ④ ⑤					8	① ② ③ ④ ⑤
	9	① ② ③ ④ ⑤		9	① ② ③ ④ ⑤					9	① ② ③ ④ ⑤
	10	① ② ③ ④ ⑤		10	① ② ③ ④ ⑤					10	① ② ③ ④ ⑤
	11	① ② ③ ④ ⑤		11	① ② ③ ④ ⑤					11	① ② ③ ④ ⑤
	12	① ② ③ ④ ⑤		12	① ② ③ ④ ⑤					12	① ② ③ ④ ⑤
	13	① ② ③ ④ ⑤		13	① ② ③ ④ ⑤					13	① ② ③ ④ ⑤
	14	① ② ③ ④ ⑤		14	① ② ③ ④ ⑤					14	① ② ③ ④ ⑤
	15	① ② ③ ④ ⑤		15	① ② ③ ④ ⑤					15	① ② ③ ④ ⑤

저마다의 일생에는,

특히 그 일생이 동터 오르는 여명기에는

모든 것을 결정짓는 한 순간이 있다.

그 순간을 다시 찾아내는 것은 어렵다.

그것은 다른 수많은 순간들의 퇴적 속에

깊이 묻혀있다.

- 장 그르니에, 섬 LES ILES

인·적성검사

2024

S-OIL
온라인
인적성검사

최신
출제 유형
완벽 반영

5회

고시넷 대기업

S-OIL 에쓰오일 온라인 인적성검사 최신 기출유형 모의고사

동영상 강의 WWW.GOSINET.CO.KR

정답과 해설

gosinet
(주)고시넷

인·적성검사

2024

S-OIL
온라인
인적성검사

최신
출제 유형
완벽 반영

5회

고시넷 대기업

S-OIL 에쓰오일 온라인 인적성검사 최신 기출유형 모의고사

동영상 강의 WWW.GOSINET.CO.KR

정답과 해설

gosinet
(주)고시넷

파트 2 기출유형모의고사

1회 언어

문제 64쪽

01	②	02	②	03	③	04	③	05	③
06	③	07	⑤	08	④	09	①	10	④
11	④	12	②	13	⑤	14	①	15	②

01

| 정답 | ②

| 해설 | 제시된 글은 이웃이 전보다 인접해 있으나 가까이 사귀지 못하는 도시의 생활 모습에 대하여 설명하고 있다. 따라서 글의 중심내용이 되는 ㉠에는 이로 인한 도시 생활의 문제점인 '가구의 고립화'가 들어가는 것이 적절하다.

| 오답풀이 |

⑤ 도시가 전통적 이웃 형태에 비해 더 가깝고, 더 많은 이웃을 갖게 되었다고 언급하였을 뿐 전반적인 내용은 가구의 고립화에 초점이 맞추어져 있다.

02

| 정답 | ②

| 해설 | 제시된 글은 외부성의 개념을 정리하고, 외부성으로 인해 발생되는 비효율성 문제에 대해 과수원과 양봉업자의 관계라는 구체적 사례를 들어 설명하고 있다. 이어서 외부성으로 인한 비효율성의 해결 방안으로 보조금이나 벌금과 같은 정부의 개입을 주장한 전통적인 경제학을 소개하고 있다.

03

| 정답 | ③

| 해설 | 제시된 글의 핵심 주장은 올바른 칭찬을 위해서는 결과보다는 과정을 칭찬해야 한다는 것이다. 따라서 그에 대한 반박으로 과정을 칭찬하는 데에만 집중하면 되레 결과를 소홀히 할 수 있다는 것이 가장 적절하다.

04

| 정답 | ③

| 해설 | 제시된 글은 지속가능한 노동시장의 경쟁력과 고용가능성을 갖추는 것은 개인뿐 아니라 국가 차원에서도 중요한 문제로 대두되고 있다고 설명하면서, 이를 위해 국가 차원에서 체계적인 정책 수립이 필요하다고 언급하고 있다. 또한 전 생애에 걸쳐 지속가능한 경력개발과 고용가능성 함양을 위해 정책적 지원이 요구된다고 주장하고 있으므로 '생애경력개발을 위한 정책 지원의 필요성'이 글의 제목으로 적절하다.

| 오답풀이 |

① 거시적 관점에서 노동시장 변화에 대해 언급한 내용이 없으므로 제목으로 적절하지 않다.

② 지속가능한 성장을 위해 국가 차원에서 체계적으로 정책을 수립해야 한다고 하였으므로 적절하지 않다.

④ 청소년의 경우 4차 산업혁명에 따른 변화에 대비할 수 있도록 지원을 마련해야 한다는 내용이 제시되어 있지만, 4차 산업혁명으로 인한 고용시장의 변화와 전망이 글 전체의 핵심 내용은 아니므로 적절하지 않다.

⑤ 생산가능인구 감소 시대의 경제성장과 노동시장에 대한 내용은 언급되지 않았으므로 적절하지 않다.

05

| 정답 | ③

| 해설 | ○○발전은 '지진 발생 후 건축물 긴급 안정성평가 소프트웨어'를 자체 기술이 아닌, 사외전문가와의 협업을 통해 국내 최초로 개발했다.

06

| 정답 | ③

| 해설 | 두 번째 문단에서 식수가 분변으로 오염되어 있다면 분변에 있는 병원체 수와 비례하여 비병원성 세균이 존재

하고 이를 지표생물로 이용한다고 하면서, 이에 대표적인 것은 대장균이라고 하였다. 따라서 채취된 시료 속의 총대장균군의 세균 수와 병원체 수는 비례하여 존재한다는 것을 알 수 있다.

| 오답풀이 |

① 세 번째 문단에서 총대장균군에 포함된 세균이 모두 온혈동물의 분변에서 기원한 것은 아니라고 언급된다.

② 세 번째 문단에서 총대장균군은 염소 소독과 같은 수질 정화과정에서도 병원체와 유사한 저항성을 가진다고 하였다.

④ 첫 번째 문단에서 병원성 세균, 바이러스, 원생동물, 기생체 소낭 등과 같은 병원체를 직접 검출하는 것은 비싸고 시간이 많이 걸릴 뿐 아니라 숙달된 기술을 요구하지만 지표생물을 이용하면 이러한 문제를 많이 해결할 수 있다고 언급된다.

⑤ 세 번째 문단에서 분변성 연쇄상구균군은 잔류성이 높고 장 밖에서는 증식하지 않기 때문에 시료에서도 그 수가 일정하게 유지되어 좋은 상수소독 처리지표로 활용된다고 설명한다.

07

| 정답 | ⑤

| 해설 | (가)는 저소득층 가정에 보급한 정보통신기기가 아이들의 성적향상에 별다른 영향을 미치지 못한다는 것을, (나)는 정보통신기기의 활용에 대한 부모들의 관리와 통제가 학업성적에 영향을 준다는 것을 설명하고 있다. 따라서 아이들의 학업성적에는 정보통신기기의 보급보다 기기 활용에 대한 관리와 통제가 더 중요하다는 결론을 도출할 수 있다.

08

| 정답 | ④

| 해설 | 스마트폰의 기본적이고 혁신적인 특징을 설명하는 (다)가 맨 처음에 와야 한다. 다음으로 그러한 스마트폰의 혁신에 있어 스티브 잡스가 기여한 바가 크다는 논점을 (가)에서 제시했으며 (라)를 통해 스티브 잡스가 융합을 강조했다는 점을 더욱 강조하고 있다. 마지막으로 (나)에서는 스마트폰과 스티브 잡스의 예를 통해 우리 사회에 융합의 필요성을 강조하였다. 문맥의 흐름으로 볼 때 (다)－(가)－(라)－(나)로 연결되는 것이 내용상 자연스럽다.

09

| 정답 | ①

| 해설 | 우리나라와 미국의 예시에서 우리나라가 일정액의 수수료를 부담하고 달러를 공급받는다고 설명하는 내용을 통해 추론할 수 있다.

| 오답풀이 |

② 변제할 때에도 변동금리가 아닌 계약 당시의 환시세를 적용한다.

③ 다국적 기업이 통화 스와프를 적극 활용한다고 해서 필수적으로 활용한다고 볼 수는 없다.

④ 자국의 통화를 맡기면서 일정액의 수수료를 부담하고 상대국의 외환을 공급받으며 변제 시에는 예치 당시의 환시세를 적용한다고 하였으므로, 추가적으로 드는 수수료에 의해 변제 당시보다는 예치 당시의 금액이 더 많이 소요된다.

10

| 정답 | ④

| 해설 | 제시된 글에 의하면 경험론자들은 정신에 타고난 관념 또는 선험적 지식이 있다는 것을 부정하고 모든 지식은 감각적 경험과 학습을 통해 형성된다고 보았으므로 생물학적 진화보다는 학습을 중요시하였음을 알 수 있다.

| 오답풀이 |

① 학습과 생물학적 진화 간의 우월성을 비교하는 내용은 나타나 있지 않다.

② 진화된 대부분의 동물들에게 학습 능력이 존재한다고 하였다.

③ 인간 사회의 변화는 생물학적 진화보다는 문화적 진화에 의한 것이라고 하였다.

⑤ 인간과 동물 모두 생물학적 진화와 학습이라는 두 가지 주요한 방식으로 환경에 적응한다고 하였다.

11

| 정답 | ④

| 해설 | 향신료가 음식에 향미를 더해 주거나 생선만 먹을 때의 단조로움을 없애주는 등의 역할을 하였음을 알 수 있으나 음식 자체를 대신하였다는 언급은 없다.

12

| 정답 | ②

| 해설 | 제시된 글에 '어려운 전문용어보다는 가급적 쉬운 말을 사용해야 합니다'라고 명시되어 있다. 그러므로 전문용어의 활용이 부족한지 체크하는 것은 적절하지 않다.

13

| 정답 | ⑤

| 해설 | 첫 번째 문단에서 자연 현상에 대한 의문을 나열하며 대상을 이해하는 것이 어떤 식으로 이뤄지는지에 대해 설명하고 있다. 이후 두 번째 문단에서 낯설고 익숙하지 않은 '이해'에 대한 개념을 친숙한 대상인 '체스 게임'에 빗대어 설명하고 있다.

14

| 정답 | ①

| 해설 | 저자는 고대 한국의 문자라 불리는 가림토 문자의 존재에 대해 일본의 신대 문자와 같이 존재 근거가 불충분하여 언어학적으로 큰 의미가 없다고 하였다. 따라서 훈민정음이 가림토 문자의 영향을 받아 만들어졌다는 주장은 저자의 견해와 일치하지 않는다.

15

| 정답 | ②

| 해설 | 이번 육아휴직을 신청할 수 있는 근로자는 여성만을 요하지 않고 그 영아의 생부모만을 요하지 않는다.

| 오답풀이 |

① 육아휴직 기간은 근속기간에 포함된다.

③ 파견근로자의 육아휴직 기간은 파견기간에 산입되지 않는다.

④ 육아휴직을 마친 후에는 육아휴직 전과 동일한 업무로 복귀시켜야 한다.

⑤ 육아휴직 기간은 1년 이내이다.

1회 수리

문제 79쪽

01	③	02	④	03	②	04	②	05	②
06	③	07	③	08	④	09	②	10	⑤
11	④	12	⑤	13	③	14	④	15	④
16	③	17	③	18	②	19	④	20	③

01

| 정답 | ③

| 해설 | 첨가된 12% 소금물의 양을 xg이라 하면, 소금의 양은 물 200g을 넣기 전과 후에 변함이 없으므로 다음과 같은 식이 성립한다.

$$\frac{8}{100}(400-x)+\frac{12}{100}x=\frac{7}{100}\times 600$$

$$3,200-8x+12x=4,200$$

$$4x=1,000$$

$$\therefore x=250(\text{g})$$

따라서 첨가된 소금물의 양은 250g이다.

02

| 정답 | ④

| 해설 | 조건이 모두 '분'으로 제시되었으므로 1분당 작업량을 계산해 본다. A ~ D의 1분당 작업량은 각각 $\frac{1}{3}$, $\frac{1}{9}$, $\frac{1}{6}$, $\frac{1}{12}$이다. 수조 전체 물의 양을 1이라 하고 수조에 물이

가득 찰 때까지 걸리는 시간을 x분이라 할 때, 이미 절반의 물이 채워져 있으므로 더 채워야 할 물의 양은 $\frac{1}{2}$이 되며 다음 식이 성립한다.

$$\left(\frac{1}{3}+\frac{1}{9}-\frac{1}{6}-\frac{1}{12}\right)\times x=\frac{1}{2}$$

$$\left(\frac{4}{9}-\frac{3}{12}\right)\times x=\frac{1}{2}$$

$$\therefore\ x=\frac{18}{7}(\text{분})$$

따라서 수조에 물이 가득 차는 데까지 걸리는 시간은 $\frac{18}{7}$분이다.

03

| 정답 | ②

| 해설 | 원가를 x원이라 하면 현재 판매가는 $1.2x$원, 다음 분기의 판매가는 $1.2x\times0.9=1.08x$(원)이다. 할인된 가격이 129,600원이므로 다음과 같은 식이 성립한다.

$1.08x=129,600$

$\therefore\ x=120,000$(원)

따라서 원가는 120,000원이다.

04

| 정답 | ②

| 해설 | '거리=속력×시간'이므로, 철수가 시속 6km로 30분 동안 달렸을 때 이동한 거리는 6(km/h)×0.5(h)=3(km)이다.

05

| 정답 | ②

| 해설 | x년 후의 일이라 하면, x년 후의 남편의 나이는 $(47+x)$세, 진희의 나이는 $(44+x)$세, 2명의 아이의 나이는 각각 $(12+x)$세, $(9+x)$세이다.

진희와 남편의 나이를 더한 값이 아이들 나이의 합의 세 배가 되어야 하므로 다음과 같은 식이 성립한다.

$(47+x)+(44+x)=3\{(12+x)+(9+x)\}$

$2x+91=6x+63$

$\therefore\ x=7$(년 후)

따라서 7년 후에 부모 나이의 합이 아이들 나이의 합의 3배가 된다.

06

| 정답 | ③

| 해설 | 16.2km/h=4.5m/s이고, 첫 번째 가로등부터 마지막 가로등까지 5분 20초가 걸렸으므로 이 사이의 거리는 4.5×320=1,440(m)이다. 1,440m에 가로등 25개가 있으므로 가로등은 1,440÷(25−1)=60(m)마다 세워져 있음을 알 수 있다.

07

| 정답 | ③

| 해설 | 12분과 21분의 최소공배수를 구하면 3×4×7=84, 즉 A 버스와 B 버스는 84분 간격으로 동시에 출발한다.

```
3) 12  21
 ×  4 × 7=84
```

두 버스는 오전 5시부터 출발하므로 동시에 출발하는 시간은 05 : 00, 06 : 24, 07 : 48, 09 : 12, 10 : 36, 12 : 00, …가 된다.

이 중 오전 10시와 11시 사이에 출발하는 시간은 10시 36분이다.

08

| 정답 | ④

| 해설 | 가위, 바위, 보의 3종류이므로 3명의 모든 경우의 수는 3×3×3=27(가지)이다. 한편, 아무도 이기지 않는 경우는 3명 모두 같은 종류를 내놓을 경우 3가지와 3명 모두 다른 종류를 내놓을 경우 6가지($_3P_3=3!$)이므로 총 9가지가 된다. 따라서 구하는 확률은 $\frac{9}{27}=\frac{1}{3}$이 된다.

09

| 정답 | ②

| 해설 | 조사 대상 직원 전체의 집합을 U, 배드민턴 동아리를 신청한 직원의 집합을 A, 탁구 동아리를 신청한 직원의 집합을 B라 하면 다음과 같이 정리할 수 있다.

$n(U)=40$, $n(A)=17$, $n(B)=25$, $n(A\cup B)=35$

이때, $n(A\cup B)=n(A)+n(B)-n(A\cap B)$이므로

$n(A\cap B)=n(A)+n(B)-n(A\cup B)$

$=17+25-35=7$

따라서 탁구 동아리만 신청한 직원의 수는 $n(B)-n(A\cap B)$ $=25-7=18$(명)이다.

10

| 정답 | ⑤

| 해설 | 큰 활자를 사용한 종이를 x장, 작은 활자를 사용한 종이를 y장이라 하면 다음과 같은 식이 성립한다.

$x+y=16$ ……………………… ㉠

$1,200x+1,500y=21,000$　　$4x+5y=70$ …… ㉡

㉠, ㉡을 연립하여 풀면,

$4(16-y)+5y=70$

$\therefore\ y=6$(장), $x=10$(장)

따라서 작은 활자를 사용한 종이는 6장이다.

11

| 정답 | ④

| 해설 | c의 사교육비가 전체 사교육비에서 차지하는 비중은 1월에 $\frac{23.0}{73.2}\times100 ≒ 31.4(\%)$, 4월에 $\frac{28.4}{82.8}\times100 ≒ 34.3(\%)$로 1월 대비 4월에 약 2.9%p 증가하였다.

12

| 정답 | ⑤

| 해설 | 20X1년 상반기 애니메이션 산업 매출액은 전년 동기 대비 $\frac{324,644-311,088}{311,088}\times100 ≒ 4.4(\%)$ 증가했다.

| 오답풀이 |

① 20X0년 게임 산업의 매출액은 7,072,792+6,860,742 =13,933,534(백만 원)으로 13.9조 원 이상이다.

③ 20X0년 콘텐츠 산업 총 매출액은 상반기가 56,370,929백만 원, 하반기가 62,739,373백만 원으로 하반기에 더 높았다.

④ 20X1년 상반기 음악 산업 매출액은 전반기 대비 $\frac{3,586,648-3,065,949}{3,586,648}\times100 ≒ 14.5(\%)$ 감소했다.

13

| 정답 | ③

| 해설 | 2013년에 한 달에 1회 이상 음주한 여성의 수는 $1,160\times\frac{45}{100}=522$(만 명)이다.

| 오답풀이 |

① 2019 ~ 2021년 남성의 월간음주율은 지속적으로 증가하였다.

② 2022년 남성의 월간음주율은 지난해에 비해 1.3%p 감소하였다.

④ 2015년 만 19세 이상 남성인구 중 $1,390\times\frac{100-77.8}{100}$ ≒309(만 명)은 한 번도 음주하지 않은 달이 있는 남성이다. 그러나 매달 한 번도 음주하지 않은 남성의 수는 알 수 없다.

⑤ 모든 해에서 남성의 월간음주율은 여성의 월간음주율의 1.4배를 초과한다. 2022년 여성의 월간음주율의 1.4배는 $50.5\times1.4=70.7$이다.

14

| 정답 | ④

| 해설 | E 병원의 의사 1인당 의료이익은 $\frac{399}{830} ≒ 0.48$(억 원)으로 A 병원의 의사 1인당 의료이익인 $\frac{825}{1,625} ≒ 0.51$(억 원)보다 적다.

15

| 정답 | ④

| 해설 | ㉡ 20X2년의 총수출금액은 354,671÷0.585≒606,275(백만 달러), 20X3년의 총수출금액은 304,240÷0.561≒542,317(백만 달러)로 20X2년 대비 20X3년에 총수출금액은 감소하였다.

㉣ 20X2년 대비 20X3년에 수출금액이 상승한 품목은 자동차 1개 품목으로, 증가율은 $\frac{43,036-40,887}{40,887}\times100≒$ 5.3(%)이다.

| 오답풀이 |

㉠ 자동차부품과 디스플레이의 경우 20X1년 대비 20X2년에 순위가 상승하였으나 수출금액은 감소하였다.

㉢ 20X2년 대비 20X3년에 수출금액 감소율이 가장 큰 품목은 반도체로 그 값은 $\frac{93,930-127,706}{127,706}\times100≒-$26.4(%)이다. 디스플레이의 감소율은 $\frac{20,657-24,856}{24,856}\times100≒-16.9$(%)이다.

16

| 정답 | ③

| 해설 | 노르웨이와 한국을 비교해 보면 한국이 노르웨이보다 아빠전속 육아휴직 기간이 5배 이상 길지만 노르웨이의 소득대체율이 더 높은 것을 알 수 있다. 따라서 육아휴직 기간이 길수록 소득대체율이 높은 것은 아니다.

| 오답풀이 |

① 육아휴직 사용자 중 남성의 비중이 가장 큰 국가는 아이슬란드로 45.6%이고, 가장 작은 국가는 일본으로 2.3%이다. 두 국가의 차이는 45.6−2.3=43.3(%p)이다.

② 아이슬란드 남성의 육아휴직 사용 비중은 45.6%로 가장 높지만 아빠전속 육아휴직 기간은 13주로 일본, 포르투갈, 한국 등에 비해 짧다.

④ 일본의 아빠전속 육아휴직 기간은 52주로 포르투갈의 17.3주보다 3배 이상 길다.

⑤ 아빠전속 육아휴직 기간이 가장 긴 국가는 52주인 일본과 한국이고 가장 짧은 국가는 6주인 핀란드이며, 그 차이는 46주이다.

17

| 정답 | ③

| 해설 | 5개 도시의 월별 미세먼지(PM2.5) 대기오염도 평균을 구하면 다음과 같다.

- 1월 : $\frac{29+27+21+26+27}{5}=26(\mu g/m^3)$
- 2월 : $\frac{28+23+22+26+21}{5}=24(\mu g/m^3)$
- 3월 : $\frac{25+21+16+20+18}{5}=20(\mu g/m^3)$
- 4월 : $\frac{21+16+17+18+17}{5}=17.8(\mu g/m^3)$
- 5월 : $\frac{19+15+17+20+18}{5}=17.8(\mu g/m^3)$

따라서 미세먼지(PM2.5) 대기오염도는 평균적으로 1월에 가장 높았다.

| 오답풀이 |

① 1월, 3월은 부산이 가장 낮았고, 2월은 광주가 가장 낮았으며, 4월, 5월은 인천이 가장 낮았다.

② 1 ~ 4월은 서울이 가장 높았으나 5월은 대구가 가장 높았다.

④ 부산의 경우 2월, 4월에 증가, 5월에 동일하였고, 대구의 경우 2월에 동일, 5월에 증가하였으며, 광주의 경우 5월에 증가하였다.

⑤ 조사기간 중 가장 낮은 수치를 기록한 곳은 인천으로 5월에 $15\mu g/m^3$를 기록했다.

18

| 정답 | ②

| 해설 | 2021년 우리나라의 GDP 대비 연구개발투자비율은 4.2%이므로, 총 연구개발지출금은 $\frac{13,778\times10^8\times4.2}{100}=$ 5,786,760(만 달러)이다.

19

| 정답 | ④

| 해설 | 비취업자는 개인유지(10 : 35) > 여가활동(7 : 15) > 학습(5 : 17) > 가정관리(3 : 11) 순으로 많은 시간을 차지한다.

| 오답풀이 |

① 취업자는 개인유지보다 일이 더 많은 시간을 차지한다.

② 취업자 전체는 일이 11시간으로 가장 집중된 것은 옳으나, 비취업자들은 여가에 7시간 15분, 학습에 5시간 17분 할애하므로 약 2시간 차이가 나서 비슷하다고 하기 어렵다.

③ 가정관리 시간은 취업자의 경우 남성 124분, 여성 143분으로 약 1.15배, 비취업자의 경우 남성 88분, 여성 223분으로 약 2.5배 차이가 난다.

⑤ 취업자 전체의 참여 및 봉사활동 시간인 2시간 3분보다 교제 및 여가활동이 2시간 58분으로 더 많은 시간을 차지한다.

20

| 정답 | ③

| 해설 | 수도권이 지방보다 더 많은 재건축 인가 호수를 보인 해는 20X5년과 20X8년이며, 수도권이 지방보다 더 많은 재건축 준공 호수를 보인 해는 20X8년뿐이다.

| 오답풀이 |

① 수도권의 5년 평균 재건축 인가 호수는

$\frac{9.7+2.0+2.9+8.7+10.9}{5}=6.84$(천 호)로,

$\frac{1.1+3.4+0.7+10.2+5.9}{5}=4.26$(천 호)인

준공 호수보다 많다.

② 20X9년 지방의 재건축 인가 호수가 전년 대비 가장 큰 변동 폭을 나타내고 있다.

④ 20X9년 지방의 재건축 준공 호수는 전년 대비 $\frac{10.3-6.5}{6.5}\times100\fallingdotseq58.5$(%) 증가하였다.

⑤ 지방의 재건축 준공 호수의 증감 추이는 증가, 감소, 증가, 증가로 이와 동일한 항목은 없다.

1회 도형추리

문제 90쪽

01	③	02	③	03	②	04	②	05	③
06	②	07	④	08	③	09	①	10	②
11	④	12	⑤	13	④	14	①	15	②

01

| 정답 | ③

| 해설 | 오각형의 각 꼭짓점과 중점을 이은 4개의 선이 있고, 짧은 선은 시계방향으로 한 줄씩 이동한다. 또한 세 개의 굵은 선도 시계방향으로 한 줄씩 이동하고 있으며, 꼭짓점으로부터 뻗은 선 → 중점으로부터 뻗은 선 → 꼭짓점으로부터 뻗은 선으로 번갈아 바뀐다. 따라서 ?에는 바로 전 도형에서 굵은 선 3줄, 짧은 선 1줄의 위치가 각각 시계방향으로 한 줄씩 이동하고, 굵은 선이 중점으로부터 뻗어 나간 도형이 와야 한다.

02

| 정답 | ③

| 해설 | 도형 전체가 시계방향으로 90°씩 회전하고 있으므로, ?에는 첫 번째 도형에서 시계방향으로 270° 회전한 도형이 와야 한다.

03

| 정답 | ②

| 해설 | 사각형 안 선의 개수가 5개 → 4개 → ? → 2개 → 1개로 선이 한 개씩 줄어들고 있다.

04

| 정답 | ②

| 해설 | 도형 전체가 180° 회전한다.

05

| 정답 | ③

| 해설 | [그룹 1]과 [그룹 3]의 위에서 아래 방향(다음 그림에서의 ↓ 방향)으로의 변화 규칙을 살펴보면 2×2 사각형 전체가 세로축(Y축)을 중심으로 좌우대칭(or 좌우 칸 자리바꿈 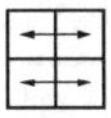 +각 도형의 좌우대칭)되었음을 알 수 있다.

[그룹 1] [그룹 3]

또한 왼쪽에서 오른쪽(⇨)으로의 변화 규칙을 살펴보면 2×2 사각형 내에서 각 도형이 시계방향으로 90° 위치 이동(시계방향 1칸 이동)과 함께 색 반전이 이루어졌음을 알 수 있다.

- 상하 규칙(위 → 아래) : 사각형 전체의 좌우대칭(or 좌우 칸 자리바꿈+각 도형 좌우대칭)
- 좌우 규칙(좌 → 우) : 각 도형의 위치 시계방향 90° 회전(시계방향 1칸 이동)+색 반전

이러한 규칙을 [그룹 2]에 동일하게 적용해 보면 그림에서처럼 B는 가로 규칙의 역방향이고, A는 세로 규칙의 역방향이 된다.

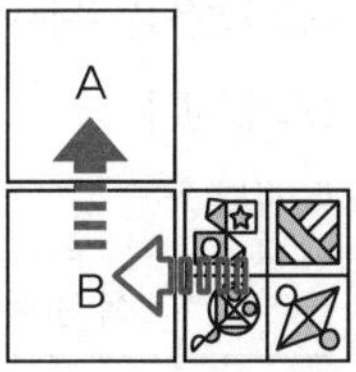

-  → B(우 → 좌) : 각 도형의 위치 반시계방향 90° 회전(반시계방향 1칸 이동)+색 반전
- B → A(아래 → 위) : 사각형 전체의 좌우대칭 ← 세로규칙(위 → 아래)과 동일(or 좌우 칸 자리바꿈+각 도형 좌우대칭)

따라서 역방향의 규칙을 [그룹 2]에 적용하면 ③과 같은 도형이 나온다.

06

| 정답 | ②

| 해설 | 가로줄을 기준으로 색칠된 부분은 아래로 한 칸씩, 점은 위로 한 칸씩 이동한다. 색칠된 부분과 점이 겹칠 경우 점은 나타나지 않는다.

07

| 정답 | ④

| 해설 | 가로줄을 기준으로 ☆은 시계방향으로 한 칸씩 이동, ♡는 시계방향으로 두 칸씩 이동, ✧은 같은 칸 고정이며, 가운데 칸은 색칠된 부분이 번갈아 나타난다.

08

| 정답 | ③

| 해설 | 가로줄을 살펴보면 도형이 오른쪽으로 한 칸씩 이동하고 맨 오른쪽에 있는 도형은 맨 왼쪽으로 이동한다. 또한 각 도형은 옆으로 이동하면서 색이 서로 바뀌고 있다.

09

| 정답 | ①

| 해설 | 가로줄 첫 번째 칸과 세 번째 칸의 도형을 합치면 두 번째 칸의 도형이 나온다.

10

| 정답 | ②

| 해설 | 〈조건 1〉과 〈조건 2〉의 해석은 다음과 같으며, 〈조건 2〉를 먼저 도출한 후 〈조건 1〉을 적용하면 된다.

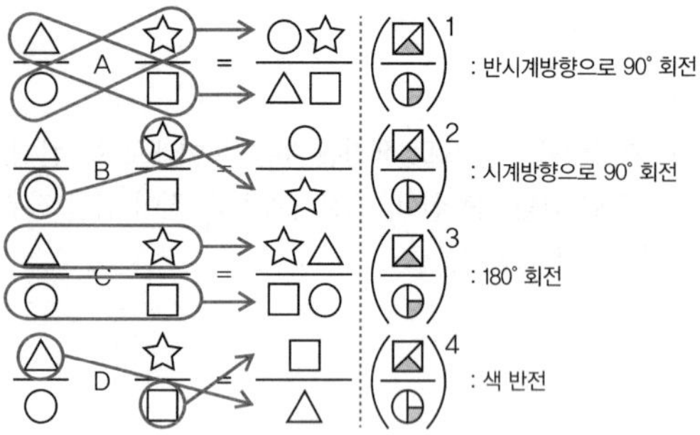

이를 적용하면 다음과 같다.

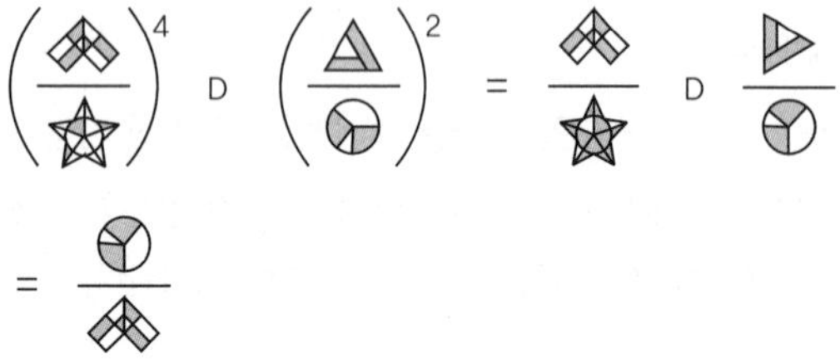

11

| 정답 | ④

| 해설 | **10**의 해설의 규칙을 적용하면 다음과 같다.

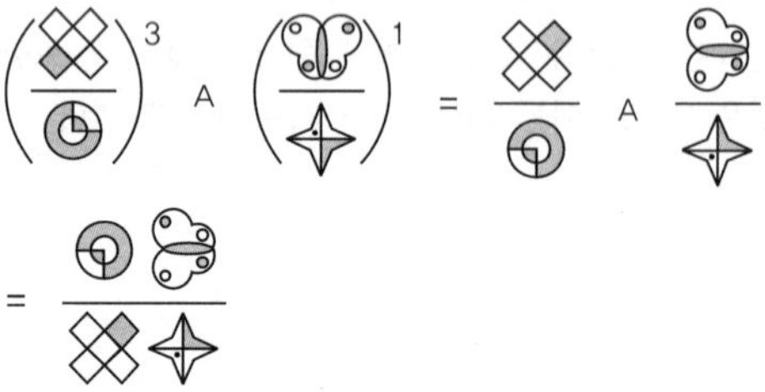

12

| 정답 | ⑤

| 해설 | 처음에 제시된 도형에 순서도의 규칙을 적용하여 변환 · 비교하면 다음과 같다.

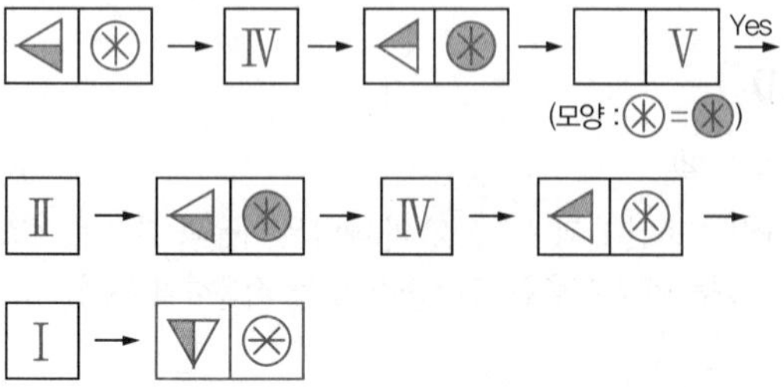

13

| 정답 | ④

| 해설 | 처음에 제시된 도형에 순서도의 규칙을 적용하여 변환 · 비교하면 다음과 같다.

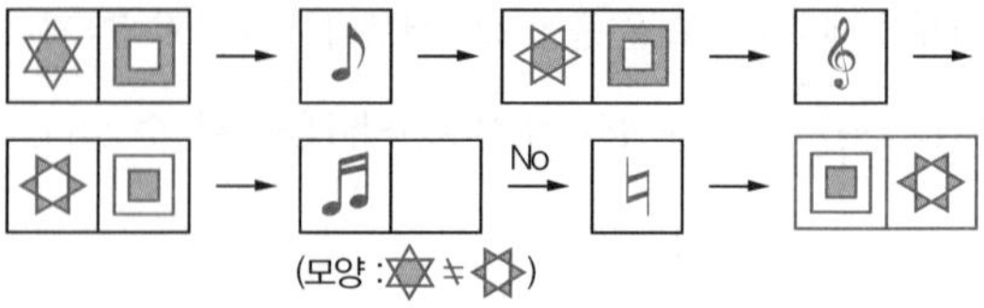

14

| 정답 | ①

| 해설 | 첫 번째 가로열의 변화와 첫 번째 세로열의 변화를 보면, 모두 색이 반전되었고 이 두 열에는 공통으로 ⊙이 들어가 있으므로 ⊙은 색 반전 기호임을 알 수 있다. 다음으로 첫 번째 가로열과 두 번째 세로열의 변화를 볼 때 바깥쪽에 원이 추가되어 있고, 이 두 열에는 공통으로 ☆이 들어가 있으므로 ☆은 가장 바깥쪽에 원을 추가하는 기호임을 알 수 있다. 그러므로 첫 번째 가로열의 ⊠은 원 내부의 도형을 180° 회전시키는 기호이다.

두 번째 가로열, 첫 번째, 두 번째 세로열의 변화를 보면, 공통으로 있는 ◇는 회전 기호임을 알 수 있는데, 두 번째 세로열의 변화를 통해 ◇에 따라 시계방향으로 90° 회전 후 ☼에 따라 상하대칭되었음을 추론할 수 있다. 이에 따라 ♀은 좌우대칭 기호가 된다.

이를 정리하면 다음과 같다.

⊙	색 반전
☆	가장 바깥쪽에 원 추가
⊠	내부 도형만 180° 회전
♀	좌우대칭(Y축 대칭)
◇	시계방향으로 90° 회전
☼	상하대칭(X축 대칭)

이를 바탕으로 추론하면 다음과 같다.

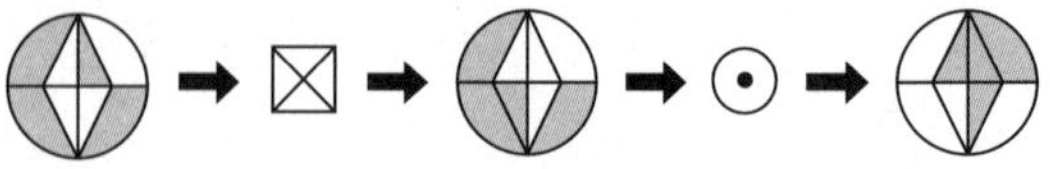

15

| 정답 | ②

| 해설 | **14**의 해설의 규칙을 적용하면 다음과 같다.

2회 언어

문제 102쪽

01	③	02	②	03	②	04	③	05	③
06	③	07	①	08	⑤	09	④	10	③
11	③	12	⑤	13	③	14	⑤	15	④

01

| 정답 | ③

| 해설 | 제시된 글은 경제 위기가 여성 노동에 미치는 영향에 관한 세 가지 가설을 경험적으로 검토하면서 세 가지 가설로는 설명될 수 없는 두 가지 반례를 들어 가설의 설명력이 차별적이라 결론 내리고 있다. 그중 1970 ~ 1980년대 경기 침체기의 상황에서 불황의 초기 국면에서는 여성 고용이 감소하였다고 하였으므로, 경기 변동과 관계없이 여성의 경제 활동 참여가 지속적으로 증가하고 있다고 유추하기는 어렵다.

| 오답풀이 |

① 분절 가설에서 여성 고용이 경기 변화의 영향을 남성 노동과 무관하게 받는다고 했지만, 실제로는 경제 위기보다 산업별 · 규모별 · 직업별 구조적 변동이 여성 노동에 더 큰 영향을 미친다고 하였다. 이러한 변동은 여성 노동에 더 큰 영향을 미치므로 성별 직무 분리까지 포함하는 개념으로 생각해 상호 작용함을 추론할 수 있다.

02

| 정답 | ②

| 해설 | 첫 번째 문단, 두 번째 문단은 기술의 양면성에 관해 언급하고 있고, 세 번째 문단은 사회 구조를 바람직하게 하려면 기술에 대해 비판적이고 균형 있는 철학과 사상이 필요하다고 주장하고 있다. 따라서 이와 반대되는 내용인 기술의 양면성을 철학과 사상이 아닌 또 다른 새로운 기술로 보완해야 한다는 ②가 글의 주장을 반박하는 내용으로 적절하다.

| 오답풀이 |

① 첫 번째 문단의 마지막 문장내용을 반박할 수 있지만 이는 글쓴이가 궁극적으로 말하고자 하는 바가 아니므로 적절하지 않다.

③ 글쓴이는 통제할 수 없는 기술이 존재한다고 보았다. 이는 인간이 강제적으로 기술의 순기능만을 발전시킬 수 없다는 사실을 암묵적으로 전제하고 있는 것이다. 따라서 글쓴이의 입장과 반대되는 내용은 맞지만, ①과 마찬가지로 글쓴이의 핵심 주장에 대한 반박이 아니다.

④ 새로운 기술로 힘을 잃게 된 그룹에 대한 언급이 있지만 이는 글의 논지가 아니다.

⑤ 글쓴이의 주장과 유사한 내용이다.

03

| 정답 | ②

| 해설 | 제시된 글에서는 출생지 태양빛의 세기에 따라 피부색과 멜라닌 색소의 양이 정해지는데, 민족 대이동의 결과로 피부 질병에 시달리는 사람이 늘어났음을 이야기하고 있다. 피부 질병이 생기는 원인과 성별 간의 관계에 대해서는 언급되어 있지 않으므로 ②는 적절하지 않다.

04

| 정답 | ③

| 해설 | 제시된 글은 일과 삶의 균형에 관한 내용으로 볼 수 있다. 유연근무제, 정시 퇴근, PC오프제 등은 단순히 업무 시간을 줄이려는 목적을 위한 수단으로 볼 수 없으며,

이는 업무시간 이후 개인 시간의 사용을 질적 · 양적으로 향상시켜 일과 삶의 균형을 유도해 내기 위한 조치들로 보아야 한다.

05

| 정답 | ③

| 해설 | 첫 번째 문단을 보면 관객은 영화가 현실의 복잡성을 똑같이 모방하기를 원하지 않고, 영화 역시 그러기 위해 애쓰지 않는다고 하였다. 즉, 사실적이라는 평가를 받는 영화란 영화적 관습에 의해 관객들이 영화 속 내용을 현실처럼 보는 데에 동의했기 때문이지 현실을 그대로 모방해서가 아님을 알 수 있다.

06

| 정답 | ③

| 해설 | 먼저 1980년대 배경에 대해 설명하는 (나)가 오고 (나)에 제시된 주택난을 해결하는 제도인 선분양제도가 언급되는 (가)가 이어진다. 다음으로 '그러나 이 제도는'으로 시작하며 제도의 문제점을 설명하는 (라)가 이어지고 문제점을 해결하기 위한 (다)로 마무리되는 것이 적절하다. 따라서 글의 순서는 (나)-(가)-(라)-(다)이다.

07

| 정답 | ①

| 해설 | 실학은 근대를 준비하는 시기의 사상이며, 근대정신의 내재적인 태반 역할을 하였다고 글에서 밝히고 있으므로 ①의 질문은 적절하지 않다.

| 오답풀이 |

② 실학의 봉건적 가치에 대한 비판의 기조가 유교적인 중국 고대 사상에 있다고 하였으므로 이 둘의 일맥상통하는 사항에 대해 심층적인 질문을 제기할 수 있다.

③ 서양의 문예부흥이 봉건적 가치를 완전히 척결하였다는 내용에 대해 구체적인 예와 근거를 물음으로써 의문을 제기할 수 있다.

④ 근대정신은 반(反)봉건의 특징을 가지므로 동양과 서양에 있어 봉건사회를 규정짓는 관점의 차이에 대한 의문을 제기할 수 있다.

⑤ 근대의 정의와 그 기준이 과연 정확한 것인지, 또 다른 시각은 없는지에 대해 의문을 제기할 수 있다.

08

| 정답 | ⑤

| 해설 | 두 번째 문단에서 인간이 생산적인 사회에서 살 수 있을 경우에만 사회로부터 지식 교환의 가치를 얻을 수 있다고 하였다. 따라서 인간이 지식 교환의 가치를 얻을 수 없는 사회는 생산적인 사회가 아님을 알 수 있다.

| 오답풀이 |

① 글에 나타나 있지 않은 내용이다.

② 첫 번째 문장에서 인간은 누구나 생산적인 사회에서 평화롭게 살기를 원한다고 하였다.

③ 두 번째 문단에서 물리적 힘의 사용이 허용되는 경우에 개인의 권리가 침해당한다고 하였다.

④ 두 번째 문단에서 이성적인 수단의 예시인 토론과 설득을 언급했을 뿐, 토론과 설득 이외에 이성적인 수단이 있는지에 대해서는 이 글을 통해서 알 수 없다.

09

| 정답 | ④

| 해설 | 제시된 글은 한국사회에서 빈약한 대중적 기후운동의 이유를 커뮤니케이션의 부재에서 찾고 있으며 이에 대한 관심을 촉구하고 있다. 또한 기후운동 자체로서의 커뮤니케이션, 커뮤니케이션 프로젝트로서의 기후운동 등을 탐색의 결론으로 제시하는 마지막 문장을 통해서도 글의 제목으로 ④가 적절함을 알 수 있다.

10

| 정답 | ③

| 해설 | 영국에서 사회주의 혁명이 일어나지 않았던 배경에 대한 설명이 들어가야 한다. 그 이유는 영국의 청교도 정신과 신자들의 사례에서 알 수 있듯이 높은 윤리의식으로 사회적 책무를 감당한 사람이 많았기 때문이다.

| 오답풀이 |

①, ② 영국은 마르크스 이론을 무르익게 한 현장이었으므로 사회주의의 사회적 배경이 형성되지 않았거나 사회주의 혁명이 일어났던 러시아와 사회적 배경이 다르다고 보기 어렵다.

④ 제시된 글에 언급되지 않은 내용이다.

⑤ 마르크스는 영국에서 사회주의 혁명이 일어날 것으로 예견하였으므로 혁명의 여건이 성숙하지 않았다고 보기 어렵다.

11

| 정답 | ③

| 해설 | 제시된 글은 가계대출 증가의 이유와 영향에 대하여 설명하면서 국가적 차원에서 가계부채를 관리할 필요성에 대하여 설명하고 있다. 글의 도입부분인 (가), (나)의 (가)에서는 가계대출의 지속적인 증가가 큰 문제가 될 수 있음을 제시하고, (나)는 가계대출 규모의 증가가 문제시되는 이유를 설명하고 있다. 이어지는 (다), (라)에서는 가계부채의 지속적인 증가가 경기 침체와 같은 현상으로 이어질 수 있음을 우려하고 있고, (마), (바)는 가계대출 규모 확대의 원인을 분석하고 있다. 마지막 (사)는 앞에서 다룬 내용들을 토대로, 지속적인 가계대출 증가 상황의 심각성을 환기시키면서 국가적 차원에서 가계부채를 관리할 필요가 있음을 설명하고 있다.

따라서 (가)(나) / (다)(라) / (마)(바) / (사)로 단락을 구분해야 한다.

12

| 정답 | ⑤

| 해설 | 세 번째 문단에 따르면 이부프로펜은 6 ~ 8시간, 덱시부프로펜은 4 ~ 6시간 간격으로 복용한다.

13

| 정답 | ③

| 해설 | '함께 추구한다'라는 경쟁의 어원처럼 본래의 경쟁은 사회의 여러 부문에서 상생 · 상보적인 요소로 작용하였으나, 오늘날의 경쟁은 지배 이데올로기로 자리잡아 어원과는 다른 의미로 사용되고 있음을 소개하고 있다. 따라서 '경쟁의 변모'가 주제로 가장 적절하다.

14

| 정답 | ⑤

| 해설 | '산업안전보건법'은 사업자가 아닌 노동자의 '안전'과 '보건'이 유지 · 증진될 수 있도록 제도적으로 기준을 만든 법이다.

15

| 정답 | ④

| 해설 | (가)는 붕당과 당파에 대해 문제를 제기하고 있고, (나)와 (다)는 병렬적 관계로서 각각 굶주림으로 인한 다툼과 길에서 어깨를 부딪쳐 일어나는 싸움을 (가)의 예시로 들고 있다. 마지막으로 (라)는 싸움의 원인을 제거해야 함을 말하며 (나), (다)의 문제에 대한 해결방법을 제시하고 있다.

2회 수리

문제 116쪽

01	①	02	③	03	③	04	④	05	⑤
06	①	07	⑤	08	②	09	②	10	①
11	④	12	③	13	②	14	①	15	③
16	③	17	③	18	⑤	19	①	20	④

01

|정답| ①

|해설| A 그룹의 점수 총합이 600점이므로 평균은 $\frac{600}{30}=20$(점)이다. 그러므로 B 그룹 평균은 45점, C 그룹 평균은 60점이 된다. 따라서 세 그룹의 전체 평균은 $\frac{(20\times30)+(45\times50)+(60\times20)}{100}=40.5$(점)이다.

02

|정답| ③

|해설| 두 사람 사이의 간격은 1시간에 100－85＝15(km) 벌어진다. 20분은 $\frac{20}{60}=\frac{1}{3}$(시간)이므로 $15\times\frac{1}{3}=5$(km) 벌어진다.

03

|정답| ③

|해설| 넣어야 하는 6% 소금물의 양을 xg이라고 하면 다음과 같은 식이 성립한다.

$$\left(\frac{9}{100}\times200\right)+\left(\frac{6}{100}\times x\right)=\frac{8}{100}\times(200+x)$$

$1,800+6x=1,600+8x$

$2x=200$

$\therefore\ x=100$(g)

따라서 100g을 넣어야 한다.

04

|정답| ④

|해설| 원가 10,000원에 20%의 이익을 붙이면 판매가는 10,000×(1+0.2)=12,000(원)이 되고, 여기에서 7%를 할인하면 12,000×(1－0.07)=11,160(원)이 된다. 따라서 할인 후 남는 이익은 11,160－10,000=1,160(원)이 된다.

05

|정답| ⑤

|해설| 6명의 사원 중 나란히 앉는 두 명의 사원을 하나로 묶어서 생각하면 5명을 원탁에 앉히는 모든 경우의 수를 구하는 것과 같으므로 4!=4×3×2×1=24(가지)이다. 이때 나란히 앉는 두 명이 서로 자리를 바꿀 수 있으므로 모든 경우의 수는 24×2=48(가지)가 된다.

06

|정답| ①

|해설| 가장 작은 숫자와 가운데 숫자(18), 그리고 가장 큰 숫자 사이의 동일한 간격을 x라 한다면 가장 작은 숫자는 $18-x$, 가장 큰 숫자는 $18+x$가 된다. 따라서 다음과 같은 식을 세울 수 있다.

$18^2=(18-x)\times(18+x)+4$

$324-4=(18-x)\times(18+x)$

$320=324-x^2$

$x^2=4$

$\therefore\ x=2$

따라서 가장 작은 숫자는 18－2=16, 가장 큰 숫자는 18+2=20이다.

07

|정답| ⑤

|해설| 박스의 칸을 선택할 수 있는 모든 경우의 수는 25가지이고, 이 중 빈칸은 20개이므로 처음 선택 시 빈칸을

고를 확률은 $\frac{20}{25}$ 이다. 그리고 두 번째 선택에서 쿠폰이 있는 칸을 고를 확률은 처음 선택한 빈칸을 제외한 $\frac{5}{24}$ 가 된다. 따라서 두 번째 선택에서 쿠폰이 있는 칸을 고를 확률은 $\frac{20}{25} \times \frac{5}{24} = \frac{1}{6}$, 즉 16.666…%로 약 17%가 된다.

08

| 정답 | ②

| 해설 | 주어진 조건대로 B=8C라 하면, 직사각형의 둘레의 길이는 (세로 길이+가로 길이)×2이므로,

$(C+8C) \times 2 = A \qquad 18C = A \qquad \therefore C = \frac{A}{18}$

따라서 C의 길이는 $\frac{A}{18}$ 이다.

09

| 정답 | ②

| 해설 | 사용금액을 x원이라 하면 다음과 같은 식이 성립한다.

$x + 0.04x = 54,080$

$x(1+0.04) = 54,080$

$\therefore x = 52,000$

따라서 이자는 청구금액에서 사용금액을 제한 54,080−52,000=2,080(원)이다.

10

| 정답 | ①

| 해설 | 처음 연료통에 들어 있던 연료의 양을 xL라고 하면 다음과 같은 식이 성립한다.

$x - \frac{1}{4}x - 5 = \frac{1}{4}x$

$x - \frac{1}{2}x = 5$

$\therefore x = 10(L)$

따라서 처음 연료통에 10L의 연료가 있었다.

11

| 정답 | ④

| 해설 | 2022년 영국의 지적재산권 사용료 지급의 전년 대비 증감률은 $\frac{11,740-12,940}{12,940} \times 100 ≒ -9.3(\%)$로, 9.3% 감소하였다.

| 오답풀이 |

① 2020년 독일의 지적재산권 사용료 수입은 15,507백만 달러로, 한국의 지적재산권 사용료 수입인 5,167백만 달러의 $\frac{15,507}{5,167} ≒ 3.001$, 즉, 3배 이상이다.

⑤ 2022년 프랑스의 지적재산권 사용료 지급은 13,319백만 달러로 전년 13,982백만 달러 대비 66,300만 달러 감소하였다.

12

| 정답 | ③

| 해설 | 다른 도시에서 전입해 온 서울의 인구는 3,225+2,895+8,622+3,022=17,764(명)인데, 이는 서울로의 전체 전출 인구인 207,829명의 10% 이상이 아니므로 적절하지 않다.

13

| 정답 | ②

| 해설 | 이메일 스팸 수신량이 전년 동기 대비 가장 크게 감소한 시기는 2020년 상반기(전년 동기 대비 0.4통 감소)로, 약 43% 감소하였다$\left(\frac{0.52-0.92}{0.92} \times 100 ≒ -43(\%)\right)$.

| 오답풀이 |

① 휴대전화 스팸 수신량이 전년 동기 대비 가장 크게 감소한 시기는 2022년 상반기(전년 동기 대비 0.08통 감소)로, 약 47% 감소하였다$\left(\frac{0.09-0.17}{0.17}\times100 ≒ -47(\%)\right)$.

③ 2019년 하반기 휴대전화 스팸 수신량은 0.18통으로 2022년 상반기 휴대전화 스팸 수신량인 0.09통의 두 배이다.

④ 2021년 상반기 1일 이메일 스팸 수신량은 0.51통이다. 상반기인 1 ~ 6월은 약 180일이므로 6개월간 90통 이상의 이메일 스팸을 받았다고 추론할 수 있다.

⑤ 2022년 상반기 이메일 스팸 수신량은 2021년 하반기 대비 약 12.8% 감소하였다$\left(\frac{0.41-0.47}{0.47}\times100 ≒ -12.8(\%)\right)$.

14

| 정답 | ①

| 해설 | 국가별 전력 수출입 현황을 정리하면 다음과 같다.

- N 국 : 420+234+270=924(수출)
  153+277+105=535(수입)
- K 국 : 153+552+635=1,340(수출)
  420+432+215=1,067(수입)
- S 국 : 277+432+405=1,114(수출)
  234+552+330=1,116(수입)
- E 국 : 105+215+330=650(수출)
  270+635+405=1,310(수입)

가. 전력의 수출량이 수입량보다 많은 국가는 N 국과 K 국이다.

나. S 국은 수출량이 1,114천 kW, 수입량이 1,116천 kW로 전력 무역수지가 0에 가장 가깝다.

다. N 국의 총 전력 수입량은 535천 kW이며, K 국과 S 국은 그 두 배가 넘는 전력량을 수출한다.

| 오답풀이 |

라. N 국이 수출량을 절반으로 줄이면 각 국이 N 국으로부터 수입하는 양은 절반이 되므로 각각 1,067−210=857, 1,116−117=999, 1,310−135=1,175가 되어 K 국과 S 국만 수입량이 1,000천 kW 이하로 줄어들게 된다.

15

| 정답 | ③

| 해설 | ○○시의 세입 중 가장 큰 비중을 차지하는 것은 지방세로, 20X0년에 31%, 20X1년에 28%, 20X2년에 25%를 차지하였다.

| 오답풀이 |

① 세외수입의 액수는 20X1년에 감소하였다가 20X2년에 증가하였다.

② 전년 대비 세입 증가액은 20X1년이 466,597−381,989=84,608(억 원), 20X2년이 540,435−466,597=73,838(억 원)으로 20X1년이 20X2년보다 많다.

④ 전체 세입에서 지방세가 차지하는 비중은 20X0년부터 순서대로 $\frac{116,837}{381,989}\times100≒30.6(\%)$, $\frac{130,385}{466,597}\times100≒27.9(\%)$, $\frac{134,641}{540,435}\times100≒24.9(\%)$로, 계속 감소하였다.

⑤ 20X1년 지방교부세의 전년 대비 증가액은 70,000−52,000=18,000(억 원)으로 20X1년 국고보조금의 전년 대비 증가액인 109,430−93,514=15,916(억 원)보다 많다.

16

| 정답 | ③

| 해설 | 마약밀수 단속 금액은 2017년에 620억 원, 2021년에 2,140억 원으로 $\frac{2,140-620}{620}\times100≒245.2(\%)$ 증가하여 300% 이상 증가한 것은 아니다.

17

| 정답 | ③

| 해설 | ㉢ $\frac{21,790}{42,870}\times100≒50.83(\%)$이므로 50%가 넘는다.

㉣ 운송 관련 서비스업에 종사하는 남자 임시근로자 수는 14,407명이고, 항공 운송업에 종사하는 여자 상용근로자 수는 11,150명이므로 올바른 설명이다.

| 오답풀이 |

㉠ 육상 운송업 종사자가 가장 많다.

㉡ $\frac{74,983}{531,511}\times100≒14.1(\%)$이므로 10%가 넘는다.

18

| 정답 | ⑤

| 해설 | ㉢ 전체 직원 중에서 구강건강이 매우 건강한 직원은 19,597×0.0687≒1,346(명)으로 1,300명 이상이다.

㉣ 구강건강이 매우 건강한 남성 직원은 10,154×0.0699≒710(명), 여성 직원은 9,443×0.0674≒636(명)으로 남성 직원이 더 많다.

| 오답풀이 |

㉠ 구강건강이 보통인 직원의 비율은 20대가 34.69%, 30대가 40.88%, 40대가 46.01%, 50대 이상이 47.93%로, 연령대가 낮을수록 낮다.

㉡ 근무지별 구강건강이 매우 건강하지 않은 직원의 수는 다음과 같다.

- A 지사 : 8,487×0.0158≒134(명)
- B 지사 : 8,555×0.0103≒88(명)

따라서 B 지사에서 근무하는 직원이 A 지사에서 근무하는 직원보다 더 적다.

19

| 정답 | ①

| 해설 | 2016년 화재로 인한 사망자 수는 전년 대비 20% 감소했으므로 305×0.8=244(명), 2017년 화재로 인한 부상자 수는 2016년 대비 20% 증가했으므로 2016년 화재로 인한 부상자 수는 1,956÷1.2=1,630(명)이다. 따라서 2016년 인명피해 수는 244+1,630=1,874(명)이다.

20

| 정답 | ④

| 해설 | 〈자료 2〉 노후 준비 방법 그래프의 53%는 노후를 준비하고 있는 사람들 중에서 국민연금으로 노후 준비를 하는 인원이 차지하는 비율이다. 따라서 전체 조사대상자 중 몇 퍼센트인지 묻고 있으므로 0.654×0.53=0.34662, 약 34.7%가 들어가야 한다.

2회 도형추리

문제 128쪽

01	④	02	①	03	③	04	①	05	③
06	③	07	②	08	②	09	④	10	①
11	③	12	①	13	③	14	②	15	④

01

| 정답 | ④

| 해설 | 화살표가 시계방향으로 90°씩 회전하고 있다.

02

| 정답 | ①

| 해설 | 네모 안의 그림들이 각각 한 자리씩 아래로 이동하고, 맨 아래 그림은 맨 위로 올라간다. 이때 전화기 그림은 자리를 이동할 때마다 색깔 변화를 반복한다.

03

| 정답 | ③

| 해설 | 곡선과 색은 좌우대칭이 되었고 점은 그대로이며, 나머지는 모두 상하반전이 되었다.

04

| 정답 | ①

| 해설 | 각 기호가 나타내는 규칙은 다음과 같다.

- ⊙ : 각 도형의 색 반전
- ♡ : 각 도형의 180° 회전(원점 대칭)
- ⋈ : 각 도형을 시계방향으로 90° 회전
- ☆ : 각 도형의 상하대칭(x축 대칭)

제시된 도형에 각 기호의 규칙을 순서대로 적용하면 다음과 같다.

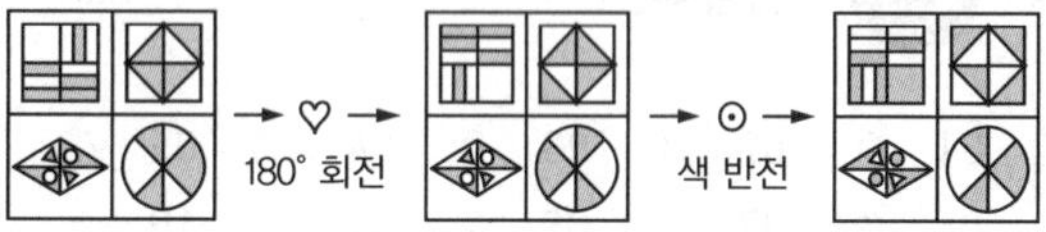

05

| 정답 | ③

| 해설 | **04**의 해설을 참고하여 각 기호의 규칙을 순서대로 적용하면 다음과 같다.

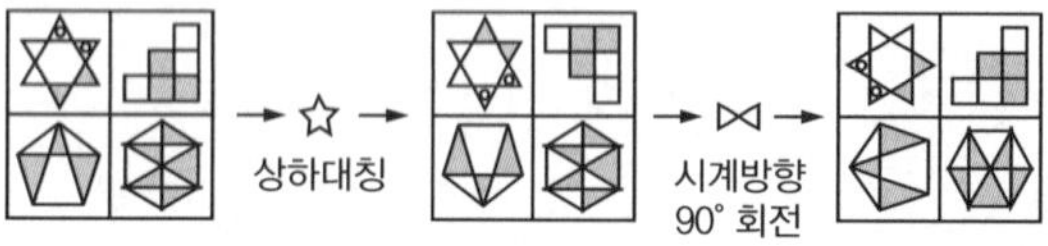

06

| 정답 | ③

| 해설 | 오른쪽 세로줄의 두 도형을 비교해보면, 위쪽 도형은 '삼각형－타원－원－사각형' 순이지만, 아래쪽 도형은 '사각형－타원－원－삼각형' 순으로 가장 바깥쪽의 도형과 가장 안쪽의 도형 위치가 서로 바뀌었음을 알 수 있다.

따라서 A의 아래쪽 도형이 '삼각형－원－사각형－타원' 순이므로 A는 '타원－원－사각형－삼각형' 순이 되어야 하고, B의 위쪽 도형이 '원－사각형－삼각형－타원' 순이므로 B는 '타원－사각형－삼각형－원' 순이 되어야 한다. 두 개의 가로줄도 일정한 규칙을 가지고 있다고 하였으므로 위에서 구한 A 도형을 대입하여 생각해보면 가장 안쪽에 있는 도형이 가장 바깥쪽으로 나오는 규칙을 발견할 수 있다.

07

| 정답 | ②

| 해설 |

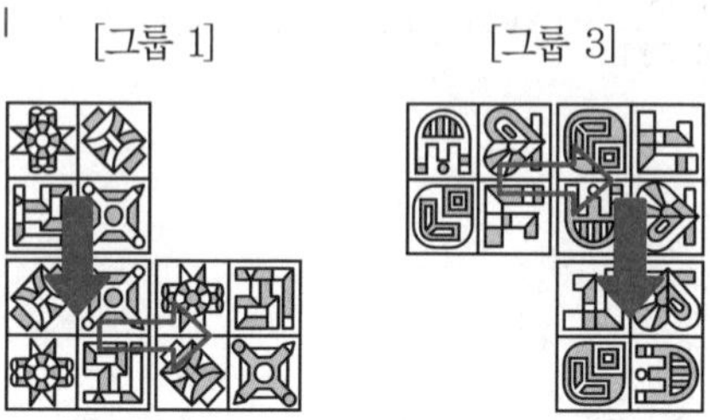

- 세로 규칙(위 → 아래) : 사각형 전체 반시계방향 90° 회전(or 각 도형 반시계방향 90° 회전＋반시계방향으로 1칸씩 이동)
- 가로 규칙(좌 → 우) : 사각형 전체의 상하대칭(or 상하 칸 자리 바꿈＋각 도형 상하대칭)＋색 반전

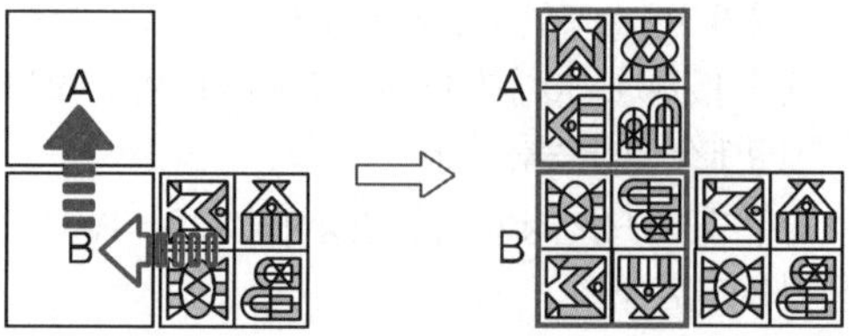

-  → B(우 → 좌) : 사각형 전체의 상하대칭＋색 반전 [가로 규칙(좌 → 우)과 동일]
- B → A(아래 → 위) : 사각형 전체 시계방향 90° 회전(or 각 도형 시계방향 90° 회전＋시계방향으로 1칸씩 이동)

08

| 정답 | ②

| 해설 | 가로줄을 살펴보면 도형이 반시계방향으로 90° 회전한 다음 180° 회전하고 있다.

09

| 정답 | ④

| 해설 | 가로줄을 살펴보면 색칠된 부분이 안쪽에서는 시계방향으로 두 칸씩, 바깥쪽에서는 반시계방향으로 한 칸씩 이동하고 있다.

10

| 정답 | ①

| 해설 | 세로줄을 기준으로 보면 원 안의 각 도형의 색이 번갈아 바뀌며 반시계방향으로 한 칸씩 이동하고 있다.

11

| 정답 | ③

| 해설 |

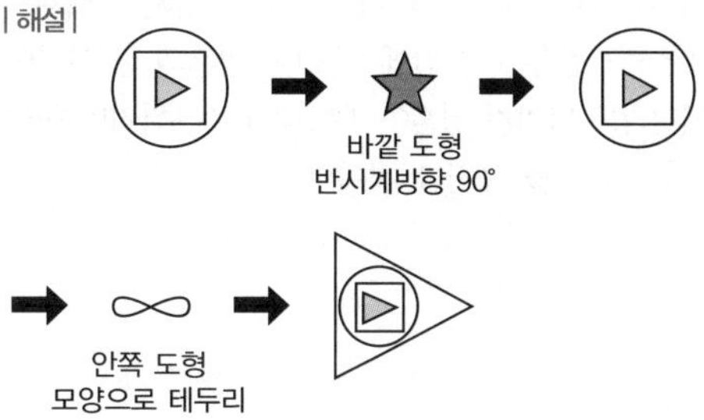

12

| 정답 | ①

| 해설 |

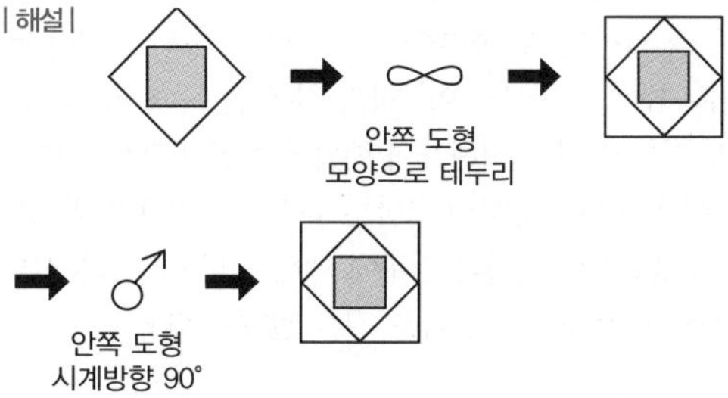

13

| 정답 | ③

| 해설 |

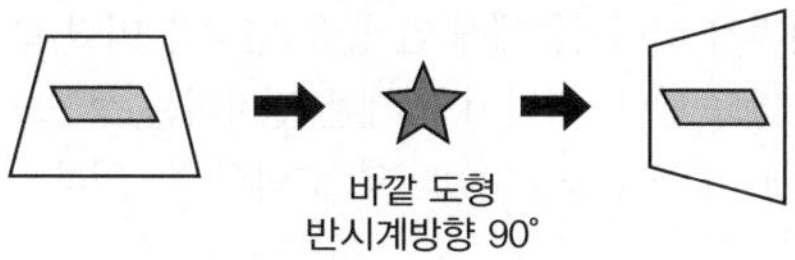

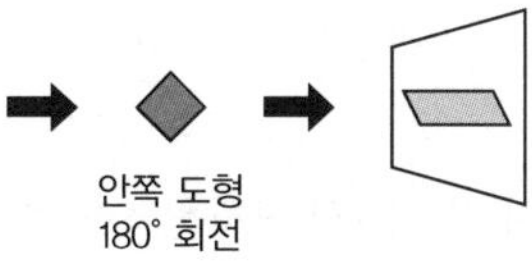

14

| 정답 | ②

| 해설 | 우선 두 번째 가로열의 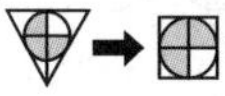변화와 두 번째 세로열의 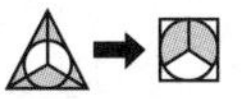 변화를 보면, 모두 바깥에 있던 삼각형이 사각형으로 바뀌었고, 이 두 열에는 공통으로 ☆이 들어가 있으므로 ☆은 바깥의 도형을 사각형으로 바꾸는 기호임을 알 수 있다. 이를 두 번째 세로열에 적용시키면 처음 도형과 마지막 도형의 색깔이 서로 바뀌는 것으로 보아 ♡는 색 반전 기호임을 유추할 수 있다. ♡를 첫 번째 가로열에 역으로 적용시키면 ◐는 반시계방향으로 90° 회전하는 기호임을 알 수 있다. 이를 토대로 규칙을 함께 정리하면 다음과 같다.

◐	반시계방향으로 90° 회전
♡	색 반전
▣	180° 회전(원점 대칭)
☆	가장 바깥의 도형을 사각형으로 바꿈.
◎	좌우대칭(Y축 대칭)

이를 바탕으로 추론하면 다음과 같다.

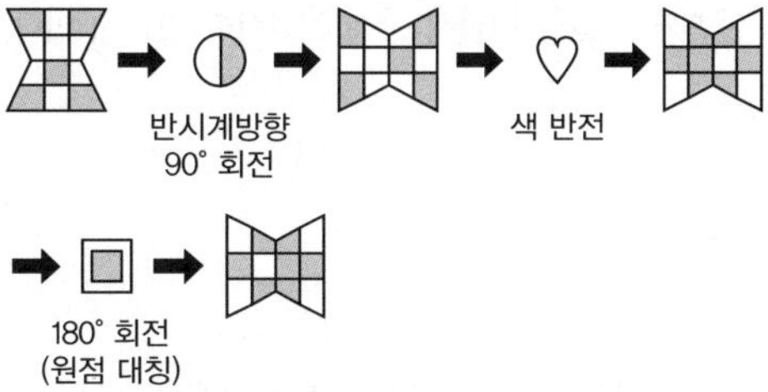

15

| 정답 | ④

| 해설 | **14**의 해설을 참고하여 각 기호의 규칙을 적용하면 다음과 같다.

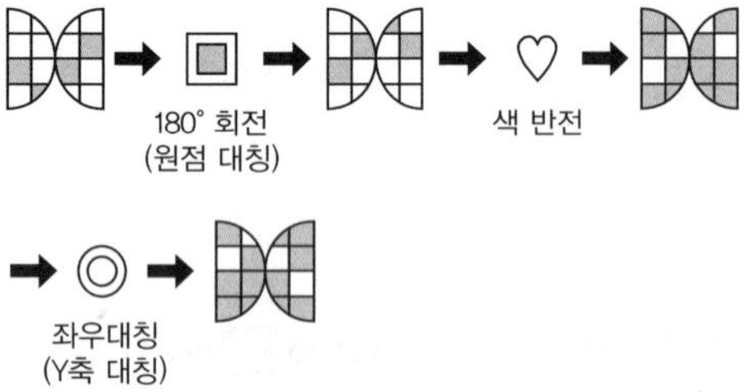

| 오답풀이 |

① 허공이 없다면 물체가 존재할 곳이 없고, 움직일 수 있는 공간도 없을 것이므로 물체의 운동을 위해 반드시 필요하다.

② 몸은 감각의 원인을 영혼에 제공한 후 자신도 감각 속성의 몫을 영혼으로부터 얻기 때문에 감각을 얻기 위해서는 영혼과 몸 모두가 필요하다.

④ 영혼이 담겨 있던 몸 전체가 분해되면 영혼의 입자들도 더 이상 이전과 같은 능력을 가지지 못하고 해체되며 감각 능력도 잃게 된다.

⑤ 육체의 일부가 소실되어 거기에 속했던 영혼이 해체되어도 나머지 영혼은 몸 안에 있으며, 영혼의 한 부분이 해체되더라도 나머지 영혼이 계속해서 존재하기만 한다면 여전히 감각을 유지할 것이다.

3회 언어

문제 140쪽

01	①	02	③	03	⑤	04	①	05	⑤
06	②	07	②	08	④	09	③	10	③
11	①	12	③	13	④	14	⑤	15	④

01

| 정답 | ①

| 해설 | 제시된 글은 상대방에게 말할 때 '까'를 활용한 열린 질문으로 말하면 저항이 적어져 마음이 열리게 되고, 질문에 대해 스스로 생각하여 내린 결론을 거부감 없이 받아들인다고 설명하고 있다. 따라서 주제로 적절한 것은 ①이다.

02

| 정답 | ③

| 해설 | 허공을 제외하면 비물질적인 것은 존재하지 않으며, 영혼은 아주 미세한 입자들로 구성되어 있기 때문에 몸의 나머지 구조들과 더 조화를 잘 이룰 수 있다고 하였다. 따라서 영혼이 비물질적인 존재라고 추론하는 것은 적절하지 않다.

03

| 정답 | ⑤

| 해설 | 첫 번째 문단을 보면 현재 하나의 사건이나 이슈에 대해 수많은 뉴스 생산 주체들이 다르게 보도하고 있다는 것을 알 수 있다. 이후 두 번째 문단을 보면 미디어 환경 및 뉴스 산업 구조로 인해 뉴스 생산환경이 급속하게 변화했으며 기자, 블로거, 시민기자, 팟캐스터 등 다양한 사람들이 뉴스 생산에 기여한다고 이야기하고 있다. 마지막 문장에서는 '뉴스를 바르게 이해하기 위해서는 뉴스 생산자의 역할과 임무에 대한 이해가 선행되어야 한다'라고 말하고 있다. 이를 모두 종합하면 올바른 뉴스를 소비하기 위해서는 뉴스 생산자의 역할과 임무에 대해 소비자가 능동적으로 판단하고 이해해야 한다는 것을 알 수 있다.

04

| 정답 | ①

| 해설 | 제시된 글은 이동통신에 사용되는 주파수 대역의 전자파가 성인에 비해 어린이들에게 더 많이 흡수되며, 이러한 전자파가 어린이들에게 안 좋은 영향을 미칠 수 있다는 내용을 담고 있다. 따라서 '휴대폰 전자파는 성인보다 어린이들에게 더 해로울 수 있다'로 요약할 수 있다.

| 오답풀이 |

② 휴대폰의 전자파가 어린이에게 좋지 않은 영향을 미친다고 하였지만, 어린이에게 휴대폰을 사용하게 해서는 안 된다는 당위적인 표현이 나타나 있지는 않다.

05

| 정답 | ⑤

| 해설 | 마지막 문단에서 이에 대한 내용을 찾을 수 있으며 두 번째 문단과 네 번째 문단에서도 확인할 수 있다.

| 오답풀이 |

① 구실 만들기 전략은 자기반성은 하지 않고 남의 탓으로 돌리는 행위이며 마지막 문단에서 찾을 수 있다.

② 이기적 편향을 나타내는 적절한 말로 두 번째 문단에서 찾을 수 있다.

③ 타인이 아닌 자신의 자존심을 위한 행위임을 글 전체에서 말하고 있다.

④ 긍정적인 행동의 이유에 대해서는 내부적 요소로, 부정적 행동의 이유에 대해서는 외부적 요소로 돌리는 행위이며 두 번째 문단에서 확인할 수 있다.

06

| 정답 | ②

| 해설 | 빈칸은 문단의 처음이므로 내용 전체를 이끌 수 있는 문장이 들어가야 한다. 빈칸 뒤의 문장을 살펴보면 중세시대에는 견고한 중세 지배체제로 인해 농민들의 저항이 이루어지지 못하였고, 산업사회에서는 시민이나 노동자들이 자신들의 안락한 생활을 위협받을 때에만 저항이 나타났다고 하였다. 이를 통해 살고 있는 시대와 처해진 상황에 따라 저항이 이루어질 수도, 그렇지 못할 수도 있고, 저항의 이유 또한 달라질 수 있다는 내용이 빈칸에 올 수 있다. 따라서 ②가 가장 적절하다.

07

| 정답 | ②

| 해설 | 첫 번째 문단으로 창조 도시의 개념을 소개하고 있는 (가)가 오고, 그 다음으로 창조 도시의 주된 동력을 창조 산업으로 보는 (라)와 창조 계층의 관점으로 바라보는 (나)가 이어진다. 마지막은 창조 산업과 창조 계층의 두 가지 관점보다 창조 환경이 먼저 마련되어야 한다는 주장의 (다)로 마무리된다. 따라서 글의 순서는 (가)－(라)－(나)－(다)이다.

08

| 정답 | ④

| 해설 | 제시된 글에서 경제와 환경은 상호 영향을 주고받는 불가분의 관계에 있으며 양자 간에 순환하는 구조를 갖고 있음을 설명하고 있다. 그러므로 경제활동에 공급되는 자연자원은 가급적 효율적으로 사용되어야 하며, 배출되는 잔여물의 재활용 기능을 강화한 자원순환형 경제 구조를 요구해야 한다고 하였다. 따라서 글의 제목으로 적절한 것은 '자원순환형 경제의 필요성'이다.

09

| 정답 | ③

| 해설 | 규모 면에 있어서 고층 건축물을 구분하여 관리하고 있으나, 규모에 따라 성능방식과 사양방식을 달리 적용한다는 내용은 언급되어 있지 않다.

| 오답풀이 |

② 우리나라는 일반적으로 사양방식을 채택하고 있다.

④ 해외에서는 사양방식을 기본으로 하되 필요에 따라 일부 층이나 특정 공간에서 성능방식을 채택할 수 있도록 규정하고 있다.

⑤ 피난규정과 방화규정은 엄격히 구분되지 않고 있는데, 이는 피난이 건축물의 화재 상황을 염두에 두고 검토되며 대피 관련 규정의 상당부분을 화재 상황으로 상정하고 있기 때문이다.

10

| 정답 | ③

| 해설 | (가)에 나오는 '보이지 않는 손과 시장의 균형, 완전한 합리성 등 신고전 경제학(주류 경제학)'에 대한 내용을 (나)에서 구체적인 예를 통해 부연 설명하고 있다.

11

| 정답 | ①

| 해설 | 제시된 글은 정보의 비대칭성(Asymmetric Information)을 설명하기 위해 중고차 거래 시 구매자와 판매자의 관계, 생명보험회사와 가입자 관계라는 구체적인 예시를 들고 있다.

12

| 정답 | ③

| 해설 | 첫 번째 문단에 따르면 바이오시밀러는 오리지널 바이오의약품과 동등한 품목 · 품질을 지니며, 비임상 · 임상적 비교동등성이 입증된 의약품이라고 하였다.

13

| 정답 | ④

| 해설 | 제시된 글의 첫 번째 문단에서 '언제부턴가 우리에게 '집'은 쉼터가 아닌 '자랑거리'가 되어 버렸다'고 설명한다. '부동산이 최고의 가치가 되어 버린 지금 시대에 ~' 라고 언급하고 있을 뿐, 도시의 고택이 역사를 잃어버렸다는 내용은 없다.

14

| 정답 | ⑤

| 해설 | 개성적인 인간과 두뇌 개발 간의 연관성은 제시된 글에서 찾아볼 수 없다.

| 오답풀이 |

① 인간은 평생 뇌의 극히 일부분만을 사용하고 있다는 것이 중심내용이므로, 무엇이 인간의 두뇌를 다 사용하지 못하게 하는지에 대한 연구와 관련성이 있다.

② 두뇌 활용도를 어린이나 학생으로 한정하고 있는 것이 아니므로 뒤이어 나올 수 있는 내용이다.

③ 재능을 발휘하는 것은 그만큼 두뇌 개발이 이루어졌다는 의미이므로 관계가 있다.

④ 인간의 두뇌 활용도를 높이기 위한 방법으로 두뇌 개발 촉진 프로그램 개발을 제안할 수 있으므로 이어지는 내용으로 나올 수 있다.

15

| 정답 | ④

| 해설 | 한 장면을 보여준 후 나중에 그 모습에 대해 이야기하게 하라는 내용인 (다)의 뒤 문장에 이어서 묘사는 본 사람의 판단과 흥미에 따라 크게 달라진다는 내용인 (A)가 온 후, (라)의 뒤 문장이 와야 글의 흐름이 자연스럽다.

3회 수리

문제 154쪽

01	⑤	02	②	03	③	04	③	05	①
06	③	07	②	08	④	09	③	10	④
11	③	12	②	13	⑤	14	③	15	④
16	⑤	17	③	18	②	19	①	20	③

01

| 정답 | ⑤

| 해설 | x년 후 아버지의 나이가 아들 나이의 3배가 된다고 하면 다음과 같은 식이 성립한다.

$36+x=3\times(8+x)$

$\therefore\ x=6$(년 후)

따라서 6년 후에 아버지가 아들 나이의 3배가 된다.

02

| 정답 | ②

| 해설 | 열차가 40m를 이동하는 데 10초가 걸렸으므로 열차의 속력은 40÷10=4(m/s)이다. 열차는 등속운동을 하므로 다리의 길이(거리)는 4(m/s)×5(s)=20(m)이다.

03

| 정답 | ③

| 해설 | 1시간 동안 둘이 함께 빚을 수 있는 만두는 20+15=35(개)이므로 210개를 빚으려면 210÷35=6(시간)이 걸린다.

04

| 정답 | ③

| 해설 | 원래 가격을 x원이라 하면 다음과 같은 식이 성립한다.

$x\times(1+0.5)\times(1-0.2)=A$

$1.2x=A$

$\therefore\ x=\frac{5}{6}A$(원)

따라서 원래 가격은 $\frac{5}{6}A$원이다.

05

| 정답 | ①

| 해설 | 20개의 끈을 하나로 연결하면 매듭은 총 19개가 생긴다. 16×20=320(cm)에서 매듭으로 묶이는 길이만큼 빼주어야 하므로 연결된 끈의 길이는 320−2×19=282(cm)이다.

06

| 정답 | ③

| 해설 | E의 점수를 x로 놓고 식을 세우면 다음과 같다.

$$\frac{(65\times2)+(75\times2)+x}{5}=72$$

$130+150+x=360$

$\therefore\ x=80$(점)

따라서 E의 점수는 80점이다.

07

| 정답 | ②

| 해설 | 늘린 길이를 $x$cm라 하면 새로운 직사각형의 넓이가 기존보다 80% 넓으므로 다음과 같은 식이 성립한다.

$(10+x)(14+x)=10\times14\times1.8$

$140+24x+x^2=252$

$x^2+24x-112=0$

$(x-4)(x+28)=0$

$\therefore\ x=4\ (\because\ x>0)$

따라서 새로운 직사각형의 가로 길이는 10+4=14(cm)이다.

08

| 정답 | ④

| 해설 | 정사면체를 두 번 던졌을 때 바닥에 깔리는 두 숫자의 합이 0이 될 수 있는 숫자 조합의 경우는 (1, −1), (−1, 1), (0, 0) 세 가지이다.

- (1, −1)이 될 확률 : $\frac{2}{4}\times\frac{1}{4}=\frac{1}{8}$
- (−1, 1)이 될 확률 : $\frac{1}{4}\times\frac{2}{4}=\frac{1}{8}$
- (0, 0)이 될 확률 : $\frac{1}{4}\times\frac{1}{4}=\frac{1}{16}$

따라서 바닥에 깔리는 두 숫자의 합이 0이 될 확률은 $\frac{1}{8}+\frac{1}{8}+\frac{1}{16}=\frac{5}{16}$이다.

09

| 정답 | ③

| 해설 | 객실의 개수를 x개, 직원을 y명, 마지막 하나의 객실을 쓰는 직원을 r명이라고 하면 식은 다음과 같다.

$y=4x+12$

$y=6(x-3)+r$ ($1\leq r<6$, r은 자연수)

x에 관한 두 식을 정리하면 $2x=30-r$이다.

$1\leq r<6$이므로 $24<2x=30-r\leq 29$, $12<x\leq 14.5$이다. x는 자연수이고 x가 최대일 때 y도 최대이므로, x가 14일 때 y는 $4\times 14+12=68$로 최대이다. 따라서 워크숍에 참석한 직원들은 최대 68명이다.

10

| 정답 | ④

| 해설 | 3명, 4명, 5명에게 똑같이 나누어 주면 항상 3개가 남는다는 것은 상자 안에 구슬이 3, 4, 5의 공배수에 3을 더한 값만큼 있다는 것을 의미한다. 3, 4, 5의 최소공배수는 60이고 상자 안에 들어 있는 구슬이 100개가 넘는다고 하였으므로 조건을 만족하는 최솟값은 123개이다.

11

| 정답 | ③

| 해설 | 연령계층별로 인원수를 알 수 없기 때문에 20 ~ 39세 전체 청년의 자가 거주 비중은 알 수 없다.

| 오답풀이 |

① 20 ~ 24세 청년 중 62.7%가 보증부월세, 15.4%가 순수월세로, 약 78.1%가 월세 형태로 거주하고 있으며 자가 비율은 5.1%이다.

② 20 ~ 24세 청년을 제외한 연령계층은 모두 무상 거주 비율이 순수월세 비율보다 높지만 20 ~ 24세 청년은 순수월세 비율이 15.4%로 무상 거주 비율인 4.9%보다 높다.

④ 연령계층이 높아질수록 자가 거주 비율은 5.1 → 13.6 → 31.9 → 45.0으로 높아지고 있으나 월세 비중은 78.1 → 54.2 → 31.6 → 25.2로 작아지고 있다.

⑤ 25 ~ 29세 청년의 자가 거주 비중은 13.6%로 5.1%인 20 ~ 24세 보다 높다. 25 ~ 29세 청년 중 임차 형태로 거주하는 비중은 24.7+47.7+6.5=78.9(%)이며, 월세로 거주하는 비중은 47.7+6.5=54.2(%)이다.

12

| 정답 | ②

| 해설 | (가) : 27, (나) : 65, (다) : 93, (라) : 85, (마) : 136, (바) : 169, (사) : 555

㉢, ㉣ 출발지를 기준으로 할 때 중국으로 표류한 횟수의 합이 많은 곳부터 나열해 보면 C>A>B>E>D>G>F로, 그 횟수가 가장 적은 출발지는 F이고 가장 많은 출발지는 C이다.

| 오답풀이 |

㉠ 목적지를 기준으로 할 때 중국으로 표류한 횟수의 합이 많은 곳부터 나열해 보면 B>C>D>A>E>F>G이므로, 세 번째로 많은 곳은 D이다.

㉡ 출발지와 목적지가 같은 선박이 중국으로 표류한 횟수를 모두 합하면 183회이고 출발지가 C인 선박이 중국으로 표류한 횟수는 169회이므로 옳다.

13

| 정답 | ⑤

| 해설 | Y 기업의 제품 중 20X0년 대비 20X6년 판매액 증가율이 가장 높은 제품은 G 제품으로, 14배 이상 증가하였다.

| 오답풀이 |

① Y 기업의 제품 중 판매액이 매년 지속적으로 증가한 제품은 G 제품 한 종류이다.

② 20X0년 대비 20X4년에 판매액이 감소한 제품은 E 제품 한 종류이다.

③ X 기업의 경우 판매액 총합이 매년 100억 원 미만이었던 반면, Y 기업의 판매액 총합은 매년 100억 원 이상이었다.

④ D 제품의 판매액이 전년 대비 감소한 해는 20X3년으로, E 제품의 판매액도 감소하였다.

14

| 정답 | ③

| 해설 | 〈표 2〉의 시간별 이용률에서 청소년의 스마트폰 이용 시간은 3시간 이상대가 가장 높은 비중을 차지하고 있으며, 이는 일평균 이용 시간인 2.7시간(20X8년), 2.6시간(20X9년)보다 길다. 또한 일평균 스마트폰 이용 현황 중 문자메시지가 차지하는 시간은 20X8년에 2.7×0.382=1.0314(시간), 20X9년에 2.6×0.367=0.9542(시간)으로 1.0314−0.9542=0.0772(시간), 즉 4.632분 감소하였다.

| 오답풀이 |

① 〈표 1〉에서 청소년의 일평균 스마트폰 이용 현황에서 문자메시지 이용률이 가장 높다.

② 〈표 2〉에서 청소년의 스마트폰 일평균 이용 시간은 20X9년과 20X8년에 각각 2.6시간, 2.7시간으로 비슷한 수준을 보이고 있다.

④ 〈표 1〉에서 청소년의 스마트폰 이용률은 20X8년에는 40.0%, 20X9년에는 80.7%로 40.7%p 급증하였다.

⑤ 20X8년과 20X9년 각각의 총 응답자 수를 제시해 주지 않았으므로 알 수 없다.

15

| 정답 | ④

| 해설 | ㉮의 설명에 의해 대구는 ㉠과 ㉡ 중 한 곳이며, 대전은 ㉢과 ㉣ 중 한 곳임을 알 수 있다.

㉯의 설명에 의해 관광산업 사업체 수는 '부산>광주+대전>대구'이므로 부산이 대구보다 관광산업 사업체 수가 많음을 알 수 있다. 결국 ㉠이 부산, ㉡이 대구가 되며 ㉢과 ㉣은 광주와 대전 중 각각 한 곳이 된다.

㉰에서 언급된 비율은

$$\frac{12{,}050 + \text{대전의 예술산업 사업체 수}}{48{,}562} \times 100 ≒ 38.6(\%)$$

라는 의미가 되므로 계산해 보면 대전은 ㉣이 되고 나머지 ㉢이 광주임을 알 수 있다.

16

| 정답 | ⑤

| 해설 | (다) 8월 미국의 총수출 중 한국의 비중은 2.89%, 9월은 2.94%로 증가하였으나, 같은 시기 국별 순위는 7위에서 8위로 떨어졌다.

(라) 한국은 월별 수출액 비중과 국별 순위 모두 미국보다 중국에서 더 높은 수치를 보이고 있다. 따라서 한국에 대한 수출의존도는 미국보다 중국이 더 높다고 볼 수 있다.

| 오답풀이 |

(가) 1, 2, 8, 9, 10월에 3%보다 적은 비중을 보이고 있다.

(나) 2월과 3월 중국의 총수출 중 한국의 비중은 각각 약 5.5%와 약 5.1%를 기록하였다.

17

| 정답 | ③

| 해설 | 2017년 1인 가구의 구성비는 28.5%고, 부부와 자녀로 이루어진 가구의 구성비는 31.4%이다. 따라서 부부와 자녀로 이루어진 가구 수가 더 많은 비율을 차지한다.

18

| 정답 | ②

| 해설 | ㉡ 20X0년 혼인 건수가 15,300건이므로 20X2년 혼인 건수는 15,300×(1−0.025)×(1−0.033)≒14,425(건)이다. 이 중 재혼 건수의 비율이 17.3%이므로, 남성과 여성이 모두 초혼인 건수는 14,425×(1−0.173)≒11,929(건)이다.

㉢ 20X3년의 재혼 건수가 2,330건이면 혼인 건수는 $\frac{2{,}330}{16.5}$ ×100≒14,121(건)이다.

| 오답풀이 |

㉠ 20X0년 혼인 건수가 15,300건이므로 20X4년 혼인 건수는 15,300×(1−0.025)×(1−0.033)×(1−0.022)×(1−0.047)≒13,445(건)이다.

㉣ 20X0년 혼인 건수가 15,300건이므로 20X1년 혼인 건수는 15,300×(1−0.025)≒14,918(건)이다. 이 중 재혼 건수는 14,918×0.15≒2,238(건)이고, 재혼 건수 중 남성의 재혼 비율이 63%이므로 남성의 재혼 건수는 2,238×0.63≒1,410(건)이다.

19

| 정답 | ①

| 해설 | 20X9년 전체 인적재난 중 교통사고의 발생 비율과 인명피해 비율을 계산하면 다음과 같다.

• 발생 비율 : $\frac{221,711}{286,851} \times 100 ≒ 77.3(\%)$

• 인명피해 비율 : $\frac{346,620}{365,947} \times 100 ≒ 94.7(\%)$

20

| 정답 | ③

| 해설 | 20X8년 관광 목적의 해외여행자 수는 전년 대비 4.2% 감소하여 주어진 기간 중 가장 크게 감소하였다.

| 오답풀이 |

① • 20X6년 : 8,426,867×0.147≒1,238,749(명)

 • 20X7년 : 8,426,867×1.147×0.128≒1,237,199(명)

② 업무 목적의 해외여행자 수의 증가율은 항상 양수이므로 꾸준히 증가하였다.

④ • 20X6년 : 1,120,230×1.093≒1,224,411(명)

 • 20X8년 : 1,224,411×1.226×1.007≒1,511,636(명)

 따라서 20X6년 대비 20X8년 업무 목적의 해외여행자 증가 수는 30만 명 이하이다.

⑤ 20X8년 관광 목적의 해외 여행자 수는 전년 대비 감소하였다.

3회 도형추리

문제 166쪽

01	⑤	02	⑤	03	①	04	②	05	①
06	②	07	⑤	08	③	09	①	10	②
11	③	12	④	13	①	14	③	15	③

01

| 정답 | ⑤

| 해설 | 도형 안의 동그라미와 사각형은 모두 시계방향으로 움직이며, 동그라미는 한 칸씩, 사각형은 두 칸씩 움직이고 있다.

02

| 정답 | ⑤

| 해설 | 이 시계방향으로 두 칸씩 이동하고 있다.

03

| 정답 | ①

| 해설 | 바깥쪽의 색칠된 도형은 시계방향으로 두 칸씩 이동하며, 가운데의 원은 반시계방향으로 90° 회전한다.

04

| 정답 | ②

| 해설 | 도형이 반시계방향으로 90° 회전한다.

05

| 정답 | ①

| 해설 | 3×3 사각형별로 각각의 내부에 있는 도형들이 전체 큰 틀의 가로와 세로 방향의 일정한 규칙에 의해 변화하는

양상을 살펴본다. 가로 방향의 경우에는 각 도형의 모양은 변화하지 않고 같은 행에서의 위치만 변화하여 세로줄별로 왼쪽으로 한 칸씩 이동(가장 왼쪽의 도형은 가장 오른쪽으로 이동)하는 것임을 알 수 있다. 세로 방향의 경우는 각 도형의 위치는 변화하지 않고 동일한 칸 안에서 모양만 변화하여 각각의 내부 도형을 시계방향으로 90° 회전하는 것임을 알 수 있다.

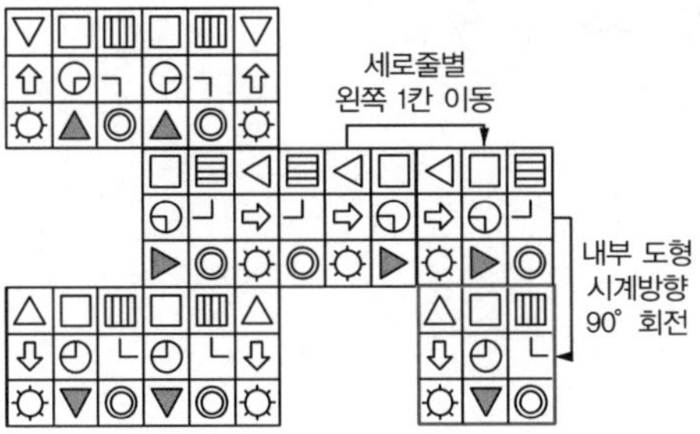

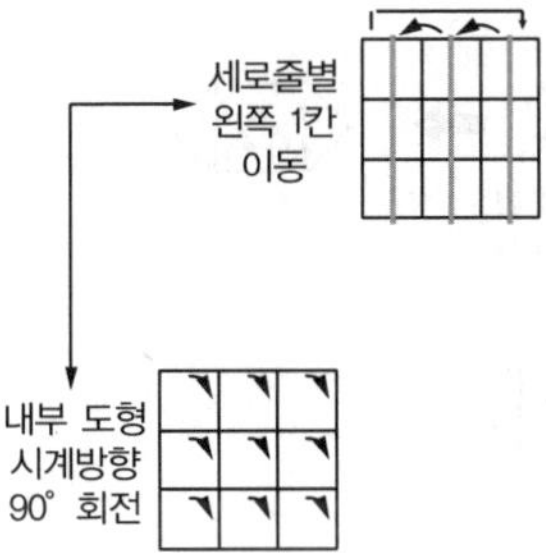

06

| 정답 | ②

| 해설 | 가로 방향의 경우에는 각 도형이 같은 열에서의 위치만 변화하여 가로줄별로 각 도형을 위쪽으로 한 칸씩 이동(가장 위쪽의 도형은 가장 아래쪽으로 이동)하는 것임을 알 수 있다. 세로 방향의 경우는 3×3 사각형별로 가운데 열에 도형의 변화가 전혀 없고 좌우 열의 도형이 서로 대칭된 형태로 뒤바뀌어 있으므로 3×3 사각형 전체의 좌우대칭임을 알 수 있다.

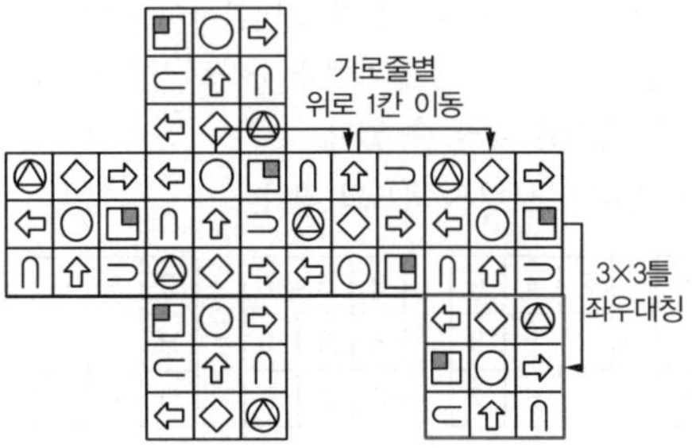

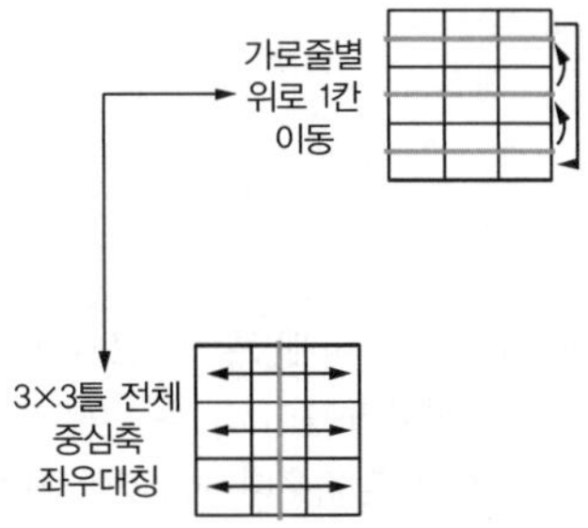

07

| 정답 | ⑤

| 해설 | 가로줄을 기준으로 왼쪽에서 첫 번째 도형의 색칠된 공간(아래 그림의 1번)이 반시계방향으로 한 칸, 두 칸씩 이동하고 있다. 두 번째 줄을 보면, 아래 그림 2번과 6번의 색칠된 공간이 각각 두 칸 이동했다가 또 세 칸 이동하고 있다. 즉, 맨 아래 줄은 세 칸, 네 칸을 건너 색칠됨을 유추할 수 있다. 따라서 ?는 바로 전 도형을 기준으로 아래 그림 1번의 색칠된 칸에서 네 칸 건너(아래 그림의 5번)와 3번의 색칠된 칸에서 네 칸 건너(아래 그림의 1번)에 색칠된 도형이 와야 한다.

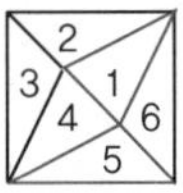

08

| 정답 | ③

| 해설 | 알파벳을 순서대로 써 놓는다.

A	B	C	D	E	F	G	H	I	J	K	L	…
1	2	3	4	5	6	7	8	9	10	11	12	…

사각형에 들어 있는 알파벳을 숫자로 변환하여 문제를 푼다. 가로줄을 기준으로 보면 알파벳을 숫자로 변환한 결과 1씩 증가하는 규칙을 찾을 수 있다.

따라서 ?에 들어갈 도형은 다음과 같다.

1	3	5		2	4	6		3	5	7		C	E	G
6	7	8	→	7	8	9	→	8	9	10	=	H	I	J
2	4	6		3	5	7		4	6	8		D	F	H

09

| 정답 | ①

| 해설 | 가로줄에서 첫 번째 도형을 시계방향으로 90° 회전시킨 후 좌우대칭한 것이 두 번째 도형이고, 두 번째 도형을 반시계방향으로 90° 회전시킨 후 좌우대칭한 것이 세 번째 도형이다.

10

| 정답 | ②

| 해설 | 가로열 첫 번째 줄과 두 번째 줄을 살펴보면 오른쪽으로 갈수록 시계방향으로 90°씩 회전하면서 색 반전되고 있다. 또한, 선분으로 이어진 두 도형 중 큰 도형은 동그라미, 세모, 네모의 순서로, 작은 도형은 ♡ → ☆ → △ → □ 순서로 바뀌고 있음을 알 수 있다.

11

| 정답 | ③

| 해설 |

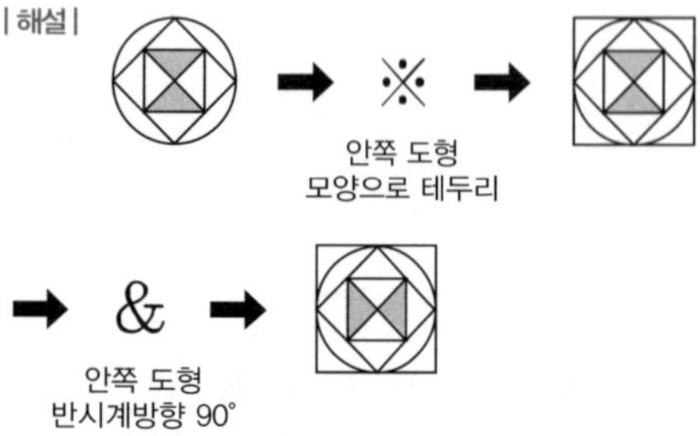

12

| 정답 | ④

| 해설 |

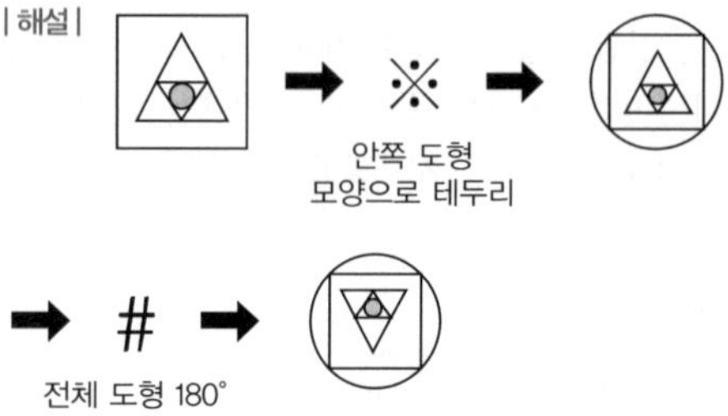

13

| 정답 | ①

| 해설 |

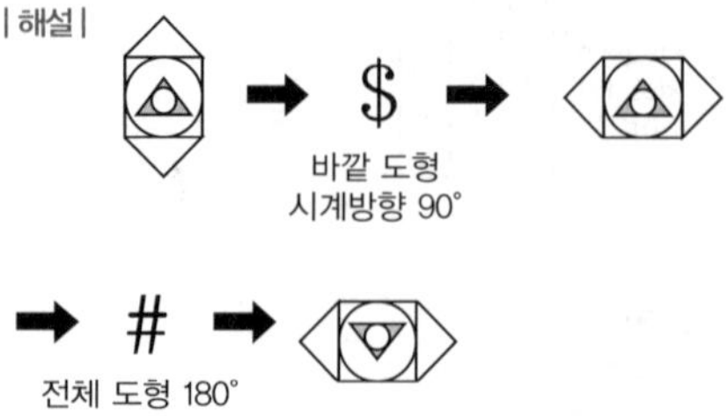

14

| 정답 | ③

| 해설 | 첫 번째 가로열 · 첫 번째 세로열 · 두 번째 세로열에 공통으로 ◎가 들어가 있고, 세 열 모두 마지막 그림이 색 반전되었으므로 ◎는 색 반전 기호임을 알 수 있다. 이를 첫 번째 가로열과 두 번째 세로열에 적용해보면 ▣는 반시계방향으로 90° 회전, ☆은 180° 회전하는 기호임을 알 수 있다. 첫 번째 세로열에 ▣와 ◎를 적용해보면,

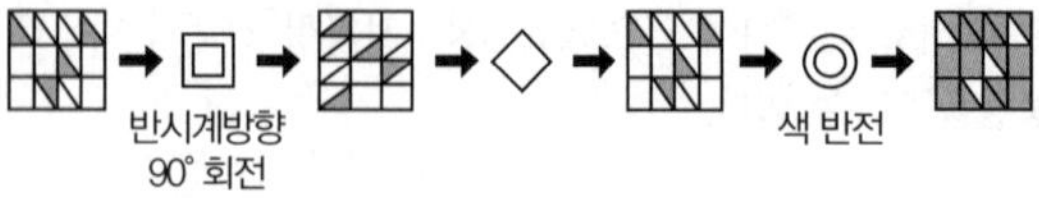

이 되므로 ◇는 시계방향으로 90° 회전하는 기호임을 알 수 있다. 마지막으로 두 번째 가로열에 ◇와 ☆을 적용

하는데 시계방향으로 90° 회전과 180° 회전이 함께 진행되면, 결국 반시계방향으로 90° 회전하는 것과 같으므로

이 되고, ○는 상하대칭(X축 대칭) 암호가 된다.

이를 종합해보면 다음과 같다.

⧈	반시계방향으로 90° 회전
◎	색 반전
◇	시계방향으로 90° 회전
☆	180° 회전(원점 대칭)
○	상하대칭(X축 대칭)

이를 바탕으로 추론하면 다음과 같다.

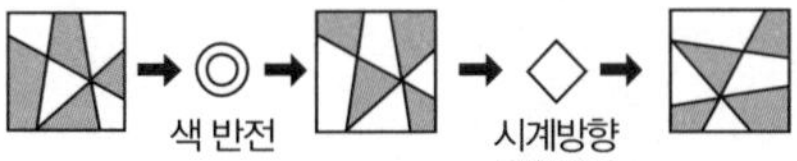

15

| 정답 | ③

| 해설 | **14**의 해설의 규칙을 적용하면 다음과 같다. 이때, ☆의 180° 회전과 ⧈의 반시계방향 90° 회전은 시계방향으로 90° 회전하는 것과 같다.

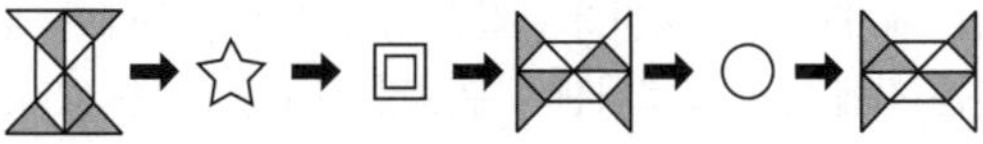

4회 언어 문제 178쪽

01	④	02	⑤	03	①	04	①	05	③
06	⑤	07	③	08	⑤	09	③	10	②
11	⑤	12	⑤	13	④	14	②	15	③

01

| 정답 | ④

| 해설 | 제시된 기사의 내용은 미국의 청소년 흡연율이 높은 수치를 기록하며, 높은 청소년 흡연율과 낮은 담배 구입 연령 제한이 연관이 있다는 연구 결과가 나와 미국의 여러 주가 담배 구입 연령 제한을 상향했다는 것이다. 따라서 '미국, 심각한 청소년 흡연율에 다수의 주들 담배 구입 연령 21세로 상향 조정'이 적절하다.

02

| 정답 | ⑤

| 해설 | 한국의 가족주의는 단순한 이익추구가 문제되는 것이 아니라 배타적 권리를 주장하고 사적 이익만을 추구하여 사회적 공동체의 원리와 대립하게 되는 것이 문제이다.

| 오답풀이 |

① 두 번째 문단의 '한국 특유의 배타적 가족주의와 ~'에서 알 수 있다.

② 세 번째 문단의 '가족은 더 이상 전체 사회에 유익한 일차 집단이 될 수 없다'에서 알 수 있다.

③ 세 번째 문단의 '그럼에도 불구하고 가족에 대한 비판을 금기시하고 신성화하는 이데올로기를 고집한다면 ~'에서 알 수 있다.

④ 제시된 글에서 '불균등한 분배 → 계층 간 격차 확대 → 다음 세대로 전승'으로 불평등 구조가 재생산되고 있다고 말하고 있으며 이 재생산 구조가 배타적 가족주의와 만나 다른 가족의 경제적 빈곤을 악화시키는 현상을 확대한다고 설명한다.

03

| 정답 | ①

| 해설 | 제시된 글에서는 말의 진정한 설명은 그것 자체 안에 있으므로 진정한 말이 되기 위해서는 체험과는 다른 경험 즉, 사물과 자기 자신 사이에 생기는 장애 의식과 저항의 역사가 필수적이라고 주장하고 있다. 따라서 중심내용으로 ①이 가장 적절하다.

| 오답풀이 |

② 자기희생이 아니라 자신의 주관에 사로잡히는 주관주의를 배제하고 자기 포기를 하는 것이 필수 불가결하다고 말하고 있다.

③ 체험주의는 안일한 주관주의에 빠지기 십상이긴 하지만 과장된 말밖에 생겨나지 않는다고 언급하지는 않았다.

④ 대부분의 말에 대해 사물과의 안일한 타협을 통해 생겨나는 관념의 유희라는 언급은 나와 있지 않다.

⑤ 경험이 아닌 체험주의는 안일한 주관주의에 빠지기 쉽고, 그것에 그치고 만다는 점에서 경험과는 구분되며, 말에는 체험과는 다른 경험이 필수적이라고 주장한다.

04

| 정답 | ①

| 해설 | 원시공동체에서는 사냥감을 저장할 수 없어 탐할 수 있는 이익이 많이 없었기 때문에 탐욕을 절제하는 생활을 할 수밖에 없었다. 하지만 신석기시대에 이르러 저장 가능한 가축과 곡물의 생산이 시작되고 잉여 생산물이 생겨나면서 약탈로부터 얻는 이익이 커졌고 이에 따라 착취와 전쟁이 본격적으로 시작되었다. 즉 이 글은 식량의 저장과 잉여 생산물의 탄생으로 인한 약탈의 본격화로 요약될 수 있다.

05

| 정답 | ③

| 해설 | FDMA는 형성 전 단절 방식을, CDMA는 단절 전 형성 방식을 사용하는데, 핸드오버의 명령이 어느 방식에서 더 빠르게 이루어지는지와 어떤 방식의 연결이 더 간편한지에 대해서는 제시된 글을 통해 알 수 없다.

| 오답풀이 |

① 핸드오버는 이동단말기와 기지국 사이의 신호 세기가 특정 값 이하로 떨어지면 명령되는데, 신호는 이동단말기와 기지국의 거리가 가까울수록 강해지고 멀수록 약해진다.

②, ④ CDMA에서 사용하는 단절 전 형성 방식은 각 기지국이 같은 주파수를 사용하고 있을 경우에 사용되는 방식으로, 이동단말기와 기존 기지국 간 통화 채널이 단절되기 전 새로운 기지국과 통화 채널을 형성하여 두 기지국과 동시에 통화 채널을 형성할 수 있다.

⑤ 이동단말기와 기지국 사이의 신호 세기가 특정 값 이하로 떨어지면 핸드오버가 명령된다고 하였으므로 신호의 세기가 특정 값보다 높다면 핸드오버가 명령되지 않음을 알 수 있다.

06

| 정답 | ⑤

| 해설 | 지원금 액수가 증가하였음에도 불구하고 출산율이 오르지 않았다는 것을 강조하는 내용으로 단순한 지원금 증액보다 출산을 유도하기 위한 근본적인 대책이 필요하다는 문제제기가 글의 주된 내용이다. 따라서 ⑤는 적절하지 않다.

07

| 정답 | ③

| 해설 | 제시된 글의 마지막 문장을 통해 사료 고증에만 의존하는 것에 대한 드로이젠의 부정적 견해를 알 수 있다.

| 오답풀이 |

① 랑케와 드로이젠의 상반된 주장에 대해 소개하고 있으므로 필자의 개인적인 주관 또는 어떤 의견에 대한 절대적인 입장에 대해서는 알 수 없다.

08

| 정답 | ⑤

| 해설 | 빈칸은 전체 내용의 결론에 해당되는 부분이므로, 글의 흐름을 통해 결론을 찾아내야 한다. 먼저 첫 번째 문

단은 죽음의 편재성에 대해 설명하면서 우리는 보통 그것을 회피대상으로 인식하고 있다는 결론을 내린다. 그러나 역접 접속어인 '그런데'로 시작하는 두 번째 문단은 첫 번째 문단과 달리 죽음의 공포를 무릅쓰는 스카이다이버들을 사례로 들어 죽음의 공포가 반드시 회피대상은 아니라는 것을 설명한다. 이를 통해 빈칸에는 죽음의 편재성이 죽음의 공포를 불러일으킨다고 하여 그것을 반드시 회피대상이라고 볼 수 없다는 결론을 이끌어 낼 수 있다. 따라서 ⑤가 가장 적절하다.

09

| 정답 | ③

| 해설 | 문제의 복잡성이 제한된 수준을 넘어서면 지도들은 혼자서 문제를 해결하지 못하고, 무의식 속 지도는 뒤로 물러나 느낌이 나선다고 서술하고 있다. 따라서 신경지도들이 연합한다는 설명은 적절하지 않다.

| 오답풀이 |

① 다양한 신체 기관을 표상하는 지도가 필요하다고 하였고, 이 지도를 신경지도라고 칭하였으므로 뇌가 신체 기능을 조율하기 위해서는 신경지도가 필요함을 알 수 있다.

② 뇌가 의식적인 느낌의 도움 없이 신경지도를 통해 생명현상을 조율하고 생리적 과정을 실행할 수 있다는 주장은 부분적으로만 옳다고 하였다.

④ 뇌가 생명이 의존하고 있는 수많은 신체 기능을 조율하기 위해서는 다양한 신체 기관을 표상하는 지도가 필요하다고 하였다. 이는 뇌가 신체 각 부분에서 발생하고 있는 현상들을 알아야 생명조절기능이 원활히 수행될 수 있음을 의미한다.

⑤ 지도들은 문제의 복합성이 어느 정도를 넘어서면 혼자서 문제를 해결하지 못한다고 하였다.

10

| 정답 | ②

| 해설 | 두 번째 문단의 마지막 부분을 살펴보면, 국회의원의 모든 권한은 국민으로부터 나오므로 헌법 제1조 제2항에 모순되지 않는다고 서술되어 있다.

| 오답풀이 |

①, ④ ㉠은 입법 활동 시에 대표자가 국민의 뜻에 따라야 한다는 것이고, ㉡은 대표자의 소신에 따라도 된다는 것이다. 즉, ㉠과 ㉡은 입법 활동을 할 때 누구의 의사가 우선시되어야 하는가에 따라 구분된다.

③ 대표자가 그의 권한을 국민의 뜻에 따라 행사해야 한다는 말은 국민이 국회의원의 입법 활동을 직접적으로 통제한다는 말과 상통한다.

⑤ ㉡에서 국민은 대표자 선출권을 통해 간접적으로 대표자를 통제한다고 하였으므로 국민의 의견이 간과되지 않음을 알 수 있다.

11

| 정답 | ⑤

| 해설 | 우선 '상대성'이라는 단어에 관해 말하고 있는 부분은 (가)와 (바)이다. (가)와 (바)는 모두 가치의 상대성이 발생하는 함정에 대해 논하고 있는데, (가)는 '그런데'라는 역접 관계의 접속사로 시작하므로 (바) 뒤에 (가)가 올 수 없어 (가)-(바)가 되어야 한다. (나)에는 '이에 따라'라는 지시어가 나오므로, (나)는 '자기 자신의 아이덴티티를 형성한다'라는 글이 포함되는 (라) 뒤에 오게 된다. 또한, (라)의 '그 문화적 풍토'가 (마)의 '각각의 형태를 갖고 있다'와 연결되기 때문에 (마)-(라)-(나)가 된다. 따라서 (마)-(라)-(나)-(가)-(바)-(다) 순이 적절하다.

12

| 정답 | ⑤

| 해설 | ㉠의 바로 앞 문장에서는 갑질이 기업 경쟁력 고취에 도움이 되지 않는 일이라고 하였다. 따라서 빈칸에는 기업에 부정적인 영향을 미쳐 '갑'과 '을' 모두에게 바람직하지 않은 결과를 낳게 하는 내용이 들어가야 한다.

13

| 정답 | ④

| 해설 | (가)와 (나)는 각 세 문장으로 구성되어 있다. 즉, (가)는 '일반적 진술－구체적 진술(예시)－전망'으로 구성되었고, (나)는 '일반적 진술－구체적 진술(상세화)－전망'으로 구성되었다.

14

| 정답 | ②

| 해설 | 두 번째 문단에서 '살아 있는 동안만이 내가 의식하는 삶의 전부'라고 언급한 바와 같이 내세(來世)에 대한 가치를 추구하는 것은 에피쿠로스가 지향하는 행복에 맞지 않는다.

| 오답풀이 |

① 물질적, 육체적 쾌락이 아닌 정신적 쾌락을 추구하는 방법으로 우정을 행복의 요소로 볼 수 있다.

③, ④ 마음의 근심을 덜어 내고 자유로운 상태에서 편안함을 추구하는 것은 에피쿠로스가 지향하는 행복의 핵심적인 내용이다.

⑤ 에피쿠로스는 물질적인 것을 추구하는 행위 자체를 헛된 욕구라고 보지 않았다. 헛된 욕구에 해당하는 것은 과도하게 물질적인 것을 추구하는 사치욕이나 정복욕이다.

15

| 정답 | ③

| 해설 | 우선 (나)에서 Z세대의 특징으로 화두를 던지며 글의 중심소재인 '하이퍼텍스트'를 언급한다. 이어 (가)에서는 '하이퍼텍스트'에 대해 정의하며 구체적으로 설명하고 있다. 다음으로 (라)가 이어져 하이퍼텍스트와 일반적인 문서의 차이를 제시하고 있으며, 마지막으로 (다)에서는 하이퍼텍스트가 등장함에 따라 생길 변화에 대해 설명하고 있다. 따라서 (나)－(가)－(라)－(다)순이 적절하다.

4회 수리

문제 192쪽

01	⑤	02	②	03	①	04	②	05	⑤
06	②	07	⑤	08	④	09	⑤	10	①
11	①	12	②	13	④	14	②	15	③
16	②	17	④	18	②	19	⑤	20	②

01

| 정답 | ⑤

| 해설 | 직사각형 벽에 남는 부분 없이 타일을 붙이면서 그 개수를 최소한으로 사용하기 위해서는 가능한 가장 큰 정사각형 모양의 타일을 사용해야 하므로 벽의 세로, 가로 길이인 120cm, 90cm의 최대공약수가 사용할 타일의 한 변의 길이가 된다. 120과 90의 최대공약수는 $2\times3\times5=30$이므로 타일의 한 변의 길이는 30cm이다.

$$\begin{array}{r|rr} 5 & 120 & 90 \\ \times\ 3 & 24 & 18 \\ \times\ 2 & 8 & 6 \\ =30 & 4 & 3 \end{array}$$

02

| 정답 | ②

| 해설 | 유정이는 15일간 일을 하였으므로 유정이가 일한 양은 $\frac{1}{A}\times15=\frac{15}{A}$이며, 세영이가 일한 양은 $1-\frac{15}{A}=\frac{A-15}{A}$이다.

세영이가 일한 날은 $\frac{A-15}{A}\div\frac{1}{B}=\frac{B(A-15)}{A}$(일)이므로, 일을 하지 않은 날은 $15-\frac{B(A-15)}{A}$일이다.

03

| 정답 | ①

| 해설 | A가 10점 과녁을 명중시킬 확률이 $\frac{7}{8}$이므로 과녁에 명중시키지 못할 확률은 $\frac{1}{8}$이고, B가 10점 과녁을 명중시킬 확률이 $\frac{8}{9}$이므로 과녁에 명중시키지 못할 확률은 $\frac{1}{9}$이 된다. 따라서 A와 B 모두 10점 과녁에 명중시키지 못할 확률은 $\frac{1}{8}\times\frac{1}{9}=\frac{1}{72}$이다.

04

| 정답 | ②

| 해설 | 구하고자 하는 값을 x년 후라 하면 다음과 같은 식이 성립한다.

$20+x=2(7+x)$

$20+x=14+2x$

$\therefore\ x=6$(년 후)

따라서 2020+6=2026(년)에 언니의 나이가 동생 나이의 2배가 된다.

05

| 정답 | ⑤

| 해설 | B 기업이 A 기업의 누적 생산량을 추월하는 데 걸리는 개월 수를 x라고 하면 다음과 같은 식이 성립한다.

$600+100x>800+80x$

$20x>200$

$\therefore\ x>10$(개월)

따라서 B 기업이 A 기업의 누적 생산량을 추월하는 데는 11개월이 걸린다.

06

| 정답 | ②

| 해설 | 얼룩말의 수를 x, 타조의 수를 y라 하면 다음과 같은 식이 성립한다.

$x+y=22$ ………………………… ㉠

$4x+2y=72 \quad 2x+y=36$ ………… ㉡

㉠, ㉡을 연립하여 풀면 $x=14$(마리), $y=8$(마리)이다.

따라서 타조는 8마리이다.

07

| 정답 | ⑤

| 해설 | 맞힌 문제의 개수를 x, 틀린 문제의 개수를 y라 하면, 전체 문제 개수가 25개이며 맞혔을 때 4점, 틀렸을 때 −2점이므로 다음 두 식이 성립한다.

$x+y=25$ ………………………… ㉠

$4x-2y=58$ ………………………… ㉡

㉠×2+㉡을 하면 $x=18$, $y=7$이다.

따라서 맞힌 문제는 모두 18개이다.

08

| 정답 | ④

| 해설 | 총 매출액은 (3,000×24)+(4,000×40)=232,000(원)이고, 총 매출원가는 (900×24)+(1,200×40)=69,600(원)이다. 총 매출이익은 232,000−69,600=162,400(원)이므로 총 이익률은 $\frac{162,400}{232,000}\times100=70(\%)$이다.

09

| 정답 | ⑤

| 해설 | 굴렁쇠가 굴러간 도로의 길이를 cm로 환산하면 6,000cm이다. 이를 굴렁쇠 둘레 길이인 25×2×3.14=157(cm)로 나누어 회전수를 구하면, $\frac{6,000}{157}\fallingdotseq38$(번) 회전한 것이 된다.

10

| 정답 | ①

| 해설 | B가 한 시간 만에 A를 따라잡았으므로 A가 75분 동안 이동한 거리와 B가 60분 동안 이동한 거리는 서로 같다. B의 속력을 x라고 하면 다음과 같은 식이 성립한다.

$$6\times\frac{75}{60}=x\times1$$

$\therefore\ x=7.5$(km/h)

따라서 B의 속력은 7.5km/h이다.

11

| 정답 | ①

| 해설 | 20X0년 대비 20X4년의 연간 총 주행거리 증가율이 가장 큰 것은 전기 자동차로, $\frac{9,771-5,681}{5,681}\times100\fallingdotseq$ 72(%) 증가하였다.

| 오답풀이 |

② LPG를 사용하는 자동차의 연간 총 주행거리는 45,340 → 44,266 → 39,655 → 37,938 → 36,063으로 매년 감소하고 있다.

③ 휘발유를 사용하는 자동차의 연간 총 주행거리는 108,842 → 110,341 → 115,294 → 116,952 → 116,975로 매년 증가하고 있다.

⑤ 전기를 사용하는 자동차의 연간 총 주행거리는 5,681 → 6,282 → 7,023 → 8,153 → 9,771로 매년 증가하고 있다.

12

| 정답 | ②

| 해설 | A 시와 B 시의 물가 변동률의 차이가 가장 큰 시기인 20X6년의 변동률 차이는 $\frac{10.19}{6.07}\fallingdotseq1.68$(배)로 2배 이하이다.

| 오답풀이 |

① 20X1년 B 시의 물가 변동률은 전년 대비 하락하였다.

③ A 시 물가 변동률의 전년 대비 증가율이 가장 높은 해는 3배 이상 증가한 20X1년이다.

④ B 시의 물가 변동률이 A 시의 물가 변동률보다 높은 연도는 20X0년, 20X1년, 20X3년으로 3개이다.

⑤ 전년 대비 물가 변동률의 차이가 가장 큰 연도는 A 시는 10.19−7.19=3(%p) 변화한 20X6년, B 시는 6.62−4.95=1.67(%p) 변화한 20X5년이다.

13

| 정답 | ④

| 해설 | A, B 기업의 202X년 2 ~ 3분기 매출액을 구하면 다음과 같다.

구분	202X년 2분기	202X년 3분기
A 기업	200×1.15 =230(억 원)	230×0.85 =195.5(억 원)
B 기업	150×1.25 =187.5(억 원)	187.5×1.1 =206.25(억 원)

A 기업의 202X년 매출액이 800억 원을 초과하려면 4분기 매출액이 800−200−230−195.5=174.5(억 원)을 초과해야 한다. 따라서 3분기 대비 매출액이 감소해도 된다.

| 오답풀이 |

③ 두 기업의 3분기 매출액 합계는 195.5+206.25=401.75(억 원)으로 2분기 매출액 합계인 230+187.5=417.5(억 원)보다 작다.

⑤ 202X년 1 ~ 3분기 총 매출액은 A 기업이 625.5(억 원)으로 543.75(억 원)인 B 기업보다 크다.

14

| 정답 | ②

| 해설 | ㄷ. 20X9년 프랑스의 인구가 6,500만 명이라면 사망자는 $65,000,000\times\frac{9.2}{1,000}=598,000$(명)이다.

| 오답풀이 |

ㄱ. 유럽 5개 국가에 대한 자료만 제시되어 있으므로 유럽에서 기대수명이 가장 낮은 국가가 그리스인지는 알 수 없다.

ㄴ. 독일은 영국보다 인구 만 명당 의사 수가 많지만 다른 나라보다 조사망률이 더 높다.

15

| 정답 | ③

| 해설 | 20X1년의 전년 대비 자산 보유액 증감률은 50대가 1.9%, 30세 미만이 11.1%로, 50대가 더 작다.

| 오답풀이 |

① ㉠에 들어갈 수치는 $\frac{32,638-31,503}{31,503}\times100 \fallingdotseq 3.6(\%)$이다.

② ㉡에 들어갈 수치는 $\frac{48,532-46,695}{46,695}\times100 \fallingdotseq 3.9(\%)$이다.

16

| 정답 | ②

| 해설 | 2020년 4분기 자동차 수입액 2,475억 원의 5배는 2,475×5=12,375(억 원)으로 4분기 수출액 13,310억 원보다 적다. 따라서 2020년 4분기 자동차 수출액은 수입액의 5배 이상이다.

| 오답풀이 |

① 2021년 하반기 자동차 수출액은 11,467.5+11,247.5=22,715(억 원)이므로 2조 2천억 원 이상이다.

③ 분기별 수출액과 수입액의 차이가 가장 작은 때는 2021년 4분기로 그 차이는 11,247.5−3,327.5=7,920(억 원)이며, 8천억 원 미만을 기록하였다.

④ 자동차의 수입대수와 수출대수의 차이가 가장 큰 때는 2020년 1분기이며 수입대수인 1,586대의 3배는 4,758대로 2020년 1분기의 자동차 수출대수인 4,657대보다 많다. 따라서 2020년 1분기 자동차 수출대수는 수입대수의 3배 미만이다.

⑤ 자동차 수출액이 가장 많았던 분기는 2020년 4분기이고, 자동차 수출대수가 가장 많았던 분기는 2020년 1분기이다.

17

| 정답 | ④

| 해설 | 전국 상업용 건축물은 1,246,859동이고, 수도권 지역의 상업용 건축물은 127,080+243,268+43,101=413,449(동)이다.

따라서 전국 상업용 건축물 중 수도권 지역의 건축물은 $\frac{413,449}{1,246,859}\times100 \fallingdotseq 33.2(\%)$이다.

18

| 정답 | ②

| 해설 | A : 〈자료 1〉을 보면 20X3년 조사에서 남자 중 앞으로 결혼할 의향이 없는 1인 가구의 비율은 50대가 20대에 비해 $\frac{20.8-15.1}{15.1}\times100 \fallingdotseq 38(\%)$ 많다.

| 오답풀이 |

B : 〈자료 1〉을 보면 20X2년 조사에서 여자 중 결혼할 의향이 없는 1인 가구의 비율은 연령대가 높아질수록 4.2% → 45.1%로 점점 비율이 높아지고 있음을 알 수 있다.

C : 〈자료 2〉를 보면 20X3년 조사에서 2년 이내에 1인 생활 종료가 예상된다고 응답한 사람의 비율은 16.0%로 전년 대비 17.3−16.0=1.3(%p) 줄어들었다.

D : 〈자료 2〉를 보면 10년 이상 1인 생활을 지속할 것이라고 예상하는 사람의 비율은 34.5% → 38.0% → 44.7%로 갈수록 늘어나고 있다.

19

| 정답 | ⑤

| 해설 | ㉡ 2012년에는 에너지산업부문에서 38.0%, 제조업·건설업부문에서 28.9%, 수송부문에서 17.5%, 2022년에는 에너지산업부문에서 43.4%, 제조업·건설업부문에서 31.4%, 수송부문에서 15.7%로 세 개 부문에서 주로 배출됐다.

㉢ 2012년에 비해 2022년의 에너지산업부문 배출비중이 43.4−38.0=5.4(%p), 제조업·건설업부문의 배출비중이 31.4−28.9=2.5(%p) 늘어났다.

㉣ 2012년에 비해 2022년의 수송부문의 배출비중은 17.5−15.7=1.8(%p), 기타부문(미분류 포함)의 배출비중은 14.9−8.9=6(%p) 감소했다.

| 오답풀이 |

㉠ 주어진 자료에는 에너지부문의 온실가스 배출량만 제시되어 있으므로 온실가스 전체 배출량은 알 수 없다.

20

| 정답 | ②

| 해설 | 2016년 인구 10만 명당 경찰관 수의 전년 대비 증가율은 $\frac{204-202}{202}\times100 \fallingdotseq 1(\%)$이므로, 2023년 국내 총 경찰관 수는 $114,658\times(1+0.01)\fallingdotseq115,805$(명)이다.

4회 도형추리

문제 204쪽

01	④	02	④	03	④	04	②	05	②
06	①	07	①	08	③	09	②	10	②
11	②	12	④	13	⑤	14	④	15	④

01

| 정답 | ④

| 해설 | 색칠된 부분이 시계방향으로 2칸씩 이동하고 있다.

02

| 정답 | ④

| 해설 | 직각이등변삼각형이 반시계방향으로 90°씩 회전하고 색이 번갈아 바뀌고 있다. 따라서 ?에 들어갈 직각이등변삼각형의 직각 부분은 왼쪽 위이며 색은 흰색이다.

03

| 정답 | ④

| 해설 | 왼쪽의 직사각형은 가로로 이등분되고 오른쪽의 반원은 좌우대칭이 되었으므로, 왼쪽의 삼각형은 가로로 이등분되고 오른쪽 삼각형은 좌우대칭된 모양을 찾으면 된다.

04

| 정답 | ②

| 해설 | 빗금인 부분은 그대로 있고, 나머지 부분이 색 반전되어 있는 것을 찾으면 된다.

05

| 정답 | ②

| 해설 | 각 기호가 나타내는 규칙은 다음과 같다.

-  : 각 도형을 시계방향으로 90° 회전
-  : 각 도형을 반시계방향으로 90° 회전
-  : 각 도형을 180° 회전(원점 대칭)
-  : 각 도형을 좌우대칭(y축 대칭)

제시된 도형에 각 기호의 규칙을 순서대로 적용하면 다음과 같다.

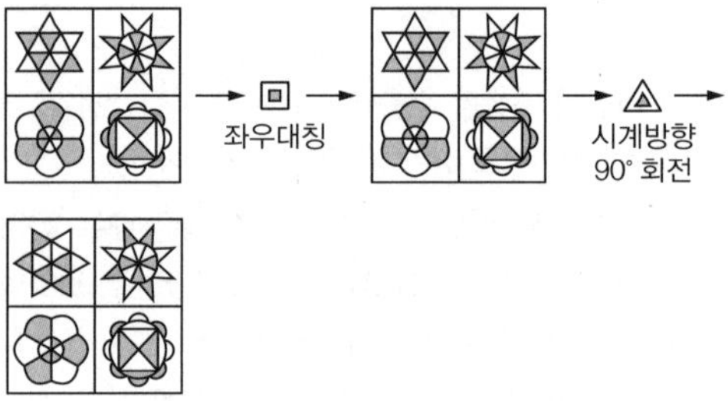

06

| 정답 | ①

| 해설 | **05**의 해설을 참고하여 제시된 도형에 각 기호의 규칙을 순서대로 적용하면 다음과 같다.

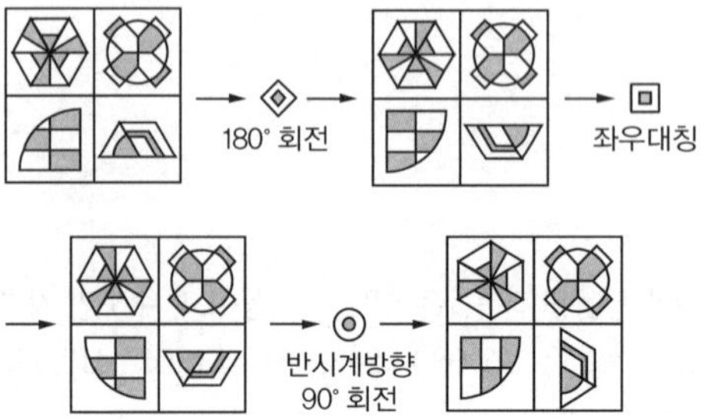

07

| 정답 | ①

| 해설 | 가로를 기준으로 살펴보면 두 번째 상자에는 첫 번째 상자 그림의 왼쪽 변을 축으로 대칭해 붙인 그림이 들어간다. 세 번째 상자에는 두 번째 상자의 그림을 가로로 이등분한 상단의 그림이 들어간다.

08

| 정답 | ③

| 해설 | 가로줄을 기준으로 보면 바깥 도형은 맨 왼쪽 도형부터 각이 하나씩 늘어나며 안의 원은 반시계방향으로 90° 씩 회전하고 있다.

09

| 정답 | ②

| 해설 | 가로줄에서 두 번째 칸의 도형과 세 번째 칸의 도형을 합치면 첫 번째 칸의 도형이 되므로, 첫 번째 칸의 도형에서 두 번째 칸의 도형 부분을 뺀 나머지 부분을 찾는다.

10

| 정답 | ②

| 해설 | 첫 번째 칸에서 두 번째 칸으로, 두 번째 칸에서 세 번째 칸으로 진행되면서 가장 안쪽에 있는 도형이 가장 바깥쪽으로 나오고 있다.

11

| 정답 | ②

| 해설 | 제시된 도형을 변환 조건에 따라 각 선택지 ①～⑤를 변환시키면 다음과 같다.

①

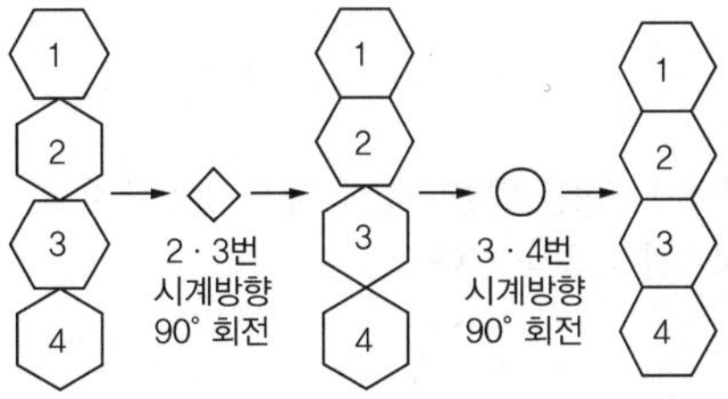

②

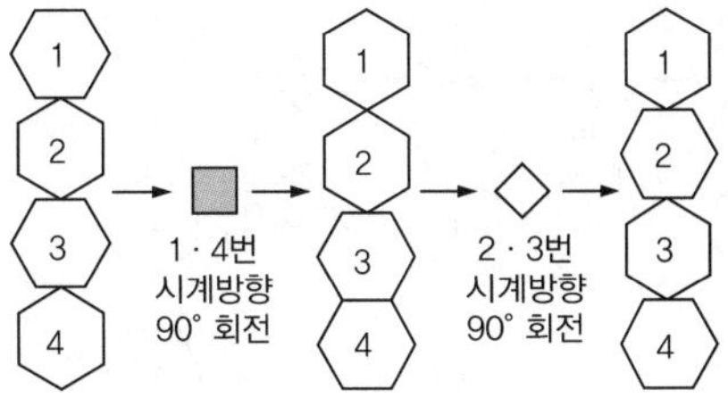

③

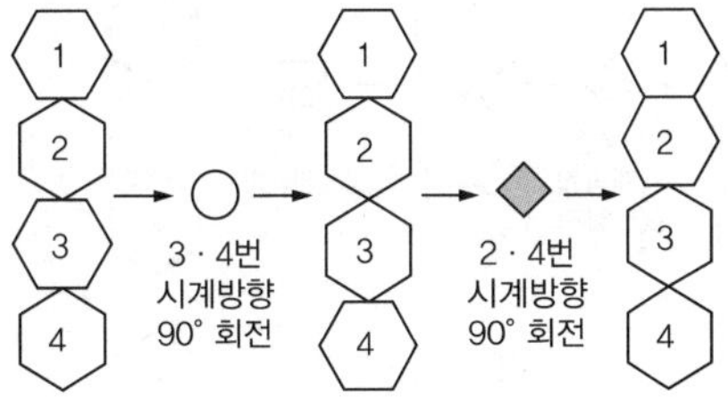

④

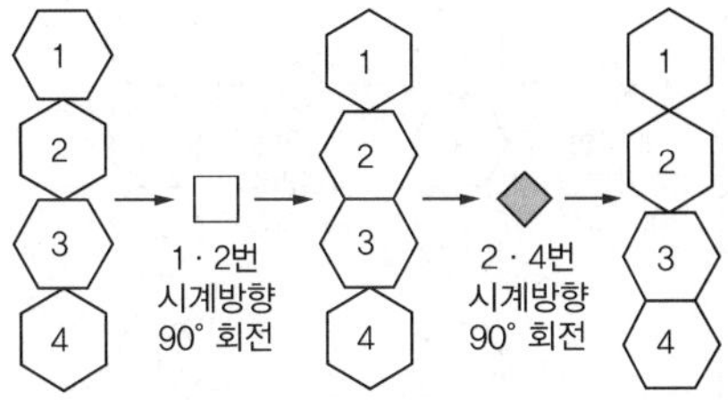

⑤

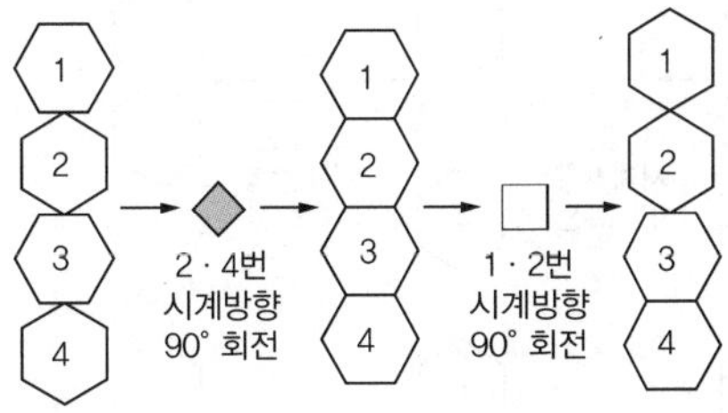

따라서 화살표 후 도형이 나오기 위해서는 ②와 같은 과정을 거쳐야 한다.

12

| 정답 | ④

| 해설 | 제시된 도형을 변환 조건에 따라 각 선택지 ①～⑤를 변환시키면 다음과 같다.

①
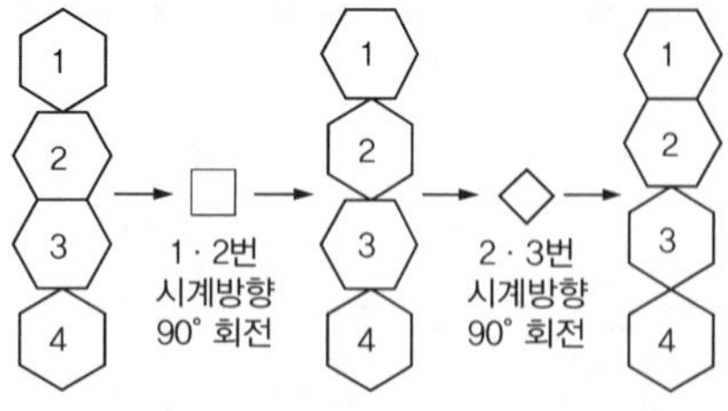

②
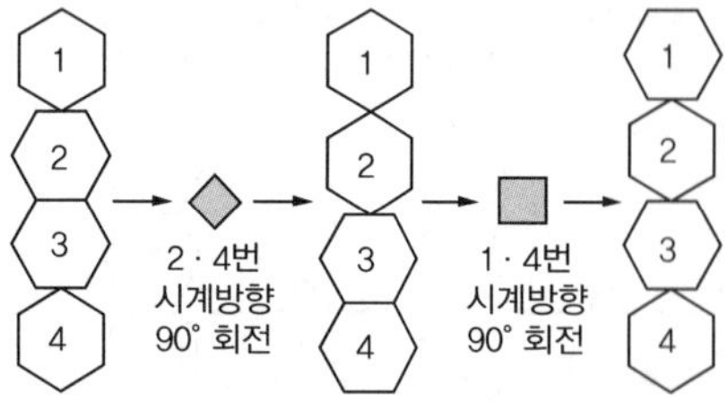

③
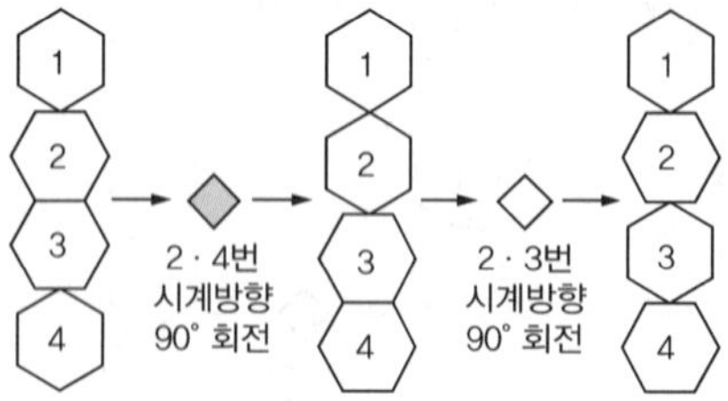

④
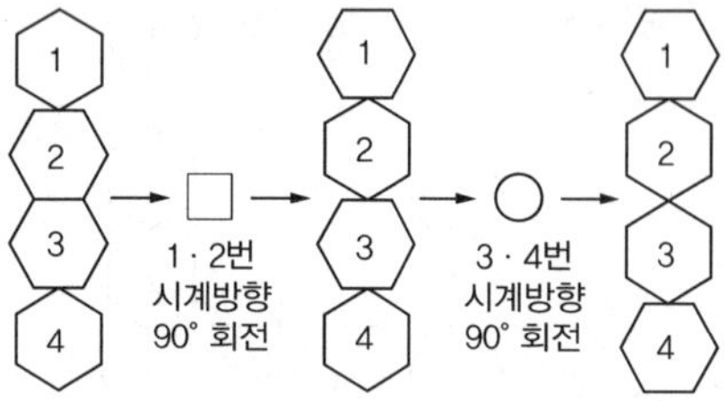

⑤
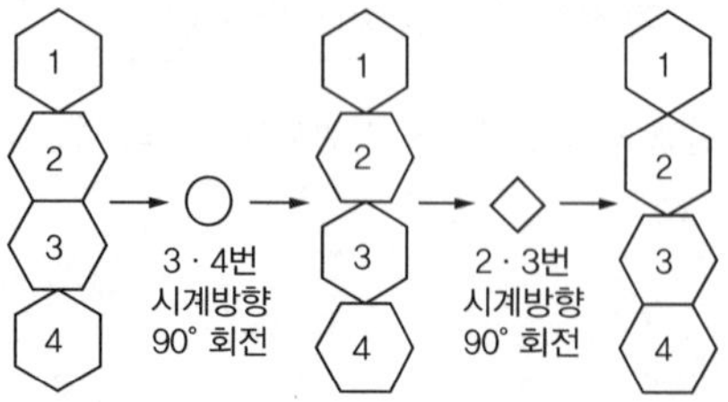

따라서 화살표 후 도형이 나오기 위해서는 ④와 같은 과정을 거쳐야 한다.

13

| 정답 | ⑤

| 해설 | 〈조건 1〉과 〈조건 2〉의 해석은 다음과 같으며, 〈조건 2〉를 먼저 도출한 후 〈조건 1〉을 적용하면 된다.

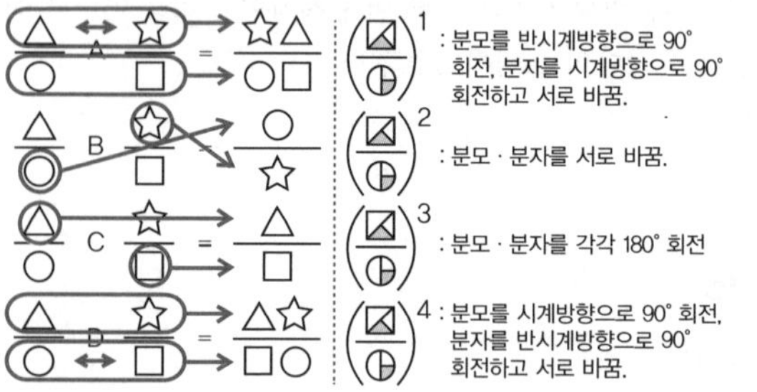

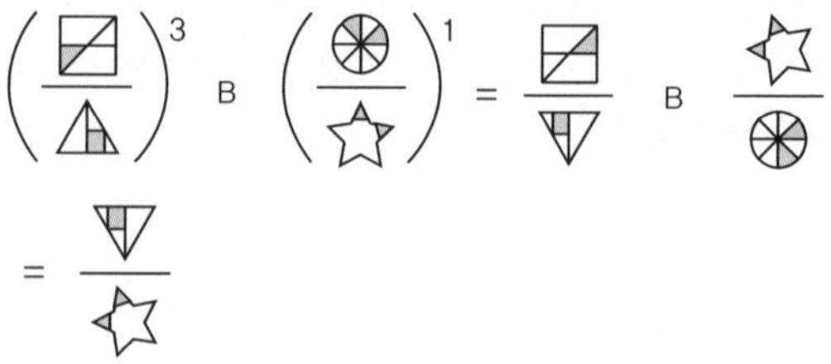

14

| 정답 | ④

| 해설 | **13**의 해설의 규칙을 적용하면 다음과 같다.

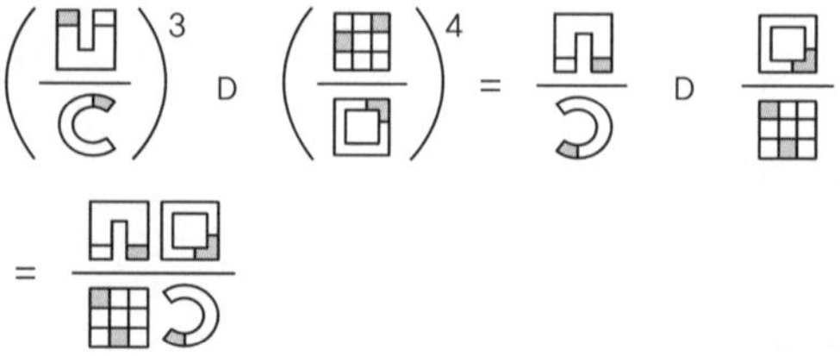

15

| 정답 | ④

| 해설 | 첫 번째 세로열과 두 번째 가로열에 공통적으로 ✣와 ♡가 들어 있으므로, 둘 중 하나는 반시계방향으로 90° 회전, 하나는 색을 빗금으로 바꾸는 암호임을 알 수 있다. 하지만 ♡가 포함되어 있는 첫 번째 가로열에서는 색이 빗금으로 바뀌지 않았으므로 ♡는 반시계방향으로 90° 회전, ✣는 색을 빗금으로 바꾸는 기호가 된다. 두 번째 가로열의 △을 통해 △은 상하대칭(X축 대칭)하는 기호임을 알

수 있고, 세 번째 세로열의 ◐를 통해 ◐은 좌우대칭(Y축 대칭)하는 기호임을 알 수 있다. 마지막으로 첫 번째 가로열을 통해 ⊠은 색을 반전하는 기호임을 알 수 있다. 이를 종합해 보면 다음과 같다.

♡	반시계방향으로 90° 회전
⊠	색 반전
✚	색을 빗금으로 바꿈.
◐	좌우대칭(Y축 대칭)
△	상하대칭(X축 대칭)

이를 바탕으로 추론하면 다음과 같다.

5회 언어

문제 216쪽

01	④	02	③	03	②	04	⑤	05	③
06	③	07	③	08	④	09	③	10	④
11	④	12	④	13	①	14	①	15	④

01

| 정답 | ④

| 해설 | 퍼퓸은 향이 12시간 정도 지속된다고 하였으므로 향이 아침부터 밤까지 지속되기를 원한다면 퍼퓸을 구입해야 한다.

| 오답풀이 |

① 향수 원액의 농도와 가격의 관계에 대해서는 언급되어 있지 않다.

② 라스팅 노트가 6시간 지속되는 향수가 가장 좋은 향수라고 언급되어 있다.

③ '귀 뒤나 손목, 팔꿈치 안쪽 등 맥박이 뛰는 부분'이라고 언급했으나 목에 대한 언급은 없다.

⑤ 라스팅 노트에서는 향수 본래의 향취가 나므로 알코올이 향취를 다 날아가게 한다는 설명은 옳지 않다.

02

| 정답 | ③

| 해설 | 제시된 글에서는 몸과 마음을 이원론적으로 분리하여 구분하면서, 신체로부터 독립되어 존재할 수 있는 것을 '능동적 지성', '비물질적인 지성', '비물질적 영혼'과 같은 단어로 표현하고 있다. '심신의 유기체'는 몸과 마음을 분리하지 않고 하나로 보는 것을 의미한다.

03

| 정답 | ②

| 해설 | 제시된 글은 이분법적 사고와 부분만을 보고 전체를 판단하는 것의 위험성을 예시로 들어 설명하고 있다. 세 번째 문단에서는 '으스댔다', '우겼다', '푸념했다', '넋두리했다', '뇌까렸다', '잡아뗐다', '말해서 빈축을 사고 있다' 등의 서술어를 열거해 주관적 서술로 감정적 심리 반응을 유발하는 것이 극단적인 이분법적 사고로 이어질 수 있음을 강조하고 있다.

04

| 정답 | ⑤

| 해설 | 제시된 글의 중심내용은 언어결정론자들은 우리의 생각과 판단이 언어에 의해 결정된다고 주장하지만, 인간의 사고는 언어보다 경험에 의해 영향을 받는다는 것이다. 따라서 ⑤가 가장 적절하다.

05

| 정답 | ③

| 해설 | 제시된 글은 도시공원의 역할과 중요성에 관해 설명하고 있으며 현재 도시공원의 문제점에 대해 언급하고 있다. 또한 도시공원의 문제점을 개선하여 모두가 동등하게 이용할 수 있게 해야 한다는 점을 강조하고 있다. 따라서 글의 제목으로 가장 적절한 것은 ③이다.

06

| 정답 | ③

| 해설 | 첫 번째 문단과 두 번째 문단에서는 실재했던 전쟁을 배경으로 한 소설들의 허구화에 대해 구체적인 예를 들어 설명하고 있다. 세 번째 문단에서는 이러한 소설 작품에 나타난 전쟁을 새롭게 조명함으로써 폭력성 · 비극성과도 같은 전쟁의 성격을 확인할 수 있으며 전쟁에 대한 새로운 인식을 제공한다는 내용이 제시되어 있다. 따라서 ③이 가장 적절하다.

| 오답풀이 |

② 전쟁을 소재로 한 문학에 관해 이야기하고 있지만, 문학에 의해 영향을 받은 전쟁에 대한 내용은 제시되어 있지 않다.

④ 소설에 나타난 전쟁의 비극성이 아닌 소설을 통해 새롭게 인식된 전쟁의 비극성에 관해 설명하고 있다.

07

| 정답 | ③

| 해설 | 두 번째 문단에서 이순신 장군을 표상하거나 지시한다고 해서 반드시 이순신 장군의 모습과 유사하다고 할 수는 없다고 하였다. 즉, 나타내려는 대상의 모습과 유사하지 않더라도 그 대상을 표상할 수 있다는 것인데, ③은 유사성이 없다면 표상이 될 수 없다고 하였으므로 글의 내용과 상반되어 적절하지 않은 추론이다.

08

| 정답 | ④

| 해설 | 제시된 글은 김치의 향신료인 고추의 역사에 대한 내용으로, 먼저 고추가 생각만큼 오랜 역사를 지니지 않고 있음을 언급하는 (다)가 첫 문장으로 오고, 고추가 어떻게 전래되어 김치에 쓰이게 되었는지를 설명하는 (가)가 그 뒤에 온다. 그리고 조선 전기의 향신료에 대해 설명하면서, 19세기에 고추가 향신료로서 우위를 차지하게 되어 다른 향신료들의 대우나 쓰임이 변하였다는 내용의 (마)－(나)－(라)가 순서대로 연결되는 것이 자연스럽다.

따라서 (다)－(가)－(마)－(나)－(라) 순이 적절하다.

09

| 정답 | ③

| 해설 | 전 세계적으로 집값이 요동치는 때에도 휴스턴은 탄력적인 주택 공급으로 집값의 보합세를 유지할 수 있었다는 내용이 (가) ~ (나)에 제시되어 있다. 한편, 탄력적 주택 공급은 일반적으로 가격 거품을 막아 주는 효과를 낳는데, 그 예로 주택 공급이 어려웠던 26개의 도시에 비해 주택 공급 제한이 덜 했던 28개 도시의 집값은 28%만 오르는 데 그쳤다는 새로운 내용이 (다) ~ (마)에 제시되어 있다. 따라서 두 번째 문단이 시작되는 곳으로 (다)가 적절하다.

10

| 정답 | ④

| 해설 | 빈칸 앞부분에서 '집을 사랑한다는 것은 또 우리의 정체성이 스스로 결정되는 것이 아님을 인정하는 것이다'라고 하였고 뒷부분을 보면 '우리의 약한 면을 보상하기 위해서다'라고 하였으므로 빈칸에는 들어갈 말로 선택지 ④가 가장 적절하다.

| 오답풀이 |

① 첫 번째 문단에서 벽지, 벤치, 그림 등이 언급되나 자아 실종 방지에 대한 기대감으로 이러한 물품들을 배치한다는 내용이지 배치 행위가 자아 실종을 막아준다는 합당한 근거가 제시되지는 않았다.

③ 제시된 글은 전반적으로 타인과의 관계를 중점적으로 다루고 있지 않다.

11

| 정답 | ④

| 해설 | 제시된 글에서는 4차 산업혁명으로 인해 나타날 수 있는 다양한 시대의 모습 중에서 가장 핵심적인 모습인 초연결성에 대해 언급하고 있다. 이러한 초연결성이 활성화되는 사회를 초연결사회로 제시하고 있으며, 이를 통해 기존과는 다른 사회 서비스를 만들어 내고, 새로운 문화와 가치를 형성해 나간다고 언급하고 있다. 따라서 글의 핵심내용은 '새로운 문화와 가치를 형성하는 초연결사회'라고 할 수 있다.

| 오답풀이 |

③ 초연결사회에서 나타날 수 있는 변화의 한 예시이다.

12

| 정답 | ④

| 해설 | 두 번째 문장은 첫 번째 문장의 부연에 해당하므로 첫 번째 빈칸에는 '즉', '다시 말하면' 등의 접속어가 어울린다. 다섯 번째 문장은 이론의 구체적인 설명을 위한 사례가 시작되는 문장이기 때문에 '예를 들어', '이를테면', '만약' 등의 접속어를 서두로 삼는 것이 자연스럽다.

13

| 정답 | ①

| 해설 | 12세기 이전의 독서 역시 '신앙심 고취'라는 목적을 위해 이루어졌으므로, 12세기 이후에 와서 독서가 목적을 위한 도구가 되었다고 볼 수 없다. 또한 12세기 전후로 변화된 독서의 형태에 대해 비교하며 설명하고 있을 뿐, 두 방식 중 어떤 방식이 더 우수한지에 대한 주장은 제시되어 있지 않으므로 '전락했다'라는 표현은 적절하지 않다.

| 오답풀이 |

② 두 번째 문단의 '독자들은 다양한 정보와 해석을 편리하게 찾고'를 통해 효율성을 극대화했음을 알 수 있다.

③, ⑤ 두 번째 문단에서 차례나 찾아보기 같은 보조 장치를 '새로운 편집 방식'이라고 표현했으므로 12세기 이전에는 존재하지 않았음을 알 수 있다.

④ 세 번째 문단의 '사람들은 점차 원전 독서를 등한시하여 원전이 담고 있는 풍부함을 맛볼 수 없게 되었다'를 통해 알 수 있다.

14

| 정답 | ①

| 해설 | 제시된 글에서 타 회사의 건강식품은 제시되지 않았다.

15

| 정답 | ④

| 해설 | 마지막 문단에서 화이트박스 암호도 변조 행위나 역공학에 의한 공격을 받는다면 노출될 가능성이 있다고 명시하고 있다.

5회 수리

문제 230쪽

01	③	02	②	03	④	04	④	05	③
06	①	07	②	08	③	09	①	10	②
11	⑤	12	②	13	③	14	④	15	③
16	⑤	17	④	18	④	19	③	20	④

01

| 정답 | ③

| 해설 | 원형 공원의 둘레는 $2\pi r=2\times3.14\times200=1,256$(m)이고, 나무를 심을 수 있는 거리는 여기에서 입구의 길이를 뺀 1,253m이다. 공원 입구의 양옆에서부터 나무를 심어야 하므로, 나무의 수=간격의 수+1이다. 따라서 $1,253\div7+1=180$(그루)가 필요하다.

02

| 정답 | ②

| 해설 | 동시에 출발해서 다시 동시에 출발하기까지의 시간을 구하는 문제이므로 최소공배수를 이용하면 된다. 두 버스가 각각 15분, 20분 간격으로 운행되므로 7시 이후에는 둘의 최소공배수인 60분, 즉 1시간마다 다시 동시에 출발하게 된다. 따라서 다음으로 동시에 출발하는 시간은 1시간 후인 8시이다.

5) 15 20
× 3 × 4 = 60

03

| 정답 | ④

| 해설 | 두 사람이 이동한 거리의 합이 A, B 사이의 거리와 같으므로 두 사람이 만나기까지의 시간을 t라 하면 다음과 같은 식이 성립한다.

$36t+4t=120$

$\therefore\ t=3$(시간)

따라서 두 사람은 3시간 후에 만난다.

04

| 정답 | ④

| 해설 | '세제의 농도(%)$=\frac{\text{세제의 양(g)}}{\text{물의 양(mL)}}\times100$'이므로 세제의 양을 xg이라고 하면 다음과 같은 식이 성립한다.

$\frac{x}{8,000}\times100=0.2$

$\therefore\ x=16$(g)

따라서 16g의 세제를 넣어야 한다.

05

| 정답 | ③

| 해설 | 네 과목의 평균이 89.5점이라고 하였으므로 네 과목의 총 점수는 $89.5\times4=358$(점)이다. 다섯 과목의 시험에서 총 평균이 90점 이상 나오기 위해서는 총 점수가 $90\times5=450$(점) 이상이 나와야 하므로 다음과 같은 식이 성립한다.

$358+x\geq450$

$\therefore\ x\geq92$

따라서 받아야 할 영어의 최소 점수는 92점이다.

06

| 정답 | ①

| 해설 | 현재 아버지의 나이를 x세라 하면, 현재 어머니의 나이는 $\frac{4}{5}x$세이다. 2년 후의 조건으로 식을 세우면 다음과 같다.

$\frac{4}{5}x+2+\left\{\frac{1}{3}(x+2)\right\}=65$

$12x+30+5x+10=975$

$17x=935$

$\therefore\ x=55$(세)

따라서 현재 아버지의 나이는 55세, 어머니와 아들의 나이는 각각 44세와 17세로, 이들 3명의 나이를 모두 합하면 $55+44+17=116$(세)가 된다.

07

| 정답 | ②

| 해설 | 제시된 조건을 다음 식으로 정리할 수 있다.

(A+B+C)÷3=69 ………………………… ㉠

C=B+2 ………………………………………… ㉡

A=B−5 ………………………………………… ㉢

㉠, ㉡, ㉢을 연립하여 풀면 다음과 같다.

{(B−5)+B+(B+2)}÷3=69

∴ B=70kg

따라서 A는 65kg, B는 70kg, C는 72kg이다.

08

| 정답 | ③

| 해설 | 재료비가 5만 원인 상품 50개에 대한 10%의 이윤은 $50,000\times0.1\times50=250,000$(원)이다. 동일한 이윤을 남기도록 상품 20개에 대해 책정해야 할 이윤을 x라 하면 다음과 같은 식이 성립한다.

$50,000x\times20=250,000$

$1,000,000x=250,000$

$\therefore\ x=0.25$

따라서 25%의 이윤을 남겨야 한다.

09

| 정답 | ①

| 해설 | 하루에 최대 3명까지 총 10명을 4일로 나누는 방법은 (3명, 3명, 3명, 1명) 또는 (3명, 3명, 2명, 2명)으로 두 가지이다. 첫 번째 방법을 날짜별로 배치하는 경우의 수는 ${}_4C_1=\frac{4}{1}=4$(가지), 두 번째 방법은 ${}_4C_2=\frac{4\times3}{2\times1}=6$(가지)이다. 따라서 전체 경우의 수는 $4+6=10$(가지)이다.

10

| 정답 | ②

| 해설 | 십의 자리의 수를 x, 일의 자리의 수를 y라 하면 다음과 같은 식이 나온다.

$x+y=7$ ………………………………… ㉠

$10y+x=2(10x+y)+2$ …………… ㉡

㉠, ㉡을 연립하여 풀면, $x=2$, $y=5$이다.

따라서 처음 수는 $10\times2+5=25$이다.

11

| 정답 | ⑤

| 해설 | • 2020년 대비 2021년의 법인세 실효세율 증감률 :

$\frac{16.80-16.65}{16.65}\times100≒0.9(\%)$

• 2020년 대비 2021년의 근로소득세 실효세율 증감률 :

$\frac{11.14-11.00}{11.00}\times100≒1.27(\%)$

따라서 법인세보다 근로소득세의 증감률이 높다.

| 오답풀이 |

① 전년 대비 근로소득세 실효세율의 증감이 가장 낮은 해는 0.14%p 증가한 2021년이다.

② 2019년 대비 2021년 법인세 실효세율의 증가율은 $\frac{16.80-16.56}{16.56}\times100≒1.45(\%)$이다.

③ 2022년 법인세의 실효세율은 근로소득세 실효세율의 $\frac{15.99}{11.30}≒1.42$(배)이다.

12

| 정답 | ②

| 해설 | 20X5년의 평균 시급은 20X1년의 $\frac{9,100}{6,210}≒1.47$(배)이다.

| 오답풀이 |

① 20X3년, 20X5년에는 월 평균 소득이 감소하였다.

③ 20X3년 주간 평균 근로시간은 22시간이므로 월 평균 근로시간은 $22\times4=88$(시간) 정도이다.

④ 20X3년에서 20X4년 사이에 월 평균 소득은 증가하지만 평균 시급은 감소한다.

⑤ 평균 시급은 꾸준히 증가하지 않았다. 20X3년에는 7,100원이지만 20X4년에는 6,900원으로 감소하였다.

13

| 정답 | ③

| 해설 | 2021 ~ 2022년 동안 이후 밤 시간대 소음도가 소음환경기준 55dB 이하를 기록한 도시는 대전뿐이다.

| 오답풀이 |

① 낮 시간대 소음환경기준을 만족한 도시는 광주와 대전이다.

② 대전의 밤 시간대 소음도는 2020년에서 2021년 사이 2dB이 감소하였다.

④ 밤 시간대 평균 소음도가 가장 높았던 해는 61dB인 2019년이다.

⑤ 서울의 낮 시간대 소음도의 평균은 68.2dB로 대전의 낮 시간대 평균인 60.2dB보다 8dB 높다.

14

| 정답 | ④

| 해설 | 해당 표의 국가별 순위는 20XX년 1 ~ 3분기 수출액의 총합을 기준으로 했기 때문에, 1분기에 벨기에가 11위임을 의미하는 것이 아니다. 바로 아래 칸의 캐나다의 경우만 고려해도 벨기에보다 수출액이 많음을 알 수 있다. 따라서 1분기의 수치만을 비교하면 벨기에보다 수출액이 많은 국가는 11개국이다.

| 오답풀이 |

② 독일, 일본, 네덜란드, 한국, 홍콩, 벨기에, 싱가포르, 러시아, 대만, 태국으로 총 10개국이다.

③ 단위가 억 $이므로 1조 $를 초과하는 국가는 중국, 미국, 독일 3개국이다.

15

| 정답 | ③

| 해설 | 기타에 해당하는 국적은 16개로 1개 국적당 평균 결혼이민자 수는 87.5명이다. 결혼이민자 수는 자연수이므로 87명 이하인 국적과 88명 이상인 국적이 하나 이상 존재해야 한다.

| 오답풀이 |

① 20X2년 대비 20X7년 결혼이민자 수는 $\frac{14,000-9,544}{9,544}\times100 \fallingdotseq 47(\%)$ 증가하였다.

② 20X0년 대비 20X1년의 결혼이민자 수 증가율은 $\frac{8,399-5,600}{5,600}\times100 \fallingdotseq 50(\%)$이다.

④ 20X7년 필리핀 국적의 결혼이민자 수는 해당 연도 전체 결혼이민자의 $\frac{1,260}{14,000}\times100=9(\%)$이다.

⑤ 20X7년 중국(한국계)과 중국 국적의 결혼이민자 수의 합은 6,160명으로 전년도 전체 결혼이민자 수 대비 $\frac{6,160}{13,400}\times100 \fallingdotseq 46(\%)$를 차지한다.

16

| 정답 | ⑤

| 해설 | ㉡ 조사대상이 600명, 남녀 비율이 2 : 3이라면 조사대상 중 여성은 $600\times\frac{3}{5}=360$(명)이므로, 여성 중 전공과 직업이 일치한다고 응답한 사람은 360×0.337 ≒121(명)이다.

㉢ 조사대상이 1,000명이고 그중 서비스직에 종사하는 사람이 35%라면 서비스직에 종사하는 사람은 1,000× 0.35=350(명)이므로, 서비스직에 종사하는 사람 중 전공과 직업이 일치하지 않는다고 응답한 사람은 350× 0.525≒184(명)이다.

17

| 정답 | ④

| 해설 | 주어진 식에 따라 20X1년의 직원 1인당 생산성을 구하면 A사는 약 2,575십만 원, B사는 약 4,734십만 원, C사는 약 2,343십만 원이다. 20X1년 기준 전년 대비 직원 1인당 생산성이 증가한 업체는 C사로 매출액은 약 2% 감소하였다.

| 오답풀이 |

① B사와 A사의 매출액 차이는 증가하였다.

② 20X1년 3사의 매출액 평균은 약 18,523억 원으로 전년도 평균인 18,750억 원보다 200억 원 이상 감소하였다.

③ 매출액이 전년 대비 가장 많이 감소한 업체는 A로 직원 수 또한 5,050명에서 5,010명으로 감소하였다.

⑤ B사의 직원 수를 150명 더 늘리면 1인당 생산성은 $\frac{32,900}{7,100}\fallingdotseq 4.63$(억 원)이 될 것이다.

18

| 정답 | ④

| 해설 | 2021년 국가유공자의 1인당 보상금액은 27,570(억 원)÷246(천 명)≒112.07(십만 원)이고 2020년에는 26,967(억 원)÷237(천 명)≒113.78(십만 원)이므로 약 17만 1천 원 감소하였다.

| 오답풀이 |

① 독립유공자, 고엽제후유의증환자 인원수는 변화가 없고 국가유공자는 10천 명이 증가하였지만 참전유공자 인원이 30천 명 감소하여 전체 대상자 인원이 감소하였다고 볼 수 있다.

② 2018년 참전유공자의 1인당 보상금액은 4,550(억 원)÷252(천 명)≒18.06(십만 원)이다. 2018년 고엽제후유의증환자의 1인당 보상금액은 2,209(억 원)÷37(천 명)≒59.70(십만 원)이므로 3배 이상이다.

③ 2020년 보훈 대상자는 전년 대비 527－524＝3(천 명) 증가하였고 보상금액은 35,610－34,370＝1,240(억 원) 증가하였다.

⑤ 2022년 고엽제후유의증환자의 보상금액은 전년 대비 2,590－2,512＝78(억 원) 증가한 것을 확인할 수 있다.

19

| 정답 | ③

| 해설 | 20X0년 대비 20X1년에 판매 점유율이 감소한 제조사는 C사와 E사로, 판매량은 140×(0.11＋0.07)－145×(0.06＋0.06)＝25.2－17.4＝7.8(만 대) 감소하였다.

20

| 정답 | ④

| 해설 | ㄴ. 전체 매출 중 동민이 차지하는 비중은 40×0.25＝10(%)로 10% 이상이다.

ㄹ. 전체 매출 중 성수가 차지하는 비중은 40×0.4＝16(%)로 13%인 대구보다 많다.

| 오답풀이 |

ㄱ. 전체 매출 중 광현이 차지하는 비중은 40×0.35＝14(%)로 13% 이상이다.

ㄷ. 전체 매출 중 광현과 동민이 차지하는 비중은 40×(0.35＋0.25)＝24(%)로 대구와 대전의 매출 비중 합인 13＋11＝24(%)와 같다.

5회 도형추리

문제 242쪽

01	①	02	③	03	④	04	③	05	③
06	②	07	①	08	⑤	09	④	10	①
11	③	12	③	13	⑤	14	①	15	④

01

| 정답 | ①

| 해설 | 첫 번째 박스에서 하나뿐인 형태가 두 번째 박스에서는 2개가 되며 새로운 형태가 하나 나타난다. 그리고 그 새로운 형태가 세 번째 박스에서 두 개가 된다. 따라서 ?에 들어갈 도형은 사다리꼴이 두 개이고 직사각형이 한 개인 도형이다.

02

| 정답 | ③

| 해설 | ○→□→△ 순서대로 도형이 전개되어 가고 있고 크기가 작은 ○는 시계방향으로 회전하면서 두 번은 도형의 안쪽에 위치하고, 두 번은 바깥쪽에 위치한다. 또한 네 번을 주기로 작은 동그라미의 색깔이 변한다.

03

| 정답 | ④

| 해설 | 두 개의 도형이 포개지면서 겹치는 부분을 제외한 나머지 부분에서 색 반전이 일어난다. 겹치는 부분에는 흰 바탕에 ●가 생긴다.

04

| 정답 | ③

| 해설 | 왼쪽에서 오른쪽 방향으로, 다각형의 꼭짓점 수만큼 시계방향으로 다각형이 이동한다. 이때 다각형의 색깔은 배경의 색깔이 흰색일 때 검정색, 아닐 때는 흰색이다.

05

| 정답 | ③

| 해설 | 정육면체의 색이 칠해진 면에 따라 각각의 규칙이 적용되어 주어진 도형이 변화하는데, 먼저 각 면이 의미하는 규칙은 다음과 같다.

-  : 좌우대칭
-  : 상하대칭
-  : 시계방향 90° 회전(90° 회전)
-  : 색 반전
-  : 반시계방향 90° 회전(−90° 회전)

이를 제시된 도형에 차례로 적용하면 다음과 같다.

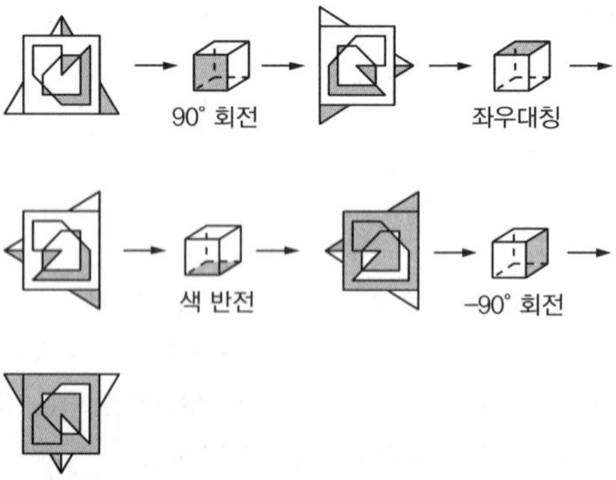

보충 플러스+

도형추리는 복잡한 도형의 변화를 생각하며 풀어야 하므로 그 특성상 짧은 시간 동안 많은 문제를 풀기가 어렵다. 따라서 시간을 단축할 수 있는 방법을 빨리 모색하여 푸는 것이 좋다.

★시간 단축 요령

도형의 변화 순서를 살펴보면,
90° → 좌우대칭 → 색 반전 → −90°

도형의 한 꼭짓점을 기준으로 변화되는 경로를 생각하면,
90° → 좌우대칭 → (색 반전 →) −90°

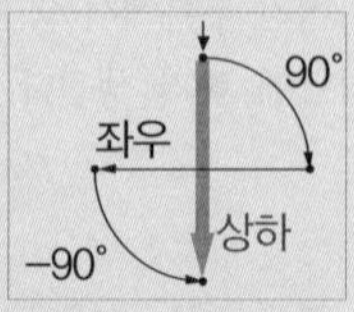

➡ 상하대칭+색 반전

∴ 주어진 도형을 상하대칭하여 색 반전된 것을 찾으면 시간을 단축할 수 있다.

06

| 정답 | ②

| 해설 | 정육면체의 색이 칠해진 면에 따라 각각의 규칙이 적용되어 주어진 도형이 변화하는데, 먼저 각 면이 의미하는 규칙은 다음과 같다.

-  : 색 반전
-  : 반시계방향 90° 회전(−90° 회전)
-  : 상하대칭
-  : 좌우대칭
-  : 시계방향 90° 회전(90° 회전)

이를 제시된 도형에 차례로 적용하면 다음과 같다.

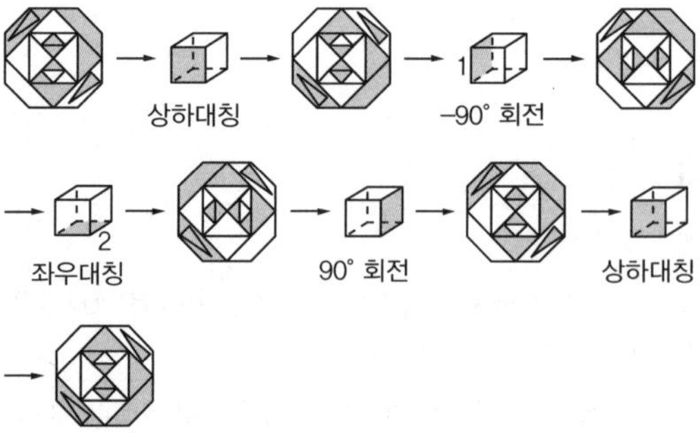

보충 플러스+

도형을 그려가며 푸는 시간을 단축하기 위한 하나의 방법으로, 도형의 변화 과정을 먼저 대략적으로 파악해 본다.

★시간 단축 요령

도형의 변화 순서를 살펴보면,
상하대칭 → −90° → 좌우대칭 → 90° → 상하대칭

도형의 한 지점을 기준으로 변화되는 경로를 생각하면,

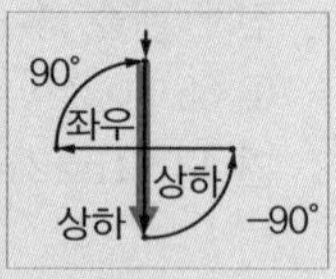

상하대칭 → −90° → 좌우대칭 → 90° → 상하대칭
(제시 도형과 동일)

➡ 상하대칭

∴ 주어진 도형을 상하대칭한 것을 찾으면 된다.

07

| 정답 | ①

| 해설 | 첫 번째 가로줄을 보면 네모 칸의 수는 변화가 없지만 빗금 또는 색칠된 네모의 위치는 바뀌어 있다. 그 바뀐 위치를 살펴보면 빗금 또는 색칠된 네모가 왼쪽으로 한 칸씩 이동하고, 가장 왼쪽의 네모는 가장 오른쪽으로 이동한 것을 알 수 있다.

따라서 A는 가장 왼쪽부터 '회색-빗금-흰색-검정색', '검정색-흰색-빗금-회색', '검정색-회색-흰색-빗금', '흰색-흰색-빗금-회색'이 나와야 한다.

그리고 가운데 세로줄의 두 도형을 비교해보면 가로줄 한 칸이 줄었는데, 위에서 두 번째 줄이 없어진 것을 알 수 있다. 따라서 B의 위쪽 도형에서 위에서 두 번째 줄을 없앤 것을 찾으면 된다.

08

| 정답 | ⑤

| 해설 | 첫 번째 칸의 도형을 좌우대칭하면 두 번째 칸의 도형이 되고, 두 번째 칸의 도형을 좌우대칭한 후 색 반전시키면 세 번째 칸의 도형이 된다.

09

| 정답 | ④

| 해설 | 가로줄을 기준으로 색칠된 부분은 시계방향으로 한 칸씩 이동, 점은 반시계방향으로 한 칸씩 이동한다.

10

| 정답 | ①

| 해설 | 가로줄을 기준으로 화살표는 시계방향으로 90°씩 회전하고, 화살표 끝의 선 개수는 하나씩 줄고 있다.

11

| 정답 | ③

| 해설 | 가로줄을 살펴보면 도형이 시계방향으로 45°씩 회전하면서 색 반전이 되고 있다.

12

| 정답 | ③

| 해설 |

ⓚ는 두 번째 우선순위인 원료 K와 두 번째 우선순위인 형태 △로 이루어져 있다. ♤에 의해 형태 △는 최하위 우선순위 형태인 ○가 되고, ▣에 의해 원료 K는 우선순위가 한 단계 높은 원료인 Z가 된다. 따라서 형태 ○와 원료 Z가 합쳐진 ⓩ가 결과물로 적절하다.

13

| 정답 | ⑤

| 해설 |

모형 ⓩ는 첫 번째 우선순위인 원료 Z와 첫 번째 우선순위인 형태 ⬠로 이루어져 있다. ▨에 의해 원료와 형태 모두 한 단계 낮은 우선순위인 ⓚ가 되고, ◎에 의해 ⓚ의 원료 K는 우선순위가 한 단계 낮은 J가 된다. 따라서 형태 △와 원료 J가 합쳐진 ⓙ가 결과물로 적절하다.

14

| 정답 | ①

| 해설 | 를 통해 △가 좌우대칭(Y축 대칭)이라는 것을 알 수 있다.

첫 번째 세로열과 두 번째 가로열에는 공통으로 ◈가 들어가 있고, 두 열 모두 마지막 도형이 처음 도형과 색이 반대인 것으로 보아 ◈는 색 반전 기호임을 알 수 있다. 이를 적용하면 두 번째 가로열 변화를 통해 ♡는 반시계방향으로 90° 회전 기호인 것도 알 수 있다.

나머지 열의 변화도 역으로 거슬러가며 살펴보면 종합적으로 다음 규칙이 성립한다.

◎	180° 회전(원점 대칭)
◈	색 반전
☆	시계방향으로 90° 회전
♡	반시계방향으로 90° 회전
△	좌우대칭(Y축 대칭)

이를 바탕으로 추론하면 다음과 같다(반시계방향 90° 회전과 시계방향 90° 회전이 연이어 진행되면 처음의 모양과 같다).

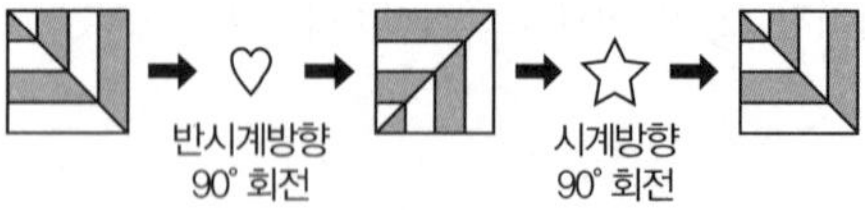

15

| 정답 | ④

| 해설 | **14**의 해설의 규칙을 적용하면 다음과 같다.

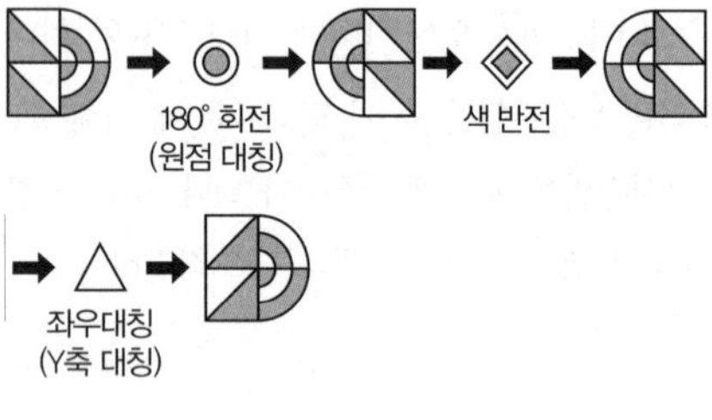

고시넷 대기업

S-OIL 에쓰오일 온라인 인적성검사 최신 기출유형 모의고사

5회

gosinet
(주)고시넷